辩证领导行为

基于中国传统文化的领导理论与实践

王辉 著

北京大学出版社
PEKING UNIVERSITY PRESS

图书在版编目(CIP)数据

辩证领导行为：基于中国传统文化的领导理论与实践/王辉著. —北京：北京大学出版社，2021.4

（光华思想力书系）

ISBN 978-7-301-31966-6

Ⅰ. ①辩… Ⅱ. ①王… Ⅲ. ①领导行为—研究 Ⅳ. ①C933

中国版本图书馆 CIP 数据核字(2021)第 008254 号

书　　　名	辩证领导行为：基于中国传统文化的领导理论与实践 BIANZHENG LINGDAO XINGWEI：JIYU ZHONGGUO CHUANTONG WENHUA DE LINGDAO LILUN YU SHIJIAN
著作责任者	王　辉　著
责任编辑	赵学秀
标准书号	ISBN 978-7-301-31966-6
出版发行	北京大学出版社
地　　　址	北京市海淀区成府路 205 号　100871
网　　　址	http://www.pup.cn
微信公众号	北京大学经管书苑（pupembook）
电子邮箱	编辑部 em@pup.cn　总编室 zpup@pup.cn
电　　　话	邮购部 010-62752015　发行部 010-62750672　编辑部 010-62752926
印刷者	天津中印联印务有限公司
经销者	新华书店
	730 毫米×1020 毫米　16 开本　19 印张　370 千字 2021 年 4 月第 1 版　2024 年 7 月第 3 次印刷
印　　　数	4001—5000 册
定　　　价	58.00 元

未经许可，不得以任何方式复制或抄袭本书之部分或全部内容。
版权所有，侵权必究
举报电话：010-62752024　电子邮箱：fd@pup.cn
图书如有印装质量问题，请与出版部联系，电话：010-62756370

自 序

多年来,我的研究专注于中国组织情境下的领导行为与领导模式。我的研究理念和定位一直是"采用国际化的视野和方法,探讨中国企业情境下的领导行为与领导实践"。我先后就中国企业高层管理者的领导行为、领导授权与监控、领导—部属交换(Leader-member Exchange,LMX)、高层管理者的谦卑与自恋性格等方面进行了一定的研究和探索。总的来讲,这些研究可以分为两类,一类是验证性的研究,即将国外已有的、成熟的领导理论与模型在中国组织情境下进行验证,探讨领导行为产生效果的作用机制与影响过程。例如,我们发现,变革型领导行为(Transformational Leadership Behavior)可以通过与下属建立高水平的领导—部属交换关系,进而促进下属提升工作绩效和组织公民行为;道德型领导(Ethical Leadership)可以提升下属的领导—部属交换水平、自我效能感(Self-efficacy)和组织认同感(Organizational Identification),进而提升员工绩效。真诚型领导(Authentic Leadership)对员工绩效的影响作用受到领导—部属交换的中介和积极心理资本(Positive Psychological Capital)的调节作用,等等。另一类则是修正性研究,将国外发展起来的领导概念和结构在中国情境下进行修正,并提出适合中国情境下领导行为的特有维度及影响机制。例如,我们的研究发现,高层管理者的领导行为除了要构建愿景、监控运营、人际沟通和敢于创新,还有关爱下属和展示维权两个维度,即所谓的"恩威并施"。这与中国传统文化中的泛家族文化和高权力距离密切相关。另外,国外的研究发现,领导—部属交换由喜欢、忠诚、专业尊敬和互惠四个维度组成;而我们的研究发现,在中国情境下,与领导建立高水平的交换关系,除了这四个维度,人际交往和个人亲近也是两个重要的影响因素,说明中国文化的本质是人际导向的文化。再例如,国外的研究发现，授权型领导是提升下属绩效和满意度的行之有效的领导行为；但我们的研究发现，除了授权，对下属的适当监控也非常重要，可以很好地避免"一抓就死，一放就乱"的困局。这些研究结果揭示了国外的理论应用到中国企业管理的实际时，一定要考虑到中国传统文化的特点和中国企业所面临的特殊情境。

本书介绍的研究应该是属于第三类取向和思路，即本土化的研究。我们根植于中国传统文化，提出了一个全新的也是中国特有的领导理论——辩证领导行为(Dialectical Leadership Behavior)。辩证领导行为的相关研究与以往的验证性和修正性的研究不同，我们是在总结和回顾中国传统文化中道家、儒家及其他学派中的辩证思维，同时又结合当前中国企业管理的具体实践而提出的针对中国管理者的领导行为理论。这一概念的提出不但是中国特有的，同时也丰富了国外有关企业高层管理者的相关研究。国外有关高层管理者的领导行为研究也少有一个具体的理论，大部分是基于中层管理者提出的领导理论，如变革型领导、矛盾型领导等。因此，这一领导理论的提出和系统的研究不但对中国情境下的领导行为和实践具有指导意义，也在某种程度上丰富了国外有关高层管理者领导行为的研究领域。

最早提出这一概念可以追溯到十年前，我和徐淑英、张志学、张建君、武亚军、马力、张燕等众学者在北京的九华山庄就"中国企业高层管理者的个人特征、成长模式及对企业绩效的影响"这一自然科学基金重点课题进行探讨时产生的想法。在两天的时间里，大家就中国企业家的个人特征(包括性格、思维模式、价值观等)、成长模式等方面进行了深入的思考和研究。当时我的一个深刻体会是，中国经济取得了飞速发展，企业的管理水平得到了长足的进步，在这一过程中，企业的高层管理者起到了举足轻重的作用，我们管理学者应该很好地总结他们的实践，并形成中国自己的领导理论。在随后的时间里，我和我的博士生就这一概念进行了系统的研究，并最终形成了这本书稿。

近十年断断续续的研究中，很多情景历历在目。最早与我一起研究这一概念的是黄鸣鹏同学，我们深入南京、天津和北京的企业，与高层管理者进行深入的访谈，在他们的经营管理实践中，我们深刻地体会到辩证思维的无处不在，坚定了深入研究这一概念的信心。张好雨同学的博士论文选择了"辩证领导行为对企业绩效的影响"这个题目，我们一起去东莞、杭州和北京，利用商事制度改革的机会，访谈小微企业，并进行了相应的问卷调查。在后续的研究中，郎艺同学(合作撰写了第八章)、王颖同学(合作撰写了第五、六、七章)和纪铭同学(合作撰写了第九章)做了很多努力,帮助我收集数据,完善研究设计,使得本书的内容更加丰富。再后来,林子祥同学(合作撰写了第二、八章)、陈梦媛同学(合作撰写了第四、十一、十二章)和孙秀丽同学(合作撰写了第一、三章)也做了很多文献收集和写作工作。因此,本书是一个集体智慧的结晶。

本书分三个部分共十二章。第一部分是理论篇,回顾和总结了中国传统文化中与辩证领导行为密切相关的哲学思想及在现代企业实践中的表现,并结合访谈研究和案例研究提出了辩证领导行为的概念和结构;第二部分是实证篇,我们在回顾相关的领导行为研究的基础上,首先开发了具有一定信度和效度的辩证领导行为的测量工具,其次验证了辩证领导行为对企业绩效及团队结果的影响及机制,并探讨了辩证领导行为的影响因素,最后对初始创业者的辩证领导行为及对企业的影响进行了研究;第三部分是实践篇,我们总结了在当今企业实践中辩证领导行为的具体行为和表现,并提出了如何提升和改进辩证领导行为的具体方法。

本书的创新之处在于:首先,基于中国传统文化和中国企业管理实际,结合国内外已有的高层管理者的研究,开创性地提出了高层管理者辩证领导行为这一概念。这一概念既有典型的中国传统思维的特点,也切合中国企业管理的实践,是"中国式管理"研究与实践的一个很好的总结,也是管理学本土化研究的很好尝试。其次,国内外有关高层管理者的研究是目前管理学界尤其是领导和战略领域的一个热点问题。但时至今日,绝大多数有关高层管理者领导行为的研究还只是借用中层管理者领导行为的概念移植到高层管理者身上,如变革型领导、伦理型领导、服务型领导等,很少有专门针对高层管理者领导行为总结的领导行为和模式。本书的研究弥补了这一不足。针对高层领导者尤其是中国企业的高层管理者总结、开发出了一种有利于他们更好地应对复杂多变环境的行为模式,丰富了战略领导行为的研究领域。再次,目前国内外管理学界均注意到了组织所面临的复杂多变和充满矛盾的管理情境,由此,针对这种新时代下的管理情境的研究正在兴起,然而相关理论构建和实证检验仍然缺乏,同时学者们也发现,传统的西方管理理论并不能够完美地解决组织面对的复杂、矛盾问题,越来越多的学者呼吁关注东方的传统哲学思想。本书正是回应了这一呼吁,基于东方哲学思想精髓探索性地研究了应对复杂、矛盾环境的管理问题,弥补了相关领域的空白。最后,我们对高层管理者如何发挥作用的"黑箱"仍然了解不够,本书对高层管理者对企业的影响进行了深入的探讨,以往研究对于"在组织中领导"(Leadership in Organizations)和"领导组织"(Leadership of Organizations)的研究往往是割裂的，而本书同时考虑到高层管理者对企业战略的影响和对高管团队的影响，探寻了其作用机制和边界条件，对战略领导行为研究进行了补充。

适合本书的读者首先是从事管理学研究的学者，尤其是那些对中国式管理和中国式领导感兴趣的学者。希望本书提出的概念、研究思路、研究方法、研究内容和研究结果能够对大家有所启发和借鉴，愿意与这些志同道合的同人一起努力，汲取中国传统文化的丰富精华，探索适合中国环境的企业管理理论，促进中国企业管理水平的提升。这不但是管理学者的责任与义务，而且是管理学科从借鉴、消化、吸收到创新、适域、本土发展的历史必然。适合本书的第二类读者应该是从事企业管理具体实践的管理人员。尽管本书的很多内容读起来可能会比较晦涩，因为其中有很多的专业术语和研究范式，但希望我们这些研究结果确实对提升自身管理实践有所帮助，为此，本书也专门有两个章节探讨如何实践和提升辩证领导行为。当然，我也在思考针对这一概念，专门写一本完全针对企业管理实践的书籍，希望能够尽早实现。

需要感谢的人很多。首先感谢上文提到的、帮助我从事研究和写作的博士生和博士后同学，没有你们的辛苦付出，本书不可能得以顺利地完成。谢谢你们！在从事本研究的过程中，我将部分结果在华中科技大学、中央财经大学、中国政法大学、中国科学院心理所、北京理工大学、西北大学、暨南大学、广东工业大学、西南交通大学等学校和科研机构进行交流，这些学校的老师和同学对辩证领导行为的研究给予了非常多、非常好的建议，在此也向他们表示感谢！辩证领导行为的概念我也与 Anne Tusi、Fred Luthans、George Zhenxiong Chen、Robert Liden、Cythnia Lee、汪默、廖卉和梁健等学者交流过，他们也提出了很多宝贵的意见和建议，向他们表示衷心的感谢！同样需要感谢的是北京大学光华管理学院的 EMBA 同学及早期参与我们访谈的企业高层管理者，在课堂上及课下与他们的交流中，每次讲到辩证思维和辩证领导行为的研究结果与应用时，他们都给我提供来自实践的生动例子，也对这一概念提出了很好的改进意见。希望我们共同努力，将理论与实际相结合，更好地总结中国企业管理的具体实践，切实提升中国企业管理的水平。感谢国家自然科学基金委给予我的课题"中国企业高层管理者辩证领导行为的概念、结构及对企业绩效的影响"的资助（项目号：71872005），使得本研究得以顺利开展。感谢"光华思想力"平台的支持，本书的部分内容来自该平台资助的"中国式领导"课题的研究成果。最后也要感谢我的家人，正是她们多年来不断的支持、理解和帮助，我才能够全身心地投入到这个课题研究，才能保证该研究得以顺利进行。

本书的内容是基于中国传统文化提出的一个新的领导理论,限于笔者的水平和经验,书中一定会存在很多的缺陷和不足。希望来自不同领域的读者多提宝贵的意见。你们的建议不但会使我们今后的研究更好地进行,也会使辩证领导行为的理论和实践得到更好的完善,谢谢你们!

作　者

2021 年 1 月 20 日

前　言

中国改革开放已经走过了42年！四十多年来，改革开放春风化雨，改变了中国，影响并惠及了世界。中国的经济发展取得了令人瞩目的成就。2019年中国国内生产总值(GDP)达到99万亿元，人均GDP首次超过1万美元；而1978年的GDP只有3679亿元，2019年的GDP是1978年的269倍！早在2010年，中国就已经成为世界第二大经济体，经济总量占世界经济的比例由1978年的1.8%上升到2019年的17.0%，仅次于美国。从经济增速角度看，1978—2017年GDP的年均名义增速高达14.5%，刨除年均4.8%的通货膨胀率，年均实际增速仍高达9.7%。按照经济学家林毅夫所说，"以这么高的速度持续这么长时间的增长，人类历史上不曾有过"。

1978年，第一、二、三产业的比例分别为27.7%、47.7%和24.6%。改革开放以来，工业化、城镇化快速发展，农业基础巩固加强，工业和服务业发展水平不断提高。2018年，第一、二、三产业的比例分别为7.2%、40.7%和52.1%，对经济增长的贡献率分别为4.2%、36.1%和59.7%。

这些成就具体表现在诸多方面。2019年，我国粮食总产量达6.6亿吨，我国是世界第一大产粮国。我国已成为拥有联合国产业分类中全部工业门类的国家，200多种工业品产量居世界第一，制造业增加值自2010年起稳居世界首位。2018年，我国原煤产量为36.8亿吨，钢材产量为11.1亿吨，水泥产量为22.1亿吨，电子信息产业应运而生，实现快速发展。2018年，我国的移动通信手持机和微型计算机设备产量分别达到18.0亿台和3.1亿台，我国成为实实在在的制造大国。高速铁路营业总里程达3.5万公里，占全球高铁里程的比例超过2/3，高速公路里程超过14万公里，居世界第一。电力装机容量接近2032千瓦，居世界第一。互联网上网人数为8.6亿人,以5G为代表的现代信息通信体系不断完善(国家统计局,2020)。

在这些令人震惊的经济发展数据背后,是中国企业持续发展和良好运营的结果。企业强,则经济强;经济强,则国力强。企业是一个国家市场经济的主体。一个国家经济的实力和活力主要体现在企业的市场竞争力和盈利能力上。随着经济实力的发展,中国企业的身影越来越多地出现在世界500强中,实力和排名不断攀升,在国际上的影响力和美誉度也在不断强化和扩散。

2019年《财富》世界500强榜单上的中国(包括香港,不包括澳门和台湾)企业数量持续增长,已经上升至119家。前5名中有3家中国公司,即排在第2、4、5名的中石化、中石油和国家电网。其中新上榜的中国公司有13家,占新上榜企业总数的一半以上。这13家首次上榜的中国公司中最受媒体和大众关注的是珠海格力电器股份有限公司(第414位)和小米集团(第468位),而成立9年的小米集团则是2019年世界500强中最年轻的公司。

中国企业取得这些骄人成绩的同时,从事管理研究工作的我们不得不思考一个非常重要,也是必须回答的问题。经济学家于光远曾经说过,一个国家的繁荣富强需要经济的发展,经济的发展靠的是企业的发展,而企业的发展需要的是管理水平的提升。那么,管理水平的提升究竟体现在哪些方面?这些管理水平的提升是由于我们引进了西方管理的理论和实践,还是中国企业的管理者自力更生、努力奋斗、不断摸索的结果?20世纪70年代,日本的经济发生了巨大的变化,很多行业超过美国引领世界,如半导体、汽车、无线电等行业,随后,人们开始热衷探讨日本式管理的问题,总结了Z理论、企业文化等管理实践和理论,中国在2010年就超越日本成为第二大经济体,很多企业在国际上也赫赫有名,如华为、海尔等。我们是否也应该总结中国式的管理和实践,并上升到理论水平呢?

中国式管理与日本式管理应该有所不同,日本是岛国文化,从明治维新开始就不断学习西方的科技与思想。中国是一个有五千年传统文化的文明古国,悠久而深厚的文化传统无时无刻不在塑造着我们的价值观、思维模式和行为表现。因此,中国式管理的总结必然要从中国传统文化的角度出发,结合现代企业管理实践来加以总结。

中国传统文化对现代企业管理实践,尤其是领导行为和领导模式产生的影响,首推儒家传统文化。儒家文化源远流长,厚重深远,占据了两千余年中国思想发展的统治地位,是中华文明的精神积淀。儒家思想与春秋战国时期的其他众多学说一样，都是面对社会的诸多问题而提出的治国理政的思想。不但影响了当时社会的发展，而且对当今中国人的价值观和行为有所塑造，当然也会对当下中国企业的管理实践产生影响。

儒家传统文化对现代企业影响的实证研究首推20世纪70年代很多学者的研究。当时"亚洲四小龙"（包括中国台湾、中国香港、新加坡和韩国）的崛起和经济发展震惊了世界。这些国家或地区社会发展的共同特点就是深受儒家传统文化的影响。因此，Silin(1976)、Redding(1990)等国外学者对台湾企业中的领导行为进行了观察与研究，发现了一些有异于西方的领导理念和行为模式。在此基础上，台湾学者Farh & Cheng(2000)基于长期对台湾企业领导行为的研究，总结出华人组织独特的家长式领导(Paternalistic Leadership)特征，即威权(Authoritarianism)、仁慈(Benevolence)及德行(Moral)领导，并分析了其深层的社会和文化根源。

中国的一些学者也研究了企业领导行为在中西方文化上的差异，并结合中国传统文化总结出相应的中国企业领导行为和模式，其中有代表性的研究就是CPM理论。CPM理论起源于日本学者Misumi(1985)的PM理论。Misumi认为，领导行为是团体机能的表现。团体有两大机能，一个是团体目标的达成，亦即团体的表现，Misumi将此称为P(Performance)机能；另一个则是团体的维系和强化，Misumi称之为M(Maintenance)机能。如果与美国俄亥俄学派的领导行为概念比较，P机能接近结构因素(Construct Initiation)，M机能则接近关心员工因素(Employee Consideration)。中国学者的研究接受了Misumi的概念，但他们认为领导效果不仅受到团体机能的影响，也受到领导者个人品格的影响，因此加入了C(Character)的概念，认为好的领导者应具备诚信正直、不图名利、用人唯才，且"先人之苦、后人之乐"等品德。这些正是儒家一贯倡导的价值观和行为模式。

时过境迁，改革开放四十多年后的今天，这些儒家传统价值观依然在领导者身上不断地体现。Wang et al.(2011)以中国企业的CEO为对象，进行了一系列研究，总结了在转型经济环境下，中国企业领导者的典型行为。研究发现，对企业绩效有影响的高层管理者由六类行为组成，包括设定愿景、监控运营、开拓创新、协调沟通、关爱下属、展示威权等维度。有意思的是，关爱下属和展示威权这两个维度印证了中国环境下家长式领导行为研究的发现，即根植于"人际导向"和"权力距离"等中国传统价值观之上的"恩威并施"领导行为依然存在于当今的企业管理实践之中(王辉等，2006)。

总之，无论是家长式领导，还是上述的 CPM 理论，以及高层管理者的"恩威并施"领导模式都是中国传统价值观在现代企业领导实践中的具体表现。这些与西方不同的价值观（在本书的第一章中我们会详细介绍），加之政治、经济、法律等规范的不同，必然导致在中国企业环境下，领导者的行为存在与西方企业管理者不同的领导行为与领导模式。尤其重要的是，尽管时代不断变迁，这些价值观还是都会以这样或那样的形式加以体现，既可以在企业中层领导者身上看到，也会在企业高层领导者的管理实践中有所体现。

除了价值观，与西方人相比，中国人独有的、具有悠久历史文化传统的、对现代企业管理实践产生影响的差别就是思维模式。大量的实证研究表明，西方人擅长逻辑思维，而中国人偏好辩证思维（Spencer-Rodgers et al., 2004; Spencer-Rodgers et al., 2010）。

中国传统文化中关注变化、接受矛盾、寻求联系的辩证思维，倾向于认为事物总是有正反两个方面，矛盾的存在不仅是正常的，而且是事物发展变化的根源，事物在不断发展变化，对矛盾的解决最好寻求折中的办法。而逻辑思维倾向于认为事物是相对稳定的，不能存在矛盾，矛盾一定会以某种非此即彼的方式得到解决。

辩证思维根植于传统的东亚文化，包括道家、儒家以及释家的认知方式（侯玉波和朱滢，2002；陈卫平，1992）。大量研究表明，具备辩证思维的人看待矛盾的事物并非"非此即彼"而是"亦此亦彼"，他们更能接受事物中包含的矛盾，更倾向于从变化联系的角度分析问题（Spencer-Rodgers et al., 2004；张晓燕等，2011）。辩证思维的内涵是对差异性的接纳、对动态性的预知和对独立性的整合（Hamamura et al., 2008; Peng & Nisbett, 1999; Spencer-Rodgers et al., 2009），在管理情境日趋动态、管理信息不断多样的今天，这种思维方式越来越展现出其智慧与魅力。基于此，我们认为辩证思维对高层管理者应对企业内外部环境和解决各种矛盾有着重要作用，能够帮助企业在变化莫测的市场竞争中脱颖而出。因此，本书基于这一中国传统文化的思维模式，提出辩证领导行为的概念，并对此进行系统和深入的实证研究。我们希望与上述有关中国传统价值观的研究一样，将中国传统文化中的宝贵精神财富用于解决中国企业所面临的实际问题，并采用国内外学术界接受的实证研究的方法，形成有中国特色的领导行为理论。

再回到本文的开头，四十多年的改革开放大幅提升了中国的经济实力，促进了基础设施建设和社会整体经济实力翻天覆地的改变，人们的生活水平有了显著的提升,获得感和幸福感不断加强,21世纪的中国焕发出强大生机活力,为解决人类问题贡献了中国智慧和中国方案。在这四十多年中,整个人类的历史也发生了十分显著的变化。《未来简史》的作者赫拉利这样描述人类进入21世纪以后取得的成就,"我们靠创造出越来越好的工具与昔日诸神竞争,在不久的将来我们甚至可能创造出超人类,不止在工具上远胜过昔日诸神,就连身体和智力也不落后于神"。因此,尽管本书提出的辩证领导行为是基于中国文化传统和中国当前的企业实践,但全世界的企业所面临的问题很多是一样的或是类似的,比如大数据对经济发展的影响、人工智能对企业管理的改变、不断变暖的自然环境、日趋加剧的行业竞争,甚至是不断出现的饥荒、瘟疫和战争。希望辩证领导行为也可以作为一种中国方案,用于解决国内外企业所面临的共同问题。

目 录

第一部分 理 论 篇

第一章 中国传统文化与中国情境下的领导行为及领导模式 / 3
    第一节 中国文化与领导行为及领导模式 / 3
    第二节 传统哲学思想视角下的领导行为与领导模式 / 5
    第三节 比较视角下的领导行为与领导模式研究 / 20
    第四节 传统思维方式视角下的领导行为与领导模式研究 / 25
    本章小结 / 27

第二章 中国传统文化中的辩证思维及对当代领导实践的启示 / 28
    第一节 传统哲学思想中的辩证思维 / 28
    第二节 道家思想中的辩证思维及启示 / 30
    第三节 法家与兵家思想中的辩证思维及其启示 / 34
    第四节 儒家思想中的辩证思维及其启示 / 40
    第五节 中国高层管理者的辩证领导行为 / 47
    本章小结 / 48

第三章 辩证领导行为的概念及结构 / 50
    第一节 辩证领导行为研究的意义 / 50
    第二节 辩证领导行为的案例分析 / 56
    第三节 辩证领导行为的质性研究 / 62
    第四节 辩证领导行为的概念及结构 / 70
    本章小结 / 75

第二部分 实 证 篇

第四章 国内外辩证领导行为的相关研究 / 79
第一节 辩证思维的相关研究 / 79
第二节 阴阳思维的相关研究 / 83
第三节 中庸思维的相关研究 / 86
第四节 其他有关辩证领导行为的相关研究 / 89
本章小结 / 98

第五章 辩证领导行为的测量 / 100
第一节 辩证领导行为初始量表条目的选择与确定 / 100
第二节 探索性因子分析 / 101
第三节 验证性因子分析及信度、效度检验 / 104
本章小结 / 108

第六章 CEO 的辩证领导行为及对企业绩效的影响 / 109
第一节 CEO 的辩证领导行为与企业绩效 / 109
第二节 CEO 的辩证领导行为与企业绩效：管理自主性的调节作用 / 115
本章小结 / 119

第七章 CEO 的辩证领导行为对企业绩效影响的机制 / 120
第一节 CEO 的辩证领导行为与企业绩效：组织双元性的中介作用 / 120
第二节 CEO 的辩证领导行为与企业绩效：企业战略柔性的中介作用 / 126
第三节 CEO 的辩证领导行为与企业绩效：高管团队决策质量的中介作用 / 129
本章小结 / 135

第八章 高管的辩证领导行为对团队的影响 / 137
第一节 高管的辩证领导行为对团队结果的影响及机制 / 137
第二节 辩证领导行为对团队结果产生影响的边界条件 / 148

本章小结 / 156

第九章　辩证领导行为的影响因素 / 157
　　第一节　"大五"人格对辩证领导行为的影响 / 157
　　第二节　谦卑和自恋对高管的辩证领导行为的影响 / 166
　　本章小结 / 178

第十章　创业者的辩证领导行为 / 180
　　第一节　中国初创企业的发展现状与问题 / 180
　　第二节　成功创业者的辩证领导行为访谈研究 / 182
　　第三节　创业者的辩证领导行为对企业绩效影响的
　　　　　　实证研究 / 189
　　本章小结 / 197

第三部分　实　践　篇

第十一章　现代企业管理实践中的辩证领导行为 / 201
　　第一节　与变化原则相关的辩证领导行为实践 / 202
　　第二节　与矛盾原则相关的辩证领导行为实践 / 210
　　第三节　与联系原则相关的辩证领导行为实践 / 216
　　本章小结 / 221

第十二章　辩证领导行为的提升与改进 / 223
　　第一节　提升与改进辩证领导行为的重要性 / 223
　　第二节　从个体层面提升和改进辩证领导行为 / 225
　　第三节　从组织层面改进和提升辩证领导行为 / 233
　　第四节　从社会层面提升和改进辩证领导行为 / 235
　　本章小结 / 238

参考文献 / 240

后　记 / 285

第一部分
理论篇

第一章 中国传统文化与中国情境下的领导行为及领导模式

本章旨在从文化视角梳理中国传统文化中的领导思想、观念和行为表现,同时,以文化比较的视角归纳和总结中国企业领导行为与领导模式的实证研究。重点关注的内容包括:① 道家、儒家、法家等中国传统哲学思想流派所蕴含的核心领导思想是什么,对当代中国企业领导行为有何影响;② 从比较的视角来看,中国独特的文化/情境特征如何影响当代中国企业管理者的领导行为与实践,文化特征如何体现或嵌入中国式领导行为研究,相关的领导行为对源自西方的领导理论有哪些修正和补充;③ 中国人传统的思维方式对中国企业领导行为有何影响,如何从传统文化中的辩证思维出发,构建中国高层管理者特有的领导理论与领导实践。

第一节 中国文化与领导行为及领导模式

文化是一个国家、民族的灵魂,文化自信是道路自信、理论自信和制度自信的基础。人文社会科学研究如何在现代化建设和经济腾飞的过程中坚守、传承、展现中华文化和民族精神的智慧、思辨、立场和审美,是构建中国本土理论、创造性转化和发展中国人自己的理论、不断铸就中国理论自信和文化新辉煌的重要议题。改革开放四十多年来,中国从一个经济欠发达国家崛起成为世界第二大经济体。在此期间,中国企业和企业领导者是重要的发展推动力,有关中国企业领导行为的讨论、概念、模型、理论和见解越来越多,系统地从文化视角回顾、解读和展望中国领导行为的研究和实践,对于中国企业助推经济发展和中国领导行为本土研究有着重要意义。

文化作为人类知识和思想体系的重要组成部分,是一个涵盖多角度、多维度的概念,不同的研究者基于不同的视角对其有不同的定义。例如,Kang & Feng(2013)认为,文化是人类社会演变的动态现象;Triandis(1993)认为,文化是团队的生存战略,是适应外部环境的成功尝试;Tsang(2007)指出,文化是一种认知现象、一种社会发展和一种共同的生活方式;Schein(2004)认为,文化是一群人在处理内部和外部问题时使用的一系列信念假设,这组信念假设可以传递到下一代,且这些信念假设可以从不同的思维方式和行为表现等方面中得以体现;Hofstede(2001)提出,文化是人们日常生活中的规范、信仰和价值观等的集合。以上这些定义都包含一些共同主题:文化是群体的生存和发展模式,是社会价值之所在,是指导群体行为的系统符号,对群体社会的发展具有系统而全面的影响。

长久以来,文化一直被认为是组织行为和管理实践的重要影响因素之一。领导行为和领导模式作为一种复杂的人际影响过程,存在于人类社会的各个角落,强烈地展现出文化、政治和经济的影响(Fu & Tsui, 2003)。文化异质性会直接影响领导行为的内涵、过程和有效性。中国深厚的传统文化塑造了中华民族的性格特征,是民族成员共同的价值观,对民族、经济和社会发展具有深远影响,是中国企业领导者的思想、行为和实践的重要源泉和坚实基础,影响了领导者的信仰、价值观和行为模式。要了解中国企业的领导,就必须从文化视角进行观察、分析和研究,深入挖掘中国深厚的传统文化如何嵌入中国领导行为的实践中(Tsui et al., 2004; Cheung & Chan, 2005)。

作为世界上为数不多的原生文化之一,中国传统文化是历代中华儿女在漫漫历史长河中,从生活及生产实践中形成的人文底蕴和精神财富,是中华民族处理人与自然、人与人、人与自身以及人与时间等关系中形成的价值体系和价值信仰,其本身具有非常丰富、复杂、多层次且富有活力、不断演变的内涵(Lin, 2010)。中国传统文化博大精深,不但包括中华民族深层的基本信念、价值导向和行为规范,还囊括了有象征性意义的多元化载体,例如,从儒、道、法等为代表的哲学思想体系、辩证思维和系统思维等思维方式,到文房四宝、丝绸、造纸术、印刷术等,任何单一版本的文化描述都难以刻画中国传统文化的全貌。本章中我们仅从与领导行为紧密相关的特定文化视角,试图勾画出现有中国领导行为的研究脉络,旨在让读者了解中国企业领导的文化根源,进一步指导中国企业管理者的领导行为与实践。

第二节 传统哲学思想视角下的领导行为与领导模式

传统哲学思想是中国文化体系最为重要的组成部分之一,塑造了包含领导者在内的所有人的思维模式和行为(Barkema et al.,2015;Ma & Tsui,2015)。虽然现有大多数关于中国领导行为与实践的学术研究都依赖于西方领导理论,但中国企业领导者即使是在瞬息万变的商业环境或跨文化情境下,其领导行为和实践也展现出领导者成长过程中所处社会的哲学思想特质。例如,Tsui et al.(2004)指出,中国企业家"百花齐放"的领导风格受到根深蒂固的传统道家和儒家文化的影响,表现出无形领导的特点。Ma & Tsui(2015)探讨了道家、儒家和法家三种中国传统哲学所蕴含的有关领导的基本思想与西方起源的领导理论之间的关系,并通过15位当代中国商界领袖的访谈报告分析了当前中国领导实践如何反映这些传统哲学思想。Liu(2017)对中国领导力研究、中国文化及其与中国领导的关系进行了综合评述,作为儒、道、兵、法、佛、西方文化价值观、社会主义价值观和自由市场价值混合体的中国文化影响着中国领导者实践。Li et al.(2018)发现,在跨文化情境中中国驻外管理人员的领导风格展现出中国传统的儒、道、法三家哲学领导思想的特征。

中国传统哲学思想的内涵丰富,漫长的文明历史造就了哲学流派的多元化,一部分学者认为,以儒家思想为正统的文化价值体系是中国传统文化的核心层;另一部分学者则认为儒家思想文化虽然在某个特定时期占据主导地位,但以法家为代表的其他思想始终烙印在社会各层面,随着社会发展不断演化,形成了以周易为思维内核,以儒家思想为主导、兼容道家、法家等的中国传统哲学思想体系(杨百寅和单许昌,2018),这些纷繁复杂的传统哲学思想虽然很难提供推理或经验支持,但却以隐喻、类比或举例子为中国企业领导行为提供了"规范性基础"。现有关于中国哲学流派这个多维思想体系与领导行为的相关研究主要围绕三条研究路线展开:第一条研究路线聚焦于挖掘、解读、诠释各个思想流派经典著作中所蕴含的领导思想/理论——以解读和诠释为中心,多为思辨研究。第二、三条研究路线致力于回答"中国各传统哲学思想如何影响当代领导行为/模式/实践"——以寻找联系或构建理论为中心。其中,第二条研究路线试图寻找这些哲学流派的核心思想要素与当代领导行为/模式/实践之间的关系(Ma & Tsui,2015;Fu et al.,2010;Jing & Van de Ven,2014;Li et al.,2018),多为比较研究;第三条研究路线以这些思想流派的核心思想为理论基础构建独特的中国领导理论,多为构建研究(张党珠等,2019)。下面,我们综合上述两个研究思路,围绕"各哲学思想流派蕴含的核心领导思想是什么"以及"这些核心领导思想与当代领导行为/模式/实践之间的关系是什么"这个框架,对道、儒、法、兵等各哲学思想流派与中国企业领导之间的关系进行梳理和阐述。

一、道家思想与领导行为

道家是起源于先秦时期的一种重要哲学思想流派,强调对宇宙和人类的整体研究,基本价值在于以"道"为核心追寻事物或道的本质,遵循自然法则,不过分干预事物发展的自然进程,其特点是利用宏观和微观两种方法对所有涉及的主题进行研究(Feng,2004;Zhang,1992),含有丰富的辩证思想和平衡思想,对中国乃至世界文化都产生了巨大影响。道家的代表性人物主要有黄帝、老子、庄子、管子等,代表性著作主要有《黄帝内经》《道德经》《庄子》《吕氏春秋》等。道家领导思想在政治上被一些统治者践行过,例如社会刚刚结束动乱建立新秩序的西汉"文景之治"时期采用道家学说治国,造就了盛世。道家蕴含着丰富的领导思想,其核心理念是道法自然,无为而治,事物总在矛盾两极之间的发展变化之中,上善若水往往是达到理想领导效果和追随者认同的最佳路径。道家在领导思想方面的论述主要涉及了领导的理念和原则、领导方式、领导者特征、权变领导等多个方面。

现有对于道家与中国领导之间关系的研究仍以理论探讨为主,定量研究和质性研究较少。首先,一些研究解读了道家核心思想与经典著作中蕴含的领导思想。例如,范庭卫和朱永新(1998,2003)从无为的领导原则、领导者类型、领导者品质特征、领导者的应变特征、善用众智的决策思想等多个视角理论分析了道家学派"遵循天道,无为而治"的领导思想。刘兵权和颜世富(2018)对比了道家"无为而治"的领导思想和西方超级领导理论(Super-leadership Theory)的共性和差异,指出二者的本质差异在于道家"无为而治"的核心是"不领导是为了领导",而超级领导理论的核心观点是"领导是为了不领导"。其次,另外一些研究剖析了道家思想与当代领导行为之间的关系,例如 Han et al.(2010)利用案例研究说明了道家思想与公仆型领导(Servant Leadership)之间存在的密切关系。Ma & Tsui(2015)从"治大国若烹小鲜"所蕴含的避免无用和反作用的领导理念、"自然而然地行事"的领导力更有效,以及无私领导三个视角论述了道教领导准则,并指出当前受道家哲学影响的中国领导者更有可能在实践中采取放任型领导行为、公仆型领导行为、真诚型领导行为、授权型领导行为或悖论式/矛盾式领导行为等。Li et al.(2018)在对跨文化背景下外籍管理者领导力的研究中也探讨了道家思想与放任型领导、公仆型领导以及授权型领导的关系。最后,还有一些研究以道家思想为理论基础,构建了中国特色领导理论。例如,李锐和朱永新(2006)以老庄"圣人,上善若水的七善"论述为依据,构建了包含社会美誉、平和心态、乐善好施、尊诚守信、化解冲突、才干非凡、善断天时七个维度的本土领导风格模型,并根据访谈结果编制了相应的问卷,证实了该领导风格对组织效能有正向影响。张党珠等(2019)运用扎根理论的三级编码方法对《道德经》中的领导思想进行了全文本分析,构建了道本领导理论模型,该模型包括道本思维、自然原则、上德行为与整体绩效四个维度(见图1-1)。

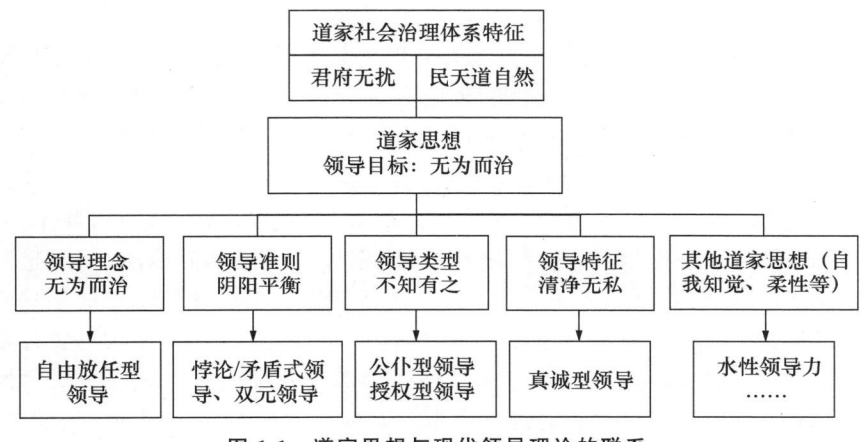

图1-1　道家思想与现代领导理论的联系

1. 无为而治的领导理念与领导行为

以老子为代表的道家核心领导理念是遵道无为,主张通过"不过分的干预"来达到社会治理的平衡。《道德经》中所提出的"以辅万物之自然而不敢为""治大国若烹小鲜""君无为于上,臣有为于下""将欲取天下而为之,吾见其不得已。天下神器,不可为也。为者败之,执者失之"等著名论述都表明了这种观点。领导者要尽量避免过多的行动,"有为"可能是无效甚至有害的,而顺应事物自然和本来的面目、性质和法则,以简单的方式去做反而可能获得理想的领导效果(Xing & Sims, 2012)。过分按照自我主观意识去干预和行动,制定过多的规则来规范行为,会导致人们总会找到违反这些规则的方法(Ma & Tsui, 2015)。当然这里的无为不是全然不作为,而是一种通过自觉顺从自然客观规律的"无为",最后达到"无不为"的领导理念。道家运用水形容一个看似无形或柔软的无为领导,它虽然不可见或柔软,但却无处不在,拥有攻击和破坏强硬东西的力量,能够滴水石穿且滋养万事万物,能够对周围环境和下属产生强大影响力。西方自由放任型领导理论在一定程度上反映了道家"无为而治"的领导理念(Eagly et al., 2003)。首先,自由放任型领导通常会避免做出重大决策,并缺席危机情况以免于承担责任(Eagly et al., 2003)。虽然现有研究发现自由放任型领导可能因为缺乏足够的领导,在工作场所内容易造成混乱和压力,导致下属对领导者满意度、工作满意度和领导效能感降低(Jung & Avolio,2000;Ma & Tsui,2015)。但这也恰恰说明无为而治的领导理念是有情境的,领导者要根据企业环境、企业发展阶段、员工特质、工作特质等情境"有所为,有所不为"。

2. 阴阳平衡的领导原则与领导行为

在哲学层面,道家源于周易,辩证思想深深扎根于道家(Peng & Nisbett,1999),用"道"和"阴阳"辩证地解释运行在时间与空间中宏观和微观的永恒链接及统一(Bai & Morris,2014),遵循"道法自然"和"阴阳转化"的整体世界观。道家认为世界是一个蕴藏着阴阳两性的整体,"一阴一阳谓之道","道"是本源:"道生一,一生二,二生三,三生万物。"而对立统一的"一阴一阳"则是推动万事万物发展的基本动力,阴阳既为整体,又可以此消彼长,相互推动和转化,共生共轭。老子提出阴性(消极性)和阳性(积极性)的原则以避免极端而偏离"中间道路",通过平衡对立面的共存保持和谐。这对于处于阴阳动态变化情境中的领导者来说,有效领导的基本准则是实现时间和空间(不同情境)、不同目标(不要过度强调任何一个目标)、群体权利(不偏向任何一个群体)(Ma & Tsui,2015)之间的"阴阳平衡",避免极端行动和通过平衡指导以维持动态的"阴阳之道"和谐。

道家这种强调阴阳平衡领导方式与近来兴起的兼容整合的悖论/矛盾式领导、双元领导等领导方式类似,随着外部商业环境复杂性和模糊性的日益增加,如何管理企业实践过程中的各种矛盾冲突情境成为领导者必须应对的挑战,有效的领导者总是那些能够在对立之间保持动态平衡的人。悖论/矛盾式领导强调基于"兼而有之"而不是"非此即彼"的悖论逻辑,对领导情境中看似对立互斥的行为模式进行动态切换(Smith & Lewis,2011;Zhang et al.,2015;Zhang & Han,2019),双元领导虽然从能力和行为两种视角对其定义和内涵的界定不同,但都是指将两种差异互补的领导行为纳入同一理论框架中以实现多重领导目标和环境需求(Rosing et al.,2011)。这些新型领导行为在承认各种客观矛盾的基础上,选择平衡、恰当的领导方式,与道家回避极端行为,走"中间道路"的阴阳平衡观高度契合。

3. 不知有之的领导方式与领导行为

领导者在领导方式方面应该做到不知有之的"辅万物自然"。《道德经》将领导的类型划分为四种:"太上,不知有之;其次,亲而誉之;其次,畏之;其次,侮之。信不足焉,有不信焉。悠兮,其贵言,功成事遂,百姓皆谓我自然。"最高明的领导类型应该是下属知道其存在,但是没有受到其做了什么的干涉,领导者能够像水一样,看似柔软或无形,甚至不存在,但又对所有的下属提供滋养和帮助,能够在尊重下属的基础上顺从下属的个性和做事之道。退而求其次的领导类型是能够获得下属的亲近和赞誉,再差一点的领导类型是让下属感到害怕,最差的领导类型是下属侮辱他,不信任他。

公仆型领导和授权型领导诠释了道家所主张的领导方式。道家这种支持下属、为下属提供帮助、鼓励下属自主和自我实现的领导方式与公仆型领导和授权式领导不谋而合。首先,公仆型领导鼓励追随者聪明地成长,富有创造力,实现自我目标而不是优先实现组织目标,并倡导领导者保持谦虚、宽容地为下属服务(Van Dierendonck, 2011),这些领导特质符合道家对领导者"不知有之"和"亲而誉之"的倡导。Han et al.(2010)在对公共部门的案例研究中论证了道家思想与公仆型领导关系密切。其次,授权型领导会向员工阐明工作意义,并基于下属会做出正确决定的信心给下属更大的自由权和决策制定权(Ahearne et al., 2005),通过对员工的情境授权和心理授权提高下属绩效和满意度,这与道家所提倡的领导者应该放弃对下属过多的直接干预而给予更多决定权的领导方式趋同。

4. 清净无私的领导者特征与领导行为

道家认为领导者首先要严格自我管理,《庄子》提出"身之不能治,而何暇治天下乎!"其次,领导者还要保持清净的品质,老子提出"重为轻根,静为燥君"。另外,领导者还要无私,善待所有的人,避免与追随者竞争,避免与追随者争夺财富和赞美。老子曾将领导者品质概况为:淡泊名利,抑制私欲,如果统治者贪婪成性,人民就难以治理。《道德经》向当时的统治者提出了一系列值得深思的问题:"名与身孰亲?身与货孰多?得与亡孰病?"

真诚型领导与道家提出的领导者清净无私的领导者特征不谋而合,真诚型领导者自身保持正直、诚实、忠于自己,能够认识到自己的缺点并努力克服它们,积极地与下属构建真实的关系,不以完美为标准要求下属,能够接受现实并基于现实采取行动(George, 2003)。这种领导者的自律和自省符合道家认同的领导者特征。

二、儒家思想与领导行为

儒家在中华文明发展史上是最具影响力的哲学流派,尤其是汉武帝时期提出"罢黜百家,独尊儒术"的政策后,儒家思想成为中国封建社会的主导思想。虽然其在近代发展过程中,尤其是面对西方列强的入侵,儒家思想经历巨大挑战和变化,但其核心思想已经深深潜入中国社会制度、政治制度、社会原则和个人行为中。儒家思想是伴随着中国农耕社会的发展而产生与演化的,其核心思想特征元素与中国社会的横向关系本位和垂直官本位特征密切相关,前者是以血缘关系和拟血缘关系为核心形成的差序格局网络结构,后者是以"命令—服从"为核心的垂直体系,这两种社会特征造就了儒家以恢复、保存和传承文明达到社会稳定和谐作为治理目标,以"德""仁""礼"等为治理机制的社会治理逻辑,以学习作为实现社会化的手段,形成了诸如仁、义、礼、智、信、和谐、等级、关系、顺从、孝、家和面子等为中心的核心价值观。儒家的代表性人物主要有创始人孔子、孟子、荀子等,代表性著作主要有《礼记》《诗经》《中庸》《论语》《孟子》《荀子》等。儒家领导思想在2000多年的历史上为统治者采纳过,并在统治过程中为了适应统治需要不断调整,某种程度上契合了中国封建社会制度和治理模式。儒家领导思想以"修己安人"为目标,以"德""仁""礼"三种治理和领导机制为核心,通过对道德引领和人性教化实现领导效能,是一种人本主义领导方式。其中,"德"治理和领导机制要求领导者"道之以德",以德为本加强自我内部控制,修身的同时发挥榜样作用;"仁"治理和领导机制要求领导者做到以"仁"为本,教化、尊重和发展下属;"礼"治理和领导机制要求被领导者"齐之以礼",服从权威和尊重仪式,并维护集体利益和社会等级制度等外在控制机制。

  现有关于儒家对中国领导者的影响研究也主要以理论探讨为主,定量研究和质性研究零星出现。首先,一些研究解读了儒家核心思想与经典著作中蕴含的领导思想。例如,张素玲(2006)认为,先秦儒家领导思想主张仁爱、为政者修身,重视道德教化和礼的规范化。原理(2015)阐述了儒家思想所蕴含的德行领导观,并指出其适合作为构建中国本土伦理领导力的设想。其次,另外一些研究剖析了儒家思想与当代领导行为之间的关系,例如 Li et al.(1999)发现,与西方文化对比,儒家意识形态塑造了中国独特的领导实践,特别体现在"关系"和"群体内/群体外"等群体动态方面。Fu & Tsui(2003)发现,中国政府仍倡导如"五伦"、服从、中庸、仁义和正义等儒家价值观。Tsui et al.(2004)发现,中国企业CEO体现了儒家价值观中根深蒂固的领导力属性。Cheung & Chan(2005)通过CEO访谈发现,CEO领导实践是以儒、道、墨和法家四大哲学思想为基础的,其中受到儒家文化的影响,受访者表现出仁爱、忠诚、好学、和谐、忠诚、谦卑和正义的领导风格。Lin(2008)对中国文化与领导力的学术文献进行了全面的回顾,发现儒家、集体主义和共产主义这三种价值体系为中国的领导实践提供了思想基础,集体主义在跨文化的中国领导研究中得到了关注,但儒家思想和共产主义为未来中国领导力研究提供了潜在的途径。Glenn et al.(2014)提出了一个整合模型,在该模型中分析了变革型领导的魅力化影响、感召力、智力激发和个性化关怀四个概念维度与儒家哲学思想的相似之处。Ma & Tsui(2015)从领导美德、领导者榜样、差异化角色、尊重和发展下属、以德才兼备的方式找到和提升管理者等方面分析了儒家思想中蕴含的领导思想,并指出当前受到儒家哲学影响的中国领导者更有可能在实践中采取变革型领导、家长式领导、领导成员交换、对下属的个体化考虑等行为。Li et al.(2018)在对跨文化背景下外籍管理者领导力研究中也探讨了儒家思想与家长式领导和变革型领导的关系。最后,还有一些研究以儒家思想为理论基础,构建了中国特色领导理论。例如,成中英等(2014)在深入剖析儒家核心价值精髓和政治领导力经典模型的基础上,提出了儒家政治领导力新模型,并在全球化背景中对该模型进行了分析。Chen et al.(2017)基于儒家对等级制度控制和尊重、培训和发展员工并重的思想,提出了一个新的混合领导概念——指令型领导(Directive-achieving Leadership),既反映了中国领导者对领导层级的控制,也包含了对下属的教导、培训和成就,并利用两个实证研究验证了其结构的有效性,以及指令型领导可以通过角色清晰度和基于认知的信任对下属的工作绩效产生积极影响(见图1-2)。

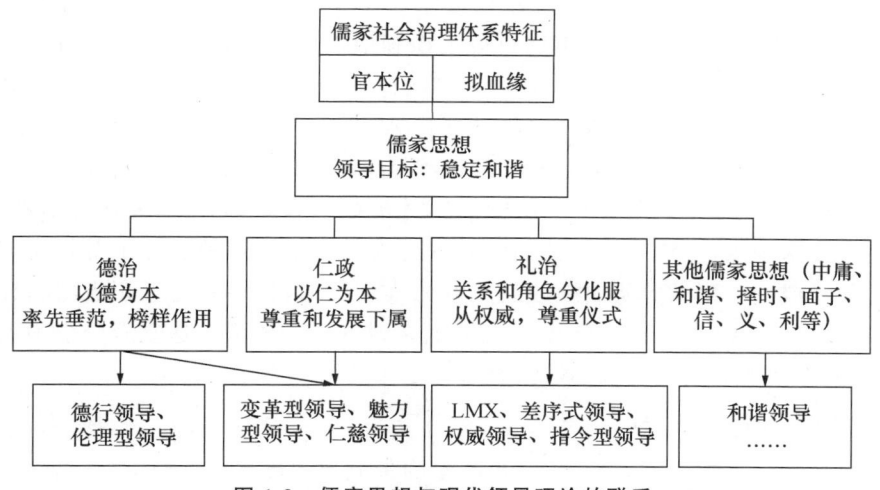

图1-2 儒家思想与现代领导理论的联系

1. 德治与领导行为

儒家主张"德治",以德为本治理国家或领导下属往往能够达到比严刑峻法更优的和谐效果。例如,《论语·为政》中就指出:"道之以政,齐之以刑,民免而无耻;道之以德,齐之以礼,有耻且格。"统治者和领导者用政令和刑法来规范民众,民众会设法逃避法律以免于惩罚却没有廉耻之心,而以德和礼来引导民众,民众不仅会有羞耻之心,还会有归附之心。这就要求领导者不但要以德为本,通过不断学习,努力加强自我修养和道德价值观(如仁、仪、礼、智、信),还要以身作则发挥榜样作用以保证有效领导和实现人际关系"和谐"。

(1) 以德为本的领导者品格与德行领导：儒家强调领导者必须高度重视美德，强调以德为本，修己以安人。理想中儒家领导者通过不断的学习和自省修成"君子""苟正其身矣，于从政乎何有？不能正其身，如正人何？"（《论语·子路》），为政者要"修己以敬""修己以安人""修己以安百姓"（《论语·宪问》）。通过自我道德和素养的不断提高，由内而外地达到"为政以德，譬若北辰，居其所而众星共之"《论语·为政》，实现"以德服人者，中心悦而诚服也"（《孟子·滕文公上》），依靠道德的力量而非强权的方式带领下属实现组织目标，达到"修身、齐家、治国、平天下"的效果。德行领导、伦理型领导、家长式领导和 CPM（Character，Performance，Maintenance）的德行领导维度等（Farh & Cheng，2000；凌文辁等，1987；原理，2015）都反映了儒家思想以德为本的领导品性，领导者个人表现出的个人操守和修养，能够获取下属的景仰与效法，达到以德服人、以德昭人的领导效果。

(2) 率先垂范的榜样作用与魅力领导：儒家提出"政者，正也"，领导要以身作则，做出表率，以便他们的下属可以认识到他们的价值观并模仿他们的行为。"其身正，不令而行；其身不正，虽令不从"（《论语·子路》），"政者，正也。子帅以正，孰敢不正"《论语·颜渊》），"若安天下，必须先正其身；能自制，后可以制人；能治人，然后能为之用"《论语·子路》，领导者从政、作为领导人的关键首先要正派，成为民众或下属的榜样，率先垂范，才能政行令从，如果不能成为榜样，没有资格要求别人，也难以引领他们尽心竭力地做事情。这种榜样示范作用与魅力型领导或变革型领导所倡导的品质魅力维度类似，领导者通过积极的榜样和个人魅力产生吸引力（Bass，1985），并通过激动人心的语言传达富有吸引力的愿景，激发下属的高层次需求、激情、尊重和工作潜能。

2. 仁政与领导行为

"仁"是儒家的核心思想，也是最基本的价值观和最高的道德境界，是孔子针对当时所处充满纷争与混乱社会所提出的社会政治伦理思想标准。为了达到稳定与和谐，统治者要通过施仁政，敬天佑民得民心，通过修身和仁政的"人治"方式"安人"以维护社会等级制度和人际关系，实现国家的长治久安、推动文明和礼仪的保持和传承。仁的含义非常丰富，包括"克己复礼为仁"（《论语·颜渊》），"忠孝为仁""爱人为仁""恭宽信敏惠为仁"（《论语·阳货》）等。这种仁爱理论扩展到领导领域就意味着领导要以人为本，尊重、关心、理解和发展下属。

尊重和发展下属与仁慈领导和个性化领导，在领导过程中施仁政和仁爱表现为尊重下属和支持下属发展。儒家强调用尊重的方式来管理，引导和鼓励普通民众的自修和成长。实施仁爱一方面包括"己所不欲，勿施于人"（《论语·卫灵公》),领导者要有尊严地对待下属,不能将己所不欲施加于下属,受到尊重的下属会给予领导者以回报,有利于形成开放、信任的组织文化。另一方面领导者要"己欲立而立人,己欲达而达人"(《论语·雍也》),领导者要尽己之力以助下属,关注下属的需求和个性,对下属的个人福祉做出个性化、长久、全面的关怀,并营造和谐的上下级氛围,帮助员工成长和成功。这两种仁爱机制都能够让领导者激励下属不断改进,追求卓越。家长式领导行为的仁慈领导维度(Farh & Cheng, 2000)与变革型领导(Bass, 1985)的个性化关怀维度体现了儒家仁爱思想的这种对下属的尊重和发展。仁慈领导的核心就是关心和理解下属,宽容下属,减少约束,为员工创造一个宽松的环境,而变革型领导的个性化关怀则是通过下属提供鼓励、支持、创造学习机会等激发下属更高层次的潜能,实现下属更好的发展。

3. 礼治与领导行为

在儒家思想中,礼是实践管理的前提,礼、德、仁三者统一是社会和谐的基础。"道之以德,齐之以礼"(《论语·为政》),"克己复礼为仁"(《论语·颜渊》),"礼"是对"德"的补充,是对"仁"的履行和实现,"仁"是"礼"的内在依据和"德"的最高境界,三者共同维系了中国古代封建社会以集体主义、关系主义等为特征的横向差序人际关系格局和纵向等级命令服从体系,有效地管理了人们的社会地位角色和社会职能分工。"礼"包含两层含义,一层是表象的礼仪和典礼,是程序化的社会规范;另一层是深层次的社会规范,是基于人们在生活和工作中必须遵守的规则的集合,规定了一个人在家庭和社会中的地位和等级,调节人类交往各个方面适当行为的仪式化规范,起着规范人们行为的作用。领导者必须根据中国文化中既定的准则处理各种关系,这样才能赢得尊重,中国人更倾向于信任自己、尊重遵守规则的上级,当上级也尊重他们时,他们更倾向于在工作中投入额外的精力。这意味着领导者必须尊重社会规则以管理组织,否则,领导效能将低于预期。从本质上说,礼是领导者规范下属行为、将影响力传递给下属实现工作成果的一个重要强化机制。

(1) 关系和角色分化与领导—部属交换(Leader-member Exchange, LMX)和差序式领导:儒家强调人与之间关系、群体取向和五种基本角色关系的和谐统一,人与人之间既要做好角色分化——根据不同的"礼"扮演好各自的社会角色并承担相应的责任和义务,也要基于"礼"构建彼此之间的角色关系。一方面,儒家强调采用"道德礼仪"划分"群",对民众实施角色分化,"能群"乃"君者"(《荀子·君道》)。角色分化的基础是着眼于君臣关系、父子关系、夫妻关系、亲兄弟关系和朋友关系的五种基本角色关系,这五种角色关系之间的"礼"是由"君为臣纲、父为子纲、夫为妻纲、长幼有序、新旧有别"的"五伦"规定的,"五伦"预先设定好了各个角色之间的社会规范。另一方面,关系在中国文化中是极其重要的。建立和保持人际关系是中国人的基本生存策略,热衷于建立和维护社会网络,并且寻求相互支持是中国文化中的普遍现象。在领导实践中,中国领导人不但要"能群和善群",还要对不同群体实施不同的"礼"来处理各种各样的关系,并利用这些关系来实现领导目标。因此,为了实现领导目标和维持人际关系和谐,儒家领导者需要与社会网络中不同的角色发展不同关系,差别对待不同角色。这种差别化对待不同角色的领导思想也反映在领导—部属交换理论和差序式领导理论(姜定宇和张菀真,2010)中,两种理论都指出领导者要根据下属不同的情况和需求差别对待,发展不同关系,属于自己人的群体享受更高品质的领导者支持、上下级关系和绩效评价。

（2）服从权威和尊重仪式与权威领导和指令型领导:儒家通过"礼"规定了上下级在等级关系中相互的和对等的角色责任,即上级要规范下属,确保下属行为得体、出类拔萃,下级要尊重、忠诚、服从上级。在中国,上级更倾向于规范、培训下属,要求下属成功。在儒家伦理的五种基本关系中,父子关系仅次于统治者与臣民的关系,其重要性远大于夫妻关系、兄弟关系、朋友关系。父亲的权威远大于家庭其他成员的权威。父亲是家庭的中心,拥有绝对的权力,孩子们必须毫不妥协地服从父母,而在中国传统领导中,领导与下属的关系就像父子关系。因此,中国领导人的典型特征是对领导等级的指挥和控制,这种领导风格反映在以绝对控制和下属毫无疑问地服从为特点的权威领导和指令型领导中(Farh & Cheng,2000;Chen et al.,2017)。当然,权威领导主要强调领导者在上下级之间的关系中扮演父亲角色,对下属的绝对控制和支配;而指令型领导强调领导者在等级控制的同时,扮演指导者角色对下属给予培训、指导和支持。

4. 其他儒家思想与领导行为

除了上述儒家思想中所蕴含的领导思想,中庸之道、和谐、择时、面子、信、义、利等体现儒家哲学思想的观点对当代领导行为也存在影响。例如,孔子认为"中庸之道"是领导者需要坚守的重要理念之一,中庸是领导者的最高德行,要求在领导过程中坚持适度原则,不偏不倚,适其时,取其中,得其宜,合其道,在坚持原则的同时保持灵活的做事方法,避免走极端。同时,领导者在行为选择上也要做到平衡,既要展现智慧、耐心、毅力和宽容等"软"品质,也强调勇气、魅力和纪律等"硬"形象,在矛盾行为之间保持平衡,而不是努力消除一方。和谐是儒家治理社会的目标,"礼之用,和为贵,先王之道,斯为美"(《论语·学而》),"天时不如地利,地利不如人和"(《孟子·公孙丑下》),"上不失天时,下不失地利,中得人和,而百事不废"(《荀子·王霸》)。"和"是实现领导效果的最高目标,这对于现代领导者来说,需要通过不断地调配资源,鼓励员工发展、调动员工积极性等一系列协调和妥协活动,降低员工不满意度和减少组织冲突,达到领导者与其下属之间的和谐。简而言之,未来研究应对儒家思想对现代企业领导行为的启示进一步挖掘。

三、法家思想与领导行为

法家思想起源于春秋时期,形成于战争频发、各诸侯国试图通过变法图强在战争和对抗中取得优势地位的战国中后期。法家与道家在人性自然的假设基础上追求"无为而治"的治理理念不同,也与儒家在人性向善、可教化的假设基础上追求"仁政和德治"实现社会和谐的治理不同,法家思想建立在人性自利和邪恶的假设基础上,追求"以法治国"的集权统治理念,主张依靠军事力量和法律规则维护社会秩序,强调明刑尚法,信赏必罚,高度重视运用法、术、势三种方式控制和操纵他人以达到统治目的。法家的代表人物包括李悝、吴起、商鞅、慎到、申不害、韩非子和李斯等。其中,韩非子是法家思想的集大成者,他在学习和整合了商鞅的法、申不害的术、慎到的势等思想后建立了完整的法家理论体系。法家代表性著作主要有《韩非子》《商君书》《申子》《慎子》等。法家治理思想对战国时期各国创新求变,富国强兵,乃至秦始皇统一六国,建立中央集权专制的封建国家起到了重大作用,并在秦始皇统治时期达到了鼎盛状态。虽然法家思想作为国家意识形态在西汉时期被儒家思想替代,但其核心精神在两千多年的封建社会乃至当代社会和企业治理中始终占据重要地位,与儒家思想共同构成了外儒内法、内圣外王的封建官僚体系的治理基础。法家的领导思想以"君主集权统治"为目标,在人性自利假设的基础上,强调综合运用法、术、势三种"帝王之具"构建制度、操控下属、树立权威以实施领导,是一种以法为中心掌控权力、加强控制和实施为导向的法治和权治主义领导方式。

现有探讨法家思想与领导行为之间关系的研究较少,且主要采取了理论探讨的形式。首先,一些研究解读了法家核心思想与经典著作中蕴含的领导思想,如陶新华和朱永新(2002)在对法家人性理论与管理策略详细讨论的基础上,从法、术、势三个方面概括了法家的领导思想,提出领导者应该加强诱导人性善恶,做"行法、操术、乘势"三位一体的"明君"。Witzel(2012)探讨了韩非子著作中的法家基本原则和奖惩手段,以及有关领导性质、领导者职责、领导者与下属之间关系等领导思想和理念。其次,另外一些研究剖析了法家思想与当代领导行为之间的关系。例如,Ma & Tsui(2015)从"权力的重要性、实施和控制"两个视角论述了法家领导思想,并指出当前受法家哲学影响的中国领导者更有可能在实践中采取创建结构(Initiating Constructs)、交易型领导行为、官僚型领导行为等。Li et al.(2018)指出,交易型领导的奖惩理念与法家的核心领导思想一致。最后,还有研究以法家思想为理论基础构建了领导力模型。张弘和陈浩(2016)基于法家法、势、术三位一体的结构和团队建设的现代管理理念,构建出一个由制度力、权威力、执行力、识人力、影响力和前瞻力六力组成的领导力一体循环模型(见图1-3)。

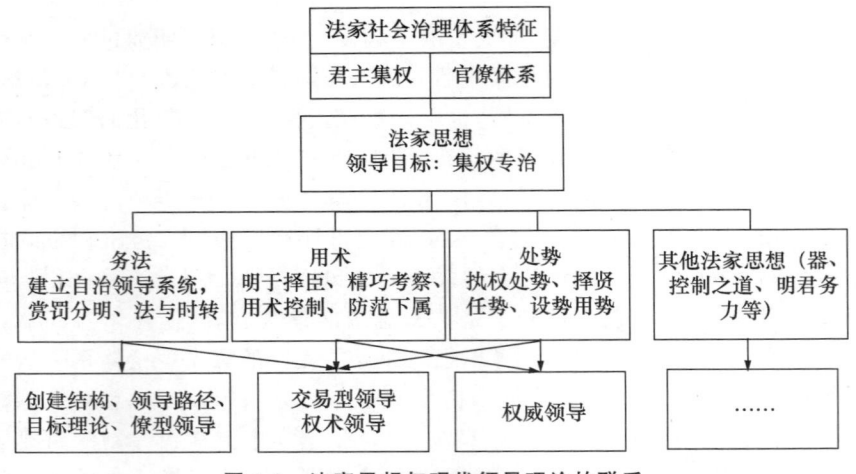

图1-3 法家思想与现代领导理论的联系

1. 务法——建立和维护赏罚分明的领导系统

法家思想建立在人性自利和本恶的假设之上,法治而不是德治和礼治是建立和维持社会秩序的最有效途径。"释法术而任心治,尧不能正一国。去规矩而妄意度,奚仲不能成一轮。废尺寸而差短长,王尔不能半中。使中主守法术,拙匠守规矩尺寸,则万不失矣。"(《韩非子·用人》)因此,法家视角下的领导是以法(规章制度)为基础的,领导的本质是建立和维护规则制度体系。该体系是衡量和规范下属行为的客观尺度与标准,是一套在严格的赏罚规则下运行的自治等级系统。这套自治系统包含四个关键要素,一是将判别赏罚的行为标准编制成册,赏罚分明,通过明确的赏罚规则规范下属行为。"明主之所以导制其臣者,二柄而已矣。二柄者,刑德也。何谓刑德?曰:杀戮之谓刑,庆赏之谓德"《韩非子·二柄》)。二是公布于众,"法者,编著之图籍,设之于官府而布之于百姓"《韩非子·难三》。三是执法从严,下属都要遵守规则,一视同仁,主张不论亲疏、贵贱、上下、尊卑,"一断于法"(《商君书·赏刑》)。"刑过不避大臣,赏善不遗匹夫"(《韩非子·有度》)。四是规章制度需要定期审查和改变,以适应不断变化的环境。"法与时转则治,法与世宜则有功"(《韩非子·心度》)。法家这种通过建立和实施严格规则制度以实现有效领导的思想在现代组织中得到了广泛应用——领导者建立分工结构,设立规则,明确角色责任会提升领导效率和有效性。创建结构、领导路径理论以及官僚领导三种领导模式与法家这种理念高度一致。创建结构要求企业建立规则制度体系,明确定义领导者的角色和职责(House et al.,1971)。领导路径目标理论认为要通过"澄清目标和程序,减少障碍和陷阱,理解和协调员工需求提高领导效果"(House et al.,1971)。官僚领导认为应该建立一种以明确角色和制度化规则为基础的理性领导模式,并通过规范性制裁加以实施(Weber,2009)。

2. 用术——控制、监督和驾驭下属

术是领导者根据"人性自利"和"法"驾驭下属的手段或方法,是一种领导技能或政治手段。法家认为君臣之间在利益上存在根本矛盾,领导者必须"操术以御下",对下属进行有效的控制和监督。"臣与主之利相异者也……主利在有能而任官,臣利在无能而得事;主利在有劳而爵禄,臣利在无功而富贵;主利在豪杰使能,臣利在朋党用私"(《韩非子·孤愤》)。与"法"公布与众不同,"术"藏于心,包括三方面内容:一是在选拔任用中要讲求"明于择臣""因任而授官"(《韩非子·定法》),领导者要根据"才能"招聘和任用下属,并授予相应的职位。二是在监督考核方面要讲求以暗藏不漏的方法考察下属行为。"道在不可见,用在不可知虚静无事,以暗见疵""函掩其迹包藏其形迹,匿其端,下不能原去其智,绝其能,下不能意"(《韩非子·主道》),领导者要在下属没有觉察,没有警惕心的情况下暗中考察下属,这样下属表现才更加真实,不伪饰。同时,领导者行事要包藏形迹,将情绪、智慧、才能、欲望等隐藏起来以防下属操控自己。三是在驾驭下属方面要讲求以精巧的手段防范、控制和反奸下属。这些精巧的手段主要包括使用"众端参观、必罚明威、信赏尽能、一听责下、疑诏诡使、挟知而问、倒言反事"七术,和慎查"权借在下、利异外借、托于似类、利害有反、参疑内争、敌国废置"六微(《韩非子·内储说》)。领导权术和交易型领导与法家这种基于人性自利进行管理下属理念吻合,领导权术是法家用术思想的具体体现,交易型领导通过利用下属利益吸引下属与领导者之间建立交换关系,以奖惩诱导员工实现组织目标(Eagly et al.,2003)。

3. 处势——树立和运用领导权威

势是指权威或权力,是领导者实施统治或领导的依托,是迫使下属服从的一种强制力。"势者,胜众之资也"(《韩非子·八经》),"夫有材而无势,虽贤不能制不肖"(《韩非子·功名》),"桀为天子,能制天下贤也,势重也。尧为匹夫,不能正三家,非不肖也,位卑也"(《韩非子·功名》)。有材无势,有品无势,皆不能成为领导者。只有掌握一定权势,占据特定职位的人,才能够发挥领导作用。因此,领导者要任其势,树立权威,善用权威臣服和影响下属。领导权势的巩固和领导作用的发挥包括三方面内容:一是执权处势,"权势不可以借人"(《韩非子·内储》),领导者必须独揽大权,保持权威,没有势的领导者易被架空,难以强力推行法治。二是择贤任势,"贤者用之天下治,不肖者用之则天下乱"(《韩非子·难势》),"势"要为具备一定贤能的领导者所用,否则难以发挥势的权威作用。三是设势用势,领导者要积极利用"法"和"术"打造、巩固和增加"势","抱法处势则治,背法去势则乱"(《韩非子·难势》),领导者要利用法的赏罚,术的权谋增加权威以更好地影响和控制下属。权威领导反映了法家这种利用"势"实现领导效果的思想,强调通过向下属展现权威、实施严格控制、贬抑下属能力、教诲行为等实现领导目标(Farh & Cheng,2000)。

四、兵家思想与领导行为

兵家是春秋战国时期各国在军事竞争中发展起来的思想流派,以研究作战和用兵为主要宗旨,强调利用谋略和计策巧妙地取得战争胜利。兵家提出了一系列战略、战术、组织、指挥和领导原则,蕴含丰富的唯物论和辩证法思想。兵家的代表人物主要有孙武、孙膑、吴起、尉缭等,主要著作有《孙子兵法》《孙膑兵法》《吴起》《尉缭子》等。其中,孙武的著作《孙子兵法》最具代表性,被广泛传播和研究,在军事及战略管理领域备受推崇。兵家思想对战争和治兵经验进行了总结,具有丰富的领导思想,例如谋略、权变、领导者特质、领导职能等。

现有的兵家思想研究主要集中在军事、战略管理、项目管理、市场竞争等领域,探讨其领导思想的研究较少,形式也较单一。第一,仅有的少量研究以思辨形式解读了兵家思想与经典著作中蕴含的领导思想。例如,Vlado et al.(2012)从理论上探讨了《孙子兵法》中蕴含的领导思想对领导力的影响,指出孙武所提出的领导理论本质上是一种战略领导理论,应当从整个组织层面关注领导的合法性、运行制度、下属追随、团结和士气,强调通过创造内外部战略情境获取有利位势。第二,仅有金子璐(2017)一篇文献从比较视角入手,对孙子"为将五德"、西方心理学六大美德、盖洛普优势提出管理者优势34项三套体系进行了要素指标分析,发现东西方关于领导者要素要求具有高度相似性。此外,暂时没有研究以兵家思想为理论基础构建中国特色领导理论(见图1-4)。

1. 谋略思想与谋略领导和战略型领导

兵家思想重视谋略和"庙算",强调利用"五事""七计"周密研究和谋划,达到

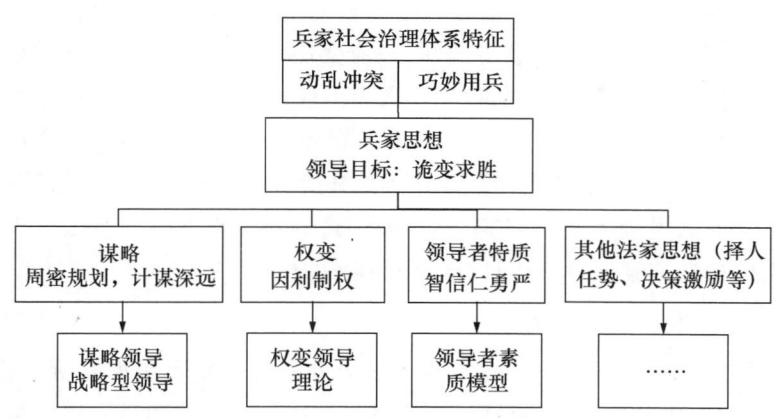

图1-4 兵家思想与现代领导理论的联系

"知己知彼,百战不殆"的领导效果。《孙子兵法·始计篇》中指出"故经之以五事,校之以计而索其情:一曰道,二曰天,三曰地,四曰将,五曰法……凡此五者,将莫不闻,知之者胜,不知者不胜。故校之以计而索其情,曰:主孰有道?将孰有能?天地孰得?法令孰行?兵众孰强?士卒孰练?赏罚孰明?吾以此知胜负矣"。领导者要具备以谋略取胜的大局观,通过对"五事""七计"的认真分析,根据实际情境做出最优决策。谋略领导和战略型领导反映了兵家思想提前筹谋规划的思想,前者是指领导者要通过独特的谋划能力影响企业,后者是领导者通过对战略情境的系统把控,任势、借势和造势实现最佳效果。

2. 权变思想与权变领导理论

兵家思想是针对战争而发展出来的哲学思想,权变思想始终是其核心。"势者,因利而制权也""兵者,诡道也"(《孙子兵法·计篇》),"夫兵形象水,水之形避高而趋下,兵之形避实而击虚,水因地而制流,兵因敌而制胜。故兵无常势,水无常形,能因敌变化而取胜者,谓之神"(《孙子兵法·虚实篇》)。领导者只有不断审视千变万化的环境,根据实际情况和有利形势,兼顾下属心理变化,随机应变制定各种策略和方案,才能实现用兵如神的领导效果。权变领导理论与兵家的权变思维较为一致,领导者根据领导者自身、被领导者的实际情况和环境的具体情境选择领导方式。

3. "智信仁勇严"的领导者特质与领导者素质模型

兵家思想中包含了许多对理想领导者属性的描述。孙子兵法中系统论述了"将者,智信仁勇严也"(《孙子兵法·计篇》)的领导特质观,将其作为选择领导者的主要标准。其中"智"是对领导者最重要的品质要求,领导者必须具备经之以五事,灵活处理复杂、易变环境的知识、应变能力和谋略能力。"信"是指领导者要赏罚有信,并且信任下属才能有效激励下属。"仁"是指领导者对下属要仁慈,才能实现"上下同欲者胜"。"勇"代表了领导者的勇敢坚定,这对竞争的胜利和战略的执行必不可少。"严"要求领导者对待下属纪律严明,避免"厚而不能使,爱而不能令,乱而不能治"的混乱局面。这五项领导者特质要求对于领导者素质模型的构造和领导者选拔具有深刻的启示意义。

4. 其他兵家思想与领导行为

兵家思想中对选用人才、激励人才、权力分配等领导思想也有所讨论。"择人而任势"的人才选用观,要求领导者要"依势"或"造势"选择适于担当重任的人才。领导者还要采取文武兼施、德威并重的激励措施,即"故令之以文,齐之以武,是谓必取,令素行以教其民,则民服;令不素行以教其民,则民不服。令素行者,与众相得也"《孙子兵法·行军篇》,体现了这种激励思想和原则。另外,兵家思想还强调各级领导者之间要做好领导权力的分配,明确上下级职责范围,反对上级过多干预下级工作和越权行事,而是认为"将能而君不御者胜"。

五、其他思想与当代领导行为

除了上述儒、道、法、兵四家在中国历史长河的领导实践中起过重要作用的哲学思想流派,其他传统哲学思想对中国领导行为实践也具有重要的启示作用。例如创立于战国时期的墨家学派,体现了中国传统哲学中追求平等和爱好和平的思想,提倡君主采用"兼爱非攻、尚贤尚同"的领导方式,并发展出功利主义的思想,重视生产制造。但墨家思想仅被封闭的墨家群体拥护,未被统治者实践过,在领导行为研究领域被关注的较少,仅有研究探讨了墨家领导的组织管理思想和心理思想(朱叶楠,2017)。此外,王东(2016)还以《淮南子》中的精神理论为例探讨了中国古代思想中关于领导力建设的内容。

第三节 比较视角下的领导行为与领导模式研究

上述这些总结是基于中国传统文化中蕴含的领导思想及对当代领导行为的启示,然而,如何从实证的角度验证这些领导行为与领导实践是否有效,并从比较的视角总结和归纳现有的领导行为研究,并在此基础上,研究并发展中国特有的领导行为理论,是本书的宗旨和目的。

每一种事物的本质都映现在它的对方内,它自己的存在只由于对方存在(黑格尔,1980)。领导行为内嵌在社会文化情境中,理解、把握和评价中国领导行为的另一条路径是将西方文化这个"对方"之物作为参考系,通过寻找中国文化和实践情境的特殊性挖掘中国独特的领导行为。这类研究主要围绕两条路径展开,第一条路径是修正式/改良式研究——将西方文化这个"对方"之物作为参考系,从东西方文化特征或情境的比较入手,致力于探寻中国当代情境的独特特征对领导行为模式的影响,对西方领导理论进行修正/改良式研究。

随着改革开放后中国经济的快速发展和中国企业的发展壮大,中国管理学和领导学也得到了迅速发展,企业实践人士和研究者们在学习西方理论并在中国情境中验证西方理论的同时,逐步开始意识到东西方文化的重大差异,意识到西方领导理论所隐含的独特文化传统和历史背景难以完全适合中国情境,用西方领导理论难以完全解释和勾画中国企业中的领导现象。因此,越来越多的研究者开始呼吁开展有关本土化的研究(Tsui, 2009; Barney & Zhang, 2009),与西方文化特征和情境的比较研究成为一种主要的研究模式,开展能够反映独特中国传统文化特征及情境的研究成为中国本土领导研究的主要路径。根据理论构建层面上与中国文化或情境特征相融合的程度不同,这类研究可以称为第二种途径,即构建式研究。

1. 修正式/改良式研究

这类研究的基本思路是"西方领导理论—中国文化或情境特征修正/改良—实践过程解读",即将西方的领导学理论在中国文化特征或情境中进行本土化修正/改良,并进而用修正/改良后的领导行为对中国领导行为实践过程进行解读,研究背后的逻辑是"领导的中国理论"或"领导理论在中国"。这类研究是"比较弱本土研究"(曹仰锋和李平,2010),将研究重点放在探寻、发展以及更好地解释领导理论在中国文化特征/情境下的独特本土表现。例如,陈文晶和时勘(2014)将基于西方情境所提出的交易型领导的权变奖酬和例外管理两个维度结构,在中国文化背景下改良为一个包括权变奖励、权变惩罚、过程监控和预期投入在内的四维结构。Ou et al. (2014)把谦卑型领导行为从正确的自我认知、欣赏他人的优点和贡献、可教性、低自我中心的四维结构扩展为自我知觉、对反馈的开明、欣赏他人、卓越的自我概念、低自我中心、追求自我超越的六维度测量结构(见表1-1)。

表 1-1 中西比较—修正式研究示例

领导理论	西方维度	修正式中国领导行为研究
变革型领导行为	领导魅力、愿景激励、智力激发、个性化关怀(Bass & Avolio,1992)	德行垂范、愿景激励、领导魅力、个性化关怀(李超平和时勘,2005)
交易型领导行为	权变奖酬、例外管理(Bass,1985)	权变奖励、权变惩罚、过程监控、预期投入(陈文晶和时勘,2014)
谦卑型领导行为	正确的自我认知、欣赏他人优点和贡献、可教性、低自我中心(Owens & Hekman,2012;Owens et al.,2013)	自我知觉、对反馈的开明、欣赏他人、卓越的自我概念、低自我中心、追求自我超越(Ou et al.,2014)
公仆型领导行为	与下属建立关系、帮助下属成长和成功、授权下属、把下属放在第一位、行为符合道德规范、概念技能、为组织之外的人创造价值(Ehrhart,2004;Walumbwa et al.,2010)	尊重员工、关心员工、指导员工工作、帮助员工发展、平易近人、甘于奉献、构思愿景、清正廉洁、开拓进取、承担社会责任、授权(汪纯孝等,2009)
包容型领导	鼓励和欣赏下属的贡献(Nembhard & Edmondson,2006)	平衡式授权、走动式管理、渐进式创新(李燕萍等,2012)
道德领导	以人为本、道德品质和行为、道德标准和原则、道德意识(Trevio et al.,2000;Brown & Trevio,2005)	人文关怀、工作投入度、领导能力、绅士风度、正直的品质(Liang & Farh,2006)

2. 构建式研究

这类研究的基本思路是"中国文化或情境特征—构建中国理论—实践过程解读",即与西方文化和情境特征相比较,基于中国的文化、历史、经济结构、社会背景等本土文化或情境特征,例如中国社会的家族主义、高权力距离、关系导向、和谐导向、集体主义等特征,构建中国领导理论,并进而解释中国的领导实践。研究背后的逻辑是"中国的领导理论",这类研究是"强本土研究",其主要特征是构建新颖的中国领导理论,以补充或取代西方理论(曹仰锋和李平,2010),是中国领导行为研究的纵深发展方向(赵新宇等,2014)。

其中,最具代表性的此类研究是家长式领导。我国台湾学者郑伯埙等(2000)在 Silin(1976)对台湾民营企业领导人德行和权威理念和行为模式的总结、Redding(1990)对华人文化价值与家族企业领导的关系等研究对华人组织领导人行为探讨的基础上,根植于华人组织所具有的特殊的治家传统和人治文化——儒家的父权主义、法家的法制思想、两千年帝制历史、互报的社会运行规则,提出了刻画华人企业的家长式领导行为,提出家长式领导具有立威(权威领导)与施恩(仁慈领导)两种行为,并与樊景立共同总结出家长式领导行为的"权威、施恩和道德"三元模式（Farh & Cheng，2000）。其中，权威领导强调领导者权威是不容挑战的，下属要无条件地服从，通过立威—严密的控制和强制依赖服从影响下属；仁慈领导体现了领导者对下属个人福祉做个别、宽容、全面而长久的关怀与照顾，通过施恩获取下属的感恩图报实现领导效应；德行领导则是指领导者需要表现出正直尽责、无私典范、不占便宜的修养，通过树德引导下属对其尊敬、认同乃至效仿。家长式领导理论一经提出便成为中国本土领导行为理论研究的典范，研究涉及的变量、层次以及成果最为丰硕。林姿葶等（2017）从起源于三元模式的构建历程、相关研究成果、相关重要议题等方面对家长式领导行为进行了系统且详尽的回顾与展望。

凌文辁等（1987）基于日本学者 Misumi（1985）的 PM（Performance，Maintenance）理论，在编制适合中国科研单位和行政管理部门领导行为量表的过程中，发现与西方领导者相比，中国的干部政策，不但有"智"的要求，还有"德"的要求，提出了中国领导行为评价的 CPM 理论，认为中国人的领导行为除了工作目标达成的 P（Performance）因素和团队维持的 M（Maintenance）因素，还包含领导者的品德 C（Character and Moral）因素。其中，P 因素和 M 因素反映着中西方文化领导者的共性，C 因素反映着中国文化特征的特异性，即在中国文化和情境中，领导者要"以德为本"，如何处理公与私的关系或对待公与私的态度反映了其个人品质的"德"，领导者要在组织中起到道德表率作用。后续的一系列研究中对 CPM 理论的有效性和三个维度之间的关系进行了探索。

差序式领导是郑伯埙（1995）在对台湾企业的临床观察与研究中，以费孝通（1948）提出的中国人"差序格局"理论为基础，提出的一种领导偏私行为理论，即华人组织中领导者存在鲜明的差别对待现象，领导者会根据下属的亲（关系）、忠（忠诚）和才（才能）三种特性进行区别性对待和归类，对归类后属于自己人的下属给予偏私的对待。这种对下属进行区别性对待的领导方式研究早期主要聚焦于员工归类模式，其概念未与员工归类进行区分，造成了相关研究滞后。直到姜定宇和张菀真（2010）明确将这种偏私领导行为描述为差序式领导，指出其与员工归类模式并非同一概念，差序式领导是人治主义氛围下，领导者对不同下属有差别对待的领导行为，而员工归类则说明了领导者对员工归类的标准；他们还发展出了相关量表，指出差序式领导主要在提拔奖励、照顾沟通、宽容犯错三个方面对自己人偏私。此后，有关差序式领导的理论探讨和定量研究逐步增多，为华人组织领导行为研究贡献了独特解释力。

此外，席酉民的研究团队基于中国文化中的和谐管理导向与和谐管理理论探讨了和谐领导，从和则领导方式、谐则领导方式以及和则与谐则的耦合三个视角探讨了不确定性情境下领导者达成组织目标中可运用的领导方式及其互动过程(王大刚等,2009;韩巍和席酉民,2009;李鹏飞和葛京,2016)。杨百寅等(2014)基于中国文化中的集体主义属性以及任务复杂程度提出了高管团队的集体领导力,并指出文化的集体主义属性和任务复杂度越高,高管团队的集体领导行为程度越高。

杨斌和丁大巍(2012)认为,改革开放以来,随着经济和社会的持续发展,家长制领导有效性所依赖的以"等级权威"为代表的传统文化特征在独生子女政策、西方意识形态、"痞子文学"和网络广泛应用的强有力四个因素的冲击下被改变,传统的家庭纲常和文化、对权威的绝对崇拜和一味服从、严格的等级秩序等观念被淡化甚至颠覆,文化变迁给当代企业带来了直接影响,企业领导者与员工之间的关系从命令式向参与式和沟通式转变,从强调"立威、施恩、树德"向强调"共同愿景、激发下属、互惠共生"转变,这促使企业领导者更多地表现出更平等的"兄长式"而非"家长制"领导模式。最后,在分析的基础上总结出"强调个人魅力、共同愿景、互惠性的社会交换和公德"的四维"兄长式"领导结构。

王辉等人(王辉等,2006;Wang et al., 2011)在经济转型背景下研究了中国企业高层管理者的领导行为表现,提出了 CEO 的战略领导行为既包括任务导向的"设定愿景、监控运营、开拓创新",也包含关系导向的"协调沟通、关爱下属、展示权威"维度。张文慧和王辉(2013)认为,中国社会正处于转型时期,一方面企业要应对全球经济和技术经济制度巨大变革的冲击,不断引入现代管理制度和西方管理理念;另一方面企业还要在经营实践过程中兼顾诸如人情、关系、面子等传统文化的较强影响,中国企业的战略领导者们呈现出了"中西合璧"的领导方式。他们还在综合跨文化研究、战略型领导理论、社会认知理论观点的基础上,将中国组织及其高层领导者既要构建内部强有力的整合机制,又要呼应重人情、亲关系和泛家族化的领导行为,概括为"理念塑造、制度规范和人情整合"的中国企业战略领导的三元模型(见表 1-2)。

表 1-2 中西比较——构建式研究示例

中国文化特征/情境	所构建理论	概念	维度
华人组织所具有的特殊社会文化——儒家治家传统和人治传统:儒家的父权主义、法家的法制思想、两千年帝制历史、互报的社会运行规则	家长式领导行为(郑伯埙等,2000;Farh & Cheng, 2000;林姿葶等,2017)	在一种人治的氛围下,显现严明的纪律与权威、父亲般的仁慈及道德廉洁性的领导方式	权威:强调权威不容挑战,要求下属服从,对下属绩效做严格要求和控制 施恩:对于下属福祉做个别、全面、长久的关怀 德行:个人正直尽责、不徇私、以整体利益为重,做下属的表率

(续表)

中国文化特征/情境	所构建理论	概念	维度
在社会规范中,中国的干部政策除了"智"的要求,还有"德"的要求	CPM 理论(凌文铨等,1987;李明等,2012、2013)	中国的领导行为评价由 P、M 和 C 三个因素构成	C(Character and Moral):个人品质 P(Performance):工作绩效 M(Maintenance):团体维系
费孝通关于中国人人际关系的"差序格局理论":讲人情、重关系的社会文化特征	差序式领导(郑伯埙,1995;姜定宇和张菀真,2010;姜定宇和郑伯埙,2014)	人治主义氛围下,领导者对不同下属有着差别对待的领导行为	沟通照顾:与不同下属在公、私方面的互动,交流程度上有所差异和偏私 提拔奖励:在下属职业生涯发展和奖励方面偏私 宽容亲信:对下属的工作错误与职务要求存在差异
本土和谐管理文化:领导作为能动者串联环境、组织和战略要素互动实现和谐管理	和谐领导理论(王大刚等,2009;李鹏飞和葛京,2016)	为了达成组织目标,和则与谐则两类领导方式的互动与转化	和则领导:激发组织成员的能动性应对不确定性 谐则领导:约束能动性,让组织成员展现期望行为 和谐耦合:体现和则领导与谐则领导的互动与转化
中国文化的集体主义属性和任务复杂程度:传统儒家和社会主义文化都表现出典型的集体主义特点	集体领导理论(杨百寅等,2014;曹晶等,2015)	有共同理想和价值观的领导集体在民主集中制下分工合作、集体决策以实现集体利益最大化的过程	权力不平等性:高管团队将权力得分的标准差 权力不平等性的增加:权力不平等的年度间的增加值

第四节 传统思维方式视角下的领导行为与领导模式研究

上述研究大部分是基于中国传统价值观和人际交往方式的不同导致的领导行为和领导模式的差异,如家长式领导、CPM 领导、和谐领导、差序式领导等。但是,除了价值观和人际交往方式与西方不同,中国人与西方个体之间存在的一个重要区别就是思维模式。西方人擅长逻辑思维,而中国人侧重辩证思维。我们基于中国传统文化中的辩证思维,提出针对中国企业高层管理者的辩证领导行为的理论。

之所以关注思维模式的不同,是因为有关中国传统思维模式的研究会帮助我们更好地理解中国式的领导行为与领导实践。思维方式反映了特定文化行为中较为普遍的、固定的一系列基本观念、认知模式和思维运作程序，是人类为了满足主体需要对客观世界进行改造的过程中内化了的实践方式。从本质上讲，思维方式是人类文化系统的内核，在文化系统中具有重要的地位，在一定意义上决定了某种民族文化和社会各层面活动的演进方向。受制于特定历史环境和地域文化，与西方相比，在以农业为主要生活方式、以宗法家庭为社会结构基础上发展而来的中国传统思维方式有着鲜明的特征，表现为注重人与自然、人与物、人与人之间的和谐统一，强调客观事物之间的整体性和联系性，崇尚以变化的、矛盾的、系统的辩证观点看待事物之间的对立关系，倾向于以直觉性和意向性的方式分析客体。这些独特的中国传统思维特征形成了颇具中华民族特色的思维方式，例如辩证思维、中庸思维和阴阳思维等，它们分别从不同角度体现着中国传统思维特有的整体性、系统性、辩证性、和谐性等倾向，广泛而深刻地影响和塑造着中国企业领导的思想和行为方式。

辩证思维是人类思维发展进程的重要组成部分，是个体或群体关于矛盾和变化的隐形理论和认知方式（Paletz & Peng，2009），对个体或群体的思维、决策过程和决策结果以及对人类在科学、人文、经济等领域的行为存在广泛而重要的影响。虽然古代中国、古印度和古希腊都存在丰富的朴素辩证思想，但中国传统的辩证思维以强调矛盾的整体性、普遍联系和对立统一而独树一帜，与西方的辩证哲学不同的是，其核心差异表现在对于矛盾的处理方式上。西方辩证哲学在面对矛盾时采用论点—反论—整合（Thesis-antithesis-synthesis）的辩证过程，其关键特点在于整合，目的是最终达到没有矛盾的状态。在此逻辑影响下，西方人看待彼此矛盾的两个论点时一般会试图找出正确的一方，其选择方式为"非此即彼"。与此相反，中国传统的辩证思维接受矛盾的存在，认为矛盾的两个论点中都能够包含一定的真理，矛盾无法被消除也无须被消除。基于这一思维模式，个体在应对矛盾时，往往试图找到极端之间的"中道"（Middle Way），寻求矛盾双方的平衡，对相反论点采用一种"既此又彼"的态度（Peng & Nisbett，1999；Paletz & Peng，2009；黄鸣鹏和王辉，2017）。

辩证思维认为矛盾是始终存在的，也是不断变化的，矛盾之间彼此关联。因此，要想有效应对矛盾，需要接受矛盾的存在，通过动态的眼光来认识矛盾双方的形势变化，通过不断调整矛盾之间的关系来实现动态平衡（黄鸣鹏和王辉，2017）。中国传统文化充分体现了辩证思维的变化、矛盾和联系三个基本原则。根据变化原则，事物总是处在不断变化的过程中，尤其是中国传统文化很好地体现了变化是永恒且非线性的特点，例如居安思危、否极泰来、物极必反、祸兮福之所倚、福兮祸之所伏等俗语都体现了这种辩证关系。根据矛盾原则，事物总是蕴含对立的互相依存、互相吸引或贯通的两方面,中国传统文化也体现了这种矛盾双方和谐共存的特点,例如源远流长、张弛有度、恩威并施、宽严相济等成语反映了既矛盾又依赖补充的中间状态。根据联系原则,事物之间是相互关联的,分散的、看似无关的事情之间有着内在联系和相互影响。中国传统文化在联系原则中强调以整体的眼光看待不同事物之间的关系,想了解一个事物需要关注其所处的情境以及与其他事物的关联,而非仅仅局限于事物本身,例如牵一发而动全身、一叶落而知天下秋、一着不慎满盘皆输等都体现了这种整体性。简而言之,辩证思维作为中国文化情境下个体常见的思维特征,深刻地影响和塑造中国人的思考和行为方式,也影响着中国企业领导者的认知和行为。基于此,本书作者及其团队将辩证思维应用到中国领导行为研究中,探索了辩证思维对中国企业领导行为的影响,并基于中国传统文化中辩证思维的基本思想,以辩证思维的变化、矛盾和联系三个基本原则为框架展开了一系列研究,对高层管理者辩证领导行为的存在性、形成条件、概念、内涵及其影响进行了深入探讨。在随后的章节中,我们将会一一进行介绍。

本 章 小 结

文化是指人类群体或民族世代相传的行为模式、艺术、宗教信仰、群体组织和其他一切人类生产活动、思维活动的本质特征的总和。领导实践作为一种特殊的行为模式必然体现在各种文化之中。中国传统文化源远流长,纷繁复杂,我们以领导行为与领导实践为线索,通过抽丝剥茧,从浩如烟海的文献中试图总结出传统文化中所蕴含的丰富的领导思想和理论。我们首先结合当时的社会治理环境,从道、儒、法、兵等哲学思想中总结了领导理论与行为表现,并与现在的领导理论及实证研究作对比。读者在感受到这些丰富领导思想的同时,应该意识到,将这些朴素的思想和实践上升到普遍适用的领导理论需要大量的实证研究。也就是要将天人合一的思辨思想与当代管理科学的实证方法相结合,才能使这些思想在当代的管理实践中大放异彩。这些研究可以是比较式的、修正式的,更应该是构建式的。我们着重于中国传统文化中的辩证思维,通过构建式的研究,形成辩证领导行为的概念及相关结构,并探讨它对当今企业管理实践的影响。

第二章 中国传统文化中的辩证思维及对当代领导实践的启示

中国传统文化源远流长,博大精深,灿若星辰,其中蕴含了丰富的领导理念与领导思想。在上一章中,我们对这些思想进行了简单的梳理和总结。读者可以发现,这些思想很多是儒家、道家、法家、兵家等学派的价值理念体现。而五千年的传统文化不但形成了中国人所特有的价值理念,同时也塑造了中国人区别于西方人的不同认识论和本体论,发展出了独特的中国人的思维模式,这些独特的思维模式的重要代表就是辩证思维。辩证思维是中国人的传统思维模式,其根植于早期的中国传统哲学之中,对当今领导者的实践产生了重要的影响。领导者如何看待环境,如何思考管理的本质,如何对人的本质进行认知,都与辩证思维有着千丝万缕的联系,也是我们本书提出的辩证领导行为的最直接根源。为了更好地理解辩证领导行为的概念及文化根源,本章介绍中国传统文化中的辩证思维及在当代领导者身上的具体体现。

第一节 传统哲学思想中的辩证思维

哲学是一个民族文化的核心,也是抽象科学的精华。中国哲学的系统发展在公元前六世纪左右达到空前繁荣。当时中国处于春秋战国时期,周天子逐渐失去了对诸侯的统治能力,作为周朝权力象征的礼乐制度已经崩坏,各国纷争不断、社会经历着动荡和变革。在这种情况下,诸子百家纷纷提出了自己的哲学思想、政治立场和治理主张,为后世留下了许多经典的思想著作。因此,中国传统思想在历史上也从来都是各家互补的。

在哲学思想方面,中国各家传统思想中当属儒家和道家的影响最大,在中国哲学系统中的地位最高。"道者玄化为本,儒者德教为宗。九流之中,二化为最。"(《列子·九流》)道家的创始人老子是中国最早的哲学家,他建立了中国哲学史上最早的形而上学体系。老子的哲学思想对诸子百家都造成了广泛的影响,即使是在汉代"独尊儒术"后,道家依然是中国传统思想的主干之一。儒家在中国传统文化中代表了保守、和谐的哲学和政治思想,在汉武帝将儒家思想列为唯一的官方意识形态后的两千多年里,儒家思想作为主流政治和伦理学说影响了中国传统思想的方方面面。而从政治治理角度来看,能与儒家思想抗衡的法家思想作为实用主义学说,其思想能够有效地帮助领导者在冲突中占据、巩固优势地位,这是道家和儒家未曾涉及的,其独特的治理理念曾帮助秦国在动荡的战国时期迅速强大、统一六国,并且对历史上以及现代治理活动中的矛盾处理环节具有深刻指导意义。

从哲学思想史角度来看,辩证思维的出现是人类哲学发展的重要阶段,而传统中国文化中的思辨哲学和理论思维的思想成果颇为丰富,中国传统思想认为世界上的一切事物都处于普遍联系之中,而且时刻处于变化发展当中;万事万物都包含对立的两方面,对立的双方既相互依存又相互转化,既相互对立而又趋于统一。中国传统思想中就蕴含了大量诸如此类契合辩证思维的哲学思想。其中,辩证思维中重要的普遍联系和对立统一思想广见于中国传统思想著作。有近代学者做出了更深一步总结:"以经验性的总体直观(直觉)、循环变易与矛盾和谐思维为主要特征的中国传统思维方式,是中国古代农业社会的产物。这一思维方式在中国古代数千年文明史中,一直为人们所遵循。"(张岱年和成中英,1991)

儒、道、法三家哲学思想中具有高度发达、多种多样的辩证思想,而三家治理理念不同正是反映了它们对待矛盾的态度以及辩证思想上的差异。从中国传统治理手段和领导行为的角度来看,最具有实践指导意义并在历史上被广泛采用的分别是道家强调自然的"天治"思想、儒家注重和谐的"德治"思想,以及法家依赖法制的"力治"思想。

第二节　道家思想中的辩证思维及启示

一、道家对事物长期转化趋势的辩证理解

1. 老庄学说中关于矛盾转化的阐释

在中国先秦时期前后的各种矛盾观或辩证学说中，最能够彰显辩证思想而具有系统性的论述首推老庄的道家学说，而《道德经》更是蕴含深刻辩证法的专门哲学著作。《道德经》全文围绕"道"展开讨论，而道家的哲学体系也同样以"道"为核心概念。

老子在对"道"的体悟、阐释过程当中，采用了非常深刻而丰富的辩证思维。老子先阐述了道的恍惚虚无状态，而后指出正是在这种虚无的状态中却有至真至切的精神、实像、形体存在，正是在这种无形恍惚中，阴阳二气的潜能却达到了最大状态。"道之为物，惟恍惟惚。惚兮恍兮，其中有象；恍兮惚兮，其中有物。窈兮冥兮，其中有精；其精甚真，其中有信。"（《老子·二十一章》）按照这个逻辑，老子认为当事物处于矛盾中一方面的极点时，它必然会向对立面转化，而当事物转化到相反的方向的极端以后，不会静止不动，而会返回到初始状态当中。

老子从"道"的特性出发，继而指出一切事物都有对立面，但又依赖于它的对立面而存在。正反双方不仅相互依存，而且互相包容、互相渗透、互相转化，事物对立面的存在、形成和转化是必然发生的，不需要外在条件和别的人为因素。这种思想在道德经中有很多经典的阐述，如"有无相生，难易相成，长短相形，高下相倾，音声相和，前后相随"《老子·二章》）。老子进一步在《道德经》中将自然界中的规律推广到社会的范畴："天地尚不能久，而况于人乎？"（《老子·二十三章》)老子认为天地尚且有如此频繁的、普遍的对立面转换，比天地渺小得多的人类社会更不例外，"甚爱必大费，多藏必厚亡"（《老子·四十六章》），"正复为奇，善复为妖""祸兮福之所倚，福兮祸之所伏"（《老子·五十八章》）。

道家强调矛盾的对立面无条件地循环往复、相互转化，在这种思想的基础上，老子提出"正言若反"的辩证思维方法，旨在以反求正，即要想事物向好的方向发展，就要用反将对立推向一个不利的极端。老子曾经说过："天下莫柔弱于水，而攻坚强者莫之能胜，以其无以易之。弱之胜强，柔之胜刚，天下莫不知，莫能行。"（《老子·七十八章》)最柔弱的水反而可以克制任何刚强的东西，所以要想变强，先要守住弱。老子又说："将欲歙之，必固张之。将欲弱之，必固强之。将欲废之，必固兴之。将欲取之，必固与之。"（《老子·三十六章》）

当要阻止某些坏事的发生或发展时，就要"为之于未有，治之于未乱"（《老

子·六十四章》)。即在事情还未发生时,就进行预防,在事情还未紊乱之前,就进行整治,因为任何事物都有一个发生和发展过程:"其安易持,其未兆易谋,其脆易绊,其微易散。"(《老子·六十四章》)只有把隐患消灭在萌芽之中,才能避免事物向相反的方向转化。

对于已经处于有利状态的事物,老子又提出了预先纳入反的状态,以避免正面走向极端。老子说:"大成若缺,其用不弊。大盈若冲,其用无穷。大直若屈,大巧若拙。大直若屈,大巧若拙,大辩若讷,大赢若绌。"(《老子·四十五章》)老子思想指导行为的具体待征是以静候转化为目的,以守柔用弱为方法,被老子总结为"反者道之动,弱者道之用"(《老子·四十章》),即道的存在会无条件地推动事物不断向对立面转化,而守住弱的状态以等候转化是事物用以壮大自己的手段。

2. 道家关于趋势转化的辩证思维对领导行为的启示

根据道家的辩证思想,领导者虽然身居高位,如果能够做到待人谦和、言辞谦逊、为人低调,那么就可以凭借低调的作风而久居于高位。谦卑的领导做人谦卑,看似软弱,实则受人爱戴而更有利于自己的领导效率。老子非常明确地指出:"功成名遂身退,天之道。"(《老子·九章》)由此到针对人的行为,老子主张:"知其雄,守其雌。知其白,守其黑。知其荣,守其辱。"(《老子·二十八章》)从人生的角度来说,往往在达成事业目标后,领导者自然会有居功自傲、恃功傲物的趋势。对于享有较高地位的领导者而言,人生在达到一定高度后要低调收敛、克己推贤、韬光养晦,以达到更高的人生境界。在具体为人处世方面,老子总结:"我有三宝,持而保之。一曰慈,二曰俭,三曰不敢为天下先。慈,故能勇;俭,故能广;不敢为天下先,故能器长。"(《老子·六十七章》)

对于企业领导者来说,道家的思想对于经济环境的大势判断也有指导意义。早在1847年,马克思就指出:"随着大工业的产生,这种正确比例必然消失;由于自然规律的必然性,生产一定要经过繁荣、衰退、危机、停滞、新的繁荣等,周而复始地更替。"(马克思和恩格斯,2012)。自美国独立以来的200多年时间里,美国经历了大大小小的商业周期,其中以1929—1933年的经济大萧条最为著名。中国自改革开放的几十年内,也见证了许多批热点行业和明星企业的兴起与衰落。商业趋势的频繁波动要求成功的领导者不但能在经营环境和行业形势良好时获得成就,还要求领导者能够预见衰退并规划好企业在行业低谷和经济衰退时的经营对策。

经济周期未曾消失过,20世纪90年代,在贸易全球化和信息化革命的带动下,美国出现了一批以计算机和互联网为代表的创新企业。这一轮增长的持续时间较长,而且具有信息化革命的实业支撑。这一轮商业快速扩张似乎与之前的经济繁荣期都大不相同,最终却仍然以互联网泡沫破裂的形式告终,进入了新一轮的周期调整。

曾为华人首富的李嘉诚就是趋势预判的典型成功范例。从事商业六十余年,李嘉诚经历过多次地区性乃至全球性危机,但是其旗下企业却不断壮大,每次都能够化危机为机遇。1987年9月,就在全球性股灾爆发前的一个月,长实旗下四家公司宣布有史以来最庞大的供股融资计划,共获得市场103亿元的资金。1997年,长和实业系首次重组,遇上亚洲金融风暴,香港房价重挫,然而在1999年,李嘉诚逆势成为亚洲首富。同样在1999年,互联网成为股市热门的概念,李嘉诚却向德国电讯公司出售了旗下的通信业务品牌Orange,正好赶在互联网泡沫破裂之前。2007年9—11月李嘉诚突然开始减持手中股票,成功躲避了2008年的全球性金融危机。

对于自己的经营理念,李嘉诚总结道:"好景时,决不过分乐观;不好景时,也不过度悲观。在衰退期间,大量投资。我们主要的衡量标准是,从长远角度看该项资产是否有赢利潜力,而不是该项资产当时是否便宜,或者是否有人对它感兴趣。"领导者将经营和投资的时间视角拉长,从道家智慧中感悟到衰退是为未来的发展积蓄力量,而大量不理性的资本涌入意味着行业泡沫的酝酿。成功的领导者可以从道家学说中汲取应对经济周期的方法。比如,在经济高度繁荣、民众过分乐观的时期可以积极投入研发,并思考在新的经济环境中转型和创新的机会。而当经济不可避免地由盛转衰时,成功的领导者就能够用较低的成本积极扩张、积累资源。

二、道家思想中整体性辩证思维

1. 老庄学说中关于整体性思维的阐释

黑格尔提出,需要"把整个自然的、历史的和精神的世界描写为一个过程"(马克思和恩格斯,2012),道家学说主张的正是这种思想。以老子道的概念看来,世界的基础并非粒子或者元素,即世界的本质并非以某种特定的物质实体形式存在,世界的本质是宇宙作为统一整体的发展变化过程的总规律。从哲学的角度来看,这种整体综合思维方式,是与西方哲学重分析和重微观深入的思维方式不同的。世界是运动、转化、发展着的统一体,而整体思维、综合思维是哲学未来发展的重要方向。与老子整体性思想相一致,恩格斯也提出了"世界不是一成不变的事物的集合体,而是过程的集合体"的辩证思想(马克思和恩格斯,2012)。

老子的辩证哲学认为人与天道自然、世间万物的内部关系并非僵化而一成不变的,它们之间是一个既对立又统一的完整有机体。老子说:"万物并作,吾以观复。夫物芸芸各复归其根。归根曰静,是谓复命;复命曰常,知常曰明。不知常,妄作凶。知常容,容乃公,公乃全,全乃天,天乃道,道乃久,没身不殆。"(《老子·十六章》)"万物并作"是对自然界和人类社会中万事万物相互关联、互相依存、遵循规律的概述。自然万物作为独立的个体在整个系统中以整体和谐、动态平衡的状态呈现"万物等齐,相同为一"(《庄子·齐物论》)的共生景象。而"知常",即掌握了世间万物运行的法则后,胸怀和视野就富有整体性、包容性,就可以处事公正,这种精神与世界是同在的。

庄子则认识到了自然界中的万物有明晰的强弱链条:"民食刍豢,麋鹿食荐,且甘带,鸱鸦耆鼠。"(《庄子·齐物论》)然而,庄子认为虽然万事万物间独立看强弱关系是明显的,但是却巧妙地构成了一个完整的环:"万物皆种也,以不同形相禅。始卒若环,莫得其伦,是为天钧。"(《庄子·寓言》)庄子认为虽然一切事物都有属于个体的独立特性,但事物不因其有特性而独立于整体,万事万物以自己独特的形态巧妙地形成了一个循环不断的整体链条。

2. 道家关于整体性的辩证思维对领导行为的启示

庄子曾以整体的视角观察自然界,并且将得出的规律运用于自己的行为:"天地有大美而不言,四时有明法而不议,万物有成理而不说。圣人者,原天地之美而达万物之理。是故圣人无为,大圣不作,观于天地之谓也。"(《庄子·齐物论》)这阐述了道家推崇领导者通过整体的角度观察自然界,并将得出的规律自然运用到社会管理当中,所以领导者要专注于以整体观念观察身边的世界并运用规律。

中华人民共和国成立以来,中粮集团的主营业务就是粮油食品的加工贸易,但早期各个分公司各自为战、人员冗余、体系僵化,不能形成一股合力。中粮集团在2009年确立全产业链战略后企业规模迅速扩张,这归功于其管理层进行了一系列管理革新,其中某些成功的经营理念就较好地体现了整体性辩证思维。在2008年三聚氰胺事件后,中国的食品安全问题遭到了公众的质疑,为了增加产品的竞争力,中粮集团认识到上游供应链质量的把控是整体供需链中至关重要的一环。从整体产业链角度看,上游产业的质量关系到产业整体各个环节的后续需求,中粮集团必须保证上游生产基地的产品安全和质量,因此中粮集团联合地方政府、科研单位共同探讨基地建设计划。然而,产品只有高质量和多样性,仍然难以保证在激烈的竞争中获得成功,所以中粮集团决定同时让下游的品牌和渠道效应来整体带动集团的发展,其中福临门、香雪、中茶、我买网等一些品牌的产品正是在这种整体性经营思维下产生的。随着中粮集团旗下的产品在市场上大获成功,其上游原料基地的建设也得以快速发展,带动了集团整体的爆发性增长。值得一提的是,中粮集团不只是着眼于上下游产业链的现有商业利益,而是从整体性思维出发,投入数十亿元巨资设立中粮科学研究院、中粮营养健康研究院等研发机构助力全产业链产品的生产和革新。

从上述例子可以看出,如果领导者没有认识到企业作为一个有机整体进行经营运作的重要性,而把企业经营单纯理解为领导者管对某一分公司、某个条线、某种业务和某些部门的若干相互独立的指挥命令过程,那么这样的管理方式必然导致对于企业在整体层面遇到的问题的忽视。

具有辩证思维的领导者应当具有一种整体性管理的思维特征,即对管理对象全面化、整体化、全局化的形象理解。当做出事无巨细的各种具体管理决策时,辩证领导者对组织已经有了全面的了解或者掌握了尽量多的整体信息。企业作为经济活动中的重要参与者,有着较好的独立性、主体性和完整性。如果将企业作为一个完整的对象进行管理,首先应将企业经营活动的所有具体流程厘清,在考虑管理问题时能够形成具体、清晰、相互关联的网状图。

整体性辩证思维要求领导者意识到,企业经营的各环节之间必然存在紧密的联系,企业作为一个有机的整体能够发挥其职能,就是依赖经营链条的顺畅运行。整体性管理强调关注、考虑并保障这种内在联系能够稳定地运行,将经营管理所需要的各个要素下成"一盘棋",形成企业合力,从而提高整体绩效。

第三节　法家与兵家思想中的辩证思维及其启示

一、法家的赏罚观念及辩证思想基础

1. 强调矛盾律和转化条件的辩证思维

道家思想为隐士所作,而战国时期一些实际的改革者、当权者、军事家也将富国强兵的具体措施进行了总结,形成了法家与兵家学说,在诸多方面和道家思想形成了鲜明对比(冯契,1983)。法家站在了道家强调无条件转化的反面,法家针对《道德经》中无视条件的福祸转化做了符合法家思想的解释,在解释的过程中加入了人为因素和转化条件,形成了完全不同的辩证思想:"人有祸则心畏恐,心畏恐则行端直,行端直则思虑熟,思虑熟则得事理。行端直则无祸害,无祸害则尽天年。得事理则必成功;尽天年则全而寿。必成功则富与贵。全寿富贵之为福,而福本于有祸。故曰:'福兮祸之所倚。'"(《韩非子·解老》)法家对道家的无视条件转化甚至泯灭对立面思想发起了挑战,针对同样一件祸福转化的事例,道家认为福祸无须外力而转化,法家则强调对立面的每一步转化都有具体的机

制和条件,从而驳斥了道家认为的祸福无视条件自然转化的思想,法家对转化条件的强调更接近辩证法。

进一步说,法家在阐述矛盾的对立面时很注重转化的条件性和具体中间环节,认为转化的条件可以决定转化的结果。例如,"水煎沸竭尽其上,而火得炽盛焚其下,水失其所以胜者矣"(《韩非子·备内》)。有了锅作为转化条件,水就从能够灭火的强势方变为被火煮沸的弱势方。韩非子认为这个逻辑也可以用在治国上,"国无常强,无常弱,奉法者强则国强,奉法者弱则国弱"(《韩非子·有度》)。是否尊奉法律,就是法家眼中国强国弱的转化条件。

法家虽然看到了对立面的转化以及转化需要的条件,却断然否认了矛盾的同一性。实际上,"矛盾"一词就是法家的创造,见于著名寓言"以子之矛,陷子之盾,何如?"(《韩非子·难一》)然而,法家对于矛盾的看法却与现代哲学中的矛盾的同一性概念有巨大差别。韩非子列举著名的矛盾故事恰恰是为了说明矛和盾不可能并强同存,矛盾双方必有一败:"夫不可陷之盾,与无不陷之矛,不可同世而立。"(《韩非子·难一》)可以看出法家概念中的矛盾强调的是非此即彼,是对立两极在同一时间和空间内表现出的绝对排斥或不可共存。其中经典的比喻是:"夫冰炭不同器而久,寒暑不兼时而至,杂反之学不两立而治。"(《韩非子·显学》)

在韩非子看来,矛盾的对立双方都是"非 A 即 B"的,不可能存在"亦 A 亦 B"的情况。法家认为矛盾的对立面就像冰与火、夏与冬一样不可能共存,这种排斥一个物体有对立面存在的思想与辩证法中的矛盾同一性相去甚远。将矛盾律推广为世界的基本原则,是不符合辩证法的。恩格斯指出:"辩证法不知道什么绝对分明的和固定不变的界线,不知道什么无条件的普遍有效的'非此即彼',它使固定的形而上学的差异互相过渡,除了'非此即彼',又在适当的地方承认'亦此亦彼',并且使这种对立互为中介"(马克思和恩格斯,2012)。而法家认为"凡物不并盛,阴阳是也"(《韩非子·解老》)。由于对立双方不可能同时占据主导地位,同一时空内的不平衡是绝对的,所以矛盾对抗关系的结果必有一方落败,因而反映到现实上,法家认为矛与盾是必有一毁的。这种想法实际上在一定意义上概括了矛盾双方相互对立、相互否定的实质,但是法家过度引申了矛盾律的应用。

韩非子的矛盾观挑战了道家的用弱守雌以等待转化的求胜法则,韩非子强调用强力促成转化。法家认为一切矛盾的转化都需要强力的促进和推动作用。韩非子说:"上古竞于道德,中世逐于智谋,当今争于气力。"(《韩非子·五蠹》)韩非子认为老子的做法只有上古通行,今世要依仗强力权势才能制胜。他分析道:"凡五霸所以能成功名于天下者,必君臣俱有力焉。"(《韩非子·难二》)而强力除

了来自法治,还来自绝对的实力:"能越力于地者富,能起力于敌者强,强不塞者王。"(《韩非子·心度》)

推广到一般事物,法家就认为矛盾双方具有更强实力的一方将成为矛盾的主导方。韩非子运用法家的辩证方法看待问题,即壮大对立中有利于自己的一方用以攻克另一方。韩非子把这种哲学思想应用于政治,就是要按照"事在四方,要在中央;圣人执要,四方来效"的原则,强调中央集权,这里的圣人就是君王,由君王进行最终的决策。针对利益冲突严重而"上下一日百战"的君臣关系,韩非子激进地提出了"知臣主之异利者王,以为同者劫,与共事者杀"(《韩非子·扬权》),认为领导者和下属的关系每天都在发生激烈冲突,君臣利益本质上不可调和,懂得君臣利益有别的君主可以称王,而和臣子平等执政的君主必会被杀,而引起祸乱。

2. 注重转化条件的辩证赏罚观对领导行为的启示

法家的"缘道理以从事",并不是道家强调的静待自然客观的矛盾转化,而是靠积累并运用强力促进并争取成为矛盾的主导方。否则,"然木虽蠹,无疾风不折买。墙虽隙,无大雨不坏"(《韩非子·亡征》)。即使是蠹木、裂墙,没有狂风暴雨的强力也不会自己倒塌。韩非子强调细致考察矛盾转化的条件,并且提倡运用强力促成矛盾向对自己有利的方向发展。

韩非子实现自己法治思想的根本手段之一就是二柄论,即"赏罚"。"无功者受赏则财匮而民望,财匮而民望则民不尽力矣。故用赏过者失民,用刑过则民不畏。有赏不足以劝,有刑不足以禁,则国虽大必危。"(《韩非子·饰邪》)韩非子坚持用矛盾转化的条件性面对赏罚这对矛盾的概念,明确且辩证地指出了执行赏罚有利于国家的具体方法和条件:如果不讲求条件地行赏,那么国家的资源不足以支撑,而且民众会对国家的信誉失去信心;如果不讲求条件地施加刑罚,人民反而不会惧怕,那么将危及国家。

赏罚观在法家的管理思想里是领导者治理下属的关键手段,"明主之所导制其臣者,二柄而已矣。二柄者,刑、德也。何谓刑、德?曰:杀戮之谓刑,庆赏之谓德"(《韩非子·二柄》)。赏罚的裁量权必须保留在领导者手中,如果领导者失去了决定赏罚的主导权,也就失去了对下属的控制:"赏罚者,邦之利器也,在君则制臣,在臣则胜君。"(《韩非子·喻老》)法家认为下属必然期待奖励而惧怕惩罚,领导者如果能掌握奖励和惩罚的决定权,那么领导者就可以用奖赏统合属下的利益,用刑罚禁止对自己不利的行为,领导者的政治意志将以赏罚的形式顺利施行。法家将赏罚看作领导者地位的具体表现和权利来源,同时告诫如果领导者失去了赏罚的裁量权,那么领导者的位置也就随之丧失:"人主非使赏罚之威利

出于己也,听其臣而行其赏罚,则一国之人皆畏其臣而易其君,归其臣而去其君矣。"(《韩非子·二柄》)

例如,全国闻名的褚橙在品质上远超冰糖橙行业平均水平,褚橙公司取得的成绩就离不开明晰且科学的奖惩制度。褚橙创始人褚时健通过自己的刻苦钻研和不懈实践,在种橙关键流程上得出了一套详细的操作方法。为了保证每一颗果树上都可以结出高品质的产品,公司在每年都要列出年度管理方案,并敲定当年的间伐、控稍和剪枝等具体种植要求。公司要求管理人员和质检人员在果园中巡回检查,其中质检组成员更是每个月都要深入各农户进行质量检查考核,如果果农为了获得更大产量或者想要减少劳动时间而牺牲工序和产品质量的话,管理和质检人员将对违规人员进行批评教育、限期整改、扣发工资甚至解除用工合同。在制定了科学严谨的生产指导后,公司为了产品品质严格地进行了考核和奖惩,使褚橙的质量得到了有效的保障。同时公司也对农户进行KPI考核,其中果实口感指标、大小和合格率等指标都关系到最终分数,分数较高的农户将得到奖励。

一个优秀的辩证领导者必定是精于掌控赏罚的。领导组织的价值文化导向和规章制度一旦建立,就需要长期的坚持和严格的执行。违反了规定和组织价值导向的行为要受到制度的约束和处罚。而为企业做出了贡献的成员则需要受到相应的奖励。传统的辩证领导者将在公司内推行鼓励和控制并重,力图将组织的价值观和其他导向维持在正确的轨道上。法家认为赏罚的目标是要鼓励正面的行为,而且要控制负面的行为。但若赏罚不当或者有赏无罚,就会出现负面的效果,所以赏罚的选择和平衡是中国辩证领导者需要修炼的重要课题。

二、强调适时调整的兵家辩证战术哲学

1. 强调适时调整和促成转化的兵家辩证思维

韩非子一反儒家、道家、墨家追求和谐的思想观念,主张在"大争之年",矛盾双方有着"不可两存之仇"(《韩非子·孤愤》),其哲学基础是"不相容之事不两立也"(《韩非子·五蠹》),认为社会和自然一样存在种种无法调和的矛盾冲突,这就决定了斗争无法避免。法家改革者商鞅也强调"盛力之道"(《商君书·兵守》)、"强者必刚斗"(《商君书·立本》)。这种强调争斗和冲突的辩证思想和兵家思想是一致的。

兵家在政治思想上推崇法家:"善用兵者,修道而保法,故能为胜败之政。"(《孙子兵法·形篇》)他认为善于领导战争的人,在政治上是推崇法治的,所以能够主导胜局。道家思想在战争的态度上和兵家也形成了鲜明对比,"兵者不祥之

器,非君子之器,不得已而用之"(《老子·三十一章》),"以道佐人主者,不以兵强天下"(《老子·三十章》)反映了道家守弱待变、不推崇使用强力入道的思想。所以兵家对待矛盾的观念也和法家较为相近,而与道家站在了对立面。道家指出了强弱、雌雄等许多实力方面的矛盾,却说道要求"知雄守雌",指导领导者要固守雌弱的地位,以避免发展为雄强的一方。而兵家面对实力强弱的矛盾时,主要着眼于促使矛盾向自己有利一方倾斜的条件与规律,并以强力积极促成转化,这种矛盾观与法家是一致的。

孙子兵法中也讲守雌静待:"始如处女,敌人开户;后如脱兔,敌不及拒。"(《孙子兵法·水地篇》)然而兵家认为静待只是短期迷惑敌人的方式而已,弱者方的胜利不会无条件地、自然地发生,只有给敌人造成弱势假象的条件形成以后,弱方迅速出击,变成强势一方,才能促成弱者向强者的转化,使矛盾对立面向对自己有利的一方倾斜。同样,兵家认为兵力少的一方并不可能靠消极等待就会自动转化成优势方,而是需要观察转化的条件并施加人力促成转化。"我专为一,敌分为十,是以十攻其一也,则我众而敌寡;能以众击寡者,则吾之所与战者,约矣。"(《孙子兵法·虚实篇》)只有尽力将在总体上的敌众我寡劣势转化为在局部上的我众敌寡,在局部上不断取得胜利,消灭敌方,我方才能逐渐从总体的劣势转为优势。

兵家要求领导者一旦开战,就要"能为胜败之政",显然老子是在长期角度谈顺应大势的"无为"之学,而兵家是站在一战、一城、一地的微观角度追求"能为"。孙子讲求了解敌方和战斗的客观具体真实情况以求取胜,尤其摒弃了道家观察天道的思想:"故明君贤将所以动而胜人,成功出于众者,先知也。先知者,不可取于鬼神,不可象于事,不可验于度,必取于人,知敌之情者也。"(《孙子兵法·用间篇》)在兵家观念里的天地彻底去除了道家的神秘主义色彩,天特指的是作战的气象、气候和季节条件,而地特指的就是地形、位置和地势等具体地理因素,而除了这些自然因素,兵家还强调要确切了解对方的经济、政治和军事等情况:"知己知彼,百战不殆;知天知地,胜乃不穷。"(《孙子兵法·地形篇》)

2. 强调适时调整的兵家辩证思想对领导行为的启示

《孙子兵法》所蕴含的思想已被广泛借鉴于经营管理实践之中,兵家指出战术的适时调整应该像流水一样灵活,水因各种地形、容器和情况的变化瞬间做出形态上的反应,而战术也应该瞬间随着客观情况的改变而调整:"故兵无常势,水无常形;能因敌变化而取胜者,谓之神。"(《孙子兵法·虚实篇》)这里兵家提到的"用兵如神"没有任何玄学色彩,专指领导者认识了客观情况后,善于按规律来调整战术,并根据敌情、天气、地理变化而灵活地做出适时调整。总之,兵家的思想彻底摒弃了道家"守弱待变"的思想,倡导从客观实际出发而充分发挥人为因素的优势。

在经济全球化进程中,企业作为市场的主体必须在激烈的竞争和快速变化的经济环境中谋求生存和发展。这就要求企业对形势的把握既不能靠单纯复制模仿,也不能因循守旧,必须善于随着形势进行调整变化。在兵家的描述中,管理者面对的环境是瞬息万变的,变革和机遇可能是突如其来的。商业社会从工业化社会进入信息时代,不断出现的新技术使得形势变化更加迅速,但这并不意味着只有高科技行业中的企业需要快速调整和应变的能力,对任何企业都是如此。例如对于制造业企业来说,不断储备技术骨干进行关键性技术研究或者新产品的研制,就是不断吸收行业新动态、不断调整管理方式、不断寻找产品劣势,转被动为主动。这对企业管理筹建新厂、开发新产品、建立新的业务条线都是可借鉴的。

以服装行业为例,由于服装企业的设计生产环节较为复杂,一般需要半年时间进行准备。一旦消费者的喜好和时尚需求产生变化,或者设计者对于未来市场预判产生偏差,就会造成巨量的库存积压。为了解决传统服装行业的这一痛点,韩都衣舍公司采用了以"多款少量、快速返单"为宗旨的柔性供应链体系:不同于往常固定款式、大批量出货的模式,韩都衣舍在向服装制造厂商下订单时采用多款式、小批量、多批次的方式,以便快速根据时尚走势推出新款。为了进一步对市场需求进行即时反应,韩都衣舍借助系统的销售数据进行分析,每款产品推出两周后就会根据销量划分为"爆款""旺款""平款""滞款"四个等级。这时韩都衣舍将要求服装生产企业追加爆款和旺款的产量,而平款和滞款则被立即列入促销品以减少库存压力。通过对市场形势的充分了解、快速反应,企业可以灵活机动地补足畅销品、处理掉滞销品,增加利润,减少资金和库存压力。

辩证领导者在组织管理的过程中,兵家思想的具体运用体现在方方面面,当市场和经济环境发生变化时,领导者将适时调整组织导向和领导风格。当竞争对手、市场形势和自身经营发展阶段产生变化时,领导者也将迅速地适时变化经营目标、领导方式、管理重点或者组织架构。

一个适时调整水平较低的领导者,由于对环境中变化的忽视,信息的僵化,会对于企业内、外发生的变化缺乏积极的了解,可能导致企业错过很多重要的发展时机,领导者甚至会忽视许多威胁到企业生存的环境变化,这会导致企业既有管理流程惯性增强,不利于企业应对市场竞争。而根据内外环境变化进行积极改进的领导者则可以在市场竞争中抢占先机。

第四节 儒家思想中的辩证思维及其启示

一、追求和谐的辩证观念与协调推进的治理理念

1. 儒家力求避免矛盾转化的辩证观念

面对事物的对立面,道家虽然承认对立但否认对立转化的条件,结果发展到庄子则主观上免除了矛盾的对立面,认为"天地与我并生,而万物与我为一"(《庄子·齐物论》),泯灭物我之别、大小高下之分,而将自己融于天地万物之间。法家站在道家的反面,夸大了对立,强调矛盾对立双方是形同水火而不可调和的。

而儒家既不会像道家一样否定人为因素甚至否认事物对立面的存在,也不会像法家一样夸大无同一性的对立,把矛盾的斗争绝对化。儒家关注转化的条件,其目的是调和事物中的对立面,而不是像法家一样掌握了矛盾转化的条件后把矛盾推向极端,儒家观察矛盾转化的条件是要极力避免矛盾的对立面趋于极端,反对使原本和谐的状态消失。

儒家学说本质上是具有现实指导意义的政治学说和伦理学说,儒家把社会看作一个整体,并且认为这个整体由处于不同等级和处于各种人伦关系中的人组成。而这种等级制度和关系界限是不可逾越的,每个人在自己的等级和关系位置上追求和谐,那么社会作为一个整体就可以达到平衡稳定。而儒家追求这种理想状态所用的核心内容之一就是"礼","礼"是一系列具体的经济和政治制度,它维护了强调尊卑等级的社会制度。

在儒家学说中,"和"作为一种政治追求而被重视。在不同的群体和事物间维持协调平衡被认为是世界运行的根本和普遍的原则:"和也者,天下之达道也。"(《中庸》)《荀子·王制》中说:"先王恶其乱也,故制礼义以分之,使有贫、富、贵、贱之等,足以相兼临者,是养天下之本也。《书》曰:'维齐非齐',此之谓也。"这段话中明确指出了天下如果要作为一个整体达到"齐"的境界以避免混乱,那么必须要有一定的等级贫富之分,以人与人之间的不平等达到社会整体的和谐稳定。《孟子·滕文公上》中说:"或劳心,或劳力。劳心者治人,劳力者治于人。治于人者食人,治人者食于人,天下之通义也。"孟子和荀子认为,如果所有人社会地位齐平划一,各种资源的分配将十分紧缺,争夺资源的人群将奋力争抢而把自己区分开来,从而造成社会永无休止的混乱状态。如果事先规定好每个等级、每个人群的职责和应当享受的物质资源,那么这种森严的不平等制度带来的社会秩序将保证整体的和谐平稳。礼的目标就是通过一系列典章制度使人们遵从这个道理。

因此，从辩证法的角度来看，儒家学说将均与偏、平与不平、大齐与不齐之间的对立统一性做了阐述，如果从发展的眼光看待这个过程，旧的事物必将被新的事物代替，旧的秩序将转化为新的秩序。然而儒家倡导和谐平稳的思想追求更加强调的是防止现有矛盾对立面的冲突，儒家希望通过礼的教诲，使矛盾双方都能够在自己的等级中恪守本分、约束好自己的行为和思想，使矛盾对立面能够维持相互依存的状态，而达到大局面的平稳协调。以辩证法的角度看，通过秩序框定起来的矛盾对立面可以在不均与尊卑中直接产生均衡而稳定的社会，这是儒家倡导的矛盾对立面的直接同一。然而对于辩证法中的对立转化内容儒家是不倡导的：如果矛盾对立面突破了旧的约束，试图违背礼所倡导的社会等级制度而向极端走去，势必引起对立面的冲突，破坏既定社会秩序的稳定，这是儒家所极力反对的。

先秦思想家史伯也提出万物在和谐的环境下才能良好发展，"和"就是不同的个体能够平衡和谐的状态；而"同"是要求不同个体以单一状态存在，没有变动、没有发展也没有多样性，这种状况就会使群体、组织或社会进入无以为继的静止状态："夫和实生物，同则不继。以他平他谓之和，故能丰长而物归之；若以同裨同，尽乃弃矣。"（《国语·郑语》）

2. 强调协调推进的治理理念及其对管理的启示

儒家学说要求个人、群体和各个社会层级都要稳定在自己固有的、不可逾越的秩序和本分中，这看似是僵化的，而实质上儒家又承认了个体的特殊性和群体间的差异，并在此基础上要求群体间和谐相处，这种理想状态可以用儒家所主张的"和而不同"的伦理和政治主张概括。孔子说："君子和而不同，小人同而不和。"（《论语·子路》）"同"是一种人为压抑了个体或群体间差异的状态，这种状态只能来自强行要求所有个体都呈现同样的状态，或者要求截然不同的群体掩盖自身的特异性，这种强制达成的状态实质上是不利于协调合作的。而孔子提倡的"和"强调的是关系和谐，儒家提出了一系列有利于协调不同个人和群体间关系的行为准则，比如"仁义"和"忠恕"。企业内部就如同一个小型的独立社会，其中有各种人群、各类部门、各个小团队和利益群体，它们的身份和地位是比较稳定的，如何使它们和谐相处是企业领导者的必修课。企业管理者应当从儒家关于"和而不同"的辩证思想中汲取营养，积极学习和利用儒家思想对于组织内协调合作的学说，以促进相关单位构建完善的部门合作协调机制，确保协调推进的管理理念渗透在企业经营的每一个环节之中。

中国最大的汽车生产企业上汽集团旗下拥有十余个汽车品牌，其中部分是自主品牌（荣威、名爵等），但是更有品牌竞争力的是合资品牌（包括上海通用和上海大众等)。上汽集团如果想在发展自主品牌的同时维持合资品牌带来的巨大市场份额,就必须处理好合资企业与自主品牌协调发展的难题,并且力促集团内部合资企业与自主品牌的发展能够携手并进。在利用国际资源进行自主开发的同时,上汽集团也要防止其他合资品牌竞争对手乘虚而入,抢占市场。在这种形势下,上汽集团为内部合资企业与自主品牌的关系制定了"三不一用"原则。一是不关门:上汽集团进行自主品牌汽车研发不是闭门造车,而要充分利用全球资源;二是不排斥:上汽集团不排斥将外方专家和资源纳入汽车研发计划;三是绝不违反知识产权和相关法规;四是要积极利用世界上存在的技术,不能认为只有全部是中国人自己的技术才算自主品牌。要避免合资企业和自主品牌相互排斥,而是要让各个品牌间优势互补、相互扶持、协作共赢。

晏子的比喻很好地阐述了这种境界,他认为治理工作就像做汤羹,只有多种原料协调地共同发挥各自的作用才可以达到最佳效果:"和如羹焉,水、火、醯、醢、盐、梅,以烹鱼肉。"晏子还认为,音乐也是同样的道理,不同的艺术元素和谐交响,才能发出最协调的音律:"声亦如味,一气,二体,三类,四物,五声,六律,七音,八风,九歌,以相成也。"(《左传·昭公·昭公二十年》)

与社会治理相同,领导者在组织的管理中需要关注企业内各个小组、部门、事业部之间的特点,强调在达成组织目标的过程中能协调各个部门间的合作。在组织的运行中,各个部门有各自的特点和工作任务,只有在各个环节间,部门为整个组织的目标有效地协同合作,组织才能将损耗最小化,并将整体绩效最大化。同样,当组织内部出现问题或者需要调整时,就要和各个部门进行有效的沟通,并且要考虑是否问题出现在部门沟通、协调和合作等环节中,以找到问题的机制性解决方案。

二、"执中"的辩证思维和矛盾权衡的管理理念

1. 儒家追求中庸的辩证观念

儒家用礼的约束处理社会、人伦和道德方面遇到的问题,在更一般的、能够处理一切事物的方法和原则上,儒家把礼的内涵进一步推广为"中庸"的概念。达到中庸最直观的理解就是将矛盾的对立双方直接结合起来,A的不足,由B的优点补充,在"中"的平衡状态中达到最佳效果,"子温而厉,威而不猛,恭而安"(《论语·述而》);"丘能仁而忍,辩而讷,勇且怯"(《淮南子·人间训》)。在连接词两端的特质是矛盾的、不能相容的概念,此者是对彼者的否定。但是儒家认为,单一方面的特质往往带有不足之处而需要对立面进行辅助。而且,如果任何一个特质发展到了极致,必然将爆发不协调而转为缺陷,所谓"过犹不及"(《论

语·先进》)。例如,《左传》指出"丧则致其哀"的准则,以此来规定情绪表达的尺度,如果越过适中的尺度被认为是祸患的前兆。所谓"丧则致其哀"出自《孝经·纪孝行》,是儒家规定的为人准则之一,指人们在丧礼上应恰到好处地表达哀伤之情。在丧葬活动之中,不论是子女还是客人的身份,都应有适当的行为(郑玄注,1999)。

襄公三十一年,滕成公到鲁国参加葬礼,却表现得不恭敬而且涕泪尤多,子服惠伯则对其预言曰:"滕君将死矣!怠于其位,而哀已甚,兆于死所矣。能无从乎?"即是滕君在其位,此等的哀行已经显得过分,故断言他将会死亡。滕成公行为不当,于丧礼上情而多涕,违反了"丧则致其哀"的中庸原则(许慎,1998)。

丧礼上表达应该是有所限制的,不能过少也不可过分,这就是中国传统文化及儒家所提倡的"中和"之道。"中和"是中国恒久以来的道德标准,"中"与"和"的概念都强调一种中和的哲学思想,是中庸之道重要内涵之一,《说文》曰"中"为"和也",又把"和"注释为"相应也";及郑玄注(郑玄注,1999)《周礼》言"和,刚柔适也",旨在提倡一种中正平和的人生哲理思想,追求达致和谐的境界。如董仲舒在《春秋繁露·循天之道之七十七》中所说:"德莫大于和而道莫正于中。"(董仲舒,1998)他所说的"中和"便是不要"过分"也不应"不及"的意思,是指任何事情都应该恰到好处。《国语·郑语》指出"和"是"和实生物,同则不济。以他平他谓之和,故能丰长而物归之。若以同裨同,尽乃弃矣"(邬国义等,1997)。所谓的"以他平他"讲究异质相济、取求当中的平衡。

《礼记·中庸》对"中和"的感情表达标准做出了一番重要的论述:"喜怒哀乐之未发谓之中,发而皆中节谓之和;中也者,天下之大本也,和也者,天下之达道也。致中和,天地位焉,万物育焉。"(戴圣和崔高维,1987)可见,"中和"一词又可以成为情感表达的基本原则。滕成公"情而多涕"的表现,是失了"中和"的本质。而《易传》亦有云"中行无咎",意思是行为居中即可无恙。从人物的"喜、怒、哀、乐"各种情绪反映到治国外交的战略选择,适中而不越轨的行为被认为是吉,这都是属于儒家小心翼翼地防止矛盾向一侧偏斜带来冲突的思想体现(周振甫,2011)。

孔子曾经说过:"君子之于天下也,无适也,无莫也,义之于比。"(《论语·里仁》)按杨伯峻《论语译注》的解释便是君子对于天下所有的事情,其实并没有明确的规定说明应该要如何做,也没有规定说不应该怎样做,最重要的还是要合理、恰当地去做任何事情(杨伯峻,2012)。审时度势,在适当的时间点偏向一侧而在全过程保持中庸的做法,就是"权",也就是权衡的概念。追求中庸时不能忽略了整个过程中的权衡与偏侧,那么也就失去了中庸的内涵"执中无权,犹执一也"(《孟子·尽心上》)。

2. 强调权衡的辩证思维对管理的启示

孔子面对其所处的混乱的历史时期提出了"执中"说,在家庭社会或历史的进程中总是存在各种各样的矛盾或冲突,面对矛盾的两极,应当执其中,把握矛盾两极间的"适中"之处。

被称为"日本经营之圣"的京瓷公司创始人稻盛和夫就是"平衡经营"理念的坚定支持者。稻盛和夫最早的同事之一稻田二千武总结稻盛和夫的成功之道时说:"稻盛塾长令人折服之处在于他有两个极端,拥有极端的两种要素,稻盛塾长能够将一般人认为像阴和阳那样截然不同的两种东西同时摆到一起,运用自如,掌握着绝妙的平衡。我觉得稻盛塾长在这一点上极为出众。"(稻田二千武和王静芳,2000)例如,制造业企业是否需要进一步扩张规模往往是一个痛苦的选择,过分保守意味着发展缓慢,激进扩张又将充斥着过度投资的风险,而稻盛和夫就能够较好地做到平衡。

1969年,京瓷公司接到了美国微系统公司的多层陶瓷包装的大订单,稻盛和夫也面临着同样的考验。自从稻盛和夫创办京瓷公司以来,就遵循着"物尽其用"的经营理念,既不大量购买新设备,也不大量招募新员工,而是尽力让公司现有资源产生最大的效益,可谓非常保守谨慎,并且多层陶瓷包装的产品订单面临着订购方可能中途设计变更的风险,也面临着扩充产能后订单大量减少的风险。尽管当时京瓷生产多层陶瓷包装的产品合格率非常低,稻盛和夫却没有一味退守,而是面对战略性商业机遇积极扩充了企业规模,接下了这笔极具挑战性的订单。稻盛和夫不拘泥于特定的一种思维方式,而是在两种矛盾的选择中达到平衡。这种决策方式体现了儒家"执中无权,犹执一也"的辩证思想。在各种矛盾运动的时间流程中,矛盾双方的相推和相济、相斥和相容都是变动不居的,所以矛盾的两极之间没有固定的"中"或"中间"地带,因此应当根据矛盾运动及其时间进程的情况,适时抓住时机,去"执"其中,"用"其中。唯有如此,领导者才能不偏不倚,灵活多变,把事情办好。

由于现代商业环境复杂多变,矛盾和悖论普遍存在,这就要求组织管理者在充满矛盾的环境中解读权衡矛盾,形成对环境的全面认知并快速判断以应对各种各样的矛盾与冲突。另外,从对内管理来看,领导者需要了解并综合考虑内部成员的需求和功能的矛盾,接受矛盾、权衡对策并从中寻求动态的平衡。具体来说,领导者在组织战略与管理过程中承担着决策者的重要职能,而且面对的往往是具有不同立场、价值观和相异特征的各类群体,如何平衡种种冲突和矛盾是领导者每天都需要考量的问题,例如长期与短期、坚持与变化、传统与热点、经验与创新以及投入与风险等。领导者对内需要充分发挥具有不同职能、利益诉求的部门潜能,综合权衡做出决策,这对于企业的良性运作和做出正确的战略决策有着决定性的影响,是企业高层管理者面临的重要挑战。因此,企业领导者需要灵活应对环境变化、及时处理复杂问题,以及整合异质化成员努力为实现组织目标而服务,在这一过程中,领导者有效应对内外部利益冲突和矛盾的行为是提高组织行动力和环境适应力的关键。

三、特质差异的辩证思想与因材施教的用人理念

1. 儒家思想中对于个体差异的辩证阐述

在对待不同特质的人时也应当在整体上保持适中,而针对不同特点的人要有不同的措施,因材施教,因人而异。儒家提出"因材施教"的理念,是基于知人、爱人的人本思想为核心原则的,"仁"一向是儒家学说中的核心所在,以此为本来推行一种爱人的包容性。孔子把"因材施教"的教育理念,实施在自己与学生的教学之中,孔子的众多学生各有不同的特点,正如《论语·先进》中记录了孔子对学生的不同评价:"德行:颜渊、闵子骞、冉伯牛、仲弓;言语:宰我、子贡;政事:冉有、季路;文学:子路、子夏。"(《论语·先进》)孔子把学生按他们的不同特点来进行分类,颜渊、闵子骞、冉伯牛、仲弓是拥有好德行的学生;宰我、子贡都是能言善辩的人;而冉有、季路则是擅长于政事方面的;子游、子夏拥有较高的文化修养。可见孔子是一个十分善于发掘学生长处的老师。面对性格较为激进的人,要约束;而面对较为保守的人,就要多鼓励劝进"求也退,故进之;由也兼人,故退之"(《论语·先进》)。

《学记》也强调一种因人而异的进学之道,如:"善学者,师逸而功倍,又从而庸之。不善学者,师勤而功半,又从而怨之。善问者如攻坚木,先其易者,后其节目,及其久也,相说以解。不善问者反此。善待问者如撞钟,叩之以小者则小鸣,叩之以大者则大鸣,待其从容,然后尽其声。不善答问者反此。此皆进学之道也。"当中所提到的"善学者"及"不善学者",对于他们的学习或教导之法也有不同。

例如,对于"善学者"来说,他们的学习能力一般比较强,所以普遍来说老师所花费的心力会比较小,而自己所能够得到的效果却很大;相反,"不善学者"的学习能力相比之下较低,这便导致了老师所花费的心力较大,但学生的收获却不是很大。而"善待问者"会先从容易处理的地方下手,然后再来处理有问题或是更难的地方,时间长了,问题就会自然地解决了,而不善于提问的人则与此相反。善于提问的学生是比较容易掌握学习的,他们总可以深入浅出、先易后难,作为老师只需要循着学生的问题和思路一一解答便可,而对于不善于提问的学生而

言,他们可能需要更多的引导、指示来掌握学习的要点,逐一解决疑难,所以老师需要明白每个学生的特点和需求。所以拥有不同能力的学生,他们在学习上也有不同的表现。有的"闻一以知二",有的"闻一以知十"(《论语·公冶长》),有的"千乘之国,可使治其赋",有的"千室之邑,百乘之家,可使为之宰",有的"束带立于朝,可与宾客言"(《论语·公冶长》)。

2. 儒家思想中强调因材施教对领导行为的启示

在任何组织中都可能会遇到天资、个性和思考方式迥异的个体,为了达到整体的进步,实际上也需要辩证领导者对不同特点的个人有不同的解决方案。正因为如此,领导者对于下属的才能有所了解,他才可以针对他们的特质来实践理想的管理行为。在组织中,员工的领悟能力有一定差异。有"上智"之人、"中人"与"下愚"之人(《论语·雍也》)。

员工的年龄和资历有一定差异,有的刚刚入门,有的稍有建树,有的已经是业务骨干,"(仲)由也升堂矣;未入于室也"(《论语·先进》)。每个员工也会呈现不同的性格,"柴也愚,参也鲁,师也辟,由也喭"(《论语·先进》),"不得中行而与之,必也狂狷乎!狂者进取,狷者有所不为也"(《论语·子路》)。

在辩证领导者的思维中,用人观念应当是要把员工作为一种无形的资源,而非简化成独立的行政管理手段。把职工作为人力资源管理工作的中心,建立个性化用人意识。具体来说,领导者要全面了解所属员工的基本资料、专长、个性甚至喜好,从而做到人尽其才。这样不但能合理利用员工本人的突出个性,发挥员工的人力资源潜能,同时也能充分调动员工的工作积极性。

万向集团董事长鲁冠球将知人用人生动地比作象棋棋盘上各有特点的棋子。只有了解每个棋子的特性和能够发挥的潜能,并且在适合的位置和时机发挥功用,才能占据全局优势。他总结道:"在我的管理思想中,无论何时何地,人的因素始终是第一位的。就如同下象棋,一方手中的16个棋子必须对外讲究的是纵横捭阖,对内讲究的调兵遣将,这样棋局至少不会马上灭亡。和象棋里的严密等级一样,我觉得,企业中的高级管理者像'将'一样,统领三军,领导着这个企业的生产经营活动;中层管理者就像'士'和'象'一样,围绕在领导者的周围,在制定和执行企业的战略规划中发挥着自己的智慧;核心员工几乎掌握着企业全部的核心技术,他们就如同'车'一样所向披靡,也是企业不可多得的财富;还有富有创新思维的'炮'和天'马'行空般热情洋溢的新员工,以及看似默默无闻却是最为忠诚的普通员工。作为老板需要做的就是知人善任,把不同特长的人用到不同的位置,用人所长,容人所短。"(王新业,2011)

在人力资源管理中,对员工的管理在实现规则公平一致的同时,还要注意发现员工的个性,并充分利用其个性进行差异化的工作安排,使大家能够发挥各自所长,为共同的目标发挥自己的潜能。如果领导者不注意发掘下属的特征,将岗位错配,就会严重影响到下属充分地发挥出自己的聪明才智。因此,领导者在用人时应当充分发挥辩证思维,不仅应当熟悉下属的特性差异,而且还应该熟悉各项工作的内容和要求,找到最佳结合点,使员工与工作达到最佳配置。因此,受传统文化影响的本土辩证领导者将会根据每个员工的性格、年龄、资历和工作能力及其变化而灵活地调整领导风格和管理行为。

第五节 中国高层管理者的辩证领导行为

可以看出,无论是握有实权的法家和兵家、保守复礼的儒家还是守弱避世的道家,实际上都在自己的辩证论述中对统治者及其治国方略提出了具体方案,怀有自己的学说成为统治者治国理念的期待。

其中道家学说是玄于各家并且贯穿统领百家学说的,老庄的学说让中国传统文化都置于"道"和"自然"的统领之下,表现出了广大的涵容性。老庄的自然主义和不干涉主义跳出了固化的治理模式,以超脱的整体视角和超长的时间尺度看待问题。儒家作为中国最主要的政治和伦理学说,提倡积极入世、和谐中庸,重视道德教育、情操培养、规则建立、不同人才的社会作用等,能够很好地指导现代的本土管理工作。法家虽然在历史上对秦朝二世而亡负有责任,但尖锐地抨击了人治思想,提出了依赖法治和赏罚的理念。法家反对特权、鼓励发展,提倡社会制度要根据实际情况进行积极变革。法家的这些治理思想对现代的管理工作仍然有指导意义。

儒家、道家、法家的学说各有优缺点:儒、法积极入世,中庸和谐又顽强拼搏的精神,可以补道家无为、避世的不足;而道家的超然心态可调剂法家激化矛盾与儒家封闭式伦理关系的束缚。

从辩证思维的角度看,道家思想大而玄,适用于超长期的趋势研判和人生指导;儒家学说倡导中庸,适用于体制建设和人际沟通,能够使组织运行和谐顺畅,人际关系协调稳定;秦始皇用法家导致二世而亡后,法家已经失去了和儒家抗衡的官方地位,却因为其具体而实用的斗争哲学在儒家的背后指导了管理者的部分辩证领导行为。

从领导者的具体实践看,在科技飞速发展、经济加剧动荡的商业环境下,似乎老子倡导的守弱、守柔、守雌在表面上看,在某些情况下与现代商业社会积极求胜、注重竞争的要求有相背离的部分,而实际上老子的思想是运用于长期趋势的判断和转化,并不适用于短期、具体的事项上指导"入世"的领导者有所作为。《道德经》中对立面交替主导矛盾的思维和商业周期性兴衰的思想高度重合,而老子把谦下、不争、去甚、去奢作为行为准则,为领导者在战略和为人角度提供指导,使领导者有效地避免事业"盛极而衰"以及为人"亢龙有悔"的悲剧。

领导者的管理决策同时需要其他传统学说的辅助,中国儒家思维的常态是以追求表面的和谐、维持、协调为目的,崇尚对立和矛盾的调和,不太注重矛盾对立面之间的差异、压制和冲突,尤其反对矛盾双方你死我活、水火不容的状态。然而,儒家学说中并没有关于赏罚的具体指导,唐太宗却在反映自己治国理念的《贞观政要》中提出"国家大事,唯赏与罚。赏当其劳,无功者自退;罚当其罪,为恶者咸惧"(《贞观政要·封建篇》)。可见法家的赏罚观一直在儒家学说背后影响着中国领导者的行为。

中国历史上领导者的赏罚、计策、谋略行为屡见不鲜,却在儒家、道家思想中找不到思想支持;而法家和兵家这种强调对立面"势不两立"(《韩非子·人主》)的思想在实践中确实指导了"御下之术",以及在进行具体斗争时指导领导者的行为,例如兵家著名的段落"兵者,诡道也。故能而示之不能,用而示之不用,近而示之远,远而示之近。利而诱之,乱而取之,实而备之,强而避之,怒而挠之,卑而骄之,佚而劳之,亲而离之,攻其无备,出其不意"(《孙子兵法·计篇》),就是具有高度概括性的斗争哲学论述。自孔子创立儒家学说以来,特别是在汉武帝尊儒学为国学后的两千多年里,儒家学说主导了中国的传统思想,指导了中国社会方方面面的观念。直观看来中国辩证思维讲求和谐稳定的目标,这是由"不偏不倚"的儒家中庸思维主导的,而独尊儒术实际上是儒法合流,兵家法家仍藏在儒家的身后起着指导领导者"用术"的作用(冯契,1983)。

从现代管理现实的需要角度看,只有取各家辩证思想之长,并且去掉各家辩证思维中与现实需求相悖的部分,才能创造出有利于本土领导者管理实践的辩证管理理念。一位深受诸子辩证思想影响的本土领导者会采用各家之长,纳为己用,针对不同尺度和不同层次的问题,采取相应的领导行为和领导模式,以达到最佳的管理效果。

本 章 小 结

本章聚焦于辩证领导行为的基础——辩证思维进行总结。中国的传统哲学思想如道家、法家、兵家、儒家等思想中蕴含着丰富的辩证思维思想与实践。道家思想中有关事物长期转化、整体性、阴阳转化与平衡等思想塑造了中国人日常生活与工作的方式。大量的俗语与谚语,如否极泰来、未雨绸缪、以柔克刚、刚柔并济等都是这些思想的体现。法家中矛盾的相互转化及条件,以及兵家的适时调整等思想也影响了我们普通人及管理者如何奖惩、如何借势而为等管理实践。儒家思想中的价值观是中国人价值体系的重要来源,同时,儒家思想中丰富的辩证思想,如和谐、执中、权衡等同样也影响了我们今天的所作所为。在介绍这些思想的同时,我们也结合当今的企业实践进行诠释,希望对读者有更加直观的启示。

第三章 辩证领导行为的概念及结构

通过上一章的介绍,我们了解了中国传统文化中蕴含的丰富的辩证思维思想及在当代企业领导实践中的表现。在此基础上,本章结合中国企业面临的现实和中国传统文化中的辩证思维,聚焦于企业高层管理者的行为,提出并发展一种更具理论生命力和现实解释力的中国企业高层管理者独特的领导行为理论——辩证领导行为。我们首先分析辩证领导行为的研究意义和产生条件,随后,通过定性研究与定量研究相结合的研究方法,探讨了辩证领导行为的概念及可能的结构。通过本章,我们旨在将中国传统文化中的辩证思维思想融入现代管理学之中,为当今面临复杂多变环境的企业领导者提供企业管理的指导,为日益受到世界关注的中国领导学研究做出贡献。

第一节 辩证领导行为研究的意义

一、企业高层管理者面临的环境复杂性和矛盾情境

随着经济全球化的迅猛发展和信息技术的广泛普及,比如大数据、移动互联网、人工智能等应用,技术革新可以瞬间颠覆某一个行业,企业和企业高层管理者面临越来复杂、易变、模糊和难以预测的经济、技术和社会环境。一方面,企业所处的外部市场环境日益变化、应对的发展局势复杂多变、接收的信息瞬息万变(Nadkarni & Chen, 2014);另一方面,企业内部的信息沟通和资源整合需求不断增加、不同成员和部门间利益冲突也逐渐突出(Mostyn, 2016)。这正是学界

和业界所热议的 VUCA 时代特征(Bennett & Lemoine，2014)。V(Volatility，易变性)是指环境的本质是持续变化的，且变化不具备稳定性和规律性，这驱使企业需要及时做出改变；U(Uncertainty，不确定性)是指面对环境的不可预见性，难以对环境变化做出提前的理解和预期，企业往往缺乏危机意识和对意外事件的预判；C(Complexity，复杂性)是指企业时时处于各种力量和不同因素的困扰之中，这些困扰由互相连通的变量构成，难以清晰地梳理出其复杂程度；A(Ambiguity，模糊性)是指现实环境的模糊性易引发误解，因果关系因嵌入在一系列复杂的环境因素中，往往是不清晰的，企业需要应对内外部各种条件和因果关系高度混杂的情境。在这样的 VUCA 时代背景下，企业的高层管理者面临着更多的管理风险，环境也表现出更多的震荡性和跳跃性，如何有效地应对复杂模糊又快速变化的环境，及时调整战略方向，无疑决定着企业的成败，也是高层管理者首要关心的问题。

同时，在这种日益加剧的 VUCA 时代背景下，企业各个层面对立的矛盾需求日益增多，高层管理者需要应对和处理的矛盾情境也在大幅上升，必须面对无处不在的矛盾需求和维持组织平衡的需求(Smith & Lewis，2011)。这些矛盾需求既出现在组织宏观层面也出现在微观层面。首先，在企业的宏观层面上，高层管理者要面临顺应环境与塑造复杂环境两种力量的选择、长期生存发展与短期效率和利益之间的权衡、维持组织稳定性和保持灵活性之间的平衡(Zhang & Han，2019)、组织探索与组织开发之间的悖论关系(Vera & Crossan，2004)、企业外部利益相关者和内部利益相关者之间的矛盾处理(Margolis & Walsh，2003)、企业利益需求与企业责任之间的抉择等。其次，在企业的微观层面上，领导者尤其是高层领导者，在人事管理中面临着以自我为中心与以他人为中心、保持距离与维持亲密性、同等对待下属与允许个性化、执行工作要求与保持灵活性、维持决策控制权与允许下属自治权五个方面的矛盾需求(Zhang et al.，2015)。这些来自企业宏观和微观层面的矛盾需求，是高层领导者在 VUCA 时代背景下提高环境适应和塑造能力、提高企业行动力必须面对的挑战。

二、企业高层管理者如何应对环境挑战和矛盾需求

面对上述日益复杂的环境和日益增加的矛盾需求，企业高层管理者能否以及应该如何应对呢？首先，企业高层管理者究竟能否有效地适应环境变化？针对这一问题，管理学者和实践者进行了一系列的探索。早期观点从种群生态学和新制度理论视角出发(Hannan & Freeman，1977；DiMaggio & Powell，1983)，认为企业的外部环境条件决定了企业的生存和发展，且企业组织惯性强大，企业只能被动适应环境，高层管理者对企业行为和结果的影响非常有限。后

期高阶梯队理论(Upper Echelon Theory)的提出打破了传统组织生态理论对管理者被动性的假设(Hambrick & Mason,1984),指出面对复杂的环境和情境,企业高层管理者会基于个体的认知、价值观、人口统计学变量、心理变量等特征,为企业选择不同的战略、行动策略和领导方式,从而对企业的行动、战略和结果起到重要作用,甚至决定企业的兴衰命运(Hambrick & Mason,1984)。之后,随着实践经验和大量研究的验证支持,高层领导者在战略选择以及企业绩效中发挥的主动性和重要作用得到越来越多的认可。在此基础上关注高层管理者领导行为的战略型领导(Strategic Leadership)被提出,其有效性也得到广泛证实(Finkelstein & Hambrick,1996;Hambrick & Mason,1984),特别在不确定性环境中,战略型领导的作用更为重要,甚至成为决定组织成败的关键因素(Simkin & Dibb,2012;Waldman et al.,2001)。早期有关战略型领导的研究主要关注人口统计学变量,如年龄、受教育程度等(Hambrick et al.,1996)。之后的研究开始更加深入地探索高层领导者发挥作用的"黑箱"。研究者们发现,心理变量也是影响战略型领导效果的重要因素,如高层管理者的价值观、认知结构、动机、领导行为等会影响企业的战略选择进而影响企业的绩效表现(Malmendier & Tate,2015;Boal & Hooijberg,2000;Greve,1998)。国内研究方面,早期学者借鉴国外开发的操作化概念在中国情境中检验了高管特质和领导行为的作用(陈国权和李兰,2009;陈国权和周为,2009;蒋天颖等,2009),之后国内学者开始探讨和总结具有中国特色的管理实践与管理理论,如和谐管理理论(席酉民等,2013;黄丹和席酉民,2001)、家长式领导模式(樊景立和郑伯埙,2000;郑伯埙和樊景立,2001)、中国企业战略型领导者的三元模式(张文慧和王辉,2013)等。高层管理者的领导行为对于应对环境变化和企业经营有着重要影响已经形成了国内外研究的共识。

　　其次,企业高层管理者究竟能否处理日益增多的矛盾需求?高层管理者有效的领导行为离不开所处的管理情境(Reger,1997;Carpenter,2002)。20世纪80年代之后,学界开始关注组织中存在的矛盾情境(Bobko,1985;Denison et al.,1995;Sundaramurthy et al.,2003),例如Poole & Van de Van(1989)指出组织管理者本质上面对相互竞争甚至是冲突的需求。早期学者认为高层管理者应当在多种冲突的决策中选择最优的并且保证其持续性(Barnard,1938;Thompson,1967)。但是,随着全球化范围内市场经济的完善,管理者面临着前所未有的复杂多变的管理情境(Putnam et al.,2016),学者逐渐发现"兼而有之"的领导方式更会带来长期绩效的提升。Quinn(1988)从稳定性—灵活性、内部导向—外部导向将领导行为归为八种角色,并且认为有效的领导需要具备丰富的领导行为并展现出冲突性的领导角色。Hart & Quinn(1993)整合了效率

(Efficiency)和效果(Effect)两个维度,指出高层领导者需要扮演看似冲突的领导角色。Rosing et al.(2011)指出管理者发展组织的双元性(Ambidexterity)有助于企业创新能力的提高。Smith(2014)通过案例研究发现高层管理者需要处理多方面矛盾的决策需求,整合性的决策会带来更好的绩效。Jay(2013)提出矛盾的组织结构有助于企业的变革和创新。Jarzabkowski & Ven(2013)发现相互竞争的战略能帮助组织实现协同进化。Hahn et al.(2014)认为管理上的矛盾能够帮助企业获得持久竞争力。Zhang et al.(2015)从微观层面提出了团队领导的矛盾领导行为的概念,并认为矛盾领导行为有助于提高下属的适应能力、专业化程度和主动性行为。总体而言,面对相互冲突和矛盾的决策需求,学界由早期关注管理者的"选择和贯彻"的行为(Barnard,1938;Thompson,1967)向关注"兼容和并包"的行为(Lüscher & Lewis,2008;Andriopoulos & Lewis,2009)转变。高层管理者能够关注变化、接受矛盾并注重整体协调等兼而有之的领导行为有助于企业在复杂、多变、矛盾的管理环境提升企业绩效。

然而,虽然以上论述表明了高层管理者在应对环境不确定性和矛盾情境方面能够发挥重要作用,但是已有针对高层管理者如何应对变化和矛盾冲突的研究缺乏清晰的结论。首先,从研究理论上看,西方经典的情境(Situational)和权变(Contingency)理论认为,领导行为应当"因势而为",即根据面临的情境选择一种最合适的管理方式(Kalkhouran et al.,2015),但这一理论却忽略了情境的复杂性和矛盾性。越来越多的研究指出,企业高层领导者面对的是多样的、动态的甚至是矛盾的管理情境(Halevi et al.,2015),这使得他们难以在复杂的情境中"抽丝剥茧"出某一种具体的领导行为,而且单一的管理方式也无法适应多变的环境和矛盾情境(Clegg et al.,2002)。其次,从研究内容上看,目前对高层管理者领导行为的研究多是借鉴中层管理者的领导行为和模式,如变革型领导(Colbert et al.,2008)、魅力型领导(Waldman et al.,2001)、授权型领导(Carmeli et al.,2011)等。事实上,高层领导者和中层管理者面临的管理情境有很大差异,他们需要做更多的战略决策以及从宏观层面思考问题。也有为数不多的研究专门探讨了企业高层管理者的领导行为,但也主要从基本的领导角色出发分析其领导行为(Tsui et al.,2006)。因此,针对高层领导者如何应对复杂多变的内外部环境和矛盾情境的研究仍然缺乏。最后,从研究情境上看,目前国内管理学领域的研究多是借鉴和依赖西方的领导模型、理论、概念和测量方法,而基于中国文化和管理现实的独特性与探索性的研究还相对较少。中国企业家身上凝聚着独特的东方思维,其行为和模式可能与西方管理者存在诸多差异。因此,基于中国传统文化的精髓,构建具有中国情境特点的高层管理者领导行为理论,成为企业应对复杂的VUCA时代环境特征和矛盾情境等管理实践问题亟待解决的问题。

三、中国传统文化中的辩证思维对高层管理者的影响

正如第一章和第二章介绍的,中国传统文化中关注变化、接受矛盾、寻求联系的辩证思维为高层领导者应对复杂多变的环境和矛盾情境提供了一种新的思路。辩证思维是对差异性的接纳、对动态性的预知和对独立性的整合(Hamamura et al., 2008; Peng & Nisbett, 1999; Spencer-Rodgers et al., 2009),自古就是中国文化的重要智慧,根植于传统的东亚文化,包括道家、儒家及释家的认知方式(侯玉波和朱滢,2002;王树人,1997;郑万耕,1993;陈卫平,1992),通过广为流传的成语、俗语、故事等融入中国人生活的方方面面,深刻地影响和塑造中国人的思考和行为方式,很可能对中国企业高层领导者的领导行为存在独特影响,成为构建具有中国情境特点的高层管理者领导行为理论的基础。

首先,相对于西方文化情境,嵌入在中国情境中的中国个体(包括高层领导者在内)更可能表现出辩证思维特征。例如,Peng & Nisbett(1999)通过一系列实验室研究,发现东西方在对待矛盾时会采用两种迥异的认知方式。具体来说,中国人更愿意接受辩证的(看起来语意相互矛盾)格言,而美国人则相反;中国人在面对冲突时更喜欢采用调和的方式,而美国人则相反;中国人更喜欢对某个科学论点采用辩证的论证,而美国人则更喜欢采用逻辑论证;中国人在面对彼此冲突的论点时会采用比较缓和节制的观点,而美国人的观点则更加极端化。Choi & Choi(2002)的研究结果表明,与美国人相比,韩国人表现出的自我信念一致性较低(例如,我是个外向的人,但有点害羞)。跨文化研究表明,与北美人相比,东亚地区的人们在定义自我和描述感觉时往往采用更为辩证的方式(Hamamura et al., 2008)。这些研究结论为东方辩证思维不同于西方逻辑思维、处于中国情境中的个体(包括高层领导者在内)更可能在思维方式中表现出辩证特征提供了佐证。

其次,辩证思维倾向高的个体(包括高层领导者在内)具备的整体性认知更高(Spencer-Rodgers et al., 2010),能够更加动态地看待问题,对待变化更为敏感,对待矛盾更愿接受并协调对待(Choi et al., 2007; Spencer-Rodgers et al., 2004)。现有研究表明,具备辩证思维的人看待矛盾的事物并非"非此即彼"而是"亦此亦彼",他们更能接受事物中包含的矛盾,更倾向于从变化联系的角度分析问题(Spencer-Rodgers et al., 2004; Spencer-Rodgers et al., 2010;张晓燕等,2011)。学者也注意到了辩证思维在管理中的应用,如武亚军(2013)通过定性研究提出中国企业家在认知模式上表现出"战略框架式思考"和"悖论整合"的特

征,Lewis et al.(2014)提出源自东方阴阳思想的矛盾思维(Paradoxical Perspective)有别于权变观点(Contingency Perspective),能够帮助企业获得持续的高绩效。Smith & Tracey(2016)研究领导者应对冲突需求时,对比了制度理论(Institutional Theory)和矛盾理论(Paradox Theory),认为矛盾的领导行为更适合动态的环境。因此,处于中国情境的高层领导者受到辩证思维的影响表现出关注变化、接受矛盾并注重整体协调的特征。

最后,辩证思维对个体(包括高层领导者在内)灵活性、处理矛盾冲突等方面存在重要影响。例如,Cheng(2009)深入探讨了辩证思维与应对灵活性(Coping Flexibility)之间的关系,以此考察个体在思维方式上的不同是否会影响他们的应对策略。研究结果表明,拥有较高辩证思维能力的个体在应对不同的压力事件时表现出更高的灵活性。张晓燕等(2011)借助三个研究,证实辩证思维有利于降低攻击性行为倾向。这一研究结果符合人们对具有辩证思维的个体更倾向于在面对矛盾冲突时温和节制、注重和谐的判断。Bai et al.(2015)从冲突管理的视角出发,探究了中国情境下团队领导者的辩证思维是否会影响员工绩效以及如何影响的相关问题,实证结果显示领导的辩证思维通过降低团队冲突对员工的创造性和角色内绩效具有积极作用。此外,还有学者关注辩证思维对创造力的影响(Paletz & Peng,2009)等。因此,具备辩证思维的高层领导者能够更好地在 VUCA 时代应对环境复杂性和矛盾情境。

综上,处于中国情境下的高层领导者更可能表现出辩证思维特征,且在辩证思维的影响下,表现出更多关注变化、接受矛盾并注重整体协调的战略领导行为和模式,能够更好和更灵活地在 VUCA 时代应对信息多样化、环境复杂多变、不断加剧的矛盾情境。基于此,我们认为中国传统文化中辩证思维的思想影响了中国高层管理者在应对企业内外部环境和各自矛盾时的领导行为表现和模式,能够成为提出并发展一种更具理论生命力和现实解释力的中国企业高层管理者独特的领导行为模型的基础。

四、辩证型领导行为研究的意义

基于上述三部分的分析可知,日益复杂的环境和矛盾情境迫切需要高层管理者做出有效应对,而中国传统文化中关注变化、接受矛盾、寻求联系的辩证思维为高层领导者的有效应对可能提供了一种新思路。因此,本书基于中国传统文化中辩证思维的思想,聚焦于企业高层管理者的行为,提出并发展一种更具理论生命力和现实解释力的中国企业高层管理者独特的领导行为理论——辩证领导行为,并通过定性研究与定量研究相结合的研究方法,分析辩证领导行为的内涵维度。这具有重要的理论意义和实践贡献。

首先，尽管已有学者注意到了组织面临的复杂环境、矛盾情境及高层管理者可能发挥的作用（Smith & Lewis，2011），并从人力资源管理、公司创新（Andriopoulos & Lewis，2009）、社会责任（Hahn et al.，2014）、领导行为（Zhang et al.，2015）等角度进行了研究，但是缺乏对高层管理者如何应对这些复杂环境所应表现的具体领导行为的深入探索和实证检验。我们提出的辩证领导行为理论，为高层管理者更好地应对复杂多变的管理环境提供了新的视角，既丰富了高阶梯队理论研究的内涵，也为基于矛盾理论（Paradoxical Perspective）的研究提供了可以借鉴的思路。

其次，当前中国情境下的领导行为研究尤其是战略领导行为研究，主要还是借用西方情境下提出的构念，真正带有中国文化和企业情境特色的研究还很少。我们所关注的辩证领导行为根植于中国文化传统，同时又契合中国企业所面临的实际。因此，辩证型领导行为的提出不但丰富了我们对于中国文化情境下，企业高层管理者的特征和行为如何影响企业结果的认识，同时也是尝试建立中国企业环境下本土领导行为理论的一个探索。

最后，辩证型领导行为的提出也具有重要的实践意义，以互联网和高新技术为发展方向的新形势下，转型中的中国企业面临着更为复杂的内外部环境，企业高层管理者也需要行之有效的应对方式。我们将中国传统文化中的辩证思维与当代管理理论和实践相结合，开发出辩证领导行为这一独具东方特色的构念，为转型中的中国企业应对变化的内外部环境提供有效指导，也为国外同样面临复杂矛盾情境的管理者提供借鉴经验，由此帮助企业在激烈的市场竞争中持续健康的发展提供帮助。为中国管理学界实现"立足中国实践、创新管理理论"做出积极回应（Tsui et al.，2006）。

第二节　辩证领导行为的案例分析

中国传统文化的辩证思维作为一种深层的认知方式和价值观，深刻影响了企业高层领导者的领导思想和行为表现。为了深入探讨辩证领导行为在高层领导者行为中的具体体现，我们采用案例研究方式，通过公开资料对两位典型的中国企业家的辩证领导行为进行分析。具体而言，通过对华为技术有限公司（以下简称"华为"）的总裁任正非和海尔集团（以下简称"海尔"）的首席执行官（CEO）张瑞敏的管理实践进行研究与剖析，探究两位企业最高层管理者的辩证领导行为的具体表现，以及从这些表现中所体现出的三种辩证思维原则。选择这两家公司和这两位高层管理者作为案例分析对象，主要基于三个标准：第一，这两家企业都是民营企业，相对于国有企业，其企业领导者具有更高的管理自主权，其领导者个人的领导行为和特点会更多地在企业的战略、行动等方面展现出来。第二,这两家企业是典型的、成功的中国本土企业,本土化的特征使其具有广泛的应用性和借鉴意义,其领导者的领导特点和经验也具有一定的代表性,可以很好地展现辩证领导的特征。第三,这两家企业资料的可获得性较高,不论是企业还是其领导者,都有丰富的可查询资料和素材以供研究,有助于提高分析的准确性。根据搜集到的资料,我们基于辩证思维基本内容和原则深入分析两位领导人的思考和行为模式,以探析辩证思维在企业高层管理者行为中的具体体现。希望两个各有特色的实例能互相扶持,补缺补漏,在最大程度上勾勒出辩证领导行为的基本框架。

一、案例研究:任正非的辩证领导行为

华为是一家非常成功的本土民营企业,由任正非创立于1987年,虽然诞生于破旧的厂房,但在任正非的带领下,迅速由一个注册资本仅有2万元、员工6名的小公司,2018年成长为一个全球总销售收入超过7 000亿元、净利润超过590亿元,员工人数超过18.8万的全球电信设备行业领导者。目前华为是全球第一大通信设备供应商、第三大智能手机厂商,也是全球领先的信息与通信解决方案供应商,尤其是5G通信领域的先锋,技术水平远远领先于行业内的其他竞争者。华为的产品和解决方案应用于170多个国家和地区,服务全球30多亿人口。华为公司在2019年《财富》世界500强中排第61位。作为华为的创始人和灵魂人物,任正非的思想和行为对华为的发展无疑具有至关重要的影响,也代表了中国本土新兴企业优秀领导者的典型特征和成功经验。在搜集和分析与任正非和华为相关的资料中可以发现,任正非领导华为发展的诸多行为之中具备典型的辩证思维特征。

1. 变化原则:高瞻远瞩,居安思危,因时而变

强烈的危机感、居安思危的忧患意识是任正非和华为的标识符和核心竞争能力之一,甚至已成为华为的一种特俗文化。华为在三十多年的经营过程中,一直保持了高度的危机感,任正非始终不断地在强调"惶者才能生存",持续地向员工传达危机意识和生存压力,甚至多次警醒员工,下一个倒下的、破产的是华为。在华为发展的每个重要节点,任正非都观点鲜明地向员工强调变化和生存危机,展示了他高瞻远瞩、居安思危的自我批判能力。例如,2001年在华为首次荣登全国电子百强企业第一位的鼎盛时期,任正非强调"华为没有成功,只有成长",并发表了富含自我批判精神和危机管理思路的"华为的冬天"和"下一个倒下的会不会是华为"讲话,其中在"华为的冬天"里讲道:"十年来我天天思考的都是失

败,对成功视而不见,也没有什么荣誉感、自豪感,而是危机感。"任正非这种始终对企业内外部保持危机和批判的意识,对员工起到了很好的警示作用,在华为内部建立了拥抱变化、提前为变化做好准备的驱动机制,在成功面前保持了清醒和持久战斗力,助力华为2002年顺利度过连续两年的电信设备行业萎缩,并在之后的十几年保持了迅猛的发展势头。任正非和华为对美国制裁与打压的应对过程是另一个重要例证。2019年5月16日,华为开始遭遇历史上最大的生存危机,美国在利用关税大棒对中国企业打压和对中兴制裁之后,以国家安全为由将华为列入"实体清单",限制美国企业向华为出售相关产品和技术,试图通过切断供应链对其进行打压。危机发生后,任正非一方面利用高超的公关技巧表明不会轻易狭隘地排除美国芯片,只要能够获得售卖许可,华为还是要大规模地从美国企业购买芯片,为日后双方修复关系留下余地;另一方面宣布了如果供应出现困难,华为有备份,华为在多年前就进行了极限生存的假设——在所有美国的先进芯片和技术不可获得的情况下,华为如何持续为客户服务。并基于这个极限生存假设,投入开发了海思麒麟处理器和鸿蒙操作系统作为未雨绸缪的备用。正是这两个为长期发展做准备的备用方案,让华为在被"制裁"后,主力产品没有被扼杀,保持了稳定增长,虽然华为的危机还未真正解除,华为面对的困难和挑战依然很大。但任正非和华为一直所秉承的危机意识、居安思危、高瞻远瞩的战略远见,未雨绸缪和因时而变的底线思维,用动态变化的思路分析和处理问题为华为保驾护航,转危为机,正是辩证的变化原则在实践中的体现。

2. 矛盾原则:权衡矛盾,动态平衡

辩证法的另一个原则是矛盾的对立统一。任正非另一个独特而难以模仿的领导行为是基于矛盾原则的灰度管理,他一直善于分析、权衡和动态平衡企业发展过程中的各种矛盾,在《开发、妥协与灰度》中提出了著名的"灰度管理理论",指出管理"并不是非白即黑、非此即彼。合理地掌握合适的灰度,是使各种影响发展的要素,在一段时间和谐,这种和谐的过程叫妥协,这种和谐的结果叫灰度"(任正非,2010)。任正非将平衡处理矛盾的领导风格和灰度管理贯穿到华为对技术创新与引进的选择上、企业长期目标与短期利益的抉择上、员工与管理者的利益冲突上,以及培养与干部选拔、控制经营管理节奏、洞察商业环境各个方面。例如,在创立初期,华为技术远远落后于西方的竞争者,面临引进西方技术或自主创新的矛盾选择,任正非带领华为辩证地看待这个问题,既驳斥全部依仗他人技术,又反对"唯技术论",而是运用动态平衡矛盾原则,随着形式变化,在引进已有技术的基础上,大力投入各种资源,努力进行自主研发和创新(任正非,2007)。这种引进和研发相结合的方式,使得华为可以站在巨人肩膀上自主创新,与西方技术差距不断缩小,并逐步成为行业的技术领先者。又如,在战略与目标的关系上,任正非指出,"坚定不移的正确方向来自灰度、妥协与宽容""不能依据不同的时间、空间掌握一定的灰度,就难有合理审时度势的正确决策"。方向要大致正确,组织要充满活力,要以过程的确定性应对结果的不确定性,以组织的活力应对战略的混沌等。再如,华为以灰度培养与选拔干部,任正非提出领导者就是掌握灰度,"干部放下了黑白是非,就会有广阔的视野和胸怀,就能够海纳百川,心存高远",领导者要以理性、动态平衡的矛盾原则处理领导事务。武亚军(2013)发现,"悖论整合"式的认知方式在任正非身上得到了很好的体现,他对长期与短期、利用与探索、高质量与低成本、稳定与变革、竞争与合作等矛盾组合做了很好的动态平衡。综上,任正非这种非静态选择舍二取一,反对非此即彼、非黑即白的动态平衡矛盾处理方法,与辩证型领导行为的矛盾原则高度一致。

3. 联系原则:大局观,注重协调,整体管理

注重协调和整体管理的联系原则在任正非的领导行为中也有体现。把握大致正确的方向,行动策略上开放、灰度和妥协凸显了任正非的整体观和大局观。他强调华为要全面立体地看待事物,要在承认事物的普遍联系性和复杂性,从全局观视角处理内外部问题。例如,华为以普遍联系的眼光看待和处理与竞争对手的关系,在终端产品上与苹果和高通是竞争对手,但在专利技术合作上,又是互相购买、认证的合作伙伴关系。又如,华为对自己世界领先的5G技术,没有采取短期利己的技术封闭做法,而是致力于倡导建立有利于所有参与者发展的规则。再如,任正非均衡发展的全局观也体现在内部管理中,任正非在"华为的冬天"中强调了协调和组织要素的均衡转换,认为华为的组织结构还不均衡,管理需要从短板的瓶颈流程抓起,华为要长期坚持"小改进,大奖励;大建议,只鼓励"的改良方针,鼓励员工要以是否与公司的总体目标和战略相符、与周边流程和谐匹配,会给全局背景造成什么样的连锁反应,是否对公司的整体有所贡献为标准,提出局部小改进建议,避免局部改进对整体或其他环节造成恶劣的影响甚至引起严重的消极连锁反应。此外,联系原则也体现在任正非针对华为变革所提出的坚决反对完美主义、坚决反对烦琐哲学、坚决反对盲目的创新、坚决反对没有全局效益提升的局部优化、坚决反对没有全局观的干部主导变革、坚决反对没有业务实践经验的人参加变革、坚决反对没有充分论证的流程进行实用的"七个反对原则"中。从上述例子中,可以清晰地看到任正非对在华为运营过程中所涉及各个环节之间普遍联系、互相协调、大局观和整体管理的强调,这些领导行为恰恰体现了辩证思维中的联系原则。

二、案例研究:张瑞敏的辩证领导行为

海尔创立于 1984 年,是一家全球美好生活解决方案服务商。多年来,海尔在 CEO 张瑞敏的带领下致力于成为"时代的企业",从早期的品牌战略、多元化战略、国际化战略、全球品牌战略,2012 年进入到网络化战略发展阶段,海尔逐步从传统制造企业向共创共赢的物联网社群生态企业转型。2018 年,海尔全球营业额达到 2 661 亿元,全球利税 331 亿元,全年生态收入 151 亿元。目前,海尔在全球拥有海尔、卡萨帝、GEA、斐雪派克、Candy、AQUA、统帅等智能家电品牌,日日顺、海尔消费金融、COSMOPlat、顺逛等物联网服务品牌,25 个工业园,10 大研发中心,122 个制造中心,106 个营销中心,用户遍布全球 100 多个国家和地区。海尔旗下子公司海尔智家股份有限公司再次登上美国《财富》杂志发布的 2019 世界 500 强排行榜,以营业收入 277.14 亿美元排第 448 名。张瑞敏作为海尔的董事局主席和 CEO,因其对管理模式的不断创新受到国内外实践界和管理学界的高度关注,其人单合一模式的探索和实践被哈佛大学、斯坦福大学等写入教学案例。张瑞敏曾被世界一流的管理学家加里·哈默评价为互联网时代 CEO 的代表,被"竞争战略之父"迈克尔·波特评价为"杰出的战略思想家"。因此,分析探究张瑞敏领导行为中的辩证思维特征,具有重要的研究意义。

1. 变化原则:居危思进,忧患意识,自我挑战

辩证法的变化原则认为事物总是处于不断的发展变化中,人们需要时刻保持警惕,坚持居危思进,坚持忧患意识,不断自我反省。它要求人们用变化发展的眼光看待各种事物,避免在成功时被得意冲昏头脑而盲目自大,这种危机意识始终体现在张瑞敏带领海尔从一家亏损 147 万元的集体小厂家发展成为全球营业额为 2 661 亿元(2018 年)的全球化企业的过程中。作为中国企业家的优秀代表,张瑞敏始终认为,没有忧患意识的企业家,根本不能称为现代企业家。他曾经多次警醒员工海尔每天都可能倒闭,"海尔距离倒闭只有一天",每天都要"如履薄冰",不断寻找"突破自我"的机会。为此,他引用了"鲶鱼效应"理论,指出"市场竞争太残酷了,只有居安思危的人才能在竞争中取胜",企业要想发展壮大,必须要"战战兢兢,如临深渊,如履薄冰",凭借这一理念,海尔逐步打败了日立、松下、三星等一线国际品牌,成为民族品牌的骄傲。而张瑞敏本人也极具多变性思维,从 1984 年临危受命,怒砸冰箱带领海尔起死回生,扭亏为盈,登上哈佛讲坛,到花甲之年改变海尔组织架构,采取颠覆性"人单合一"的模式应对信息和互联网技术的冲击,把自己和海尔再次轰轰烈烈地推向风口浪尖。这都反映了他因时而变、不断自我挑战的变化思维模式。

与任正非提出"华为的冬天"类似,张瑞敏也同样多次提到"冬天"的概念,即使是在海尔荣登家电行业榜首的高光时刻,也要求员工把每一天都看作冬天,学会"冬泳",为自己负责,强调海尔和每个员工都要随着时代变化不断调整自己的节拍,没有所谓的居安思危,只能居安思进,不断自我超越,自我挑战,化危机和时代压力为前进的动力,未雨绸缪,做出前瞻性判断,提前调整把握时代浪潮。从张瑞敏抡起大锤砸掉有缺陷产品的第一下,到提出"日事日毕,日清日高"的理念,再到实行"人单合一"模式,辩证的变化原则都始终体现在他的领导行为中。

　　2. 矛盾原则:"否定"和"变革",创造机会解决矛盾

　　张瑞敏始终以发展的眼光看待企业运营过程中的各种矛盾,提出在自我否定中成长,通过不断创新创造机会解决当前矛盾,而不是静态地从矛盾双方二选一。他曾提出:"像禅宗所说,30年前看山是山,看水是水;后来看山不是山,看水不是水;30年后看山还是山,看水还是水。必须悟到这个程度,才能把问题看透彻。"海尔的整个发展过程都伴随着"否定"和"变革"这两个关键词,张瑞敏提出过一个著名的"斜坡球体论",把企业比作斜坡上的球体,它的本性是向下滑落,要想向上移动,必须有两个作用力——一个是止动力,保证企业不向下滑,这种力量来自企业的基础工作;另一个是拉动力,促使企业向上移动,这种力量来自企业的创新能力,这两种力量缺一不可。这种以创新创造机会解决当前困境的矛盾处理方式,助力海尔不断地快速增长和壮大。在互联网时代,面对汹涌而来的技术变革和转型压力,张瑞敏提出海尔要"企业平台化、员工创客化、用户个性化",力图通过激活每个个体和小微公司保持海尔的活力和战斗力,又通过把海尔变为一个创业平台,把所有员工和小微单元整合为一条龙,在发挥能量和活力的同时向共同目标迈进,试图通过变革解决企业规模大而僵化这个悖论。这种边破边立的思想,利用颠覆和创新应对变化正是矛盾思维方式的具体体现。

　　3. 联系原则:海纳百川的大局观和整体观

　　张瑞敏深受中国传统文化的影响,致力于将中华民族优秀文化运用于企业管理,他曾经说:"《老子》帮助我确立企业经营发展的大局观,《论语》培育我威武不能屈、贫贱不能移、勇于进取、刚健有为的浩然正气,《孙子》帮助我形成具体的管理方法和企业竞争谋略。"他强调要系统、全面地看待问题和思考问题,从整体上把握事物发展的趋势和规律,不能抓住眼前或局部的一点猛攻,要从历史演变的角度分析看待事物发展的规律。无论是在早期的品牌战略和多元化战略实施阶段,还是在进入国际化、全球品牌战略阶段,尤其是2012年进入网络化战略发展阶段,张瑞敏带领海尔始终坚持"以用户为中心"大局观战略下的变革,从"人单合一→倒三角→大公司做小、小公司做大→信息主动权变化→用户为中心"的

一系列变革措施中,从自身构架到管理理念的变革中都强调了大局观,避免偏激的变革,在原有成功经验的基础上实施有利于整体的局部变革,从整体上整合各种分散资源,体现了辩证思维的联系原则。

三、案例小结

通过对任正非和张瑞敏两个案例的分析,我们发现辩证型领导具有高度的危机意识、灰度思维、自我批判、居危思进、因时而变等特征。他们更坚持均衡发展,权衡各矛盾因素,同时联系全局,关注内外变化发展的环境,在危机意识中不断否定已有的成就,调整自身以达到动态的平衡。这些领导行为都与辩证思维中的变化原则、矛盾观、否定观和联系原则相对应,验证了我们对辩证思维对高层领导者有重要影响,在其领导行为中有很多体现的预期。

第三节 辩证领导行为的质性研究

与检验西方情境下提出的概念在中国情境下的有效性不同,深层次本土化的研究带有更多的扎根特色,与中国的情境具有更深的联结,也需要更多探索性的研究。虽然心理学领域学者对辩证思维有不少研究,但辩证思维的原则在领导行为中如何体现是一个未曾得到系统性探索的问题,因此本节将采用访谈和问卷调查两种方法逐步深入地揭示企业高管的辩证领导行为的具体内涵。在方法1中,我们访谈了多位企业高管,对访谈资料进行分析,归纳辩证领导行为的具体结构。在方法2中,我们通过对来自多个行业的管理者进行开放式问卷调查和分析,对研究1的发现进行印证和补充。

一、访谈研究

1. 研究方法

我们对4家企业的4名CEO及10名其他高管进行了半结构化访谈,这4家企业的基本情况以及访谈对象的编号如表3-1所示(例如,"CEOX"表示第X家企业的CEO,"高管X-Y"表示第X家企业的第Y位高管)。这4家企业都是发展中的民营企业,企业CEO是企业重大事务的最终决策者,他们个人的认知特点和领导行为对企业的发展有重要影响。在访谈中,我们首先向访谈对象介绍辩证思维的三大原则,然后请他们根据自身经验和观察列举符合某一个或多个原则的领导行为实例。征得同意后,我们对访谈进行了录音,并在结束后将总共约12个小时的录音转化成文本进行分析。

表 3-1　访谈企业基本情况

企业编号	所属行业	员工数（人）	成立年限（年）	访谈情况	访谈对象编号
1	生产制造	700	9	1名CEO,1名高管	CEO1,高管1-1
2	景观设计	200	12	1名CEO,3名高管	CEO2,高管2-1,高管2-2,高管2-3
3	高科技	100	6	1名CEO,3名高管	CEO3,高管3-1,高管3-2,高管3-3
4	教育培训	700	3	1名CEO,3名高管	CEO4,高管4-1,高管4-2,高管4-3

2. 数据分析及结果

在分析这些文本时,我们采用了主题分析法(Miles & Huberman,1994)。具体而言,按照 Boyatzis(1998)提出的流程,对访谈文本分别进行了分析。对每一份访谈记录,我们首先通读整个记录,然后摘取其中与研究主题相关的自然意义单元,最后从这些自然意义单元提炼出反映高管的辩证领导行为的关键信息,并进行分类。这个过程反复进行,每完成一次就进行讨论,直到最终达成共识,确定了七个类别。之后,我们又邀请两位研究助理根据我们确定的七个类别,将所有在前一阶段提取出来的关键信息单元进行归类,如果发现不能归入已有的七个类别中就创建新的类别。在完成50%归类后,两位研究助理讨论归类中存在的分歧,然后继续将剩下的所有关键信息单元归入七个类别中。最终两者的归类一致性指数达到了研究要求(Cohen's kappa>0.85)(Sun,2011),并确认了第一阶段发现的七个类别,没有提出新的类别。

下面我们按照辩证思维的三个原则——报告访谈文本分析得到的结果,即企业高管的辩证领导行为的具体内涵。

(1) 变化原则。

综合访谈文本分析的结果,我们发现变化原则在企业高层领导者的领导行为中有三个方面的体现:领导企业方面的预判趋势、适时调整,以及领导下属方面的因材施教。预判趋势是指企业高管关注企业内、外部各种变化的发生,并根据变化的趋势和规律预判企业未来可能面临的机会或威胁。企业所面临的变化可能源于企业内在运作过程的变化、外部环境的波动,或者是内、外部变化的交互作用。这些变化都可能给企业带来机会或挑战。在访谈中,多位企业高管都提到,预判趋势是有效应对变化的基础。例如:

"整个企业,包括外部环境都是在不断变化的……大多时候可能是缓慢、微小的变化,但如果不注意,小的变化慢慢就会积累成大的变化,等你意识到问题

的时候可能已经晚了,所以必须时常关注发生的变化,预判变化的趋势,考虑它意味着什么。"(CEO2)

"企业的领导者应该能够看到变化的规律……出现波动的时候就能够动态地看问题,不会因为一时的波动和起伏而动摇……"(CEO1)

"领导者要有一种洞察力,最起码三五年的远见,如果不具备这点临时再调转船头就会比较被动了……生意特别好的时候,我们也会跟下属讲生意好是暂时的……我们要保持冷静,那么生意不好的时候我们就要鼓励……"(CEO3)

"很顺的时候往往意味着低谷要来临……危机的背后往往就是更多机会。"(高管2-1)

这些表述都体现了企业领导者从变化的角度分析企业所处的情境,关注企业内、外部环境发生的变化,从长远的角度预判变化的趋势以及这些变化可能对企业造成的影响,从而在形势好的时候看到危机、保持警惕,在形势不佳时也能看到机会和转折从而保持乐观和斗志。预判趋势是企业适应变化的第一步,决定着企业能否抓住机遇、规避风险。

适时调整是指根据内、外部环境的变化及时地带领企业调整战略、目标和行动。这种调整可能包括两个方面:一方面,基于对内、外部环境变化的预判带领企业在变化发生之前就进行调整的行为。例如,提前调整企业的战略、组织结构等以规避未来可能出现的威胁等。然而,由于企业所面临环境的复杂和动态的特点,企业领导者不可能监控和预判到所有潜在变化。另一方面,针对那些未曾预料到的变化,在变化实际发生之后,迅速、及时地带领企业进行调整,灵活应变。例如,当企业的战略遭遇重大挫折时,及时地带领企业转身。在访谈中,访谈对象有许多这方面的表述:

"我们当初就想……将来竞争肯定很残酷,利润、价格会压低,所以我们就决定开发XX系统(一种新产品),从2007年开始,我们就在这个行业里面拓展,提前做一些准备……这几年的业务才没有受到(竞争加剧的)影响,一直在增长。"(CEO3)

"我们这个产业是国家扶持的行业……但是我也只能依靠它3—5年的安稳……我现在就要考虑后面的销售增长点在哪里,有什么样的新鲜的业务补充进来,要始终有新鲜的血液进来让我能够更加从容地筛选,提前采取一些行动……"(高管2-1)

"……我们对变化是有前瞻性、有预计的,因为变化太快了,你不可能等到那个变化来的时候再做,所以我们提前布好这个局,然后把XX(产品)那块做起来,抢占先机,现在我们XX(产品)在整个地区应该是最好的。"(CEO4)

"不可能看到所有的变化,也不可能总是准确地预测未来的情况……发生没

有预料到的情况是很常见的,这就需要你能很快地对市场上的变化做出反应,灵活调整。"(CEO2)

"公司发展这么多年,人事结构、规章制度都是在不断调整的,有的是提前做准备,更多的还是因为出现了新的问题相应调整的。"(CEO3)

"随着规模扩张,他(CEO)也在不断地调整内部的管理模式,适应新挑战。"(高管1-1)

因材施教是指领导者根据下属的不同特点以及下属特点的变化而调整自己的领导方式。这里的变化和调整包括两方面:一是领导者面对不同下属时,根据下属的不同特点而调整领导方式;二是随着时间变化,下属的特点发生变化,领导者相应地调整领导方式。例如,在访谈中,企业领导者提道:

"每个下属的情况都不同,有的人适于这种办法,有的人适于那种办法……要调动不同的人,就需要使用不同的办法,不能一成不变。"(CEO2)

"现在的很多员工都是80后甚至90后了,这一代人跟我们是很不一样的,管理老员工有用的东西对他们可能没用……得针对他们的特点来变化领导的风格。"(CEO1)

"人工作久了都会成长的,下属也是会慢慢变成熟的……那我们就得看到他们的变化,做一些调整,比如有的事情就可以更多地放权给他们做……以前他们不行,现在经验能力都培养起来了,再压着他们,那反而不好……"(CEO3)

"领导风格不是一成不变的,要根据具体的情况,下属的情况来变动……我觉得应该灵活变化,也只有这样才能跟上公司的发展……"(CEO4)

(2) 矛盾原则。

基于对访谈文本的分析,我们发现矛盾原则在企业高管的领导行为中主要体现在两个方面:领导企业方面的权衡矛盾,以及领导下属方面的恩威并施。在访谈中,企业的高管都提到企业确实常常面临矛盾的需求,也认为应当带领企业努力在各种矛盾之间保持平衡。权衡矛盾是指企业高管在相互矛盾的企业目标、战略和行动之间进行权衡,根据具体形势的变化,不断调整,从而实现动态平衡的行为。例如,访谈对象提道:

"……内部管理提升与外部市场拓展应该兼顾,但是重心要根据情况变化,像我们现在偏向于市场拓展,先抓住机会,抓住机会后就可能更侧重管理水平提升……"(CEO3)

"……他(CEO)的重心既可以放在扩大当前客户的销售额上,也可以放在开拓新的客户群上……他的做法是尽量平衡两方面,一边增加现有客户的销售额,一边拓展新客户……当然,重视的方面和程度是变化、动态的。"(高管2-1)

"……由于经验的原因,有些事情可能他(CEO)只看到了短期利益,忽视了长期利益,这是存在的,但是慢慢地……他试图在这两方面找到一个平衡点……有时候他带着我们宁可牺牲一些短期利益,也是为了让企业能够有更长期的发展……"(高管4-1)

"……我们几个创始人都胸怀理想主义,所以好多时候都看得太远,现在反而应该把大家一起往回拉一点,扎实、脚踏实地,很多短期的方面也需要兼顾……"(高管4-2)

这些例子都描述了企业高管在领导企业发展过程中注重在矛盾之间寻求平衡的领导行为。企业需要应对长、短期发展的矛盾需求的例子还很多,可以说,企业任何重要的决策和行动都内在地包含短期发展和长期发展的矛盾,也都需要进行动态平衡。恩威并施是指领导者在领导下属时平衡地采用看似矛盾的领导风格,如施恩与立威、授权与控制、奖励与惩罚等。例如,在访谈中,许多领导者提道:

"是个好料子我就信任、授权,但风筝放出去了我要绑一个绳子拉着,不控制的话,一犯错误就容易出问题。"(CEO1)

"其实你对下属友好并且严厉不见得是矛盾的,你对他严厉也是为了对他好,你不给他提问题,随便他怎么做都不对……如何灵活地把握是一种领导艺术。"(高管3-1)

"我的风格是对下属比较友好,生活中像朋友,但工作要求上对他们也很严厉……需要这样一种平衡……员工知道我是可以亲近的,但是他们也不能随便犯错。"(CEO2)

"对员工奖励和惩罚也是一种平衡……只有惩罚没有奖励,下属怨声载道……只有奖励没有惩罚当然也不行……如何平衡是很头疼的事,但应该要平衡。"(高管4-2)

(3) 联系原则。

通过对访谈内容的分析,我们发现联系原则在企业高管的领导行为中主要体现在两个方面:推进协调、全局管理。推进协调是指高管注重企业内各个部门、环节之间的关联,推动各环节协同合作的领导行为。企业各个环节相互联系,只有各个环节之间能够有效地协同合作,企业才能减少内耗,高效运作。进一步,当企业的运作出现问题时就需要从各个环节寻找根源,当企业要进行调整时,也需要考虑所要进行的调整是否与各个环节相协调。例如,在访谈中企业领导者提道:

"(对于公司事项)我们几个股东每个人的理解可能都不一样,他的理解可能非常好,但是可能一个人跑得太远,别人都不了解情况……所以我们有个结构要求大家信息同步,每周定期开会沟通协调,确保关键信息同步……把各自的力量

结合在一起。"(CEO4)

"我们非常重视各个部门之间有效沟通机制的建设,比如基本的是每周的例会各个部门的负责人一起开会讨论需要协调的事情、可追踪的沟通体系等。"(CEO2)

"一个问题的出现可能有很多因素,他(指 CEO)会带着我们一起考虑相关的各个环节,找到症结所在,协调解决问题。"(高管 1-1)

"公司内部调整,不管人事还是结构,都会注意对其他相关环节的影响。"(CEO3)

以上这些高管行为和事例都体现了企业领导者联系地分析企业运作管理中的事务,推动企业内部各个部门和环节的有效协同。全局管理是指企业高管在分析和应对企业所面临的问题时,综合考虑与之相关的方方面面,从企业全局的角度出发衡量利弊,采取合适应对方法的领导行为。

"……在处理业务员与公司之间的关系时,其实本身并不难,但有可能这个关系处理不好,会扩展到整个销售团队的一个问题……所以不能简单地看直接的处理结果,要看到它的影响不限于此……需要从更全局的角度来处理……"(CEO3)

"有时候就需要小题大做,虽然是个小事,但把它当成一个大事来处理,目的是通过小事来向全公司传递一些信息,就相当于在公司树立了一个标杆……"(CEO2)。

"有些客户投诉的问题看似只与某个部门相关,但背后往往涉及多个部门,就需要召集各个部门的负责人共同商讨,从企业整体利益出发,解决问题。"(高管 2-1)

以上这些企业高管的行为事例都体现了企业领导者在处理企业运营和发展中遇到的问题时,从企业全局出发进行决策和行动的领导行为。

3. 结论

通过访谈研究,我们发现,企业高管的辩证领导行为包括七个维度:① 预判趋势:关注企业内、外部环境的变化,预判变化的趋势,评估其对企业的潜在影响;② 适时调整:根据环境的变化及时地调整企业的目标、战略和行动;③ 因材施教:根据下属的特点及其变化灵活地调整领导方式;④ 权衡矛盾:对企业面临的相互矛盾的目标、战略和行动进行权衡,维持动态平衡;⑤ 恩威并施:领导下属时采用看似相互矛盾的领导风格,在授权与控制、施恩与立威等方面实现平衡;⑥ 推进协调:注重企业内各环节之间的联系,推进各环节的协调;⑦ 全局管理:从企业全局出发,领导企业的运作和发展。

二、问卷调查研究

1. 研究方法

受客观条件限制,访谈所能涉及的企业高管、行业企业的所有制等相对有限。另外,在访谈研究中,我们归纳得到辩证领导行为七个维度,但每一个维度具体包含哪些典型的领导行为还有待细化。为了对访谈研究的发现进行印证,提升研究结论的外部效度,并细化访谈研究的发现,我们进行了问卷调查研究。

样本和程序。问卷调查的参与者为就读于北京某知名大学商学院的 54 名在职 MBA 学生,他们所属企业隶属制造业、服务业、高科技等多个不同的行业,其中 24.1% 为国企,企业规模也有所差异(从正式员工数 20 人的小企业到 30 多万人的大型企业)。参与者中 25 人(46.3%)为男性,平均年龄 31.8 岁,48 人(88.9%)为中、高层管理人员。每人完成了一份开放问卷。在问卷中我们描述了辩证思维的三个原则,请参与者描述其所在企业的高层领导者有哪些行为体现了辩证原则,在每个原则下写 3—5 种行为或事例。

2. 数据分析与结果

数据编码及识别维度。问卷收集完成并录入电脑后,我们先浏览了所有条目,并删掉了一些与研究主题明显无关的条目(例如,"如何迅速扩张"),最终得到 386 个条目。然后,我们遵循已有研究的做法(Wang et al., 2011),请三位组织管理研究的博士生分两轮对这些条目进行归类。

我们先基于访谈研究的结论概括性地将辩证领导行为的内涵向三位博士生进行了解释。他们基于该定义独立地对所有条目进行归类。在第一轮分类中,他们把含义相似的条目归在一起,创建一些类别。对前 60 个条目归类后,三人暂停下来讨论已经创建的分类。这样做是为了使他们能够相互学习和了解分类的规则,以便能够最终获得容易理解的分类。讨论之后,他们重新对所有条目进行分类。最终,三人共创建了九个类别,合并相似类别、删掉条目不足三个的类别后,得到七个类别。去掉一些无法归类的条目后,总条目数减少为 362 个。第二轮,三位博士生将所有条目分类归入这七个类别中,如果发现不能归入这七类的条目,就创建新类别。第二轮完成后没有产生新类别,最终确定为七个类别:预判趋势、适时调整、因材施教、权衡矛盾、恩威并施、推进协调、全局管理。我们计算了三位博士生在分类中的一致性。在第一轮,三人的一致率为 49.5%,两人的一致率为 92.3%。第二轮,三人的一致率为 75.6%,两人的一致率为 97.3%。这表明我们得到的分类是可靠的。表 3-2 总结了分类的结果。

表 3-2 辩证领导行为各维度定义及条目情况

维度	定义	条目数量(个)及占比(%)	典型条目举例
预判趋势	关注企业内、外部环境变化，预判企业可能面临的机会或威胁	40, 11.05	• 密切关内、外部环境中与本企业相关的变化 • 提前判断行业的发展趋势 • 善于分析企业外部环境的发展规律 • 对企业未来发展可能面临的问题有清晰的认识 • 领导企业的发展具有很强的忧患意识
适时调整	带领企业及时根据环境的最新变化进行调整，以适应变化	73, 20.17	• 根据环境的变化，灵活调整企业战略 • 根据市场形势的变化适时调整企业目标 • 根据企业发展状况，灵活调整管理的侧重点 • 根据企业发展状况，灵活调整组织结构 • 随着企业发展阶段的变化，采取不同领导方式
因材施教	根据下属的特点及其变化而灵活地调整领导风格的行为	32, 8.84	• 对不同性格的员工，采用不同的领导方式 • 因人而异，适度调整员工工作任务 • 对不同年龄层次的团队，领导方式不同 • 根据员工特点的变化而采取不同的领导方式
权衡矛盾	在相互矛盾的企业目标、战略和行动之间进行权衡，保持动态的平衡	88, 24.31	• 制定战略时既注重短期利益也重视长期发展 • 平衡企业的短期利益和长期目标 • 维护企业稳定发展的同时也强调创新和变革 • 推动企业在利用现有资源的同时探索新增长点 • 处理企业发展中遇到的两难问题时会平衡双方
恩威并施	注重和推动企业内部各个环节的协同，从整体的角度出发带领企业的运作和发展	49, 13.54	• 对待下属时，批评与肯定兼顾 • 与下属相处，既能严肃也能亲和 • 对下属授权的同时也保持适当的监督 • 领导下属时既给予鼓励也施加压力 • 关心员工的同时保持威严
推进协调	强调并持续优化企业内部各个部门、环节之间协调合作的行为	27, 7.46	• 不断优化企业各部门或环节之间的衔接 • 制定战略时强调公司各部门之间的协调合作 • 不断完善公司各部门之间的协调沟通机制 • 推动公司各部门或环节之间的相互了解 • 推动各部门的员工了解企业的整体业务流程
全局管理	处理企业中的各项事务时，从企业全局的角度进行决策和性	53, 14.64	• 处理公司中的问题时，考虑其对全局的影响，从公司整体利益出发进行应对 • 从公司整体利益的角度分析各项事务的利弊 • 推动各部门的发展与企业整体的发展相协调 • 分配资源时注重公司的整体布局 • 要求各部门服从公司的整体目标和战略安排

3. 结论与讨论

通过基于更大、更差异化的企业高管样本的问卷调查，我们印证了访谈研究中发现的七个辩证领导行为类别，同时还扩展了研究结果的外部效度，使得研究结果更加严谨、可靠。另外，我们还得到了各个维度的典型领导行为，使得辩证领导行为的内涵更加明确。这七个维度所描述的都是企业高管的领导行为，其中既包含人员管理，也包含企业事务管理。进一步，就辩证思维的三个原则而言，变化原则下有三个维度，其中预判趋势、适时调整是对企业整体的领导（"管事"），而因材施教则属于人员管理（"管人"）。矛盾原则中，权衡矛盾属于"管事"，恩威并施属于"管人"。在联系原则中，推进协调和全局管理都属于"管事"，但在访谈和问卷调查中都没有发现该原则在"管人"方面的系统体现。

综合上述访谈研究和问卷调查研究，我们发现企业高管的辩证领导行为结构包含七个维度，即预判趋势、适时调整、因材施教、权衡矛盾、恩威并施、推进协调及全局管理。

第四节　辩证领导行为的概念及结构

一、辩证领导行为的形成条件

辩证领导行为的内涵源自辩证思维，辩证思维是指个体关于矛盾和变化的隐形理论和认知方式（Paletz & Peng, 2009）。Peng & Nisbett（1999）认为，对矛盾予以接受的认知倾向都可以被宽泛地视为辩证思维，并指出矛盾不单指互相对立的观点，变化与复杂性也都意味着矛盾的存在。Cheng（2009）指出，辩证思维以在变化、矛盾和事件意义上的独特视角为特征。关于变化，辩证的思考者倾向于认为世界及其包含的万事万物都是不断变化的。关于矛盾，具备辩证思维的个体倾向于接受看起来相矛盾的论点能够以一种平衡并和谐的方式共存。具有辩证思维的人倾向于认为某事件的意义可以通过其相反预测或其他相关替代事件得以反映出来。简单来说，辩证思维的核心在于如何看待矛盾，即对明显矛盾看法的容忍度（Hamamura et al., 2008）。

需要强调的是，这里所关注的辩证思维与西方的辩证哲学是不同的，其核心差异表现在对矛盾的处理方式上。西方辩证哲学在面对矛盾时采用论点—反论—整合（Thesis-Antithesis-Synthesis）的辩证过程，其关键特点在于整合，目的是最终达到没有矛盾的状态。在此逻辑影响下，西方人看待彼此矛盾的两个论点时一般会试图找出正确的一方，其选择方式为"非此即彼"。与此相反，东方的辩证思维接受矛盾的存在，认为矛盾的两个论点中都能够包含一定的真理，矛盾无法被消除也无须被消除。基于这一思维模式,个体在应对矛盾时,往往试图找到极端之间的"中道"(Middle Way),寻求矛盾双方的平衡,对相反论点采用一种"既此又彼"的态度(Peng & Nisbett,1999;Nisbett et al.,2001;Paletz & Peng,2009;黄鸣鹏和王辉,2017)。

Paletz & Peng(2009)、Peng & Nisbett(1999)提出辩证思维包括三个基本原则:变化的原则、矛盾的原则和联系的原则。变化的原则认为事物总是处在不断变化的过程中,应当用发展的眼光看待问题。已有研究发现,西方的个体倾向于采用线性思维来预测变化,例如,现在好的事情以后也会好下去;但是东方思维却认为变化是永恒的并且表现为非线性的特点,例如,好的事情可能发展成坏的事情,不好的事情也可能变好(Ji et al.,2001)。这在中国传统文化中得到很好的体现,如居安思危、否极泰来、物极必反、祸兮福之所倚、福兮祸之所伏等。

矛盾的原则认为对立的双方之间会相互依存、相互吸引、相互贯通,这也体现在中国传统文化中的阴阳思想中,阴阳两面既相互矛盾、彼此分离又相互依赖和彼此补充,共同构成了一个和谐的整体(Chen,2002;Fang,2005)。这种整合矛盾的思维方式也与西方不同,例如面对授权和控制,西方管理者倾向于认为二者不可兼得,应当选取其中一种管理方式;但是东方思维却可以通过持续的授权来获得长期的控制(Zhang et al.,2015)。这种思维同样在中国传统文化中源远流长,如张弛有度、恩威并施、宽严相济。

联系的原则认为事物之间是相互关联的,分散的、看似无关的事情之间有着内在联系和相互影响。因此该原则强调以整体的眼光看待不同事物之间的关系,想了解一个事物需要关注其所处的情境以及与其他事物的关联,而非仅仅局限于事物本身。例如,牵一发而动全身、一叶落而知天下秋、一着不慎满盘皆输等。

最后,辩证思维的三个原则并不是相互孤立的,而是相互联系的整体,有效地应对复杂多变和充满矛盾的情境依靠以动态的眼光看待问题,在接纳和平衡矛盾的基础上不断调整,实现动态的平衡。

由辩证思维的三个原则可以看出:矛盾是始终存在的,也是不断变化的,矛盾之间彼此关联。因此,要想有效应对矛盾,需要接受矛盾的存在,通过动态的眼光来认识矛盾双方的形势变化,通过不断调整矛盾之间的关系来实现动态平衡(黄鸣鹏和王辉,2017)。

因此,根据上述心理学领域和关于辩证思维的相关研究,辩证思维可以应用到领导行为研究中。同时,辩证思维的三个维度可以成为构建辩证领导行为的概念内涵和结构维度的思想基础。

二、辩证领导行为的内涵及结构

本章对高层管理者辩证领导行为的研究意义、存在性、形成条件、概念内涵进行了深入探讨,发现辩证领导行为不但在中国本土高层领导者的领导行为实践中有所体现,还有利于高层管理者带领其企业应对所面临的复杂多变和充满矛盾的管理情境。同时,辩证思维作为典型的中国传统思维方式,对深深嵌入中国文化情境中的高层管理者的思想和行为模式存在重要影响,为总结中国企业领导行为实践提供了一个很好的思想基础和构建框架。

首先,通过对华为任正非和海尔张瑞敏的案例分析,我们初步发现了辩证思维对企业高层领导者行为存在影响,两位领导者在管理实践中都表现出了高度的辩证领导行为特征,并且这些辩证领导行为对企业长期平稳、持续发展具有积极影响。具体而言,具有辩证领导行为的管理者(如任正非和张瑞敏),对于企业内外部环境变化更为敏感、更具动态眼光、能从繁荣背后看到危机、从危机背后看到机遇(变化原则);更倾向于平衡企业战略决策和人事管理中的各种矛盾(矛盾原则);在企业发展过程中更注重各个环节之间的关联和协调,从企业全局出发考虑问题(联系原则)。

其次,访谈法和问卷调查法的质性研究,主要涉及辩证领导行为的概念在企业管理实践过程中的具体表现、内涵结构以及产生的环境和特定条件。我们通过归纳的方法和标准化的程序(Farh et al., 1997),对访谈记录进行编码、归类和分析,总结辩证领导行为的结构维度,最终发现具有普遍意义的辩证领导行为表现为预判趋势、适时调整、因材施教、权衡矛盾、恩威并施、推进协调及全局管理七个结构维度。

在上述案例和访谈研究基础上,以中国传统文化中辩证思维的思想为基础,从辩证思维的三个维度出发,结合高阶理论、组织中的复杂领导(Complexity Leadership)、矛盾观点(Paradoxical Perspective)、战略型领导行为等领域的相关理论和文献,我们提出并发展一种更具理论生命力和现实解释力的中国企业高层管理者独特的领导行为概念——辩证领导行为,将辩证领导行为定义为:高层领管理者以动态的眼光关注和分析环境中的变化与下属的差异,以全局观领导企业的协调、运作和发展,以矛盾整合的方式调整企业战略和管理员工的领导行为。辩证领导行为的结构包含预判趋势、适时调整、因材施教、权衡矛盾、恩威并施、推进协调及全局管理七个维度,如图 3-1 所示。

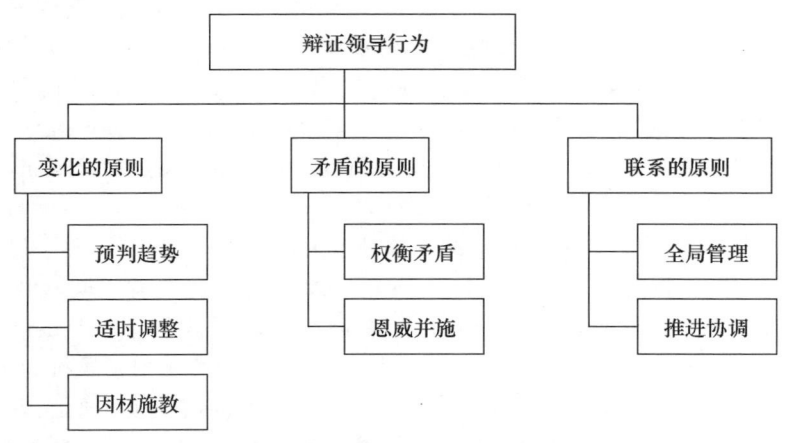

图 3-1　辩证领导行为的结构维度

三、辩证领导行为与其他领导行为的区别

需要指出的是,本书提出的辩证领导行为与已有的一些相关概念存在明显的不同。

(1) 矛盾型领导行为(Paradoxical Leadership Behavior)。矛盾型领导行为是指领导者具备一系列看似矛盾、实则相互关联的行为来满足工作和员工的需求(Zhang et al., 2015)。其核心思想是阴阳思想,即认为相互矛盾的事物是可以统一存在的,相互竞争的两个方面实际上在时间或者空间的维度是不可分割并且相互关联的(Chen et al., 2011)。矛盾型领导行为包括五个方面的具体内容:领导者既关注自我也关注他人;既和下属保持距离又和下属维持紧密关系;既要求下属整齐划一又允许发展个人特色;既强调授权又允许下属有自主性;既保持控制又给予一定自主权(Zhang et al., 2015)。不难看出,矛盾型领导行为与辩证思维中的矛盾原则相一致,均探讨了矛盾事物和行为之间的相互组成与共存。不同的地方在于,双方理论基础不同,矛盾型领导行为来自阴阳思想;而辩证领导行为来自辩证思维,除了共同探讨的矛盾问题,辩证领导行为还包括对变化和联系的探讨。再者,二者关注的行为主体不同,矛盾型领导行为主要关注的是中层管理者,其行为内涵也主要针对领导者如何管理团队中的下属;而辩证型领导行为关注高层管理者。高层管理者与基层管理者面临的环境、思考的问题有着巨大差异(Elenkov et al., 2005),高层管理者领导行为主要关注企业决策、战略选择、人事结构等问题,因此双方包含的内容和发生的管理情境也截然不同。

(2) 两栖型领导行为(Ambidexterity Leadership)。两栖型领导的提出来自对如何提高组织的创新能力的讨论(Jansen et al.，2009；Yukl，2009)，该领导行为理论认为领导者为了提高组织创新需要具备一定的灵活性，才能在相互补充的领导行为之间转变，帮助组织同时具备探索型创新(Explorative Innovation)和利用型创新(Exploitative Innovation)(Benner & Tushman，2003；Raisch & Birkinshaw，2008)。Rosing et al.(2011)提出两栖型领导行为包括三个方面的内容，即促进探索型创新的开放型行为(Opening Behaviors)、促进利用型创新的闭合型行为(Closing Behaviors)，以及自由地在二者之间转化的灵活型。之后的研究也证明两栖型领导行为有助于提高团队创新(Zacher & Wilden，2014；Zacher et al.，2016)。实际上，西方管理学两栖型领导行为的探讨，证实了企业确实面临着相互竞争和复杂的环境，例如创新决策中的探索型创新和利用型创新，说明这一问题不只是中国企业面临的，实际上更具有普遍性，这也为研究辩证领导行为提供了支持。两栖型领导行为也与辩证领导行为中关注事物之间的联系、兼顾事物的矛盾相一致，辩证领导行为的内涵一定程度上反映了两栖型领导的本质思想。然而双方对领导者行为的关注点存在很大差异，两栖型领导行为主要关注的是领导者创新支持行为，而辩证领导行为则更为广泛，不仅是应对创新行为，还包括领导者如何进行决策和日常管理，应对组织内外复杂多变的情境。

(3) CEO战略领导行为(CEO Strategy Leadership)。CEO战略领导行为是在战略领导者的框架下关注对企业决策和发展有着重要影响的高层管理者所具备的领导行为。Tsui et al.(2006)从Hart & Quinn(1993)构建的领导者角色框架出发，认为领导者在企业中扮演者愿景设置者、动机激发者、分析者和任务掌控者的角色，并由此开发了中国CEO领导行为测量，包括承担风险、关系导向、关心下属、愿景激励、运营监督五个维度。王辉等(2006)从任务管理行为和人际管理行为的角度构建了CEO战略领导行为，任务管理行为包括设定愿景、监控运营和开拓创新，人际管理行为包括协调沟通、关爱下属和展示威权。以上研究弥补了关于中国高层管理者战略领导行为研究的缺失，但是其理论基础是西方的领导者角色理论，提出领导者为了承当责任和提高绩效应当采取一些符合其管理角色的具体行为。与之不同，本书提出的辩证型领导行为来自中国传统文化的精髓，主要探讨的是高层管理者如何应对复杂、多变和充满矛盾的环境，其行为内涵关注于变化、矛盾和发展。当今企业面临着比以往任何时代都更为激烈的市场竞争和快速变化的环境(Schike，2014)，在这一背景下探讨何种领导行为能够帮助高层管理者应对挑战并抓住机遇尤为重要，由此为中国的管理理论与实践做出贡献，同时也丰富了国外高层领导者战略领导行为的研究。

本 章 小 结

从中国文化的辩证思维特征视角出发,在环境多变、矛盾情境日益增加、高层管理者面临诸多挑战的背景下,本章探索了企业高层管理者的辩证思维对其领导行为产生的影响,以及具体行为表现。我们在分析了辩证领导行为研究的意义和产生条件的基础上,通过案例研究方式印证了辩证领导行为在中国高层领导者的领导行为实践中实实在在地存在,分析了具体体现。最后通过访谈研究和问卷调查研究,厘清了辩证领导行为的概念,提出辩证领导行为的内涵结构维度,区分了辩证领导行为与其他领导行为的概念之间的差别。具体来说:第一节从企业一般环境面临的 VUCA 时代的挑战和矛盾情境需求,高层管理者如何应对环境和矛盾情境挑战,以及中国传统文化尤其是辩证思维认知方式对高层管理者的潜在影响三个方面论述了辩证领导行为产生的意义和条件。第二节采用案例研究方式探讨了辩证领导行为在高层领导者领导行为中的具体体现,以公开资料分析了华为任正非和海尔张瑞敏两位企业家在实践中所表现出的典型辩证领导行为。第三节通过访谈研究和问卷调查研究梳理出高层管理者的辩证领导行为的七个维度:预判趋势、适时调整、因材施教、权衡矛盾、恩威并施、推进协调及全局管理。第四节综合前三节的研究,正式提出辩证领导行为概念和七维度结构,识别了辩证领导行为与矛盾型领导行为、两栖型领导行为及 CEO 战略领导行为的不同。

第二部分
实证篇

第四章 国内外辩证领导行为的相关研究

高度动态变化的内外部环境使矛盾成为企业"新常态"(Ashcraft & Trethewey,2014)。企业分别在多大比例上采取探索式创新(Exploratory Innovation)和利用式创新(Exploitative Innovation)？如何兼顾组织变革与战略一致性？诸如此类包含矛盾的管理问题层出不穷。高层管理者是企业的战略决策主体,他们在领导企业过程中的行为表现,对于企业如何应对动态环境下日益增长的矛盾需求至关重要(Smith,2014)。这些矛盾常常表现在如何平衡企业的经济效益与社会影响,企业的长期发展与眼前利益,研究开发新产品和改进已有产品,等等；也表现在企业内部管理上,包括如何兼顾不同代际员工的需求差异、如何均衡地分配组织资源,等等。

辩证领导行为概念正是我们基于中国传统文化,并结合国内外有关的研究提出来的。辩证领导行为是一个新概念,但与此有关的研究却已经很多。本章的目的是总结国内外现有的与辩证领导行为相关的研究,包括辩证思维的研究、"阴阳"思维的研究、中庸思维的研究,以及领导行为复杂性、双元领导、矛盾领导等方面的研究,以帮助读者进一步了解辩证领导行为的概念、结构及来源。

第一节 辩证思维的相关研究

一、辩证思维的内涵

辩证思维指的是个体关于矛盾和变化的隐形理论和认知方式(Paletz &

Peng,2009)。Peng & Nisbett(1999)认为,对矛盾予以接受的认知倾向都可以被宽泛地视为辩证思维,并指出矛盾不单指互相对立的观点,变化与复杂性也都意味着矛盾的存在。Cheng(2009)指出,辩证思维以在变化、矛盾和事件意义上的独特视角为特征。关于变化,辩证的思考者倾向于认为世界及其包含的万事万物都是不断变化的。关于矛盾,具备辩证思维的个体倾向于接受看起来相互矛盾的论点能够以一种平衡并和谐的方式共存。对于事件意义来讲,具有辩证思维的人倾向于认为某事件的意义可以通过其相反预测或其他相关替代事件反映出来。简单来说,辩证思维的核心在于如何看待矛盾,即对明显矛盾看法的容忍度(Hamamura et al.,2008)。

需要强调的是,我们所讨论的辩证思维与西方辩证哲学是不同的,其核心差异表现在对矛盾的处理方式上。西方辩证哲学在面对矛盾时采用论点—反论—整合(Thesis-Antithesis-Synthesis)的辩证过程,其关键特点在于整合,目的是最终达到没有矛盾的状态。在此逻辑影响下,西方人看待彼此矛盾的两个论点时一般会试图找出正确的一方,其选择方式为"非此即彼"。与此相反,东方的辩证思维接受矛盾的存在,认为矛盾的两个论点中都能够包含一定的真理,矛盾无法被消除也无须被消除。基于这一思维模式,个体在应对矛盾时,往往试图找到极端之间的"中道"(Middle Way),寻求矛盾双方的平衡,对相反论点采用一种"既此又彼"的态度(Peng & Nisbett,1999; Nisbett et al.,2001; Paletz & Peng,2009;黄鸣鹏和王辉,2017)。

Peng & Nisbett(1999)认为辩证思维包括变化、矛盾和联系三个原则。变化原则认为事物处于不断的变化过程中。矛盾原则认为事物由相互矛盾又相互依赖的元素构成。由于变化是永恒存在的,所以矛盾也是永恒存在的。联系原则认为万事都是互相联系而非孤立存在的,强调看待事物必须用全面的眼光,不仅要关注事物本身,还必须关注其所处的整体情境。

由辩证思维的三个原则可以看出,矛盾是始终存在的,也是不断变化的,矛盾之间彼此关联。因此,要想有效应对矛盾,需要接受矛盾的存在,通过动态的眼光来认识矛盾双方的形势变化,通过不断调整矛盾之间的关系来实现动态平衡(黄鸣鹏和王辉,2017)。

二、辩证思维的研究现状

辩证思维是辩证领导行为最直接的思维基础。在早期的辩证思维相关研究中,很大一部分为跨文化比较研究,并证实文化(种族)是影响人们辩证思维水平高低的重要因素。例如,Peng & Nisbett(1999)通过一系列实验室研究后发现,在对待矛盾时,中国人比美国人更倾向于运用辩证思维:① 中国人更愿意接受辩证式的谚语(看起来语意相互矛盾,比如"过分谦虚近乎骄傲"),并且在面对冲突时更喜欢采用调和的方式,而美国人则相反。② 就某个科学论点论证时,中国人更喜欢采用辩证的论证方式,而美国人则更倾向于采用逻辑论证。③ 在面对互相冲突的论点时,中国人会采用较为缓和、节制的观点,而美国人的观点则会更加极端化。Ji et al.(2001)通过一系列研究证实中国人和美国人在对变化的认识与理解上存在显著差异:① 与美国人相比,中国人更倾向于认为事物在未来是会发生变化的。② 当事物正在沿某个趋势发生变化时,中国人比美国人更容易做出以下预测,事物的变化趋势在今后会产生改变(速度上或方向上的改变),譬如美国人更可能预测事物在未来朝既定方向,以既定速度继续发展,而中国人则更可能预测事物的变化趋势在未来发生速度上甚至方向上的变化。并且,当事物的变化趋势是正向加速时(包括正向加速增长和正向加速衰减;正向加速趋势的斜率变化更急促,负向加速趋势的斜率变化更平缓),这一中美个体在预测上的差异情况更容易显现。③ 中国人与美国人相比,更倾向于认为善于预测变化的人是智慧的。此外,还有不少研究验证了辩证思维存在显著的东西方文化差异(例如,Choi & Choi, 2002; Spencer-Rodgers et al., 2004; Hamamura et al., 2008; Ji, 2008; Spencer-Rodgers et al., 2010)。总的来说,东亚地区的人们(主要指中国人、韩国人、日本人)普遍比欧美人更倾向于采取辩证的思维方式,这一结论也为东方辩证思维不同于西方逻辑思维的论断提供了实证依据。

就辩证思维的结果研究而言,以往学者主要探讨了辩证思维对个体的心理、行为和绩效等方面的影响。例如,Spencer-Rodgers et al.(2010)关注了辩证思维带来的心理结果,发现具有高水平辩证思维的个体会提升他们的情绪复杂性(Emotional Complexity)。Cheng(2009)对辩证思维与应对灵活性(Coping Flexibility)之间的关系进行了探讨,并发现辩证思维与应对灵活性之间具有显著的正相关关系,即辩证思维能力较高的个体在应对压力事件时往往更具灵活性。张晓燕等(2011)的研究证实,辩证思维有助于降低攻击性行为倾向,具有辩证思维的个体倾向于在面对矛盾冲突时保持温和节制,并更注重和谐。Paletz & Peng(2009)关注了辩证思维和创造力(Creativity)之间的关系,他们发现,在面对矛盾程度较高的问题时,辩证思维无法或仅能略微提高个体在问题发现(Problem Finding)任务上的创造力;而面对矛盾程度较低的问题时,辩证思维会降低创造力;同时,这些相关性结论只被发现存在于参加研究的白种人研究对象中,在亚洲人或亚裔美国人为研究对象中并未发现类似结论。这一研究结果与人们长期以来认为辩证思维会促进创造力的想法并不一致,说明辩证思维与创造力的关系可能会因文化等因素而有所差异。此外,辩证思维还被证实有助于个体的绩效结果。例如,Tong et al.(2013)通过实证研究发现了辩证思维与个体感知到的销售领导力项目培训结果之间的关系,试图从认知角度为个体参与培训后的效果差异提供解释。他们的研究表明,就即时结果来说,无论培训方法如何(研究者划分了八种具体的培训方法),高辩证思维的个体所感知到的现场培训效果更佳;但就长期效果来看(培训三个月后),高辩证思维与低辩证思维的个体在培训后的绩效提升上并没有表现出显著差异。

值得关注的是,部分研究讨论了企业领导者辩证思维的影响作用。例如,王辉(2013)通过分析辩证思维的内涵与特点,提出了关于辩证思维影响战略领导者领导行为的相关命题:① 辩证思维水平高的战略领导者在领导下属(即高管团队成员和中层管理者)时,会注重平衡授权和管理控制,这将提升下属的绩效和工作满意度,进而对企业绩效带来积极效果;② 辩证思维水平高的战略领导者在选择组织战略时,会同时注重探索与开发,进而对组织双元性产生积极影响,并最终起到提高企业绩效的作用。另外,Bai et al.(2015)以源于3家中国高科技制造企业的43个工作小组的222组领导—下属配对数据为研究样本,探究了中国情境下领导者辩证思维对员工工作绩效(具体分为员工创造力(Employee Creativity)和员工角色内绩效(Employee in-Role Performance))的影响,并从冲突管理的视角对作用机理进行了探索,具体关注了领导的冲突管理方式(具体分为合作性冲突管理方式(Cooperative Conflict Management Approach)和竞争性冲突管理模式(Competitive Conflict Management Approach))及团队冲突(具体分为任务冲突(Task Conflict)和关系冲突(Relational Conflict))的中介作用。通过实证检验他们发现:① 辩证思维会促使领导者更倾向于采取合作性冲突管理方式,这一冲突管理方式会加剧团队成员之间的任务冲突,同时会降低员工之间的关系冲突;② 辩证思维会降低领导者采取竞争性冲突管理方式的可能性,这一冲突管理方式会加剧团队成员之间的任务冲突及关系冲突;③ 任务冲突对员工创造力和角色内绩效都具有显著的正面作用,关系冲突对员工角色内绩效具有显著的负面作用;④ 辩证思维首先会促进团队领导者采取合作性冲突管理方式,进而增强团队成员间的任务冲突,进而对员工创造性带来间接的积极作用;⑤ 辩证思维首先会降低团队领导采取竞争性冲突管理方式的可能性,从而减少团队成员之间的关系冲突,进而给员工角色内绩效带来间接的积极作用。

总之,根据以往的研究结论,辩证思维影响下的管理者倾向于给企业带来正面效应,这对研究辩证领导行为的后果具有借鉴意义。遗憾的是,有些研究结论尚缺乏实证检验,未来还需进一步加以验证和探讨。总体来看,现有辩证思维的实证研究主要聚焦于辩证思维对自身行为的影响,学者对这一思维模式的行为表现,以及这些行为表现如何影响他人研究得还比较少,特别是很少关注组织环境下辩证思维的行为表现对企业绩效和战略等方面的影响。因此未来应加强这些方面的实证研究。同时,今后还应进一步加强对辩证思维作用机制和作用边界的探讨。另外,就研究范式来说,当前辩证思维的主流研究方法之一为实验室研究,并且有相当一部分研究者选取了本科生作为研究对象(Chen et al.,2006;Cheng,2009;Paletz & Peng,2009;Spencer-Rodgers et al.,2010),这种选取被试的方法在一定程度上降低了相关研究结论的外部效度。因此,未来研究可以在实验参与者的选择方面更注重细分和优化,并可以考虑综合运用问卷调查等方式收集数据。

第二节　阴阳思维的相关研究

一、阴阳思维的内涵

中国人的认知哲学,或者说中国人的思维和逻辑,深受传统文化中道家思想的影响(Peng et al.,2006),特别是道家的阴阳哲学对中国人辩证思维的形成影响深远。我国很早就出现了"阴阳"概念,在老子(本名李耳,我国著名的思想家、哲学家,道家学派创始人)阐述其二元对立辩证观后,阴阳成为具有哲学意义的概念(孙蒨如,2014)。阴阳是中国人关于二元论(Dualism)和矛盾观的哲学原理(Fang,2003),它的核心观点是世间万事万物皆包含对立并存的阴阳两极,阴阳两极互相依赖,并且彼此之间可互相转化,也可同时存在。中国人在许多情境下都会运用阴阳思维来看待问题,例如,在安稳状态下提醒自己要"居安思危";在取得巨大成就时告诫自己要谦虚谨慎、戒骄戒躁,以免"乐极生悲";在遇到困境、遭遇失败时安慰自己"祸兮福之所倚""否极泰来"等,即中国人常常预测事物在今后可能会发生反方向的变化。

近年来,逐渐有社会心理学、管理学等领域的学者对阴阳思维给予了研究关注。一些学者就阴阳思维的概念内涵发表过见解。例如,李平(2013)认为阴阳思维具有三个维度——整体性、动态性、对立统一性;与此对应还具有三大操作性维度——不对称原理、相互转化原理、非线性原理。这些维度共享同一主题,即"相克相生即为阴阳平衡"(李平,2013)。李平同时强调,包括阴阳思维在内的中国本土思维与西方思维存在根本差异,并认为阴阳思维是对黑格尔逻辑和亚里士多德逻辑的整合与超越。Fang(2014)对阴阳原则的哲学要素进行了总结:① 阴和阳共存于世间万物,世间万物皆包含阴和阳;② 阴和阳互相促成、互为补充、互相强化;③ 阴中有阳,阳中有阴,阴阳相互作用,从而形成一个不断变化的矛盾统一体。此外,中庸领域的学者也在研究中涉及阴阳思维。例如,杨中芳

(2014)在其构建的"中庸实践思维体系"中,将"阴阳感知"视作个体心理思维层面在看待和理解世事时的两大特点之一(另一个特点为"全局感知")。阴阳感知可进一步细分为两极感知和转换感知两个子构念,其中两极感知指的是个体在看待问题时能够意识到问题存在两(或多)面性,转换感知指的是个体能认识到问题的两(或多)个方面之间存在相生相克的关系。

二、阴阳思维的研究现状

目前,阴阳思维的相关实证探索尚处于起步阶段,且主要集中在社会心理学领域。例如,为了检验杨中芳(2010)提出的"中庸实践思维体系构念图"的建构效度,杨中芳和林升栋(2012)实证探究了包括两极感知和转换感知两个子构念(具体含义可见前文相关内容)在内的一些构念图关键构念之间的相关关系,研究发现:① 两极感知与生活哲学层次的转换感知、待人守则、拿捏意识,事件处理层次的整合性、和谐性,事后反省层次的私我意识,以及心理健康层次的生活满意度等构念之间均存在显著的正相关关系;② 转换感知仅与两极感知及和谐性两个构念显著正相关。这一差异较大的研究结果表明两极感知和转换感知尽管是同属"阴阳感知"的子构念,但各存独立的一面(林升栋,2014)。林升栋(2014)实证考察了阴阳转换思维与看人感知之间的关系,研究结果表明:① 越感知到自身存在对立人格特质的个体,越容易看出对立两极间的阴阳转换关系;② 越倾向于预测具有负向性格会做出积极行为的个体,越具备较强的阴阳转换思维。孙蒨如(2014)实证检验了阴阳思维与其他一些概念之间的关系,研究结果表明:① 阴阳思维与个体的外控水平显著正相关,即阴阳思维水平越高的个体,特别是正转负阴阳转折次数多的个体(正转负阴阳转折次数越多,代表个体越具有正向转为负向的思考倾向,即认为一帆风顺时也可能出现不测风云),越倾向于将事件本身或其结果归因于外在环境因素;② 在可能性为80%的多种极端情境下,阴阳思维与极端判断之间存在显著关联,越具有正转负阴阳思维的个体,越不容易做出极端判断,不过在可能性为20%的极端情境下,未发现阴阳思维与极端判断之间存在显著相关性;③ 阴阳思维与中庸相关概念(包括多方思考、整合性及和谐性,以及这三个子构念一起代表的中庸思维)、自尊水平、内控水平、认知复杂度、归因复杂度、认知需求和乐观程度之间均不存在显著的相关关系。孙倩茹(2014)认为,关于阴阳思维和中庸相关概念之间不存在显著相关关系的研究结果,可能与此研究中所采用的中庸量表有关,并建议今后可从此角度入手进一步探讨阴阳思维与中庸实践思维的关联。

尽管逐渐有组织管理领域的学者开始关注阴阳思维在企业管理中发挥的作用,但相关研究基本停留在理论阐述阶段。例如,李瑶等(2014)从理论上探讨了管理者阴阳思维对企业双元创新（探索创新和利用创新）的作用，认为在股权式战略联盟（即合资企业）中，阴阳思维有助于管理联盟双元创新过程中遇到的一些悖论，从而促进联盟双元创新的实现。刘刚等（2014）论述了阴阳思维对现代企业管理的借鉴意义，指出管理者应该具备阴阳思维，推动企业内部的制约与协作，注重企业内部的阴阳平衡（例如强化核心理念的同时进行变革创新，平衡情感管理和制度管理）。他们提出了与李瑶等（2014）类似的观点，即阴阳思维有助于管理者从阴阳平衡的角度来应对管理上的一些悖论（分权与控制、利润最大化与社会责任）。同时他们也指出，过分强调阴阳平衡、追求和谐可能会带来潜在的企业管理问题、抑制企业创新精神等问题，但强调这些消极影响主要源于管理者并未抓住阴阳思维的精髓和真谛，因此企业管理者必须真正理解阴阳概念，才有可能发挥好阴阳思维在企业管理中的积极作用。

除了直接关注阴阳思维的影响，近年来逐渐有组织管理领域的学者开始关注阴阳思维影响下的管理行为。例如，Zhang et al.（2015）以道家的阴阳哲学为基础，结合领导学理论提出了矛盾型领导行为（Paradoxical Leadership Behaviors），具体关注领导者在管理下属时所展现的表面上互相矛盾实际上相互关联的领导行为。Zhang & Han（2018）以阴阳哲学为基础，进一步提出了公司发展方面的矛盾型领导行为，具体指领导者在处理企业发展问题时所展现的表面上互相矛盾实际上相互关联的领导行为。Zhang et al.（2015）、Zhang & Han（2018）都进一步对矛盾型领导行为的前因和后果进行了实证探讨，并得出了一些有价值的研究结论（更多详细内容请参见本章后文"矛盾型领导行为"部分的研究回顾）。另外，Lee & Reade（2018）在矛盾理论、阴阳原理和领导学文献的基础上提出了阴阳领导行为（Yin-Yang Leadership Behaviors）概念。他们对三家在华日资子公司的中国籍员工（这些员工直接向日本籍主管汇报工作）进行了调研并获得研究所需数据，实证分析结果表明，日本籍上级的阴阳领导行为有助于提高中国籍下属员工对日资子公司的组织承诺。这一研究有助于我们更好地认识和了解阴阳思维在管理实践中的作用。

总的来说，阴阳思维的研究已经取得一些进展，但仍存在以下两个主要问题：① 学界目前还未就如何有效衡量阴阳思维达成一致见解，相关的实证研究有待进一步进行；② 阴阳思维的实证探索主要集中在社会心理学领域，且研究深度有限，例如，对阴阳思维作用机理的探索很少。因此，就未来研究来说，一方面应进一步就阴阳思维的操作化定义和测量工具展开探索，进而有利于不同研究之间的比较；另一方面，未来要进一步拓展阴阳思维领域的研究范围和研究深度，包括丰富企业管理领域的相关实证研究，以及加强对相关作用机制、作用边界方面的探索。

第三节 中庸思维的相关研究

一、中庸思维的内涵

作为儒家思想的重要组成元素,"中庸"强调的是一种"过犹不及、恰到好处的状态或达到此种状态的行动取向"(张德胜等,2001)。长期以来,中庸深刻地影响着华人的价值观和处事之道,它是道家的阴阳思维之外,辩证思维的另一重要文化根基。辩证思维模式强调不以极端的是非对错视角来看待矛盾对立问题,而是寻求"中间之路"(Peng & Nisbett, 1999),符合中庸所强调的思维模式和行事方式。

随着本土社会心理学的兴起与发展,"中庸"不再局限于传统文化概念,还被发展为一个符合社会心理学主流研究范式的构念。中庸的社会心理学构念化工作最早始于杨中芳和赵志裕(1997)的研究。这两位学者将中庸构念化为关于"元认知"的"实践思维体系",认为这套思维体系指导着人们在日常生活实践中如何选择、执行并修正行动方案(杨中芳,2014)。随后,杨中芳与其他学者长期致力于对中庸思维的社会心理学构念化工作。在参考他人相关研究的基础上(郑思雅等,1999;吴佳辉和林以正,2005),杨中芳(2010)发展出了"中庸实践思维体系构念图"(以下简称"构念图"),借以形象地阐释中庸实践思维体系中各构念的内涵及子构念之间的关系。

尽管目前学界对中庸思维的概念定义和内涵仍存在一定争议,但许多学者仍会以构念图作为主要参考依据。根据最新版的构念图,中庸实践思维体系包括集体文化思维和个体心理思维两大层面。集体文化思维层面认为,中庸思维方式的形成与包含了中国人特殊的宇宙观(阴阳、五行)、人观(天、地、人相互依存;人、我相互依存)及价值观(一分为三,以中为极)的世界观紧密关联。个体心理思维层面包括生活哲学、具体事件处理及事后反思/修正三部分,各部分又分别包含一些子构念。

(1)生活哲学具体分为关于感知的看人论事、关于动机的生活目标及关于信念/价值的处事原则三部分内容:① 看人论事内含全局感知与阴阳感知两个方面,其中阴阳感知又包含两极感知和转换感知两个更低层次的子构念。全局感知即能跳出小我来客观看待问题;两极感知指可以用一分为二/多的角度看问题;转换感知指个体能认识到问题两个或多个方面之间相生相克。② 生活目标主要指追求内外和谐。③ 处事原则包括顾全大局、不走极端等原则。

(2)具体事件处理包括择前审思(虑)、策略决策(略)和执行方式(术)三部分:① 择前审思强调全局思考。② 策略决策强调决策要恰如其分,具备整合性和变通性。③ 执行方式主要是指行动时保持和谐、避免冲突的一些方式和技巧。

(3)事后反思/修正包括个别事件反省/纠正、自我修养/提升两个子构念。除了中庸实践思维体系包含的两大层面,杨中芳还加入了一个心理健康层面。这一层面包括"行动后果:无怨无悔"和"长期效应:安适宁静"两个子构念。需要注意的是,心理健康层面的相关构念并不属于中庸实践思维(杨中芳,2014)。

二、中庸思维的研究现状

中庸思维是中国本土社会心理学和本土管理学发展历程中具有代表性的概念。在过去二十余年间,中庸思维的构念化研究和测量工具的构建使中庸思维概念得以付诸实证研究。尤其是近年来相关研究日益蓬勃,取得了较为丰富的研究成果。

目前,中庸思维的实证研究集中于个体层次的后果讨论。其中,从社会心理学领域的相关研究来说,学者主要关注了这一思维特性对个体认知、行为等方面的影响。例如,王飞雪和刘思思(2014)的研究证实,中庸思维水平对个体的自我矛盾冲突感和整合性思维能力均有显著的正向影响。此外,中庸思维还被证实会影响个体的决策行为(叶晓璐和张灵聪,2014)、心理健康(阳中华等,2014)、家庭生活(杨中芳和阳中华,2014)等。

近年来,逐渐有越来越多的研究者开始关注中庸思维在企业中发挥的影响作用。目前,大部分相关研究关注了员工的中庸思维对自身工作态度、行为、绩效等方面的影响。例如,从态度来说,相关研究证实中庸思维有助于提升员工满意度(张光曦和古昕宇,2015)。从行为后果来说,一些研究证实中庸思维与员工在创新性行为上的表现关系密切。比如,廖冰和董文强(2015)发现中庸思维能够促进员工的创新行为。类似地,张光曦和古昕宇(2015)的研究证实中庸思维能够给员工创造力带来积极作用。杜旌等(2014)考察了不同情境下,中庸价值取向与员工变革行为之间的关系,并发现当员工的变革认知较高时,中庸价值取向会显著促进员工变革行为,而当团队中同事的消极约束水平较高时,中庸价值取向会显著降低员工变革行为。除了创新相关行为,中庸思维也被证实会影响员工其他方面的职场行为,如建言行为(段锦云和凌斌,2011)。从绩效结果来说,以往研究结果表明,中庸思维可能有助于提升员工的绩效表现。例如,胡新平等(2012)发现,员工的中庸思维会对其绩效产生显著的促进作用。此外,Pan & Sun(2018)关注了中庸思维对员工适应性绩效(Adaptive Performance)的影响及相关作用机制,尽管研究结果没有支持中庸思维与员工适应性绩效之间的主效应假设,但他们发现:① 中庸思维通过认知适应性(Cognitive Adaptability)和情绪控制(Emotional Control)两种自我管理形式对员工的适应性绩效产生正向影响。② 工作复杂度在中庸思维影响适应性绩效的过程中起着重要的调节作用,即工作复杂度越高,中庸思维对认知适应性和情绪控制的正向影响就越强;同时,工作复杂度会调节中庸思维对适应性绩效的间接作用,即工作复杂度越高,中庸思维越容易通过影响认知适应性或情绪控制来提升员工的适应性绩效。

除了关注中庸思维对个体的影响,也有少数研究者基于组织分析层次,关注了中庸思维的组织后果。例如,陈建勋等(2010)探究了高层领导者的中庸思维对组织绩效的影响及其作用机制。数据检验结果表明,高层领导者的中庸思维对组织绩效能够产生显著的积极作用,组织两栖导向(Ambidexterity)在此关系中起着中介作用。

另外,目前的中庸思维研究中,还有不少研究将中庸思维视作其他概念关系之间的情境因素,探讨其在相关作用链条中起到的调节作用(何轩,2009;杜旌,2013;李原,2014;何轩和李新春,2014;赵可汗等,2014;张亚军等,2017)。

此外值得一提的是,还有少数研究者检验了中庸思维与阴阳思维、辩证思维之间的关系。长期以来,中庸领域的学者多认为中庸思维与阴阳思维之间存在关联,譬如我们前文所介绍的,杨中芳(2010)编制的中庸思维的构念图就包含了阴阳感知这一子构念。从实证检验的角度来讲,研究结果并不是学者们先前假定的那么简单。例如,孙蒨如(2014)的实证研究并未证实阴阳思维与中庸相关概念(包括多方思考、整合性及和谐性),以及这三个子构念一起代表的中庸思维之间存在显著的相关关系。林玮芳等(2014)的实证结果表明,中庸思维水平高的个体必须兼备掌握阴阳转换时机的能力,才能发挥好中庸的积极作用从而提升心理适应能力(该研究的正向心理适应指标包括正向情绪、生活满意度、安适幸福感),即认知上的中庸思维与适时的转念行动(即阴阳转换)应做到互相配合。就中庸思维和辩证思维之间关系的实证研究来说,侯玉波等(2016)以辩证思维作为理论基础,结合以往研究结论,通过数据分析总结出包含三个维度(变化性、联系性和矛盾性)的中国人整体思维方式,编制了中国人整体思维方式量表。利用整体思维方式量表来衡量变化性、联系性和矛盾性后,他们发现中庸思维与联系性和矛盾性之间都显著正相关,但与变化性无显著相关关系。上述研究都提供了一些有价值的结论,但是由于目前相关概念大多在定义、测量方面仍存在一定争议,因此上述相关结果还有待未来进一步探讨。

总的来说,以往文献证实了中庸思维倾向于为个体、组织带来广泛的积极作用,这表明中庸思维对于现代企业管理实践是具有重要意义的。不过,也可以看

出这一研究领域仍存在一些需要改进的不足之处:

首先,学界对中庸的定义仍存在一定分歧。针对这一问题,有学者指出应更多地汲取道家智慧,使中庸研究扎根于以阴阳哲学为代表的中国传统哲学(李平,2014)。同时,定义的多样化给中庸思维的实证研究带来了一定问题。例如,尽管许多研究以杨中芳等学者发展的"中庸实践思维体系"作为研究时的概念界定依据,但经常只采取体系中的某些子构念或某些子构念的组合来进行研究。这种状况造成许多相关实证结果难以直接进行比较,并且导致研究结论呈现一定的碎片化。

其次,由于中庸思维的内涵界定版本与相关子构念较多,因此现有量表在测量范围、量表名称等方面都呈现多样化,这给后续研究者挑选适合的量表带来了困难。例如,杨中芳编制的"中庸实践自评量表总汇"就包括分属"中庸构念图"中的三个不同部分(具体事件处理、事后反思/修正、心理健康层面)的四个构念(沉着克制、多方慎思、事后反省、迷惘委曲)的测量量表(杨中芳,2014)。又比如,吴佳辉和林以正(2005)将他们发展的量表称为"中庸思维量表",而后期杨中芳(2010)则根据这一量表的适用范围将其重新命名为"中庸意见表达量表"。这种测量工具方面的现状提醒后续研究者,在采用或借鉴前人发展的相关量表时,应确保所选用的测量量表与自身关注的研究变量相吻合。事实上,有学者指出,中庸思维的测量问题已经成为制约该领域发展的瓶颈(何轩,2014)。因此,从更长远的角度来说,未来研究有必要进一步规范和统一中庸思维的测量工具,以便进一步增强该领域相关研究结论的可比较性和系统性。

第四节 其他有关辩证领导行为的相关研究

随着研究者们以悖论视角看待组织现象,如何解决组织中的矛盾问题成为一个重要的研究课题。就个体层面的途径来说,学者将领导如何应对不同的甚至相反的问题及做法视作矛盾管理的关键,并发展出多种应对组织矛盾的领导理论和领导风格(Schad *et al.*,2016)。这些概念虽然和辩证领导行为概念存在明显不同,但都是研究者在探索管理者如何应对矛盾这一大背景下提出的,从本质上来说和辩证领导行为同属于矛盾管理视角下的领导概念,其相关研究能够为我们研究辩证领导行为带来一定的启示和借鉴作用。接下来,我们对这些相关概念的研究现状做简要梳理。

一、领导行为复杂性模型

领导学领域的行为复杂性(Behavioral Complexity)概念是 Denison *et al.*

(1995)结合认知复杂性(Cognitive Complexity)、行为全面性(Behavioral Repertoires)、矛盾等领域的理论及相关研究提出的。Hooijberg(1996,1997)将行为复杂性进一步区分为行为全面性和行为差异化(Behavioral Differentiation)两个维度,其中行为全面性指的是领导者能够施行的领导行为角色组合,行为差异化指的是领导者根据情境要求差异化地施行组合中的领导行为的能力。

行为复杂性模型(Behavioral Complexity Model)以 Quinn(1984,1988)在价值竞争模型(Competing Values Framework)(Quinn & Rohrbaugh, 1981, 1983)基础上提出的八种领导角色为主要内容(Denison et al., 1995; Lawrence et al., 2009)。Quinn(1984,1988)从稳定性—灵活性(Stability-Flexibility)、内部导向—外部导向(Internal Focus-External Focus)两组彼此竞争的价值视角出发,提出了领导者在动态复杂的组织环境下应具备的八种领导能力,包括创新者角色(Innovator Role)、调停者角色(Broker Role)、生产者角色(Producer Role)、引导者角色(Director Role)、协调者角色(Coordinator Role)、监控者角色(Monitor Role)、促进者角色(Facilitator Role)及导师角色(Mentor Role)。根据行为复杂性模型,在动态而复杂的组织环境下,更加有效的领导行为应该是更加复杂和多元的(Denison et al., 1995; Lawrence et al., 2009)。

行为复杂性研究领域的实证文献目前还较少。其中,Denison et al.(1995)在提出行为复杂性概念后,进一步通过调研数据对 Quinn(1984,1988)的八种领导角色框架进行了检验,并发现:① 高效能管理者与低效能管理者相比,具有更高程度的行为复杂性;② 行为复杂性模型中的八种领导角色是彼此不同的;③ 从下属感知的角度来说,相较于低效能管理者,高效能管理者身上更能清晰地展现这些不同的领导角色。另外,Jawadi et al.(2013)从领导行为复杂性视角关注了虚拟团队中的关系构建问题,即探究不同领导角色对领导—部属交换质量的影响。Jawadi et al.(2013)没有直接采用 Quinn(1984,1988)提出的八种具体领导角色,而是在 Denison et al.(1995)研究的基础上,将八种领导角色分为四个类别,包括开放式系统角色(Open System Roles)(包括创新者、调停者)、理性追求目标角色(Rational Pursuit of Goals Roles)(包括生产者、引导者)、内部流程角色(Internal Process Roles)(包括协调者、监控者),以及人力关系角色(Human Relation Roles)(包括促进者、导师角色),每个类别角色的测量题项由所包含的两种具体领导角色的测量题项合并组成,题项源自 Denison et al.(1995)开发的量表。实证结果表明,开放式系统角色、理性追求目标角色和人力关系角色所包含的领导行为都会对虚拟团队中的领导—部属交换质量带来显著的正向作用,不过检验结果没有发现内部流程角色对领导—部属交换质量具有显著的影响。

一些研究从实证角度关注了行为复杂性的影响,不过研究涉及的具体领导角色与Quinn(1984,1988)提出的八种领导角色差异较大。例如,Hart & Quinn(1993)从行为复杂性角度探究了CEO领导行为与企业绩效的关系,他们将领导行为划分为四种角色——愿景制定者(Vision Setter)、激励者(Motivator)、分析者(Analyzer)和任务专家(Task Master),并分别探究了不同领导角色与组织绩效之间的关系,以及综合采取多种领导行为对组织绩效的影响。该研究的实证研究结果表明,行为复杂性程度更高的CEO(即有能力承担多元且具有冲突性的领导角色的CEO),能够带来更好的企业绩效(此处具体包括商业绩效(Business Performance)和组织有效性(Organizational Effectiveness))。Wu et al.(2010)将供应链管理者的角色划分为四种——应对买方的谈判者(Negotiator)、买方与供应商之间的促进者(Facilitator)、供应商的支持者(Advocate),以及内部消费者的教育者(Educator);并根据Hooijberg(1996)的研究结论,将行为复杂性区分为行为全面性和行为差异化两个维度进行探索。Wu et al.(2010)的研究假设认为,供应链管理者的行为全面性和行为差异化都应该能够提升供应链管理者和供应商客户经理之间的人际关系质量。不过,数据检验结果仅支持了关于行为全面性的假设,即当供应链管理者能够承担的角色范围越大时,其与供应商客户经理之间的人际信任、满意度及承诺水平都越高;与原假设相反,数据结果表明供应链管理者的行为差异化水平越高,其与供应商客户经理之间的人际信任、满意度及承诺水平就越弱。

另外,还有学者针对行为复杂性的测量进行了进一步探索。例如,Lawrence et al.(2009)指出,尽管以往存在一些行为复杂性的实证研究,但是应当发展更严谨的测量工具来衡量行为全面性。为此他们依据价值竞争模型,借助结构方程模型(SEM)和贝叶斯环状模型(Bayesian Circumplex Model)对因子结构和空间关系等进行检验,从而开发出一个衡量行为复杂性(具体为行为全面性维度)的多维度量表,为后续的实证研究提供了新的测量工具。此外,Lawrence et al.(2009)借助数据对他们所开发的行为复杂性测量工具在预测管理有效性方面的能力进行了检验,并发现当管理者行为复杂性的总体能力水平较高时,管理者的整体绩效(该研究中衡量管理有效性的一个具体方面)也越好。

总的来说,尽管概念提出时间不算晚,但可能是由于理论模型较为复杂,以及后续双元领导等相关领导行为概念更易付诸实证研究等原因,领导行为复杂性领域的实证研究进展仍比较缓慢。

二、双元领导

双元领导(Ambidextrous Leadership)是组织领导理论与组织双元性(Organizational Ambidexterity)之间的交叉概念。它是将微观个体层次的双元行为与组织宏观层次的双元性联结在一起的一种重要作用机制(Turner et al., 2013;Mueller et al.,2018)。通常来说,"双元"状态强调组织中探索性活动和利用性活动的共存(罗瑾琏等,2016)。不过,学界尚未就组织双元性概念的定义形成一致意见,这也在一定程度上导致了学者们在双元领导概念的定义内涵上也缺乏广泛共识(Mueller et al.,2018)。比如说,有的学者从较为宽泛的视角出发来看待这一概念,例如 Cunha et al.(2019)认为,双元领导是为了解决组织内的矛盾利益和实现组织双元的领导行为;同时,也有学者局限于组织创新范围来定义双元领导概念,例如 Rosing et al.(2011)将双元领导视作有助于满足组织不同情境下不断变换的复杂创新要求的领导风格。

总的来说,双元领导强调领导者根据情境变化权变地驾驭反向互补的领导风格(罗瑾琏等,2016),从而帮助企业适应复杂的环境需求,促进组织双元的实现。根据以往文献,具备双元领导风格的领导者通常能够协调和整合反向互补的两种领导行为,例如开放型领导行为(Opening Leader Behavior)与闭合型领导行为(Closing Leader Behavior)[①](Rosing et al.,2011;Zacher & Wilden,2014;Ma et al.,2019)、变革型领导(Transformational Leadership)与交易型领导(Transactional Leadership)(管建世等,2016;Luo et al.,2018)、探索式行为和利用式行为(Mom et al.,2009)及授权型领导和命令型领导(罗瑾琏等,2016),等等。

尽管组织双元性概念出现得比较早,但是从领导行为角度探究组织双元的研究起步较晚。就双元领导的前因研究来说,相关文献还比较有限。以往研究中,Mom et al.(2009)从正式结构机制(Formal Structural Mechanisms)和人际协调机制(Personal Coordination Mechanisms)两个方面探索了影响管理者双元性(此处双元性指管理者在一定时间内,将探索式和利用式相关活动相结合的行为取向)的因素。Mom et al.(2009)的实证结果表明,从正式结构机制来说,管理者的决策权有助于提升管理者双元性;从个体协调机制来说,管理者参与跨职能接口(Participation in Cross-Functional Interfaces)(参与跨职能接口即担任联络员、参与工作组、参加团队等)以及管理者与其他组织成员的联系都会促进管理者双元性;此外,管理者决策权与管理者参与跨职能接口的交互、管理者决策权与管理者和其他组织成员的联系的交互、管理者任务规范化与管理者参与跨

---

① 开放型领导行为主要指鼓励打破惯例和实验,为独立思考和行为提供机会,为挑战现有方法的尝试给予支持等一系列领导行为;封闭型领导行为主要指采取矫正措施,设定具体的准则,以及对目标达成进行监控等一系列领导行为。

职能接口的交互,以及管理者任务规范化与管理者和其他组织成员的联系这四种交互均对管理者双元性具有正向作用。另外,Rosing et al.(2011)通过理论分析提出了关于双元领导在个体影响因素方面的命题,认为行为和认知复杂性、综合性思维、情商及预测技能都会对双元领导行为产生影响,不过相关命题缺乏实证检验,还需进一步验证。

从双元领导的后果研究来看,研究者进行了不同层次的探究。个体结果方面,Zacher & Wilden(2014)的研究证实,领导者日常的双元领导行为对员工日常的自评创新绩效具有显著的促进作用,即当领导的开放型行为和闭合型行为均处于高水平时,员工日常的自评创新绩效最高。Ma et al.(2019)通过一项跨层次研究证实:① 在酒店服务行业内,团队领导的双元领导行为对员工的工作重塑(Work Crafting)具有积极作用;② 团队领导的双元领导行为会通过增强下属员工的和谐激情(Harmonious Passion)对员工的工作重塑带来正向影响;③ 团队领导的双元领导行为会通过降低下属员工的偏执激情(Obsessive Passion)对员工的工作重塑带来正向影响。Luo et al.(2018)则通过跨层次研究,发现 CEO 双元领导通过促进高管团队行为整合,进而对高管团队成员的双元领导行为产生正向影响。罗瑾琏等(2016)的实证研究结果表明:① 上级的双元型领导会显著提高研发员工的创新行为;② 创新自我效能感和领导—部属交换分别在双元领导和员工创新行为的关系中起着中介作用;③ 员工的认知灵活性水平越高,双元领导与创新自我效能感/领导—部属交换之间的正向关系越强。赵红丹和江苇(2018)的实证研究则发现:① 双元领导对员工主/客观职业生涯成功均具有显著的正向作用,并且员工对领导的认同在上述关系中起着中介作用;② 员工的主动性人格会调节双元领导与领导认同之间的关系,即相较于高主动性人格的员工来说,双元领导更能显著增强低主动性人格员工对领导的认同;③ 员工的主动性人格会调节领导认同在双元领导和主/客观职业生涯成功之间的中介作用,即员工的主动型人格水平越低,双元领导越能够通过领导认同对员工的主/客观职业生涯成功带来正向影响。

从团队层面来看,以往研究多关注双元领导和团队创造力之间的关系。例如,赵莉等(2017)分析了双元领导与团队创造力之间的关系,并证实双元领导能够显著促进团队创造力的提升。罗瑾琏等(2016a)的实证结果表明,双元领导对团队创新具有显著正向作用,且团队交互记忆在这一作用过程中起着中介作用;此外,团队认知冲突和环境动态性都在双元领导促进团队创新的过程中起着强化作用。管建世等(2016)则证实了基于变革型领导和交易型领导交互的双元领导行为对团队创造力具有显著的促进作用;同时,环境动态性在上述过程中起着正向调节作用,即当企业面临的环境动态性较高时,团队领导的双元领导行为对团队创造力的促进作用会进一步增强。

从组织层面的结果研究来看，相关实证文献还比较匮乏（Luo et al., 2018）。现有研究中，Luo et al.(2018)通过实证研究证实，CEO 双元领导有助于促进高管团队行为整合。此外，以往一些研究关注了领导者不同领导风格在探索式创新和利用式创新两种组织创新中的作用，尽管没有采用双元领导概念并使用较为普遍的测量方法（例如用不同领导类型的交互来表征双元领导），称不上严格意义上的双元领导研究，但是相关结论具有一定参考价值。例如，Jansen et al.(2009)探索了企业战略领导者变革型领导和交易型领导对两种创新模式（探索式创新、利用式创新）的影响。

总的来说，以往研究表明，双元领导倾向于带来广泛的积极影响，尤其是给予创新相关的结果变量带来积极作用。同时也可以看到，尽管已经取得了许多有价值的研究结论，但是当前的双元领导研究还存在一些明显不足，其中一个突出问题在于学界对这一概念的定义和测量工具都缺乏普遍共识性。首先，不同研究者所关注的双元领导内涵或所指的领导类型组合有差异。其次，学者们对双元领导的测量方式也存在较大差异，常用的方法包括差式、和式及乘积式三种（罗瑾琏等，2016）。此外我们还发现，尽管有的研究者在理论阐述上关注的是双元领导的影响结果，但其实在对双元领导进行测量时参考了 Zhang et al.(2015) 开发的矛盾型领导行为量表（罗瑾琏等，2016b）。上述这种定义内涵与测量方面的多样化、杂绪化发展现状，造成大家常常很难将双元领导研究领域的一些相关结论直接放在一起进行比较、归纳和总结，相关问题亟待未来学者进一步关注和优化。

三、复杂性领导

复杂性领导理论(Complexity Leadership Theory)是基于复杂性科学(Complexity Science)与领导理论提出的（Marion & Uhl-Bien, 2001; Marion & Uhl-Bien, 2007）。Uhl-Bien et al.(2007)指出，以往的领导模型是自上而下的官僚范式产物，这些模型曾经在工业时代十分有效，但并不适用于如今快速变化的竞争环境，为此，复杂性领导理论应运而生。需要指出的是，尽管都使用了 Complexity(复杂性)一词，但复杂性领导理论中的复杂性与上文行为复杂性模型中的复杂性内涵并不完全相同，行为复杂性主要强调领导行为的多元化，而此处的复杂性则是指丰富的互联性（Rich Interconnectivity）（Uhl-Bien & Arena, 2017）。

复杂性领导理论框架中包含三种密不可分的领导行为：第一种是行政性领导行为(Administrative Leadership)。这种领导行为植根于有关层级、服从和控制的传统官僚概念,是与正规管理角色相关的领导行为,即用高效并有效的方式来计划协调各项活动以达到组织的既定目标。第二种是适应性领导行为(Adaptive Leadership)。这种领导行为不是权力作用的结果,而是一种临时出现的非正式的动态行为,它们是不同的复杂适应系统(Complex Adaptive Systems,CAS)在为了适应压力(Tension)时,彼此互动过程中产生的一些适应性行为、创造性行为及学习行为。复杂适应系统是分析复杂性领导理论的基本单位,它是由彼此交互、互相依赖的代理人(Agents)形成的神经式网络,代理人联结再作用于共同目标、观点、需求下的合作动力之中(Cooperative Dynamic)(Uhl-Bien et al., 2007)。第三种是助力性领导行为(Enabling Leadership)。这种领导行为提供有助于适应性领导行为能够形成、发展的条件,即提供条件使复杂适应系统能比较完美地解决组织在创造性、适应性(Adaptability)及学习方面的问题。

总的来说,尽管复杂性领导概念早在2001年就被提出,但一直以来相关文献都比较匮乏。由于长时间以来缺乏可靠的测量工具,以往研究几乎全部集中于理论模型的分析与构建(Schneider & Somers, 2006;Uhl-Bien & Marion, 2009;Uhl-Bien & Arena, 2017;Tourish, 2019),实证研究非常匮乏。近期,Hazy & Prottas(2018)对复杂性领导概念的测量工具开展了研究,构建出一个包含10个题项的复杂性领导交互模式(Complexity Leadership Interaction Modes,CLIM)的测量工具,从而为未来复杂性领导的实证研究奠定了一定的基础。

四、矛盾型领导行为

矛盾型领导行为(也有研究者称其为悖论式领导/悖论式领导行为)是一个相对较新的领导概念,最先是由 Zhang et al.(2015)以企业中层管理者为研究对象,结合中国传统的阴阳哲学与西方领导理论,通过系统分析矛盾原则在人员管理中的具体表现后提出的。基于 Zhang et al.(2015)的定义,矛盾型领导行为具体是指领导者在管理下属时所展现出的表面上互相矛盾实际上相互关联的行为,具体包括五个维度:① 领导者既关注自我,也关注他人;② 领导者既与下属在工作上保持距离,又与下属保持密切的人际关系;③ 领导者既对下属一视同仁,又在具体细节上给予下属个性化对待;④ 领导者既通过工作要求来控制下属行为,又允许下属在行为上具备一定的灵活性;⑤ 领导者既在决策上保持控制,又给予下属一定的自主权。

事实上,在 Zhang et al.(2015)的研究之前,已经陆续有学者关注到相关领导思维与行为。例如,武亚军(2013)运用案例研究探究了"悖论整合"思维模式在企业情境中的表现和作用。悖论整合(Paradoxical Integration)是由 Chen (2002)结合阴阳、中和等中国传统文化概念分析提出的,指的是从对立统一的视角来看待矛盾两极。不难看出,悖论整合的核心内涵与阴阳哲学、中庸思维及辩证思维的矛盾原则等都关联紧密。武亚军(2013)以中国优秀企业领导者之一的任正非为研究对象,借助扎根分析等研究方法,发现任正非的战略思维特征与逻辑具有明显的悖论整合(灰度思维)认知模式。根据武亚军(2013)的研究,任正非在悖论整合认知模式的影响下会采取一系列协调、平衡企业矛盾的管理实践行为,而这些行为与本书所研究的辩证领导行为在核心内涵上具有很高的一致性。该研究进一步分析后认为,在复杂动态环境中,企业领导人的悖论整合思维通过包容与平衡企业多个领域的矛盾要素,能够对企业的持续竞争优势产生积极作用。另外,Lewis et al.(2014)也指出,管理者应结合东方阴阳思维实施矛盾型领导行为,即寻求"既—又"的解决方案来应对战略实践中的矛盾问题,不过他们的研究局限于理论阐述阶段,缺乏模型构建和操作化定义。

与辩证领导行为一样,Zhang et al.(2015)提出的矛盾型领导行为也与中国传统的思维哲学关系密切。因此,两种领导行为存在一定相关性。具体来说,矛盾型领导行为与我们总结的辩证领导行为的恩威并施维度具有一致的核心内涵,都强调在看似矛盾的领导行为之间保持均衡。但是,二者之间也存在一些明显的不同。首先,辩证领导行为的行为主体是企业高层管理者,而矛盾型领导行为的行为主体是中层管理者。其次,矛盾型领导行为的思想基础是阴阳思维,只关注了矛盾原则影响下管理者的行为表现;而辩证领导行为的思想基础是辩证思维,除了关注矛盾原则下的领导行为,还关注了变化原则和联系原则影响下的领导行为(黄鸣鹏和王辉,2017)。

从研究的进展来看,由于矛盾型领导行为的理论提出比较晚,因此相关实证研究还比较有限。就前因研究来说,Zhang et al.(2015)的实证研究表明,管理者越采取整合式思维,或者认知复杂性越高,就越有可能产生矛盾型领导行为。与前因研究相比,矛盾型领导行为的后果研究更为丰富一些,并主要集中在对个体结果的研究方面。例如,Zhang et al.(2015)通过实证研究发现,上级的矛盾型领导行为对下属行为的熟练性(Proficiency)、适应性(Adaptivity)和主动性(Proactivity)均具有显著的正向作用。彭伟和李慧(2018)通过跨层研究设计探究了悖论式领导对员工主动性行为的影响,实证结果表明,团队中悖论式领导对员工主动性行为具有显著的正向作用,并且团队内部网络连带强度在上述关系中起着中介作用。Yang et al.(2019)的实证研究结果显示,直系上司的矛盾型领导行为对下属员工的创造力具有正向作用,工作繁荣感(也有学者译作工作旺盛感)(Thriving at Work)在二者关系中起着中介作用。Shao et al.(2017)也关注了矛盾型领导行为与员工创造力的关系,发现矛盾型领导行为通过员工的创造性自我效能对员工创造力产生正向影响,并且这一影响的作用效果进一步受到员工认知复杂性的影响——当员工的认知复杂性程度高时,矛盾型领导行为通过创造性自我效能对员工创造力产生积极作用;反之,当员工的认知复杂性程度低时,则产生消极作用。

另外,还有学者关注了矛盾型领导行为的团队结果,并集中于探讨该领导行为对团队创新的影响和作用。例如,罗瑾琏等(2015)经实证研究发现,悖论式领导对团队创新具有显著正向作用,知识创造和知识整合在上述正向关系之间起着中介作用。他们还关注了悖论式领导在影响团队创新过程中的情境因素,并证实环境动态性越高,悖论式领导越有助于促进团队创新。罗瑾琏等(2017)的研究再次验证了罗瑾琏等(2015)的研究结论,即悖论式领导对团队创新具有显著的正向影响,并且证实悖论式领导通过团队活力影响团队创新。此外,他们从团队任务特性和团队成员特征两个角度出发,分别探究了团队任务互依性和团队认知灵活性在悖论式领导和团队创新之间的调节作用,实证结果表明:① 团队任务互依性程度越高,悖论式领导越有助于提升团队活力和促进团队创新,并且悖论式领导与团队任务互依性的交互通过团队活力影响团队创新;② 团队认知灵活性越高,悖论式领导对团队创新的正向作用越明显。

近期,有学者从行为主体和应用情境的角度对矛盾型领导行为的概念内涵进行了拓展。Zhang & Han(2018)提出了公司发展方面的矛盾型领导行为。这一领导行为与 Zhang et al.(2015)提出的人事管理方面的矛盾型领导行为在理论基础上一脉相承,都源自道家的阴阳哲学,具体是指领导者在管理下属时所展现的表面上互相矛盾实际上相互关联的领导行为,但关注的行为主体和具体适应情境与 Zhang et al.(2015)提出的矛盾型领导行为不同。Zhang & Han(2018)关注的主要是 CEO 如何通过既矛盾又相关的领导行为来应对企业发展层面的矛盾问题,这与矛盾原则下管理事务方面的辩证领导行为维度——权衡矛盾,在内涵上具有相通性。在实证结论方面,Zhang & Han(2018)通过研究发现,长期导向对公司发展方面的矛盾型领导行为具有显著的正向影响,即具备长期导向的领导者更容易表现出相应的矛盾型领导行为;同时,公司发展方面的矛盾型领导行为对企业研发投资、市场份额及公司声誉方面都有显著的积极作用。这一具体的矛盾型领导行为类型,为探究高层管理者的矛盾型领导行为奠定了基础,丰富了矛盾型领导行为的组织结果研究。

总的来说,矛盾型领导行为的研究起步较晚,但近年来越来越受到学者的关注,并已取得了一些有价值的研究成果。不过,也要注意到这一领域目前存在一些问题需要进一步研究和探讨。首先,要注意到国内学界在翻译矛盾型领导行为概念时缺乏统一性,并且如上文介绍的,Zhang & Han(2018)进一步提出了与 Zhang et al.(2015)的研究既相关又有所区别的矛盾型领导行为概念,因此未来研究者应注意界定自己所关注概念的内涵,并在此基础上识别相关文献。其次,现有矛盾型领导行为领域的实证研究多开展于个体和团队层面,主要关注该领导行为与创新、创造力等变量之间的关系,未来在研究层次和变量范围上都可以进一步拓展。最后,可能是由于矛盾型领导行为这一概念的提出是基于中国传统的阴阳哲学,并且量表开发于中国情境,因此相关研究仍主要集中在中国情境下进行。对此,今后学者在开展相关研究时,可以根据 Zhang et al.(2015)的建议,进一步考察西方领导者采取矛盾型领导行为是否会带来与中国情境下相似的结果。

本 章 小 结

作为一个新提出的概念,辩证领导行为扎根于中国传统文化。探究这一领导行为的前因、后果及作用机制,对丰富我国本土管理理论和指导实践具有重要意义。目前,辩证领导行为领域的研究才刚刚开始展开,我们对这一领导行为的了解还比较有限,因此未来有必要大力加强辩证领导行为方面的研究。尽管辩证领导行为的研究有限,我们仍可以从其他课题的相关文献中获得不少有借鉴与参考价值的研究结论。我们认为,未来可尝试在以下几个方面继续加强辩证领导行为的相关研究:

第一,加强辩证领导行为影响因素的实证探索。从个体因素(性别、年龄、受教育程度等人口统计学因素、性格特质、任职经历等)、组织因素(企业内部的领导力培训项目、高层管理者选拔制度、企业是否设立管理者轮岗制度等)、外部环境因素(环境动态性、环境竞争性等)等多个角度来关注会影响辩证领导行为的因素,以便为企业管理者提供指导建议。

第二,加强辩证领导行为的后果研究。由于辩证领导行为指的是高层管理者的一种领导行为,而高层管理者是企业战略决策最主要的制定者、执行者,对企业的发展具有深远影响,因此未来研究可以探索辩证领导行为对一些企业层面变量的影响及其作用机制。例如,参考 Kodama(2005)和 Bai et al.(2015)的研究结论,探讨高层管理者的辩证领导行为是否会影响企业的创新绩效,抑或进一步检验黄鸣鹏和王辉(2017)提出的研究命题,探究辩证领导行为对组织绩效的影响。此外,还可基于团队层面,关注 CEO 或董事长的辩证领导行为对高管团队或董事会在团队绩效等方面的影响。

第三,加强研究辩证领导行为发生作用的机制和边界条件,以便更好地理解这种领导行为的作用过程和发挥作用的条件，从而为组织管理实践提供更具体、更有针对性的建议和指导。

第四，根据以往其他领导风格的研究来看，很多领导概念都会在逐步发展中不再局限于概念发展初期的研究层次，例如后续研究者往往会关注同一领导风格在不同层级管理者身上、在不同分析层次上的作用效果等。尽管辩证领导行为这一基于高层管理者提出的特定领导行为可能并不适合以中基层管理者为研究对象，但是未来可以尝试关注团队层面的辩证领导行为，例如研究高层管理团队（TMT）辩证领导行为、董事会辩证领导行为等问题。

针对上述研究方向中涉及的一部分问题，本书在后续章节进行了部分的实证研究探讨，读者可以进一步参考。

第五章 辩证领导行为的测量

为了更好地定量研究辩证领导行为对企业及团队绩效的影响,需要对辩证领导行为进行有效的测量。因此,本章的目的是借鉴以往量表开发的方法和程序,开发具有较好信度和效度的辩证领导行为测量工具。我们基于已有对辩证领导行为的关键事件收集与归纳(黄鸣鹏和王辉,2017),运用问卷调查法,收集多个样本的数据,分别进行探索性因子分析和验证性因子分析,以确定辩证领导行为的因子结构及其稳定性,同时检验辩证领导行为的信度和效度。

第一节 辩证领导行为初始量表条目的选择与确定

黄鸣鹏和王辉(2017)参照以往量表开发的研究(王辉等,2008;王辉等,2006),通过访谈法和关键事件法归纳得到辩证领导行为具有七个维度,分别为:

(1) 预判趋势:关注企业内、外部环境的变化,并有效地预判变化的趋势及其可能给企业带来的机会或威胁。典型条目如:① 密切关注企业内、外部环境中与本企业相关的变化;② 对企业未来发展可能面临的问题有清晰的认识。

(2) 适时调整:带领企业及时地根据环境的最新变化进行调整,以适应环境变化的行为。典型条目如:① 根据内、外部环境的变化,灵活调整企业战略;② 根据市场形势的变化适时调整企业目标。

(3) 因材施教:根据下属的特点及其变化灵活地调整领导风格的行为。典型条目如:① 对不同性格的员工,采用不同的领导方式;② 因人而异,灵活调整员工工作任务。

(4) 权衡矛盾:在相互矛盾的企业目标、战略和行动之间保持动态平衡。典型条目如:① 制定企业战略时,既注重短期利益也重视长期发展;② 维护企业稳定发展的同时也强调创新和变革。

(5) 恩威并施:在看似矛盾的领导方式,如施恩与立威、授权与控制、奖励与惩罚之间保持平衡。典型条目如:① 对待下属时,批评与肯定兼顾;② 与下属相处,既能严肃也能亲和。

(6) 注重协调:注重各个环节的关联,并持续优化企业内部各个部门、环节之间协调合作。典型条目如:① 不断优化企业各部门或环节之间的衔接;② 制定战略时,强调公司各部门之间的协调合作。

(7) 整体管理:在处理企业中的各项事务时,从企业全局的角度进行分析和应对。典型条目如:① 处理公司中的问题时,考虑其对全局的影响,从公司整体利益出发进行应对;② 从公司整体利益的角度分析各项事务的利弊。

在此基础上,我们邀请了五位管理学博士生和教授及两位企业领导者来协助评估这些条目和维度的可靠性。具体来讲,研究者首先向他们解释了辩证领导行为的定义,并请他们对每一道题目是否清晰易懂、准确表述含义、与维度描述相同等做出评价。根据他们的建议,研究者对题目进行了删减和修改。经过多轮商讨,最终形成了36道题目作为进一步分析的初始量表。

第二节 探索性因子分析

一、样本和程序

根据 Hinkin(1998)的建议,我们严格遵循量表开发的程序进行后续的研究。为了得到稳定的因子结构,本研究通过问卷调查的方法收集上文所述36道题目的量表,并进行探索性因子分析(Exploratory Factor Analysis,EFA)。研究参与者为2017—2018年参加北京一所高校的高级管理培训课程(EMBA)的学员(企业高层领导者)的下属。他们被邀请参与一个问卷调查,问卷内容包括上文提到的辩证领导行为的36道题目。量表采用7点李克特量表形式:参与者们需要评价每道题目的描述是否与其领导(CEO、董事长或其他高管)相符的程度,选项从"1—非常不符合"到"7—非常符合"。最终获得的有效样本来自三次课程的275位企业中、高层管理者。样本量与题目数量之比接近8∶1,因此样本量满足探索性因子分析的要求(Schwab,1978)。275位参与者中56.36%为男性,81.45%受过大学及以上教育,平均年龄为33.63岁($SD=8.97$),平均参加工作11.72年($SD=7.00$)。

二、分析结果

我们使用 SPSS 22.0 对问卷收集到的数据进行探索性因子分析,运用主成分分析法和斜交旋转法抽取因子。采用特征值大于 1、因子载荷不低于 0.40、交叉载荷不大于 0.40 等标准删除项目。

在删除项目之前,我们先对数据进行了 Bartlett 球体检验,并计算出 KMO 测度统计量。结果表明,Bartlett 球体检验的 χ^2 为 7 740.21($df=630, p<0.001$),KMO 的值为 0.93,表明这些题目适合进行因子分析。随后,我们采用主轴因子分析法(Principle Axis),并使用斜交旋转(Oblique Rotation)法将各条目负载到不同的维度上,初步得到了 6 个维度的因子分析结果。因子分析的最终结果如表 5-1 所示。在因子分析过程中,我们删除了 14 道题目。留下的 22 道题目中,6 个因子共解释了 71.91% 的方差;各维度对应题目的载荷值最大为 0.95,最小为 0.70,不存在交叉负载过大的题目。各维度的内部一致性信度(Cronbach's alpha)值分别为 0.92、0.93、0.87、0.93、0.86 和 0.85,显示出这 22 道题目有清晰的结构和良好的信度。

进一步分析表明,与辩证思维变化原则相关的维度有两个,即因子 1 和因子 4,因子 1 有 4 道题目,包括"经常评估环境的变化给本企业带来的机遇或威胁""对本企业长期发展所面临的主要问题有清晰的认识""对企业未来的发展前景有清晰的认识""根据企业内、外部环境的变化及时调整企业战略"等,我们将该因子命名为"适时调整";因子 4 有 3 道题目,包括"因人而异安排下属的工作任务""针对不同年龄层次的下属,采取不同的领导方式""随着下属特点的变化而调整领导方式",我们将该因子命名为"因材施教"。与矛盾原则相关的维度有两个,即因子 2 和因子 3,因子 2 有 4 道题目,包括"对待下属时,批评与肯定兼顾""与下属相处,既能严肃也能亲""对下属授权的同时也保持监督""领导下属时既给予鼓励也施加压力"等,我们将该因子命名为"恩威并施";因子 3 有 4 道题目,包括"制定企业发展战略时,兼顾短期利益和长期发展""平衡企业的短期利益和长期目标""维护企业稳定发展的同时推动变革和创新""推动企业充分利用现有资源和能力的同时拓展新资源和能力"等,我们将该因子命名为"权衡矛盾";与辩证思维的整体/联系原则相关的维度也有两个,即因子 5 与因子 6,因子 5 有 4 道题目,包括"推动企业内各部门(环节)之间的相互了解""不断优化企业各部门(环节)之间的衔接""推动各部门(环节)的发展与企业的整体发展相协调""制定战略时,强调企业各部门之间的配合"等,我们将该因子命名为"注重协调";因子 6 有 3 道题目,包括"分配资金、人力等资源时考虑企业的整体布局""对各个部门进行考核时会考虑公司的整体情况""决策时,从全局出发考虑各个部门的意见",我们将该因子命令为"整体管理"。

表 5-1 辩证领导行为量表的探索性因子分析结果（N=275）

	因子 1	因子 2	因子 3	因子 4	因子 5	因子 6
经常评估环境的变化给本企业带来的机遇或威胁	**0.948**	0.075	0.006	0.056	−0.096	−0.051
对本企业长期发展所面临的主要问题有清晰的认识	**0.861**	0.011	0.003	−0.034	0.000	0.049
对企业未来的发展前景有清晰的认识	**0.853**	0.041	−0.032	0.023	0.052	−0.032
根据企业内、外部环境的变化及时调整企业战略	**0.774**	−0.106	0.013	−0.085	0.050	0.054
因人而异安排下属的工作任务	0.014	0.037	0.027	**0.951**	−0.090	−0.024
针对不同年龄层次的下属，采取不同的领导方式	0.029	−0.050	−0.029	**0.909**	0.045	0.028
随着特点的变化而调整领导方式	−0.075	0.015	−0.007	**0.863**	0.061	0.017
对待下属时，批评与肯定兼顾	0.102	**0.873**	0.029	0.019	−0.028	−0.080
与下属相处，既能严肃也能保持亲和	0.001	**0.865**	−0.030	0.061	0.039	0.033
对下属授权的同时也保持监督	−0.062	**0.825**	0.030	−0.074	0.079	0.029
领导下属时既给予鼓励也施加压力	−0.017	**0.818**	0.041	−0.009	−0.006	0.072
制定企业发展战略时，兼顾短期利益和长期发展	0.010	0.018	**0.829**	−0.038	0.004	−0.061
平衡企业的短期利益和长期目标	0.016	−0.038	**0.798**	0.000	0.034	−0.025
维护企业稳定发展的同时推动变革和创新	−0.026	0.043	**0.794**	0.018	0.016	0.029
推动企业充分利用现有资源和能力的同时拓展新资源和能力	−0.012	0.078	**0.722**	0.015	−0.073	0.057
推动优化企业内各部门（环节）之间的相互了解	0.107	−0.001	−0.005	0.012	**0.806**	−0.056
不断优化企业各部门（环节）之间的相互衔接	0.041	−0.098	0.021	0.071	**0.784**	−0.055
推动部门（环节）的发展与企业的整体发展相协调	−0.127	0.174	−0.099	−0.073	**0.776**	−0.067
制定战略时，强调企业各部门之间的配合	0.032	−0.006	0.150	0.027	**0.701**	0.050
分配资金、人力等资源时考虑企业的整体布局	0.016	−0.020	0.000	−0.073	0.056	**0.904**
对各部门进行考核时会考虑公司的整体情况	−0.004	0.020	−0.022	0.073	−0.088	**0.781**
决策时，从全局出发考虑各个部门的意见	0.006	0.062	0.022	0.019	0.004	**0.727**
特征值	8.73	2.99	2.24	1.32	1.15	1.05
累计解释的方差（%）	38.35	51.09	60.14	64.69	68.43	71.91
信度（Cronbach's α）	0.92	0.93	0.87	0.93	0.86	0.85

总之,经过初步的探索性因子分析,我们初步形成了一个具有22道题目、6个维度,具有良好信度的辩证领导行为测量工具。但这一因素结构是否稳定,需要进一步的研究。

第三节 验证性因子分析及信度、效度检验

上述经过因子分析形成的因素结构与相对应的题目之间的关系是否稳定,是否符合所设计的理论模型,就需要验证性因子分析(Confirmatory Factor Analysis,CFA)的方法来进行检验。同时,我们也需要检验该测量工具的信度和效度。我们通过另外一个样本,对辩证领导行为六维度结构进行检验,并在验证性因子分析的基础上,检验辩证领导行为这一构念与其他相关变量的区分效度与关联效度。

一、样本和程序

本研究的参与者来自北京一所高校的 EMBA 学员的下属,有效参与者共 256 名。256 名参与者中 64.45% 为男性,87.11% 受过大学及以上教育,平均年龄为 27.43 岁(SD=12.98),平均参加工作时间为 8.70 年(SD=6.87)。我们通过 EMBA 学员邀请他们的直接下属参与调查,收到学员下属邮件信息之后,我们给参与者发送了电子问卷链接,问卷中要求参与者分别评价其领导者(企业高层管理者)的辩证领导行为、变革型领导行为、领导有效性与其所属团队的多样性。

为了检验新开发量表的效度,我们选择变革型领导(Transformational Leadership)(Meyer & Dean,1990;Wang et al.,2005)用于检验辩证型领导与其他相关变量的区分效度。原因在于:① 变革型领导行为是一个广泛应用的领导行为测量工具,我们新开发的量表应该与这些已有量表有一定的区别;② 我们新开发的测量工具适用于企业高层管理者的,虽然变革型领导最早是针对中层管理者进行研究的领导行为,但在现有文献中,变革型领导也在企业管理者中进行过研究(Colbert et al.,2008;Ling et al.,2008;Vera & Crossan,2004)。因此,通过这两者之间的比较,我们可以看到新开发的测量工具是否有一定的区分效度。

所有领导行为的研究,目的都是探讨这些领导行为是否可以预测领导效果。因此,新开发的测量工具是否具备预测效度,也是本研究的一个重要目的。我们选择领导有效性(Leadership Effectiveness)(Mcdonald & Westphal,2011)作为效标变量。辩证领导行为关注变化并适时调整,接纳矛盾并合理平衡,将组织的

各个环节和部门当作一个整体进行运作与管理,在下属看来其领导工作应当是有效的(武亚军,2013)。

此外,由于我们的问卷由高管的下属一次性完成,可能存在共同方法偏差(Common Method Variance)。对此,我们采用 Lindell & Whitney(2001)推荐的"标记变量"法,在问卷中加入一个理论上与其他变量没有相关的变量,用于在相关分析中矫正变量间相关系数,以尽可能地消除共同方法偏差造成的相关系数膨胀(Inflation)。在此研究中,"标记变量"为下属评价的所在团队的多样性(Atuahene-Gima & Li,2004),具体包括团队成员在年龄、工作年限、行业背景和职业背景四个方面的多样性。由于这四个方面的多样性均有客观的事实基础,理论上可以判断该变量与领导的辩证领导行为、变革型领导行为和领导有效性不相关,因此可以作为标记变量使用。

量表均采用 7 点李克特形式,选项 1 代表"非常不符合"或"完全不具有多样性",7 代表"非常符合"或"非常具有多样性"。

二、测量工具

1. 辩证领导行为

辩证领导行为的量表共 6 个维度,22 道题目,来自探索性因子分析的结果(表 5-1)。量表的 Cronbach's alpha 值为 0.96。

2. 变革型领导

量表共 22 道题目,我们使用 Wang *et al*.(2005)采用过的量表,举例条目如"能促进工作团队之间的合作""以他自己的未来计划鼓励下属"等。量表的 Cronbach's alpha 值为 0.96。

3. 领导有效性

量表来自 Mcdonald & Westphal(2010)的 6 个条目的量表,举例条目如"领导者非常胜任领导工作""领导者从事领导工作让人印象深刻"等。量表的 Cronbach's alpha 值为 0.89。

4. 团队多样性

本研究用以测量下属感知到的团队成员多样性的题目为"您所属团队的职业背景在多大程度上具有多样性""您所属团队的行业背景在多大程度上具有多样性""您所属团队的任期在多大程度上具有多样性""您所属团队的年龄在多大程度上具有多样性"变量取四个方面多样性的均值进行计算,量表的 Cronbach's alpha 值为 0.85。

三、数据分析结果

通过使用结构方程模型,将量表的各个条目负载到理论对应的维度。分析

表 5-2 辩证领导行为量表的验证性因子分析结果 ($N=256$)

	适时调整	因材施教	恩威并施	权衡矛盾	注重协调	整体管理
经常评估环境的变化给本企业带来的机遇或威胁	0.68					
对本企业长期发展所面临的主要问题有清晰的认识	0.74					
对企业未来的发展前景有清晰的认识	0.69					
根据企业内、外部环境的变化及时调整企业战略	0.79					
因人而异安排下属的工作任务		0.75				
针对不同年龄层次的下属,采取不同的领导方式		0.77				
随着下属特点的变化而调整领导方式		0.85				
对待下属时,批评与肯定兼顾			0.79			
与下属相处,既能严肃也能亲和			0.67			
对下属授权的同时也保持监督			0.54			
领导下属时既给予鼓励也施加压力			0.81			
制定企业发展战略时,兼顾短期利益和长期发展				0.77		
平衡企业的短期和长期目标				0.73		
维护企业稳定发展的同时推动变革和创新				0.69		
推动企业充分利用现有资源和能力的同时拓展新资源和能力				0.67		
推动企业内各部门(环节)之间的相互了解					0.85	
不断优化企业各部门(环节)之间的衔接					0.85	
推动各部门(环节)的发展与企业的整体发展相协调					0.72	
制定战略、强调企业各部门之间的配合						0.77
分配资金、人力等资源时会考虑企业的整体布局						0.76
对各个部门进行考核时会考虑各个部门的整体情况						0.76
决策时,从全局出发考虑各个部门的意见						

结果如表5-2所示,各因子都有较高的载荷,各维度对应条目的载荷均值最大为0.85,最小为0.54。模型的拟合度指标卡方为262.087,自由度为194,RMSEA为0.037,CFI为0.968,TLI为0.962,SRMR为0.046。模型的拟合度达到要求(Lance et al.,2006),说明辩证领导行为具有一定的结构效度。

随后,为了验证各维度之间的区分效度,本研究分别构建了6因子模型、5因子模型、3因子模型与单因子模型。通过比较6因子基准模型与这些模型,发现5因子模型的拟合度显著变差(见表5-3)。此外,将6个维度按照"变化""矛盾""联系"合并成3个因子的模型和单因子模型拟合也比6因子基准模型拟合更差,表明辩证领导行为的6维度具有一定的区分效度(Anderson & Gerbing,1988)。

表5-3 辩证领导行为各维度的区分效度——验证性因子分析结果

模型	χ^2	df	$\Delta\chi^2$	Δdf	CFI	TLI	RMSEA	SRMR
6因子模型	262.087	194			0.968	0.962	0.037	0.046
5因子模型:适时调整+因材施教	340.901	199	78.814**	5	0.933	0.923	0.053	0.052
5因子模型:因材施教+恩威并施	295.250	199	33.163**	5	0.955	0.948	0.044	0.045
5因子模型:恩威并施+权衡矛盾	342.189	199	80.102**	5	0.933	0.922	0.053	0.048
5因子模型:权衡矛盾+注重协调	337.632	199	75.545**	5	0.935	0.924	0.052	0.052
5因子模型:注重协调+整体管理	281.556	199	19.469**	5	0.961	0.955	0.040	0.047
3因子模型:适时调整+因材施教、恩威并施+权衡矛盾、注重协调+整体管理	397.315	206	135.228**	12	0.910	0.899	0.061	0.051
单因子模型	491.441	209	229.354**	15	0.867	0.853	0.073	0.058

注:** 为 $p<0.01$。

最后,为检验辩证领导行为与相关变量的区分效度和效标效度,本研究检验了变量之间的相关性,结果如表5-4所示。可以看到,下属感知到的团队多样性与其他变量之间均存在显著的正相关,这并无理论基础,可认为是由共同方法变异(CMV)导致。根据文献(Lindell & Whitney,2001),本研究选择了它与其他变量相关系数最小的一项(0.22)作为问卷CMV的估计,并用这个数值重新调整了各变量之间的相关系数和对应的统计量。经矫正后,辩证领导行为与领导有效性($r=0.40, t=2.79, p<0.01$)与变革型领导($r=0.41, t=2.91, p<0.01$)之间均存在正向相关。这与理论预期一致,说明:① 辩证领导行为与变革型领导行为是不同的构念;② 辩证领导行为与领导有效性之间存在较强的正相关关系。

表 5-4 辩证领导行为、变革型领导行为、领导有效性均值、标准差及相关系数

	M	SD	1.	2.	3.	4.
辩证领导行为	5.721	0.875	(0.960)			
变革型领导行为	5.599	0.942	0.540**	(0.955)		
领导有效性	5.754	1.008	0.534**	0.489**	(0.888)	
团队多样性	4.948	1.230	0.266**	0.304**	0.222**	(0.813)
辩证领导行为—调整后相关系数						
变革型领导行为—调整后相关系数			0.409**			
领导有效性—调整后相关系数			0.401**	0.343**		
团队多样性—调整后相关系数			0.057	0.105	0.000	

注:$N=256$,** $p<0.01$,括号内为 Cronbach's α 系数。

综合以上内容,本研究所开发出的 22 条目的辩证领导行为量表能够如实反映相关的概念,具有清晰的结构,内部维度有良好的区分效度,与相关概念的关系符合理论预期,因此可用于后续的研究。

本 章 小 结

通过一系列的研究,本章发现辩证领导行为的测量工具包含 6 个维度:适时调整、因材施教、权衡矛盾、恩威并施、注重协调、整体管理。进一步的 EFA 和 CFA 的分析表明,这一测量工具具有稳定的因子结构。同时,该测量工具的信度很好,与已有的领导行为测量工具,如变革型领导具有一定的区分效度,也与领导有效性具有一定的相关性,说明该测量工具也有一定的效标关联效度。这一测量工具的开发,为后续定量研究辩证领导行为对企业绩效、团队的管理效果等结果变量的影响奠定了基础。

第六章 CEO 的辩证领导行为及对企业绩效的影响

有了一定信度和效度的测量工具，下面的问题就是验证辩证领导行为对企业绩效的影响作用。正如上文提到的，辩证领导行为是企业高层管理者的行为表现，因此，本章的目的是从 CEO 的角度探讨辩证领导行为的结果变量，我们希望回答下面两个问题：首先，作为公司最核心的战略领导，CEO 的辩证领导行为能否有效提升企业绩效？其次，CEO 的辩证领导行为对企业绩效的影响作用是否因企业特征和企业环境因素不同而异？本章采用实证研究的方法，用 CEO 主观评价的企业绩效数据和高管团队汇报的企业客观绩效数据验证 CEO 的辩证领导行为对企业绩效的作用，以及这一影响作用的边界条件。

第一节 CEO 的辩证领导行为与企业绩效

一、理论背景与研究假设

企业所处的环境是"存在于组织边界之外的所有要素之和"，这些要素对组织的部分与整体都有着潜在的影响(Daft & Weick，1984)。当企业面临着一种高度动态的竞争格局时更是如此。其特点是战略的不连贯性、非均衡、超强竞争、创新和持续学习(Hitt et al.，1998)。环境中又存在诸多悖论，许多看似相反、实则内部关联的要素，使企业管理者面临的环境愈发复杂。一个有效的领导者必须具备扮演好多元化甚至相互矛盾角色的能力(Hooijberg & Quinn,

1992)。由于"有限理性"对个体认知能力的限制(Simon,1976),环境的快速变化及环境中的悖论,都挑战着企业高层管理者对环境的认知能力和理解程度。对变化的迅速感知、对矛盾的全面分析,增加了 CEO 处理和解释信息的难度。在复杂而又动态的格局下,企业能否迅速而有效地做出战略选择决定了其生存发展能力及企业的整体绩效,根本上来讲,尤其取决于企业领导者对环境的关注、分析和解读能力。

根据高层梯队理论,企业战略决策是由企业的高层决策者做出的。企业领导者的管理认知(Managerial Cognition)影响着企业战略行动的有效性(Nadkarni & Narayanan,2007)。领导者对环境中信息扫描、理解程度影响其战略决策,对企业绩效具有至关重要的影响。由于认知惯性,如果企业 CEO 的注意力过于集中化,企业的战略选择会难以超越固有战略模式的约束。因此,CEO 需要不断保持对新信息的高度关注,从环境中获取和补充新知识,更新企业的战略实践(Reger & Palmer,1996)。有研究指出,在高度竞争的环境中,企业领导者能够关注到的信息越多,企业对于环境的适应性越强(尚航标和黄培伦,2010)。我们认为,CEO 高水平的辩证领导行为有助于提高企业绩效,具体原因如下:

首先,从"变化"的角度,企业时刻都面临各方面的变化,有效适应环境变化的关键,在于在有限的时间中,领导者能够迅速、准确和有效地扫描到与企业发展相关的信息。根据管理认知理论,战略管理者通过信息扫描、理解和诊断,最终形成战略选择。在快速变化的环境中,CEO 需要迅速识别、判断哪些变化可能会给企业造成影响,哪些因素会构成机会或危险,从而进行针对性的战略调整,确定恰当的战略规划,及时调整企业内、外部的资源分配。CEO 的辩证领导行为会经常评估环境的变化给本企业带来的机遇或威胁,根据企业内、外部环境的变化及时调整发展战略,从而避免认知惯性,防止企业陷入战略僵化。CEO 根据企业未来的前景和所了解的信息,对企业发展有影响的变化因素进行信息扫描、解释和分析,从而对企业发展方向进行准确的评估,推动企业及时采取实际行动,调整自身的目标和战略,从而使企业与环境的变化相适应。

其次,从"联系"的角度,鉴于 CEO 认知资源的有限性,个体所面临的信息往往远超过他们所能全面理解的程度(Cyert et al.,1992)。由于 CEO 身处组织金字塔结构的顶尖位置,CEO 自身发现和关注到的信息会引领整个高管团队对信息的关注和理解,进而影响到整个企业的战略选择和资源分配。CEO 根据环境的需求调整企业战略时,会推动企业的部门、环节,以及管理人员都对环境中的变化信号进行关注,对环境中的矛盾信息进行全面分析,进而在分配资金和人力资源时,也会考虑企业的整体布局。CEO 的辩证领导行为会促使组织的各个部门和环节形成整体,带领高管人员和所有员工都参与到更为全面地关注环境变化信息,更加辩证地分析利弊因素的过程中,克服个体对于环境认知的偏见,避免组织陷入片面信息带来的认知凝滞和行为僵化;另外,辩证领导行为会推动企业战略决策者更快速识别影响企业运作和发展方向的重要变化,进而带领企业制定恰当的应对策略,从而提高企业对环境变化的反应速度和适应力,最终对企业绩效产生积极的影响。

最后,从"矛盾"的角度,由于组织内外部环境变幻无常、复杂、模糊而又有歧义(McKenna et al.,2009),有效的领导行为必须能够应对不同情境的需求采用最适合的行为,因而具有行为复杂性。在不同的情境中采用不同的行为选择,才能够提高领导有效性,进而推进组织绩效(Denison et al.,1995;Hart & Quinn,1993;Hooijberg & Quinn,1992)。企业所处的环境中充斥着看似相反、实则内部关联的诸多因素(Denison et al.,1995)。领导行为是否有效的本质在于处于领导位置者是否具备有效区分信息和整合信息的能力(Blake & Mouton,1964)。管理认知驱动管理者的行为选择,其认知结构中的"差别性"是指战略决策者对于环境、战略、组织和绩效等概念的多样化程度。"一体性"则是概念间的联系程度。CEO 的辩证领导行为能够有效地权衡矛盾,在制定企业发展战略时,兼顾短期利益和长期目标;推动企业稳定发展的同时推动变革和创新,将"差异化"与"一体化"整合起来。而辩证、全面地分析环境中的矛盾因素以及整合性的分析,有利于在企业战略层面将看似矛盾的因素进行整合统一,实现复杂性战略图式,增加企业战略决策的多样化,减少决策过程中的偏见。

综上,在边界越来越模糊的商业环境、产品、市场和竞争环境中(Nadkarni & Narayanan,2007),CEO 的辩证领导行为能够促使企业有效应对环境中的矛盾和变化。首先,高水平的辩证领导行为,使企业能更及时、准确地发现可能带来重大机遇或威胁的重要环境变化,并更加灵活、有效地推动企业进行适应性调整,保持与环境的匹配能力。其次,高水平的辩证领导行为能够平衡企业内、外部环境中的矛盾,通过恩威并施、刚柔相济的管理方式提高维持企业内部良性运作,有效实现组织目标;兼顾企业的短期利益和长期发展,保障企业资源投入到最有效率的方向上,从而避免把大量资源投入到已经过时、无法满足客户需求的产品或服务上,从而对企业绩效造成负面影响(Nerkar & Roberts,2004),从而积极地影响企业绩效。

相反,一个辩证领导水平较低的 CEO,鉴于对环境变化的忽视、信息的僵化,会对于企业内、外部环境发生的变化缺乏足够的了解。因此,企业可能会错过很多重要的发展时机,或者忽视许多可能威胁企业生存的潜在变化,这会导致组织惰性增强，不利于组织应对市场竞争。对于环境中的有利因素，容易做出不全面的估计，对于环境中的不利因素，则消极悲观；对于企业的短期利益和长期目标也难以做出有效权衡，或过于追求长期发展而"好高骛远"，或注重眼前利益而造成企业"短视行为"，因此在战略决策上顾此失彼。综上所述，我们提出假设：

假设1 CEO的辩证领导行为与企业绩效正相关。

二、实证研究

1. 程序和样本

本研究所用数据来自中国北方的一所大学商学院的EMBA学员，他们多在企业中担任高层管理者职位。根据该商学院记录的学员职位信息和电子邮件信息，我们给其中担任企业CEO的EMBA学员发送邮件，邀请他们参加我们的研究，并给他们发送了我们的问卷链接。此外，我们还要求CEO学员邀请其所在公司至少5位高管团队成员参与另一份问卷调查。在收到CEO学员提供的高管团队成员邮箱信息后，我们给这些高管团队成员发送了另一份问卷。整个问卷调查中，我们向参与者承诺问卷填答的保密性。此外，我们告知参与者填答情况不分对错，参与者可根据其主观意愿随时退出调查。

调查的第一阶段，我们共向280位CEO学员发出问卷和邀请，其中223位提供了有效回答（应答率为79.64%），219位提供了其所在公司的863位高管团队成员电子邮件信息。调查的第二阶段，我们向收集得到的863位高管团队成员发送问卷，收到了695份有效填答（应答率为80.53%）。经匹配，最终样本包含219位CEO与695位高管团队成员，平均每位CEO对应3.17位高管团队成员。

219家公司平均规模为1 406.85人（SD=12 351.05），平均存续了11.93年（SD=8.00）。CEO样本中79.70%为男性，84.20%接受了大学本科及以上教育，平均年龄为39.89岁（SD=5.59），平均担任CEO 7.16年（SD=4.88）。高管团队成员60.00%为男性，78.70%接受了本科及以上教育，平均年龄为36.58岁（SD=6.35），平均担任高管4.60年（SD=3.42）。

2. 变量测量

（1）CEO的辩证领导行为。我们运用第五章开发的22条目量表测量CEO的辩证领导行为。量表采用李克特式7点量表测量。在问卷中，我们要求高管团队成员评价他们公司CEO的辩证领导行为，量表各维度的信度系数分别为0.86、0.81、0.80、0.84、0.87、0.83，量表整体的信度系数为0.95。运用Mplus 8.40软件对辩证领导行为进行二阶验证性因子分析，结果发现，辩证领导行为量表各题项在对应维度上负载良好,且 6 个维度很好地负载在二阶因子上($\chi^2=$ 637.94,$df=203$;RMSEA$=0.06$;CFI$=0.95$;TLI$=0.95$;SRMR$=0.04$),因此我们将各高管团队评价的 CEO 辩证领导行为取平均值进行后续的分析。

(2) 企业绩效。我们采用了 Li & Atuahene-Gima(2001)的 9 条目量表测量企业绩效。CEO 们被要求评价"相对于主要竞争对手,我们公司的投资回报率、销售回报率、利润增长率、资产回报率、总体运营效率、销售增长、市场份额增长、市场运营现金流和公司整体的声誉表现如何"。测量同样采用李克特 7 点量表,其中 1 代表"差",7 代表"好"。量表的信度系数为 0.88。需要说明的是,这些公司多数属于非上市公司,故无法获取公开、客观的企业绩效数据。为进一步确认 CEO 评价的企业绩效的效度,我们向 43 位企业 CEO 发放问卷,要求 CEO 主观评价企业绩效,并同时要求其所在公司财务负责人汇报过去三年公司在研发投入、市场份额、利润三个方面增长的实际情况(Zhang & Han,2019)。结果发现,主观评价与这些客观财务数据的相关系数显著($r=0.32$,$p=0.035<0.05$),表明本研究使用的 CEO 评价的企业绩效在测量上有较好的效度。

(3) 控制变量。在后续的分析中,我们控制了 CEO 的年龄、性别(0=男,1=女)、受教育水平(1=初中或以下,2=中专,3=高中,4=大专,5=大学本科,6=硕士,7=博士)、职位年资(担任 CEO 的时长)。此外,为了减少来自公司特性造成的影响,我们还控制了企业规模(取企业雇员人数的常用对数值)和企业年龄(由参与调查时年份减去企业成立时年份计算得到)两个变量。

3. 描述性统计结果

均值、均方差和变量间相关系数如表 6-1 所示,可以看出,CEO 的辩证领导行为和企业绩效显著正相关($r=0.30$,$p<0.001$),为假设 1 提供了初步支撑。

表 6-1 **CEO 的辩证领导行为与企业绩效等变量的均值、标准差与相关系数**

变量名	M	SD	1	2	3	4	5	6	7
CEO 的年龄	39.89	5.59							
CEO 的性别	0.20	0.40	−0.09						
CEO 的受教育水平	5.14	0.92	−0.10	0.09					
CEO 的职位年资	7.16	4.88	0.55**	−0.12	−0.21**				
企业年龄	11.93	8.00	0.37**	−0.06	−0.05	0.31**			
企业规模	2.10	0.67	0.06	−0.09	−0.08	0.02	0.37**		
CEO 的辩证领导行为	6.11	0.48	−0.10	−0.05	−0.04	−0.12	−0.02	0.03	
企业绩效	5.32	0.75	0.00	−0.09	−0.01	0.02	0.13	0.11	0.30**

注:$N=219$,* 为 $p<0.05$,** 为 $p<0.01$。

4. 假设检验

为了检验 CEO 的辩证领导行为对企业绩效的影响,我们对数据进行回归分析,回归系数如表 6-2 所示。假设 1 预测 CEO 的辩证领导行为和企业绩效之间正相关。如表 6-2 中模型 2,CEO 的辩证领导行为对企业绩效的回归系数显著为正($b=0.49$,SE$=0.10$,$p<0.001$),假设 1 得到了支持。

表 6-2 CEO 的辩证领导行为对企业绩效的影响

	模型 1		模型 2		模型 3		模型 4		模型 5	
	b	SE	b	SE	b	SE	b	SE	b	SE
常数项	5.40	0.53	2.24	0.84	2.15	0.85	2.77	0.82	2.15	0.85
CEO 的年龄	−0.01	0.01	−0.01	0.01	−0.01	0.01	−0.01	0.01	−0.01	0.01
CEO 的性别	−0.18	0.13	−0.15	0.12	−0.14	0.12	−0.13	0.12	−0.14	0.12
CEO 的受教育水平	0.00	0.06	0.01	0.05	0.01	0.05	0.00	0.05	0.01	0.05
CEO 的职位年资	0.00	0.01	0.01	0.01	0.01	0.01	0.01	0.01	0.01	0.01
企业年龄	0.01	0.01	0.01	0.01	0.01	0.01	0.01	0.01	0.01	0.01
企业规模	0.06	0.08	0.06	0.08	0.06	0.08	0.06	0.08	0.06	0.08
CEO 的 DL			0.49***	0.10	0.41*	0.17			0.41*	0.17
CEO 的 TFL					0.09	0.17	0.42***	0.10	0.09	0.17
F 值	1.25		4.44***		3.91***		3.58**		3.91***	
R^2	0.03		0.13		0.13		0.11		0.13	
R^2 变化			0.10***		0.00		0.08***		0.02*	

注:$N=219$,* 为 $p<0.05$,** 为 $p<0.01$,*** 为 $p<0.001$,"DL" 为辩证领导行为,"TFL" 为变革型领导行为。

5. 补充分析

为了更进一步检验 CEO 的辩证领导行为对企业绩效的影响,我们还控制了 CEO 的变革型领导行为对企业绩效的影响。具体做法是将 CEO 的辩证领导行为和 CEO 的变革型领导行为依次放入对企业绩效的回归模型中,观察其回归系数的变化。CEO 的变革型领导行为采用 Chen & Farh(1999)开发的 23 条目量表进行测量,量表的信度系数为 0.96。如表 6-2 中模型 3 所示,在放入 CEO 的变革型领导行为之后,CEO 的辩证领导行为的回归系数仍然显著为正($b=0.41$,SE$=0.17$,$p=0.018<0.05$)。然而,在 CEO 的变革型领导行为之后将 CEO 的辩证领导行为放入回归模型之后,CEO 的变革型领导行为的回归系数变得不再显著(模型 4:放入 CEO 的辩证领导行为之前,$b=0.42$,SE$=0.10$,$p<0.001$;模型 5:放入 CEO 的辩证领导行为之后,$b=0.09$,SE$=0.17$,$p=0.584$),表明 CEO 的辩证领导行为对企业绩效的预测效果超越了 CEO 的变革型领导行为对企业绩效的预测效果。

第二节　CEO 的辩证领导行为与企业绩效：
管理自主性的调节作用

我们探讨了 CEO 的辩证领导行为对企业绩效的影响作用,这种影响作用是否有边界条件,是否受企业内部及外在条件的影响? 本节的研究目的就是探讨辩证领导行为在什么样的条件下,对企业绩效影响的效果更好。

一、组织自身特征的调节作用

本节讨论 CEO 的辩证领导行为影响企业绩效的边界条件,即 CEO 的辩证领导行为对企业绩效的影响会被哪些因素削弱或增强。本研究主要基于高层梯队理论中关于管理自主权的视角分析 CEO 的辩证领导行为影响企业绩效的边界条件。我们将分别从组织特征和环境特征两个角度分析限制管理自主权的因素和它们对辩证领导行为和公司绩效的调节作用。

组织自身特征会影响管理者的自主权(Hambrick & Finkelstein, 1987),其中最重要的是组织惯性。组织惯性代表了企业在运作中无力迅速地进行根本性的变革以适应变化的程度(Hannan & Freeman, 1977),它极大地决定着企业的运作模式、方向和命运,妨碍了管理者在组织内部的自由选择和行动权,减少了对关键领域实施变革的弹性(Finkelstein & Hambrick, 1990)。当组织惯性强时,公司发展方向和行动的选择往往由已经形成的惯性决定,此时 CEO 的自身行为的影响力会受到组织本身形成的体系的限制(Hambrick, 2007),对企业结果的影响会被弱化。当组织惯性低时,CEO 的管理自主权水平高,在企业中就会有更大的影响力,企业的决策和行动都会更多地受到他们的个人特征和行为的影响,因此管理自主权往往会强化高层管理者的特征和行为与企业结果之间的关系(Finkelstein & Boyd, 1998; Finkelstein & Hambrick, 1990; Hambrick, 2007)。

已有研究也表明,企业规模和企业年龄是影响组织惯性的重要指标(Audia & Greve, 2006)。一般而言,规模越大、成立年限越久的企业组织惯性越大,因为规模大、年限久的企业已经建立了成熟的组织结构,包括明确的管理层级和运作流程等。这种成熟的体系在维持企业有效运转的同时也使得企业难以展开根本性改变(Gavetti & Levinthal, 2000; Hannan & Freeman, 1977)。随着组织规模的增大和寿命的延长,这种惯性约束会降低管理者对组织实施改变的自由度,因为这类企业已经在规模扩大和寿命变长的过程中,构建起特有的惯例规范和科层式的结构;随着组织惯性的增大,管理者只会越来越认同和维护组织长久建立起来的这些规则和结构,而不愿意去打破这些惯例的约束(Nelson & Winter, 1982)。相反,当高层管理者的管理自主权受到限制时,其个人特点和领导行为对企业所能发挥的影响也会受到限制。Li & Tang(2010)研究也证实了企业规模和企业年龄弱化 CEO 的傲慢行为与企业的冒险行为之间的关系。基于这一理论,我们认为管理自主权也会调节 CEO 的辩证领导行为与企业结果之间的关系。具体而言,企业规模和企业年龄的增加会强化 CEO 的辩证领导行为对企业结果的影响。

假设 2a 企业规模会弱化 CEO 的辩证领导行为对企业绩效的正向作用。

假设 2b 企业年龄会弱化 CEO 的辩证领导行为对企业绩效的正向作用。

二、环境特征的调节作用

除了组织特征,管理自主权还受到环境因素的影响。许多研究将环境视作影响企业绩效的重要情境因素,并采用不同方式刻画企业所处的环境特征,其中最为常用的一个维度是环境动态性(Jansen et al., 2005)。环境动态性代表企业所处环境变化的速度和宽度(Dess & Beard, 1984),描绘了企业所处的外部环境动态与不可预测的程度(Miller & Friesen, 1983)。环境动态性是一个多维度的概念,本研究借鉴 Kessler & Bierly(2002)等的研究,从技术发展和市场需求动态性这两个维度入手研究环境动态性。市场需求动态性是指顾客构成和顾客偏好的变化速度的快慢(Jaworski & Kohli, 1993),而技术发展动态性维度是新产品技术发展的变化速度的快慢(Glazer & Weiss, 1993; Jaworski & Kohli, 1993)。

当企业所处的环境动态性低时,由于市场需求和技术更新缓慢,企业面临的问题多为结构性的问题,此时客户偏好和竞争者行为等因素处于相对稳定、可预测的状态,企业在组织惯性的作用下,只需依照既有战略进行常规化运行,也能对市场状况做出相对准确的把握,这种情况下 CEO 的管理自主权会被削弱,因而 CEO 的辩证领导行为对企业绩效的影响被相对削弱。当企业面临的环境动态性高的时候,由于市场、技术、竞争对手的持续变化,企业面临不同的战略和行动选项,一般的决策者很难准确把握环境变化的速度和方向,难以进行及时有效的战略调整。企业面临诸多非结构性、非日常化的问题,战略选项的自由度也相应增加。在这种情况下 CEO 的管理自主权会被加强。根据高阶梯队理论,当外部环境的不确定性较高时,高层管理者对组织结果的预测程度更强(Carpenter et al., 2004)。这是由于企业在实现特定目标时往往面临不同的战略和行动选项,因此目标与行动之间存在较高的模糊性,这种情况下会强化 CEO 的管理自主权。同样,在动态性程度高的环境中,CEO 的辩证领导行为对变化中的市场和技术信息保持高度敏感与全面关注,因此能够对市场动向做出更为快速的诊断,从而引导企业及时调整战略,促进企业的绩效提升。

综合以上论述,在高动态性的环境中,企业会更多受到时间的限制以及竞争压力影响,需要对外部环境做出快速反应并在多重方案中做出权衡决策,因此需要 CEO 的辩证领导行为去高效率地扫描和分析有效信息,对环境做出适应性的改变和调整,对企业绩效的正向作用会被加强。在低环境动态性条件下,企业对于外部环境变化的适应性需求较低,决策和行为倾向于可预测及流程化,企业绩效受益于 CEO 的辩证领导行为的程度降低,这一作用被削弱。基于此,我们提出假设:

假设 3 环境动态性会强化 CEO 的辩证领导行为对企业绩效的正向作用。

三、实证研究

1. 程序和样本

运用本章第一节实证研究所收集的数据,我们验证了假设 2 和假设 3。

2. 变量测量

环境动态性。环境动态性衡量了环境改变的速率和不稳定程度(Dess & Beard, 1984)。原始量表(Schilke, 2014)包括 5 道题目,包括"所在行业的产品/服务模式经常发生重大变化""面临的行业要求一直在变"等。量表的信度系数为 0.84。

3. 假设检验结果

均值、标准差和变量间相关系数如表 6-3 所示。

表 6-3 CEO 的辩证领导行为、环境动态性、企业绩效等变量的均值、标准差与相关系数

变量名	M	SD	1	2	3	4	5	6	7	8
CEO 的年龄	39.89	5.59								
CEO 的性别	0.20	0.40	−0.09							
CEO 的受教育水平	5.14	0.92	−0.10	0.09						
CEO 的职位年资	7.16	4.88	0.55**	−0.12	−0.21**					
企业年龄	11.93	8.00	0.37**	−0.06	−0.05	0.31**				
企业规模	2.10	0.67	0.06	−0.09	−0.08	0.02	0.37**			
CEO 的辩证领导行为	6.11	0.48	−0.10	−0.05	−0.04	−0.12	−0.02	0.03		
环境动态性	4.63	1.23	−0.17*	0.02	0.11	−0.14*	−0.14*	0.01	0.13*	
企业绩效	5.32	0.75	0.00	−0.09	−0.01	0.02	0.13	0.11	0.30**	0.11

注:$N=219$,* 为 $p<0.05$,** 为 $p<0.01$。

假设 2a、假设 2b 和假设 3 预测了企业规模、企业年龄、环境动态性对辩证领导行为与企业绩效之间关系的调节作用。在回归分析前我们将 CEO 的辩证领导行为与企业规模、企业年龄及环境动态性进行了中心化处理(Aiken et al.,1991),并将中心化后的变量相乘得到交互项,回归方程结果如表 6-4 所示。

表 6-4　企业规模、企业年龄和环境动态性的调节作用

	企业绩效					
	模型 1		模型 2		模型 3	
常数项	4.79	1.14	4.77	1.12	4.79	1.12
CEO 的年龄	−0.01	0.01	−0.01	0.01	−0.01	0.01
CEO 的性别	−0.15	0.12	−0.14	0.12	−0.14	0.12
CEO 的受教育水平	0.00	0.05	0.01	0.05	−0.01	0.05
CEO 的职位年资	0.00	0.01	0.00	0.01	0.00	0.01
企业年龄	0.01	0.01	0.01	0.01	0.01	0.01
企业规模	0.07	0.08	0.06	0.08	0.05	0.08
CEO 的 DL	0.40*	0.17	0.41*	0.18	0.38*	0.17
CEO 的 TFL	0.10	0.17	0.10	0.17	0.10	0.17
交互项 1	−0.02	0.01				
交互项 2			−0.01	0.17		
环境动态性					0.03	0.04
交互项 3					0.23**	0.09
F 值	3.64***		3.46**		4.10***	
R^2	0.14		0.13		0.17	

注:$N=219$,* 为 $p<0.05$,** 为 $p<0.01$,*** 为 $p<0.001$,"DL"为辩证领导行为,"TFL"为变革型领导行为,"交互项 1"为辩证领导行为与企业年龄的交互,"交互项 2"为辩证领导行为与企业规模的交互,"交互项 3"为辩证领导行为与环境动态性的交互。

结果表明,企业年龄的调节作用不显著($b=-0.02$,SE$=0.01$,$p=0.235$),企业规模的调节作用不显著($b=-0.01$,SE$=0.17$,$p=0.951$),环境动态性的调节作用显著($b=0.23$,SE$=0.09$,$p=0.008$)。进一步,为了进一步检验环境动态性的调节作用是否与假设相一致,根据 Aiken et al.(1991)的方法,我们分别在高于和低于均值一个标准差的水平下画出辩证领导行为与企业绩效的关系,如图 6-1 所示。当环境动态性高时,CEO 的辩证领导行为与企业绩效之间的关系显著为正($b=0.67$,SE$=0.20$,$p<0.001$);当环境动态性低时,CEO 的辩证领导行为与企业绩效之间不显著相关($b=0.09$,SE$=0.20$,

$p=0.659$)。假设 3 得到支持。

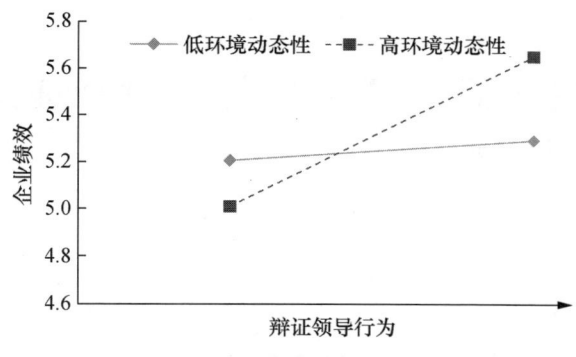

图 6-1 环境动态性的调节作用

本 章 小 结

基于高阶梯队理论,我们假设 CEO 的辩证领导行为能正向预测企业绩效。通过实证研究,我们发现 CEO 的辩证领导行为不仅与企业绩效显著正相关,而且其对企业绩效的预测效果还超出了以往研究中最为关注的战略领导行为——CEO 的变革型领导行为。

除此之外,我们发现,相较于稳定的企业环境,当环境更为动态时,CEO 的辩证领导行为对企业绩效的正向影响更为强烈。这符合本书推出和开发辩证领导行为这一构念的初衷,辩证领导行为确实能帮助组织在动态的外部环境中取得更好的绩效表现。

然而,与我们假设企业规模与企业年龄会削弱 CEO 的辩证领导行为对企业绩效的正向影响不一致的是,企业规模的调节作用并未在本章的实证数据中得到支持。原因可能包括,本章的实证研究中涉及的企业年龄偏小,而企业规模方差太大,在后续的研究中可以在抽取样本方面有效规避并进一步研究探讨。

第七章 CEO 的辩证领导行为对企业绩效影响的机制

CEO 的辩证领导行为对企业的绩效具有直接的影响作用,那么这种影响作用是如何产生的呢？本章的研究目的是探讨 CEO 的辩证领导行为对企业绩效的影响机制。具体而言,作为组织最核心的领导者,我们认为,CEO 的辩证领导行为将通过影响企业管理结构、企业战略、高管团队的行为三个方面对企业施加影响,进而提升企业绩效。对这些问题的探讨不但有利于从理论上理解 CEO 的辩证领导行为对企业绩效的影响机制,同时也能从实践的角度为企业 CEO 提升自己的辩证领导行为提供参考建议。

第一节 CEO 的辩证领导行为与企业绩效：组织双元性的中介作用

一、理论背景与研究假设

Duncan(1976)首先提出组织双元性的概念,他认为,组织处于"二元结构"(Dual Structure)中,组织任务就是在环境冲突的需求中不断做出权衡取舍(Trade-off),伴随组织的发展,权衡取舍永不终止。组织双元性代表企业既能够充分利用和挖掘现有资源以保持日常管理和运作效率,同时又投入和开发新资源展开探索性行为,从而保证企业能够灵活地适应变化,保持持续发展(Duncan,1976；Levinthal & March,1993；O'Reilly & Tushman,2013)。诸多组织管理文献不断证实,动态环境中的成功组织必须具有双元性特征：不仅在今天保持足够的高效,对于明日未知的挑战也可以充分适应(Gibson & Birkinshaw,2004)。组织双元性的概念基础源于对环境复杂性的假定,即组织面临的任务环境在很大程度上是具有矛盾性的,比如,对既有还是未来的项目进行投资,采用差异化战略还是低成本战略等。一个组织双元性水平高的企业,必须能够调和好内部冲突以及环境悖论(Raisch & Birkinshaw,2008)。笔者认为,辩证领导行为对于环境需求的冲突具有良好的权衡取舍能力,同时具有根据环境变化灵活引导企业调整资源的能力,从而提高组织的双元性。

组织资源的分配需要不断进行战略和资源调整。既充分利用现有竞争力,又能开发新机会,组织才具有高度的灵活性(Duncan,1976)。根据管理认知理论,领导者的认知复杂性会驱动其行为复杂性,对于情境中的冲突具有差异化和整合两种管理过程。差异化即认知到并阐释清楚对立的两个战略差异；整合是将对立面进行转化分析的能力,以及判断出潜在联系的过程(Smith & Tushman,2005)。CEO 的辩证领导行为呈现更多的角色复杂性,既关注企业的短期利益又关注企业的长期发展,并根据企业内、外部环境的变化及时调整企业战略,因此能够根据不同的情境要求选择和调整。这种认知和行为上的复杂性,尤其有利于领导者有效应对矛盾冲突性的情境,使得企业在探索型行为和利用型行为之间保持动态平衡。

我们认为,辩证领导行为有利于提高组织的双元性。具体而言,以往研究对组织双元性进行了分类,包括结构双元性(Structural Ambidexterity)、时序双元性(Temporal Ambidexterity)(O'Reilly III & Tushman,2008)和情境双元性(Contextual Ambidexterity)(Gibson & Birkinshaw,2004)。结构双元性是指企业内部设立相对独立的单元,一些单元专注于利用型行为,另一些单元则专注于探索型行为(Duncan,1976),以此保证企业同时在利用和探索方面保持投入。时序双元性认为企业无须始终同时在利用和探索两方面都保持大量的投入,而是依据企业内、外部具体情况的变化,调整资源的倾斜,在长期形成利用型行为和探索型行为的动态平衡,保证企业在两个方面都有足够的投入(O'Reilly III & Tushman,2008)。情境双元性则强调,要鼓励和授权组织中的员工去判断环境的不同要求,分配资源到探索型行为和利用型行为,以达成平衡(Duncan,1976；McDonough & Leifer,1983)。

首先,基于"矛盾"的原则,CEO 的辩证领导行为通过差异化认知,清晰鉴定出现有产品的优势和缺陷,辨析出需要创新和改进的方面,推动新的市场、竞争力和机会进入议事日程,同时不损害现有产品优势的持续开发(Dutton &

Jackson，1987；Denison et al.，1995）。面对开发型行为和利用型行为的冲突情境，CEO 的辩证领导行为通过整合性认知，清晰地认识到两种看似相反的战略其实内部具有一致性，互相支持（Smith & Tushman，2005）甚至互相加强（现有产品和新产品），并使两种行为之间形成协同效应（Smith & Tushman，2005）。两种行为的动态平衡对于实现企业长期发展目标非常有利。辩证领导行为不会在需求冲突的情境中顾此失彼，有利于企业在两种行为之间达成平衡，提高组织的结构双元性。其次，基于"联系"的原则，作为组织中权力的最高层，企业高层管理者特别是 CEO 深刻影响资源的恰当分配以及调整的有效性。CEO 的辩证领导行为会通过"注重协调"和"整体管理"，推动企业各部门和单元的关联和协同合作，使得组织能够建构出一个有效情境，通过员工来真正实现企业的探索型行为和开发型行为的平衡，从而提高组织的情境双元性。最后，基于"变化"的原则，在不同市场条件下企业需要专注于利用型行为和开发型行为，以满足变化中的市场需求（Gupta et al.，2006）。行业环境也影响技术变革和公司的生命周期，需要组织不断调整，根据环境制定特定战略，来保持"组织—环境匹配"（Organization-Environment Fit）（Lei & Slocum，2005）。CEO 的辩证领导行为通过"适时调整"，及时地发现企业内、外部环境中发生的重要变化，特别有关组织双元性的变化，从而帮助企业对探索型行为和利用型行为两个方面的资源投入进行及时调整，使得资源在不同部门之间的合理流动和平衡，进而提高组织的时序双元性。

基于以上论述，我们提出以下假设：

假设 1 CEO 的辩证领导行为与企业的组织双元性正相关。

企业平衡利用型行为和探索型行为的能力是战略管理和组织行为学中备受关注的议题（Ghemawat & Ricart，1993；Holmqvist，2004；Van de Ven et al.，1999；Winter & Szulanski，2001）。提升组织双元性的关键在于有效地在利用型行为和探索型行为两个方面进行动态的资源分配，保证企业始终在两个方面投入的动态平衡。有效的利用型行为能够确保企业充分地发挥已有的资源和能力，但过多的利用型行为会导致组织惰性（Inertia）和战略上的保守主义（Conservatism）（Benner & Tushman，2002；Sull，1999）。Levinthal & March（1993）提出："一般情况下，沉溺于利用型行为的组织将面临被淘汰。"同样，探索型行为有利于企业构建未来的竞争力，适应未来的环境，但过度的探索型行为是"以今天的损失为代价，去过度追求明天的梦想"（Gibson & Birkinshaw，2004），使得企业投入无法从构建的新资源和能力中充分获益（Levinthal & March，1993）。因此，保持探索未来机会和现有资源的平衡开发，才能保持组织当前的有效运作和未来的发展潜力（Gupta et al.，2006），所以组织双元性对于企业的绩效具有积极的影响。在上述讨论中我们论证了辩证领导行为和公司绩效以及组织双元性之间的关系,结合此处分析,我们认为,CEO 的辩证领导行为会通过提升企业的组织双元性水平,进而对企业绩效产生积极的影响。

假设 2　企业的组织双元性中介了 CEO 的辩证领导行为与企业绩效之间的关系。

二、实证研究

1. 程序和样本

本研究所用数据来自中国北方的一所大学商学院领导力课程的 EMBA 学员。在上课之前,我们向注册了该课程的 225 位 CEO 学员发出问卷和邀请,其中 203 位提供了有效回答(应答率为 90.22%),188 位提供了其所在公司的 917 位高管团队成员电子邮件信息。调查的第二阶段,我们向收集得到的 917 位高管团队成员发送问卷,收到了 844 份有效填答(应答率为 92.04%)。经匹配,最终样本包含 188 位 CEO 与 844 位高管团队成员,平均每位 CEO 对应 4.49 位高管团队成员。

188 家公司平均规模为 1918.59 人($SD=1363.86$),平均存续了 12.12 年($SD=8.09$)。CEO 样本中 79.10% 为男性,83.20% 接受了大学本科及以上教育,平均年龄为 39.86 岁($SD=5.52$),担任 CEO 平均为 7.39 年($SD=4.91$)。高管团队成员 61.00% 为男性,78.10% 接受了本科及以上教育,平均年龄为 36.72 岁($SD=6.31$),担任高管平均为 4.84 年($SD=3.77$)。

2. 变量测量

(1) CEO 的辩证领导行为。我们运用第五章开发的 22 条目量表测量 CEO 的辩证领导行为。量表采用李克特式 7 点量表测量。在问卷中,我们要求高管团队成员评价他们公司 CEO 的辩证领导行为,量表整体的信度系数为 0.97。

(2) 企业的组织双元性。我们使用的组织双元性量表翻译来自(Lubatkin et al., 2006),包括探索(Exploration)和开发(Exploitation)两个维度,每个维度 6 道题目。探索维度的题目包括"强调打破固定思维,探索技术和产品创新""以开发新技术和产品的能力为成功的基础"等;开发维度的题目包括"努力提高质量、降低成本""深化与现有客户的联系和合作"等,这一变量由高管团队成员汇报。两个维度的 Cronbach's alpha 值分别为 0.93 和 0.93。之前的研究在如何将两个维度合并得到组织双元性方面存在不同的做法,例如,将两个维度中心化后求其乘积(Gibson & Birkinshaw, 2004),或者求两个维度得分差异的绝对值(He & Wong, 2004)等。本研究中,我们按照最新的文献(Heavey &

Simsek，2017；Mihalache et al.，2014；Mom et al.，2015；Mura et al.，2019）中使用的测量方法——中心化后取乘积对组织双元性进行测量。

（3）企业绩效。我们采用了 Li & Atuahene-Gima（2001）的 9 条目量表测量企业绩效。CEO 被要求评价"在过去三年中，相对于主要竞争对手，我们公司的投资回报率、销售回报率、利润增长率、资产回报率、总体运营效率、销售增长、市场份额增长、市场运营现金流和公司整体的声誉表现如何"。测量同样采用李克特 7 点量表，其中 1 代表"差"，7 代表"好"。量表的信度系数为 0.87。在上一章中我们也利用部分客观财务数据证明了，这些主观的企业绩效数据能够反映企业的绩效水平。

（4）控制变量。在后续的分析中，我们控制了 CEO 的年龄、性别（0＝男，1＝女）、受教育水平（1＝初中或以下，2＝中专，3＝高中，4＝大专，5＝大学本科，6＝硕士，7＝博士）、职位年资（担任 CEO 的时长）。此外，为了减少来自公司特性造成的影响，我们还控制了企业规模（取企业雇员人数的常用对数值）和企业年龄（由参与调查时年份减去企业成立时年份计算得到）两个变量。

3. 分析策略

由于研究模型中自变量与中介变量均由高管团队成员汇报，为降低共同方法偏差对数据结果的影响，本研究采用数据分割的方法对数据进行分析。具体操作方法为：将各 CEO 学员对应的高管团队成员提供的数据随机分成两半，其中一半用于 CEO 的辩证领导行为的测量，另一半用于企业的组织双元性的测量（Ostroff et al.，2002；Ou et al.，2014；Podsakoff et al.，2003）。

4. 假设检验结果

各变量的描述性统计结果（均值、方差与相关系数）如表 7-1 所示。本研究基于多元线性回归完成对各假设的验证。

本章假设 1 和假设 2 预测了企业的组织双元性中介了辩证领导行为与企业绩效之间的关系。具体地，假设 1 预测了辩证领导行为与组织双元性的正相关关系，而假设 2 进一步预测了组织双元性在辩证领导行为与企业绩效的关系中起中介作用。由相关系数表 7-1 可知，CEO 的辩证领导行为与组织双元性正相关（$r=0.30$，$p=0.022$），组织双元性与企业绩效显著正相关（$r=0.23$，$p=0.002$），为假设验证提供了初步支持。

表 7-1 各变量间均值、方差和相关系数

变量	M	SD	1	2	3	4	5	6	7	8
CEO 的年龄	39.86	5.52								
CEO 的性别	0.21	0.41	−0.16*							
CEO 的受教育水平	5.09	0.90	−0.07	0.03						
CEO 的职位年资	7.39	4.91	0.53**	−0.18*	−0.15*					
企业年龄	12.12	8.09	0.34**	−0.03	−0.06	0.27**				
企业规模	2.18	0.71	0.04	−0.06	−0.04	−0.06	0.35**			
CEO 的辩证领导行为	6.23	0.62	−0.11	0.00	0.05	−0.12	−0.01	−0.01		
组织双元性	32.00	4.72	−0.09	0.05	−0.10	−0.02	0.07	0.05	0.17*	
企业绩效	5.43	0.77	−0.06	0.01	0.03	−0.05	0.12	0.15*	0.17*	0.23**

注：$N=188$，* 为 $p<0.05$，** 为 $p<0.01$。

多元逐步回归结果如表 7-2 所示。CEO 的辩证领导行为对组织双元性的预测效果显著为正（$b=1.23$, $SE=0.56$, $p=0.029$），假设 1 得到支持。

为了检验中介作用，我们使用 Bootstrapping 的办法对中介效果进行了检验。重复抽样 5 000 次，Bootstrapping 结果显示组织双元性的中介作用显著（中介效应量$=0.04$，$SE=0.02$，95% $CI=[0.0063, 0.0962]$，置信区间不包含 0），因此，假设 2 得到支持。

表 7-2 组织双元性的中介作用

	组织双元性		企业绩效	
	b	SE	b	SE
常数项	3.16	5.14	3.00	0.88
CEO 的年龄	−0.11	0.08	−0.01	0.01
CEO 的性别	0.57	0.86	−0.01	0.13
CEO 的受教育水平	−0.57	0.38	0.05	0.06
CEO 的职位年资	0.03	0.09	0.00	0.01
企业年龄	0.06	0.05	0.01	0.01
企业规模	0.14	0.53	0.12	0.08
CEO 的辩证领导行为	1.23*	0.56	0.19*	0.09
组织双元性			0.03*	0.01
F 值	1.60		2.77**	
R^2	0.06		0.11	

注：$N=188$，* 为 $p<0.05$，** 为 $p<0.01$。

第二节 CEO 的辩证领导行为与企业绩效：
企业战略柔性的中介作用

一、理论背景与研究假设

企业战略柔性是对公司绩效有重要影响的、对未预料到的环境变化有效调整的能力。它不仅包括对外部环境的被动适应，还包括企业主动调整以适应外部环境或对外部环境进行改变。Sanchez(1995)提出，战略柔性是公司为应对环境的变化，重新分配和配置组织资源的能力，包括资源柔性和协调柔性。资源柔性由资源的可替换性、转换成本和转换时间决定，反映公司能有效开发、制造、分配和销售差异化产品的程度；协调柔性是资源使用过程中各环节协调的难易程度，是为支持公司产品战略而对不同细分功能区和利益进行整合与重配。因此，战略柔性反映公司处理环境中非预期事件的动态管理能力。

高层梯队理论认为，CEO 通过定义愿景(Field of Vision)、选择性感知(Selective Perception)和形成解释(Interpretation)三个步骤来影响他们的战略选择过程，而这些认知和选择的步骤被定义为战略柔性的关键。CEO 的管理认知能力决定了其寻找信息的方式、扫描信息的宽度、对内外部环境的理解，以及依赖何种来源去获取信息。CEO 的视野、对市场的敏感性(Market-sensing Capacity)是战略柔性的关键。CEO 在企业战略决策过程中处于关键位置，为企业的战略方向承担最终责任。CEO 的认知特征与行为会直接对组织结构和文化产生影响，而组织结构和文化对企业柔性会有直接作用。CEO 的辩证领导行为会及时关注和认识到环境中的变化，会根据市场的新机遇、竞争者的动作，及时调整本公司的竞争姿态和资源配置，从而提高组织的战略柔性。相反，CEO 的辩证领导行为低的领导者未能及时注意到环境的变化，也就不能对公司的战略行动做出适应性的调整(Lant et al., 1992)。

管理认知理论认为，管理者的理性是有限的，环境的变化并不能引起相应的组织变化，除非企业管理者认识到了这些变化(Fahey & Narayanan, 1989)。基于多元化认知的复杂性战略图式(Strategic Shema)可以推动战略柔性的产生。企业面临的信息超载和浩大的信息网络，要求企业领导者能够对信息进行全面的讨论和确认，减少犯选择性偏见错误的可能，而偏见的减少能改善战略柔性。CEO 的辩证领导行为通过更广泛的信息扫描、快速的诊断、对于不同战略路径的权衡，减少了战略决策过程中的两个主要偏差——折扣偏差(Discounting)和认知惰性(Cognitive Inertia)，从而提升企业的战略柔性。折扣偏差是指当管理者对于特定事件的狭隘归因,会忽略重要的环境变量,代表实际环境状况与战略认知的差距。在快速变化的行业中,CEO 的辩证领导行为对于环境的快速扫描和全面诊断会促使企业快速地对环境进行识别和回应,从而减少真实环境与管理认知之间的差距(Bogner & Barr, 2000)。

在组织进行战略诊断和选择时,CEO 的辩证领导行为会推动组织快速吸收与环境相关的新知识,而多元化的知识和信息可以防止组织陷入认知惰性的影响(Lyles & Schwenk, 1992)。在战略问题上,复杂性认知会提高视角的多元化,对战略选择也会进行更广泛的讨论(Lant et al., 1992),从而减少认知惰性(Hodgkinson, 1997; Reger & Palmer, 1996)和角色限定行为(Miller & Chen, 1996),这两者会抑制组织的战略柔性。我们认为,CEO 的辩证领导行为可以通过"权衡矛盾"推动企业资源的分化和配置,提高资源柔性;并通过"注重协调"不断优化企业各部门之间的衔接,以及"整体管理"优化分配资金、人力等资源时考虑企业的整体布局,也就是提高了企业的协调柔性,从而对企业的战略柔性有正向作用。简言之,CEO 的辩证领导行为通过提高组织对环境变化的意识和吸收能力克服认知惰性,采取多元化视角和丰富逻辑,提高组织的战略柔性(Bahrami, 1992; Calori et al., 2000; Volberda, 1999)。基于此,我们提出如下假设:

假设 3 CEO 的辩证领导行为与企业的战略柔性正相关。

企业战略柔性是企业识别外部环境变化、在应对变化的行为和行动中快速地投入资源以及自如地投放资源的能力。它不仅是企业对外部环境的被动适应,而且包含企业能够以行动改变组织环境的能力。战略柔性是一个复杂的有机系统,为达到管理风险或不确定性的目的,战略柔性同时具备资源柔性和协调柔性两个基本竞争要素。资源柔性是由资源本身属性所决定的,资源柔性的提高拓宽了资源的可被利用范围,缩短了资源从一种用途转变到另一种用途所花费的时间。协调柔性则有利于企业资源整合和优化配置,使得企业内外部资源可以更好地适应快速多变环境的能力。在激烈而多变的市场环境中,随着顾客需求日益多样化,竞争激烈程度加强,战略柔性可以使企业在转换已有资源用途时节省大量的时间,缩减人力和财务成本,帮助企业迅速抓住市场机会,通过对资源的整合,实现快速廉价的资源转换,迅速实现战略变化的目标,完成战略变化,进而获取新的竞争优势,实现企业绩效的持续稳定的增长。已有许多文献证实,增强企业的战略柔性会显著提高企业的绩效水平(Sanchez, 1995; Evans, 1991)。因此,结合以上分析,我们提出以下假设:

假设 4 企业的战略柔性中介了 CEO 的辩证领导行为与企业绩效之间的关系。

二、实证研究

1. 程序和样本

运用本章第一节实证研究所收集的数据,我们检验了假设 3 和假设 4。

2. 变量测量

企业的战略柔性反映了企业在利用资源和改变流程时的灵活性,量表包括 5 道题目(Nadkarni & Herrmann,2010),例如"公司的不同业务之间会分担成本、共享信息""公司经常改变战略和组织结构,以从外界环境的变化中受益"等。量表的 Cronbach's alpha 值为 0.90。

3. 分析策略

方法同上一节,为降低共同方法偏差对数据结果的影响,我们将高管团队成员提供的数据随机分成两半,其中一半用于 CEO 的辩证领导行为的测量,另一半用于企业的战略柔性的测量。

4. 假设检验结果

各变量的描述性统计结果(均值、方差与相关系数)如表 7-3 所示。本研究基于多元线性回归完成对各假设的验证。

本章假设 3 和假设 4 预测了企业的战略柔性中介了 CEO 的辩证领导行为与企业绩效之间的关系。具体地,假设 3 预测了 CEO 的辩证领导行为与企业的战略柔性的正相关关系,而假设 4 则进一步预测了企业的战略柔性在 CEO 的辩证领导行为与企业绩效的关系中起中介作用。由相关系数表 7-3 可知,CEO 的辩证领导行为与企业的战略柔性正相关($r=0.23$, $p=0.001$),企业的战略柔性与企业绩效显著正相关($r=0.18$, $p=0.011$),为假设验证提供了初步支持。

表 7-3 各变量间均值、方差和相关系数

变量	M	SD	1	2	3	4	5	6	7	8
CEO 的年龄	39.86	5.52								
CEO 的性别	0.21	0.41	−0.16*							
CEO 的受教育水平	5.09	0.90	−0.07	0.03						
CEO 的职位年资	7.39	4.91	0.53**	−0.18*	−0.15*					
企业年龄	12.12	8.09	0.34**	−0.03	−0.06	0.27**				
企业规模	2.18	0.71	0.04	−0.06	−0.04	−0.06	0.35**			
CEO 的辩证领导行为	6.23	0.62	−0.11	0.00	0.05	−0.12	−0.01	−0.01		
企业的战略柔性	6.40	0.60	−0.07	0.06	−0.08	−0.03	−0.01	−0.08	0.23**	
企业绩效	5.43	0.77	−0.06	0.01	0.03	−0.05	0.12	0.15*	0.17*	0.18*

注:$N=188$,* 为 $p<0.05$,** 为 $p<0.01$。

多元逐步回归结果如表7-4所示。CEO的辩证领导行为对企业的战略柔性的预测效果显著为正($b=0.21$, $SE=0.07$, $p=0.002$),假设3得到支持。

为了检验中介作用,我们使用Bootstrapping的办法对中介效果进行了检验。重复抽样5 000次,Bootstrapping结果显示企业的战略柔性的中介作用显著(中介效应量$=0.05$, $SE=0.02$, $95\% CI=[0.0107, 0.1113]$,置信区间不包含0),因此,假设4得到支持。

表7-4 企业的战略柔性的中介作用

	企业的战略柔性		企业绩效	
	b	SE	b	SE
常数项	5.80	0.64	2.69	0.98
CEO的年龄	−0.01	0.01	−0.01	0.01
CEO的性别	0.07	0.11	−0.01	0.13
CEO的受教育水平	−0.07	0.05	0.04	0.06
CEO的职位年资	0.00	0.01		0.01
企业年龄	0.00	0.01	0.01	0.01
企业规模	−0.09	0.07	0.15	0.08
CEO的辩证领导行为	0.21**	0.07	0.18	0.09
企业的战略柔性			0.21*	0.09
F值	2.10*		2.55*	
R^2	0.08		0.10	

注:$N=188$,*为$p<0.05$,**为$p<0.01$。

第三节 CEO的辩证领导行为与企业绩效:高管团队决策质量的中介作用

一、理论背景与研究假设

高管团队决策质量对于组织的有效运行起着至关重要的作用(Lin & Rababah, 2014)。关于其定义,高管团队决策质量刻画了高管团队所做的决策是否基于合理的假设和相对完备的信息,以及高管团队决策出的解决方案是否符合组织的战略、能否提升组织的运营效率(Carmeli & Schaubroeck, 2006)。高管团队决策质量是一个公司层面的变量,在以往的研究中,其被认为是能预测企业绩效的更近的变量(Amason, 1996; Carmeli & Schaubroeck, 2006)。在本研究中，我们认为高管团队决策质量可能会受到 CEO 的辩证领导行为的影响，并进而中介 CEO 的辩证领导行为与企业绩效之间的关系。

根据高阶梯队理论（Hambrick & Mason, 1984），高层管理者所做的决策与其认知框架相一致（Smith et al., 1994）。而社会信息处理理论认为，作为企业高层的领导者，CEO 的行为所发送的社会信号对高管的认知和行为产生了重要影响（Ou et al., 2014）。在本研究中，我们基于高阶梯队理论和社会信息处理理论提出 CEO 的辩证领导行为与高管团队的决策质量正向相关。

首先，CEO 可能扮演着高管团队的行为榜样（Graen & Scandura, 1987），引导高管团队理解和拥抱变化、矛盾和整体协调，以应对复杂的环境。由于辩证型 CEO 既关注眼前目标又看重未来的发展，既关注内部环境又着眼外部环境的变化，并且注重组织内部各部门、流程之间的整体协调和管理，高管团队很可能接收到一种社会信号，那就是他们必须全面地收集和扫描信息以在决策中最大化组织的利益。一旦来自各个渠道和方面的信息被纳入高管团队的视野之中，高管团队将能更好地做出决策。

其次，高水平辩证领导行为的 CEO 与高管团队互动的方式很可能影响高管团队成员对 CEO 行为信息的处理强度。高水平辩证领导行为的 CEO 对高管团队成员恩威并施，让高管团队成员一方面认为自己受到了关心，从而意识到自己应该用更多的努力去回馈；另一方面，高水平辩证领导行为的 CEO 展示出的威严能够让高管团队成员时刻警醒，并对 CEO 的要求保持密切关注。当高水平辩证领导行为的 CEO 对高管团队成员因材施教时，高管团队成员则有可能感受到自己被尊重，从而更加有动力去履行自己进行战略决策的职责（Srivastava et al., 2006）。无论是被激励还是警示，高水平辩证领导行为 CEO 的这些行为都将使得高管团队成员更加重视 CEO 的指示和要求，从而更可能将 CEO 的要求纳入他们的决策过程之中。

总而言之，CEO 的辩证领导行为能有效提高高管团队决策质量，原因在于与高水平辩证领导行为 CEO 共事的高管团队更可能去将不同的、变化的甚至矛盾的信息和目标纳入决策过程，并最终做出符合组织战略和利益的决策来。因此，我们假设：

假设 5 CEO 的辩证领导行为与高管团队决策质量正相关。

CEO 被看作组织最核心的战略领导（Jackson, 1992），其不仅有责任组建高管团队，还需要通过自身领导力和行为担当领导高管团队实现组织目标的职责（Cannella & Holcomb, 2005）。不少学者认为，探讨 CEO 与其余高管团队成员之间的互动过程将是对高阶梯队理论的一个补充（Cannella & Holcomb，2005；Hambrick，1994；Klimoski & Koles，2001）。

高管团队的行为或行为结果在 CEO 行为（或性格）对组织绩效的影响关系中的中介作用得到了高阶梯队理论研究者和社会信息处理理论框架的广泛支持（Ling et al.，2008；Oduor & Kilika，2018；Ou et al.，2014；Simsek，2007）。本研究中，我们认为高管团队决策质量中介了 CEO 的辩证领导行为对企业绩效的影响，核心原因在于高管团队质量代表了一个对 CEO 的行为有效的信息处理和应用结果。更具体而言，高水平辩证领导行为 CEO 领导下的高管团队成员将有可能接收到辩证思维的信号，在决策过程中广泛扫描和收集来自不同渠道的信息、做出更好的决策，而高质量的决策将带来更好的组织绩效。

关于高管团队决策质量和组织绩效之间的关系，高阶梯队理论表明高管团队的战略选择将很大程度上影响组织在行业中能否取得竞争优势（Talke et al.，2010）。作为从外界环境中获取信息的核心（Thompson et al.，2008），高管团队的决策对组织产生重要的影响。已有研究中多次验证了高管团队决策质量对企业绩效的正向影响。例如，Oduor & Kilika（2018）在他们的研究中发现高管团队决策质量显著地预测了服务业企业的绩效。他们认为高质量的高管团队决策意味着决策过程中有充足的信息，并且决策方案综合、详尽，能为组织带来好的财务绩效和服务质量。除此之外，Carmeli & Schaubroeck（2006）发现高管团队决策质量和组织衰退之间呈负相关关系，他们认为，高质量的高管团队决策能帮助组织适应环境变化并在复杂的环境中获得一席之地。

总结上述讨论，我们提出：

假设 6 高管团队决策质量在 CEO 的辩证领导行为与企业绩效之间具有中介作用。

二、实证研究

1. 程序和样本

本研究所用数据来自北京某大学商学院的 EMBA 学员。问卷调查的第一阶段，研究人员邀请了 CEO 学员参与问卷调查。其中，CEO 本人需要评价所在公司高管团队的决策质量和企业在过去三年的绩效表现。此外，同意参与调查研究的 CEO 学员还需邀请所在公司财务负责人和其他至少 4 位高管团队成员参与问卷调查。问卷调查的第二阶段，收到公司财务负责人和其他高管团队成员的电子邮件信息之后，研究人员分别向他们发送电子邮件，要求公司财务负责人评价公司在过去三年的绩效表现，要求其他高管团队成员评价公司 CEO 的辩证领导行为。整个调查过程中，研究人员严格向参与者承诺了问卷数据的保密性和匿名性，参与者可根据个人主观意愿随时退出调查。

研究人员共向 103 位注册该校 EMBA 项目的 CEO 学员发出邀请，87 位 CEO 学员提供了有效填答（应答率为 84.47%），其中，81 位 CEO 学员提供了所在公司财务负责人的电子邮件信息和 304 位其他高管团队成员的电子邮件信息。问卷调查的第二阶段，73 位公司财务负责人和 266 位其他高管团队成员提供了有效填答（应答率分别为 90.12% 和 87.50%）。经匹配，最终样本包含 70 位 CEO、70 位公司财务负责人和 244 位其他高管团队成员。

70 家公司平均规模为 4 319.01 人（SD=22 249.48），平均存续了 13.36 年（SD=10.79）。CEO 样本中 82.90% 为男性，91.40% 接受了大学本科及以上教育，平均年龄为 39.37 岁（SD=5.18），平均担任 CEO 为 7.15 年（SD=4.69）。公司财务负责人中 53.90% 为男性，81.60% 接受了大学本科及以上教育，平均担任财务负责人为 5.39 年（SD=4.68）。其他高管团队成员 65.60% 为男性，81.30% 接受了本科及以上教育，平均年龄为 36.90 岁（SD=6.20），平均担任高管为 4.73 年（SD=3.74），与其他高管共事平均为 4.33 年（SD=3.29）。

2. 变量测量

（1）CEO 的辩证领导行为。我们运用本书第五章开发的 22 条目量表测量 CEO 的辩证领导行为。量表采用李克特式 7 点量表测量。在问卷中，我们要求其他高管团队成员评价他们公司 CEO 的辩证领导行为，量表整体的信度系数为 0.97。

（2）高管团队决策质量。我们采用 Dooley & Fryxell（1999）开发的 6 条目量表来测量高管团队决策质量。CEO 们被要求评价他们带领的高管团队的决策质量，条目如"公司高管团队的决策是基于可以获得的最好的信息制定的"。量表的信度系数为 0.89。

（3）企业绩效。我们采用了 Li & Atuahene-Gima（2001）的 9 条目量表测量企业绩效。CEO 与公司财务负责人被要求评价"在过去三年中，相对于主要竞争对手，我们公司的投资回报率、销售回报率、利润增长率、资产回报率、总体运营效率、销售增长、市场份额增长、市场运营现金流和公司整体的声誉表现如何"。测量同样采用李克特 7 点量表，其中 1 代表"差"，7 代表"好"。量表的信度系数分别为0.93(公司财务负责人评估)和0.90(CEO本人评估)。

(4)控制变量。在后续的分析中,我们控制了CEO的年龄、性别(0=男,1=女)、受教育水平(1=初中或以下,2=中专,3=高中,4=大专,5=大学本科,6=硕士,7=博士)、职位年资(担任CEO的时长)、企业规模(取企业雇员人数的常用对数值)和企业年龄(由参与调查时年份减去企业成立时年份计算得到)。此外,我们还控制了高管团队成员任职高管的时长和与其他高管共事的平均时长。

3. 分析策略

由于研究模型中中介变量——高管团队决策质量为CEO评价,为避免共同方法偏差对数据结果的影响,本研究采用公司财务负责人评价的企业绩效作为因变量进行数据分析。经计算,公司财务负责人评价的企业绩效与CEO评价的企业绩效高度正相关($r=0.72$, $p<0.001$),具备良好的效度。

4. 描述性统计结果

均值、标准差和变量间相关系数如表7-5所示。从表中可以看出,CEO的辩证领导行为与高管团队决策质量显著正相关($r=0.25$, $p=0.034$),高管团队决策质量和企业绩效显著正相关($r=0.43$, $p<0.001$),为我们的假设提供了初步支撑。

5. 假设检验

本研究运用多元回归对假设进行验证,回归结果如表7-6所示。假设5认为CEO的辩证领导行为显著正向预测高管团队决策质量。回归结果表明,CEO的辩证领导行为对高管团队决策质量预测效果显著为正($b=0.31$, $SE=0.15$, $p=0.041$),假设5得到支持。

假设6表明高管团队决策质量中介CEO的辩证领导行为对企业绩效的影响。我们采用Bootstrapping程序检验中介效果。经过5 000次重复抽样,Bootstrapping结果表明高管团队决策质量在CEO的辩证领导行为对企业绩效的影响中起到中介作用,具体表现为间接效应量=0.12,$SE=0.09$,95%置信区间为[0.0043, 0.3499],不包含0。因此,假设6得到支持。

表 7-5 各变量的均值、标准差与相关系数

变量	M	SD	1	2	3	4	5	6	7	8	9	10
CEO 的年龄	39.71	5.16										
CEO 的性别	0.17	0.38	−0.20									
CEO 的受教育水平	5.30	0.64	0.09	−0.09								
CEO 的职位年资	7.21	4.85	0.67**	−0.23	−0.03							
企业年龄	13.49	1.83	0.41**	0.05	−0.02	0.26*						
企业规模	2.27	0.90	0.08	0.04	0.06	−0.16	0.33**					
高管任职时长	4.94	2.51	0.40**	−0.02	0.02	0.24*	0.29*	0.04				
高管共事时长	4.43	2.32	0.29*	−0.06	0.16	0.24*	0.32**	0.02	0.54**			
CEO 的辩证领导行为	6.20	0.52	−0.05	0.01	0.13	−0.10	0.07	0.01	0.03	0.18		
高管团队决策质量	5.85	0.65	0.09	0.07	−0.22	−0.04	0.19	0.09	0.24*	0.21	0.25*	
企业绩效	5.97	0.74	−0.07	0.06	−0.17	−0.18	−0.09	−0.04	0.11	0.24*	0.17	0.43**

注：$N=70$，* 为 $p<0.05$，** 为 $p<0.01$。

表 7-6　高管团队决策质量的中介作用

	高管团队决策质量		企业绩效	
	b	SE	b	SE
常数项	4.53	1.25	3.90	1.48
CEO 的年龄	0.02	0.02	0.01	0.02
CEO 的性别	0.05	0.21	0.02	0.22
CEO 的受教育水平	−0.30*	0.12	−0.19	0.14
CEO 的职位年资	−0.02	0.02	−0.04	0.02
企业年龄	0.00	0.01	−0.01	0.01
企业规模	0.03	0.09	−0.04	0.10
高管任职时长	0.04	0.04	−0.02	0.04
高管共事时长	0.04*	0.04	0.10*	0.04
CEO 的辩证领导行为	0.31*	0.15	0.05	0.16
高管团队决策质量			0.40**	0.14
F 值	1.92		2.70**	
R^2	0.22		0.31	

注：$N=70$，* 为 $p<0.05$，** 为 $p<0.01$。

本 章 小 结

基于高阶梯队理论和社会信息处理理论，本章从企业 CEO 和高管团队两个角度验证了 CEO 的辩证领导行为对企业绩效的影响机制。根据高阶梯队理论视角，CEO 的特质或行为对企业的战略和能力起着重要作用；而作为 CEO 的直接下属和企业重要决策制定者，企业高管团队一方面不可避免地受到 CEO 的领导行为或风格的影响，另一方面他们的决策又对企业的绩效表现举足轻重。通过实证数据分析，我们发现：

首先，CEO 的辩证领导行为与企业双元性显著正相关，且企业双元性在 CEO 的辩证领导行为对企业绩效的影响中起中介作用。从辩证领导行为的内涵来看，高水平辩证领导行为的 CEO 一方面关注企业所处环境的变化，并积极根据环境变化做出调整，能促进企业对外探索和积极创新；另一方面，高水平辩证领导行为的 CEO 又能将企业看作一个整体，不忽视任何一个环节或流程可能带来的影响，这将有效地提升企业对其内部资源的利用。此外，高水平辩证领导行为的 CEO 还能在这看似矛盾的两个需求之间注重平衡，由此，我们发现 CEO 的辩证领导行为能提高企业的双元性，进而促进企业绩效的提升。

其次,CEO 的辩证领导行为与企业战略柔性正相关,且企业战略柔性在 CEO 的辩证领导行为对企业绩效的影响中起中介作用。辩证领导行为本身强调对环境变化的密切关注与实时调整,而 CEO 的领导行为与企业的战略制定密不可分。由此不难推出,拥有高水平辩证领导行为的 CEO 在管理企业时更可能拥有更为"灵活"的战略和战略制定流程,而在复杂多变的环境下,企业的战略柔性将为企业带来更好的绩效表现。

最后,CEO 的辩证领导行为与高管团队决策质量正相关,且高管团队决策质量在 CEO 的辩证领导行为对企业绩效的影响中起中介作用。从社会信息处理理论视角,高管团队的决策行为和过程受到 CEO 行为的影响。具体而言,高水平辩证领导行为的 CEO 关注环境变化和整体管理的行为将让高管团队在决策时不得不搜寻和考虑多方面的信息,而充足的信息是提高决策质量的重要前提。因此,不难理解,高管团队决策质量在 CEO 的辩证领导行为和企业绩效之间的桥梁作用。

第八章 高管的辩证领导行为对团队的影响

在本章中,我们将焦点转移到高层管理团队成员(以下简称"高管")身上。作为战略制定的重要参与者,高管团队成员不仅直接影响公司的战略决策,也会对自己的直接下属(中层管理者)产生影响,从而带来不同的团队结果。我们将探讨团队决策全面性、团队凝聚力、团队成员行为整合性以及团队创新氛围在高管的辩证领导行为和团队结果之间发挥的中介作用,以及团队异质性和环境动态性的调节作用。而在团队结果方面,我们将探讨团队绩效、组织公民行为、团队创造力和满意度等方面。

第一节 高管的辩证领导行为对团队结果的影响及机制

一、高管的辩证领导行为、团队决策全面性及团队绩效和创新

辩证领导行为及对企业绩效的影响前面我们已经系统地介绍了,在这里我们先介绍什么是团队决策的全面性。组织或团队都可以被视为一个信息处理系统,尤其在当今复杂多变的环境下,团队信息处理的能力显得尤为重要。团队的决策全面性是指在决策制定过程中,团队成员系统地分析和处理外部的信息,整合多方视角,使得决策更加完整和全面(Friedman et al., 2016; Fredrickson, 1984)。它描述了团队在多大程度上应用广泛的视角、考虑多种选择和行动策略、采用多重决策标准以评估和选择策略(Fredrickson & Mitchell, 1984; Miller et al., 1998)。尽管决策全面性被认为是最显著的影响团队产出的团队决策

特征之一,但它会受到哪些因素影响,还不是很清楚(Heavey et al.,2009)。

高管的辩证领导行为有助于提高中层管理团队的决策全面性。首先,辩证领导行为使得高管对待团队成员不同的决策建议能够采取包容开放的态度,针对不同的意见都能够采取辩证的视角来看待,发现其中的可取之处,由此鼓励团队成员深入分析和整合多样的观点,制定出全面系统的决策。其次,具备辩证领导行为的高管会从变化的视角出发,根据团队成员的特点调整自己的管理方式,对待下属恩威并施,既授权又监控,让团队成员能够按照适合自己的方式执行任务和参与决策。以往的研究指出,授权往往能激发员工的自我效能(Srivastava et al.,2006)和内在动力(Zhang & Bartol,2010),中层管理者从而会更多地贡献自己的意见和想法,通过多样的信息投入促进团队决策的全面性。最后,辩证领导行为水平高的高管会更加注重联系和整体协调,根据社会学习理论(Bandura,1969,1978),中层管理者会学习高管的态度和行为,从而中层管理者也会从企业整体目标出发整合团队成员提供的不同信息,从全局出发看到各种观点的利弊,平衡协调,共同制定出系统全面的决策。

决策全面性能够帮助团队更好地分析环境并评估各种选择,从而做出更加周全和有效的判断(Sniezek,1992)。同时,已有研究发现,决策全面性有助于提高决策质量,从而对团队绩效带来积极影响(Meissner & Wulf,2013)。另外,通过分析和整合不同的视角、团队成员相互合作、利用彼此的知识找出解决方案,团队也更有可能提出并实施新颖而可行的解决方案,即团队会具备更高水平的创造性。因而,综合以上论述,我们提出:

假设 1　高管的辩证领导行为与其率领的中层管理团队的决策全面性正向相关。

假设 2a　团队决策全面性中介了高管的辩证领导行为与其率领的中层管理团队绩效之间的正向关系。

假设 2b　团队决策全面性中介了高管的辩证领导行为与其率领的中层管理团队创新之间的正向关系。

二、高管的辩证领导行为、团队凝聚力及团队绩效、满意度和组织公民行为

团队凝聚力是指将团队成员团结在一起的吸引力,是团队运行的重要特征。在高凝聚力的团队中,团队成员之间能够根据他人工作的需要调整自己的行为,通过整合和协调分散的个体行为,使大家朝着共同的集体目标努力(Ensley et al.,2002)。具有高凝聚力的团队具有高水平的团队沟通、较强的团队影响力,团队成员相互支持和帮助,共同完成目标。团队的协调配合反映了团队成员对

团队的归属感,以及团队作为一个整体的认同感(Michalisin et al., 2005)。

辩证领导行为可以通过促进团队成员的分工合作、积极互动和团结一致从而形成高水平的团队凝聚力。首先,具备辩证领导行为的高管注重"因材施教",能够结合团队成员的专长分配相应的任务,因人而异地安排下属任务,从而在团队内部形成有效分工,减少了团队成员之间的竞争关系和角色冲突,而这有助于减少团队成员之间合作的障碍(Sullivan & Feltz, 2001)。其次,辩证领导行为还能够以发展和变化的眼光看待下属,针对不同背景或特点的下属采取差异化的领导方式,由此减少下属之间因差异而带来的冲突,促进成员积极互动和合作。再次,具备辩证领导行为的高管能够采用恩威并施、刚柔并济的管理方法,既批评下属的不足之处又肯定下属的优点,既保持严肃又能亲和,这能减少团队的领导—部属交换差异,而领导—部属交换差异的减少有助于促进团队公平感,由此增加高管团队内部凝聚力。最后,辩证领导行为使得高管强调团队的整体目标,以大局出发平衡各方需求,让团队成员心往一处想,劲往一处使,朝着共同的目标努力,从而紧密合作、相互信任。

以往的研究发现,团队凝聚力有助于提高团队绩效(Chiocchio & Essiembre, 2009; Mathieu et al., 2015)、团队成员的工作满意度(Aoyagi et al., 2008; García-Guiu et al., 2015)以及团队成员的组织公民行为(Chiniara & Bentein, 2018),因此,我们认为高管的辩证领导行为能够促进成员之间的相互配合、减少人际冲突、团结一致,从而提高团队凝聚力,进而影响中层管理团队的绩效、满意度和组织公民行为。

假设3 高管的辩证领导行为与中层管理团队的凝聚力正向相关。

假设4a 中层管理团队的凝聚力中介了高管的辩证领导行为对团队绩效的正向作用。

假设4b 中层管理团队的凝聚力中介了高管的辩证领导行为对团队满意度的正向作用。

假设4c 中层管理团队的凝聚力中介了高管的辩证领导行为对团队组织公民行为的正向作用。

三、高管的辩证领导行为、团队行为整合性及团队绩效和创造力

团队行为整合(Behavior Integration)的概念最初是由 Hambrick(1994)提出的,用来描述高管团队的整体性和团结性,既包括团队成员在任务流程上的整合,也包括其在社交互动中的社会整合(Social Integration),具体包括合作行为、信息交换的数量和质量,以及强调共同决策三个方面。尽管行为整合与团队的社交整合以及团队的凝聚力较为相关,但学者们指出它们代表不同的概念。行

为整合更加全面地捕捉了团队的工作过程，不仅包括团队互动的特点，也包括团队完成任务和决策的特点（Simsek et al.，2005）。本章将这一概念应用于中层管理团队，因为中层管理者之间也存在类似的相互协作、共同制定决策的需要。

高管的辩证领导行为会提升中层管理团队的行为整合。首先，辩证领导行为水平高的高管会强调以整体的眼光看待事物，关注事物之间的联系。以往研究指出，CEO 的集体导向（Collective Orientation）会带来高水平的高管团队的行为整合，这一类 CEO 通过强调团队或组织的整体目标，增强团队的和谐与合作，进而提高团队成员间的互动，共同搜寻、处理信息并做出决策（Simsek et al.，2005）。类似地，高管对其所率领的中层管理团队也有显著的影响作用，其会通过平时与团队成员的互动、奖惩和监控等影响团队成员的行为倾向。通过辩证领导行为，高管会传递给中层管理者这样的信息：事物都是相互联系、相互依存的，需要从全局出发通盘考虑，进而促进中层管理者相互合作，积极交换信息，寻求彼此之间的共性和联系，以共同的目标为决策的基础。其次，辩证领导行为强调看似矛盾的元素之间是相互依赖的，在某些条件下可以相互转化，因而高管会平衡各种矛盾，加强团队成员之间的交流和衔接。即使团队成员有不同的甚至是矛盾的观点和需求，也会在高管的辩证领导行为的影响下寻求平衡与合作的机会，通过积极交流提高获得的信息的全面性，共同商议、整合多方的观点以解决问题。

以往研究指出高管团队的行为整合可以通过影响组织的双元性（即兼顾探索新资源和开发现有资源的行动）进而提高企业绩效（Lubatkin, et al.，2006）。类似地，通过行为整合，中层管理团队提高了信息交换的数量和质量，更好地利用已有的知识（Lubatkin et al.，2006），产生积极的协同效应，做出全面系统的决策，"获得更多反馈的机会，并及时纠正错误，整合各方观点"（Tushman & Nadler，1978），从而有效地解决各种需求和矛盾，有利于团队绩效的提高。另外，团队的行为整合能够提高成员之间的信任和互惠倾向（Lubatkin et al.，2006），从而提高团队的合作行为，共同努力取得成功。因而团队的行为整合会导致更高水平的团队绩效。

此外，我们提出团队的行为整合也能够提高团队的创造力。首先，以往的研究指出，团队的信息交换往往能促进创新性的想法和实践的产生（Gong et al.，2012；Gong et al.，2013）。通过提高团队成员之间信息交换的数量和质量，高行为整合的团队更有可能找出新颖有效的解决方案，展现出高水平的创造力。其次，通过强调合作行为和共同决策，团队的行为整合能够促进成员交换不同的意见，从多样化的视角出发思考解决方案，并且相互合作、整合不同的观点找出最佳选项，同样也有利于团队创造力的提高。综上，我们提出：

假设 5　高管的辩证领导行为与中层管理团队的行为整合正向相关。

假设 6a　中层管理团队的行为整合中介了高管的辩证领导行为对团队绩效的正向作用。

假设 6b　中层管理团队的行为整合中介了高管的辩证领导行为对团队创造力的正向作用。

四、高管的辩证领导行为、团队创新氛围与团队创造力

影响团队过程和结果的另外一个重要因素是团队氛围（Anderson & West，1998；Gersick，1988）。由于组织对团队灵活性和创造力的需求越来越突出，团队内部的创新氛围得到了前所未有的重视（Valls et al.，2016），因此，我们探讨团队的创新氛围在辩证领导行为与团队创造力之间的中介作用。创新氛围是指团队所共享的价值观或行为准则在多大程度上鼓励和强调创新（Anderson & West，1998；West，1990；West & Anderson，1996）。不同的研究表明，团队创新氛围会带来高水平的团队创造力（González-Romá et al.，2002；Somech & Drach-Zahavy，2013）。

高管的辩证领导行为会带来高水平的团队创新氛围，进而提高团队的创造力。从变化的角度来看，辩证领导行为会引导团队成员时刻关注变化，适时调整，积极地适应各种挑战，灵活地面对环境的变化，形成不断调整、从新的视角看待和解决问题的氛围。从矛盾的角度来看，辩证领导行为兼顾不同观点的两面性，权衡矛盾，这会带来高水平的团队成员参与安全感（Participative Safety）。因为多样的建议或不同的视角都会得到尊重和认真对待，成员便敢于冒险提出不同的观点，并且相互信任和支持，从而产生鼓励员工提建议、听取多方意见的氛围。以往的研究证明了这一氛围与团队创新氛围显著相关（Somech & Drach-Zahavy，2013）。从联系的角度来看，辩证领导行为强调个体与个体之间、部门与部门之间都是相互联系的，从而促进团队成员之间的交流和合作，通过高质量和频繁的信息交流促进创新的产生，带来高水平的创新氛围。综上，我们提出：

假设 7　高管的辩证领导行为与中层管理团队的创新氛围正向相关。

假设 8　中层管理团队的创新氛围中介了高管的辩证领导行为对团队创造力的正向影响作用。

总之，在带领团队的过程中，具有高水平辩证领导行为的高管，能够通过他们的影响，提升团队决策全面性、团队凝聚力、团队行为整合和团队创新氛围，进而影响团队的绩效、组织公民行为、满意度和团队创造力，理论模型如图 8-1

所示。

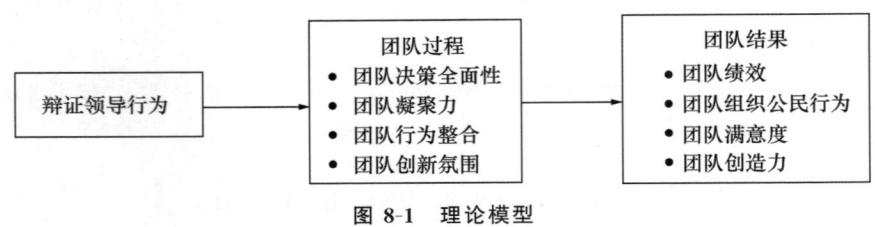

图 8-1 理论模型

五、研究方法

1. 样本选取与数据来源

我们对参加某商学院 EMBA 的学员及其下属进行了问卷调查。我们首先通过邮件向这些高管学员发送了问卷链接,并取得了其下属(中层管理者)的联系方式,并向这些中层管理者发放了问卷。最终回收得到了 163 名高管及 656 名下属的问卷,进行清理后得到 125 名高管及 510 名下属的有效问卷。在中层管理者中,56.5% 为男性,57.8% 为本科学历,24.3% 为硕士研究生学历,平均年龄为 34.7 岁(标准差为 6.26),平均公司工作年限为 5.41 年(标准差为 4.38),平均任职年限为 4.36 年(标准差为 3.45)。在高管中,61.6% 为男性,53.6% 为本科学历,32% 为硕士研究生学历,平均年龄为 38.06 岁(标准差为 4.97),平均公司工作年限为 6.76 年(标准差为 4.37),平均任职年限为 5.66 年(标准差为 3.56),与当前团队共事平均为 5.18 年(标准差为 3.60)。

2. 变量测量

(1)辩证领导行为。通过本书开发的 22 条目辩证领导行为量表测量企业 CEO 的辩证领导行为。如前文所述,它包含适时调整、因材施教、恩威并施、权衡矛盾、注重协调和整体管理 6 个维度。量表的 Cronbach's alpha 值为 0.98。

(2)团队凝聚力。使用 Pillutla *et al.*(2007)开发的 5 条目量表测量。量表的 Cronbach's alpha 值为 0.91。

(3)团队决策全面性。使用 Simons *et al.*(1999)开发的 3 条目量表测量。量表的 Cronbach's alpha 值为 0.83。

(4)团队行为整合。使用 Simsek *et al.*(2005)开发的 9 条目量表测量。量表的 Cronbach's alpha 值为 0.95。

(5)团队创新氛围。使用 Anderson & West(1998)开发的 8 条目量表测量。量表的 Cronbach's alpha 值为 0.96。

(6)团队满意度。使用 Hackman & Oldham(1975)开发的 3 条目量表。量表的 Cronbach's alpha 值为 0.90。

(7)团队组织公民行为。使用 Chen et al.(2005)开发的 5 条目量表。量表的 Cronbach's alpha 值为 0.86。

(8)团队绩效。使用 Ancona(1992)开发的 6 维度量表。量表的 Cronbach's alpha 值为 0.87。

(9)团队创造力。使用 Shin & Zhou(2007)开发的 4 条目量表进行测量。量表的 Cronbach's alpha 值为 0.88。

我们将这些个体层次的变量进行整合,形成团队水平的变量,后续的分析都是在团队水平上进行的。

3. 控制变量

我们控制了高管的年龄、性别(1=男,2=女)、受教育水平(1=初中及以下,2=高中,3=大专,4=本科,5=硕士研究生,6=博士研究生及以上),以及和团队的共事时间作为控制变量。此外,我们还控制了团队规模。

六、研究结果

1. 描述性统计分析

各变量的描述性统计结果(均值、标准差与相关系数)如表 8-1 所示。从这些相关系数可以看到,辩证领导行为与中介变量(团队凝聚力、决策全面性、团队行为整合和团队创新氛围)都是正向相关关系,与结果变量(团队满意度,团队组织公民行为、团队绩效和团队创造力)也都是显著的正向相关关系,假设得到了基本的检验。为了进一步验证假设,尤其是我们提出的中介模型,我们采用多元线性回归分析的方法对上述假设进行验证。

2. 假设检验

为了检验高管的辩证领导行为的影响,我们采用 SPSS22.0 对数据进行回归分析。首先,我们检验了假设 1 提出的高管的辩证领导行为对团队决策全面性的影响,回归系数如表 8-2 所示。如表 8-2 中模型 2 所示,高管的辩证领导行为对团队决策全面性的回归系数为正且显著($\beta=0.59$,$p<0.01$),假设 1 得到了支持。在此基础上,依照 Baron & Kenny(1986)的方法检验假设 2a 提出的团队决策全面性对高管的辩证领导行为和团队绩效的中介作用。首先,如模型 3 所示,高管的辩证领导行为对团队绩效的回归系数为正,且显著($\beta=0.19$,$p<$

表 8-1 描述性统计分析

变量	均值	标准差	1	2	3	4	5	6	7	8	9	10	11	12	13
高管的辩证领导行为	6.30	0.87													
团队凝聚力	6.40	0.71	0.60**												
团队决策全面性	6.29	0.84	0.62**	0.78**											
团队行为整合	5.93	1.02	0.63**	0.73**	0.81**										
团队创新氛围	6.34	0.82	0.61**	0.72**	0.81**	0.94**									
团队满意度	6.40	0.80	0.58**	0.78**	0.77**	0.76**	0.78**								
组织公民行为	6.32	0.84	0.57**	0.91**	0.77**	0.75**	0.71**	0.73**							
团队绩效	5.60	0.78	0.19*	0.38**	0.43**	0.39**	0.39**	0.43**	0.32**						
团队创造力	5.26	0.98	0.22*	0.35**	0.43**	0.42**	0.46**	0.39**	0.32**	0.71**					
高管的年龄	38.06	4.97	0.02	0.09	0.01	−0.03	−0.05	0.06	0.05	0.18*	0.11				
高管成员共事时长	5.18	3.60	0.04	0.14	0.06	0.01	0.01	0.14	0.09	0.12	−0.01	0.22*			
高管的性别(1=男,2=女)	1.38	0.49	0.02	−0.04	0.01	−0.01	−0.01	−0.07	−0.04	−0.06	−0.11	−0.06	0.08		
高管的受教育水平	5.29	0.73	−0.08	−0.02	−0.03	−0.06	−0.02	−0.05	0.01	0.15†	0.12	0.01	−0.30**	−0.11	
团队规模	9.87	6.70	0.05	−0.00	0.07	0.07	0.02	0.05	0.04	0.05	−0.01	−0.02	0.02	0.04	−0.01

注:$N=125$,* 为 $p<0.05$,** 为 $p<0.01$。

0.05),加入团队决策全面性后(模型 4),辩证领导行为的系数不再显著,但团队决策全面性的系数显著($\beta=0.46$,$p<0.01$),因此假设 2a 得到了支持。类似地,如模型 5 和模型 6 所示,假设 2b 提出的团队决策全面性对辩证领导行为和团队创新的中介作用也得到了支持。

表 8-2 团队决策全面性对高管的辩证领导行为和团队绩效/团队创新的中介作用

	团队决策全面性		团队绩效		团队创新	
	模型 1	模型 2	模型 3	模型 4	模型 5	模型 6
企业规模	0.00	0.00	0.00	0.00	0.00	0.00
企业年龄	−0.01**	−0.00	0.00	0.00	−0.01	−0.00
企业所有制	0.08	0.08*	0.03	−0.00	0.07	0.03
高管年龄	−0.01	−0.01	0.02	0.02	0.01	0.01
团队成员共事时长	0.02	0.02	0.03	0.02	0.01	−0.00
团队规模	0.00	0.00	0.00	0.00	0.00	0.00
高管性别	−0.03	−0.03	−0.06	−0.05	−0.18	−0.17
高管的受教育水平	0.01	0.06	0.19†	0.17†	0.26	0.12
高管的辩证领导行为		0.59**	0.19*	−0.08	0.24*	−0.07
团队决策全面性				0.46**		0.52**
R^2	0.074	0.43	0.37	0.53	0.13	0.24
ΔR^2		0.35**		0.16*		0.11*

注:$N=125$,† 为 $p<0.10$,* 为 $p<0.05$,** 为 $p<0.01$。

这样的分析结果表明,在一个团队中,如果团队领导的辩证领导行为水平高,那么团队的决策全面性就会高,有了高水平的决策全面性,团队的绩效和团队创新就会增强。

我们采用类似的方法检验了假设 3 提出的辩证领导行为对团队凝聚力的作用,如表 8-3 模型 2 所示,高管的辩证领导行为对团队凝聚力的回归系数为正,且显著($\beta=0.46$,$p<0.01$),支持了假设。类似地,我们进一步检验了团队凝聚力对辩证领导行为和团队绩效/团队满意度/团队组织公民行为的中介作用,如表 8-3 模型 3 至模型 7 所示,也支持了假设。

表 8-3 团队凝聚力对高管的辩证领导行为和团队绩效/团队满意度/团队组织公民行为的中介作用

	团队凝聚力		团队绩效		团队满意度		团队组织公民行为
	模型 1	模型 2	模型 3	模型 4	模型 5	模型 6	模型 7
企业规模	0.00	0.00	0.00	0.00	0.00	−0.00	−0.00
企业年龄	−0.01**	−0.01*	0.00	−0.01**	−0.01**	−0.01*	−0.00
企业所有制	0.05	0.05	0.01	0.11**	0.08**	0.02	−0.03
高管的年龄	0.01	0.01	0.01	−0.00	−0.01	0.00	−0.00
团队成员共事时长	0.03	0.03†	0.02	0.03†	0.01	0.03	−0.00
团队规模	0.00	0.00	0.00	0.00	0.00	0.00	0.00
高管的性别	−0.08	−0.08	−0.03	−0.15	−0.10	−0.10	−0.02
高管的受教育水平	0.03	0.06	0.17†	0.03	−0.01	0.10	0.04
高管的辩证领导行为		0.46**	−0.01	0.48**	0.16*	0.51**	0.04
团队凝聚力			0.43**		0.70**		1.04**
R^2	0.11	0.40	0.23	0.44	0.67	0.38	0.82
ΔR^2		0.29**			0.23**		0.46**

注：$N=125$，† 为 $p<0.10$，* 为 $p<0.05$，** 为 $p<0.01$。

也就是说，在辩证型领导的带领下，团队会有一个高水平的团队凝聚力，团队高水平的凝聚力会进一步提升团队的绩效、团队满意度和团队的组织公民行为。

我们采用同样的方法检验了高管的辩证领导行为对团队行为整合的作用以及团队行为整合对高管的辩证领导行为和团队绩效/团队创造力的中介作用，如表 8-4 所示，我们提出的相关假设得到了支持。类似地，我们检验了高管的辩证领导行为对团队创新氛围的作用以及团队创新氛围对高管的辩证领导行为和团队创造力的中介作用，如表 8-5 所示，相关的假设得到了支持。

表 8-4 团队行为整合对高管的辩证领导行为和团队绩效/团队创造力的中介作用

	团队行为整合		团队绩效	团队创造力
	模型 1	模型 2	模型 3	模型 4
企业规模	0.00	0.00	0.00	0.00
企业年龄	−0.01**	−0.01†	0.00	−0.00
企业所有制	0.08	0.08†	0.01	0.04
高管的年龄	−0.01	−0.01	0.02	0.01
团队成员共事时长	0.01	0.00	0.03	0.01

（续表）

	团队行为整合		团队绩效	团队创造力
	模型 1	模型 2	模型 3	模型 4
团队规模	0.01†	0.01	0.00	−0.00
高管的性别	−0.09	−0.08	−0.03	−0.14
高管的受教育水平	−0.05	0.00	0.19*	0.14
高管的辩证领导行为		0.71**	−0.06	−0.07
团队的行为整合			0.35**	0.43**
R^2	0.09	0.45	0.25	0.24
ΔR^2		0.35**		

注：$N=125$，† 为 $p<0.10$，* 为 $p<0.05$，** 为 $p<0.01$。

上述研究结果表明，团队行为整合在高管的辩证领导行为与团队结果之间起到中介作用，即高管的辩证领导行为有利于促进团队的行为整合，进而提升团队绩效和团队创造力。

表 8-5　团队创新氛围对高管的辩证领导行为和团队创造力的中介作用

	团队创新氛围		团队创造力
	模型 1	模型 2	模型 3
企业规模	0.00	0.00	0.00
企业年龄	−0.01**	−0.01*	−0.00
企业所有制	0.08	0.08*	0.02
高管的年龄	−0.01	−0.01	0.02
团队成员共事时长	0.01	0.00	0.00
团队规模	0.00	0.00	−0.00
高管的性别	−0.05	−0.05	−0.15
高管的受教育水平	−0.00	0.04	0.12
高管辩证领导行为		0.55**	−0.09
团队创新氛围			0.59**
R^2	0.10	0.42	0.27
ΔR^2		0.32**	

注：$N=125$，* 为 $p<0.05$，** 为 $p<0.01$。

同样的，表 8-5 的研究结果表明，团队创新氛围在高管的辩证领导行为与团队创造力之间起到中介作用,即高管的辩证领导行为有利于提升团队创新氛围,而有了高水平的团队创新氛围,团队创造力也相应地会提升。

总之,上述研究结果尽管略显复杂,但却非常重要。一方面,我们验证了,高管的辩证领导行为不但对企业层面的变量有显著的影响(如第六章和第七章的结果),而且对团队层面的变量,如团队满意度、组织公民行为、团队绩效和团队创造力产生正向的影响;另一方面,我们也验证了高管的辩证领导行为对团队变量产生影响的中介机制,即高管的辩证领导行为会促进团队凝聚力、团队决策全面性、团队行为整合和团队创新氛围,进而影响团队结果。

这样的研究结果具有很强的应用价值。首先,作为团队的领导者,要想具有高水平的团队满意度和组织公民行为,应该着手提升团队凝聚力进而达到理想的结果。其次,要想提升团队绩效,辩证型领导需要首先提升团队凝聚力、团队决策全面性和团队行为整合。最后,团队高水平创新结果的产生,依赖于团队领导能否提升团队决策的全面性、加强团队行为整合,以及营造一个高水平的团队创新氛围。

第二节 辩证领导行为对团队结果产生影响的边界条件

高管的辩证领导行为对团队创造力等结果变量产生影响,但我们也认为,这一影响作用是有条件的,根据中国企业所处的环境特点和以往的研究,我们认为,团队异质性和环境动态性是两个重要的边界条件。

一、团队异质性

以往文献指出,研究团队发挥作用的过程离不开团队成员构成的影响(Boone & Hendriks,2009),团队异质性(Team Diversity)会调节高管的辩证领导行为对中层管理团队的影响。团队异质性是指团队成员在人口统计特征、价值观、受教育程度和行业经验等方面的差异,这些差异最大程度上覆盖了与认知任务相关联的信息(Pelled,1996;Williams & O'Reilly,1998),使他们对待外部环境中的机会和威胁有不同看法,在处理问题和战略决策制定上也存在不同。当团队成员异质性高时,团队中会形成不对称的信息分布(Asymmetric Information Distribution),此时高管的辩证领导行为能够识别出不同成员的价值,关注到异质性团队成员提供的不重叠的、多元化的信息,拓宽信息获取的广度,根据团队成员特征采取因人而异的领导方式,从而激发出团队成员不同方面的认知优势,鼓励他们从不同方面分析和关注环境中的有关信息,并提供有价值的建议。此外,辩证领导行为也有助于团队成员对战略方案的讨论和争议,从而避免了群体迷思(Group Think)。总之,辩证领导行为发挥作用的情境是多元化的复杂情境,异质性高的团队为辩证领导行为提供了丰富的认知基础和充分的差异化信息及知识,强化了高管的辩证领导行为对团队成员的正向影响。相反,异质性低的高管团队,团队成员趋于相似,成员获取信息和分析信息的多样性受到影响,因此高管的辩证领导行为对团队成员的正向影响将被削弱。由此,本研究得到以下假设:

假设 9 中层管理团队异质性调节了高管的辩证领导行为与团队决策全面性/团队凝聚力/团队行为整合/团队创新氛围之间的正向关系,当团队异质性高的时候二者之间的正向关系会增强。

二、环境动态性

高管在多大程度上能够对其率领的中层管理团队产生影响还取决于环境因素。我们认为环境动态性(Environment Dynamism)是一个重要的限制因素(Heavey & Simsek, 2015)。环境动态性代表了企业所处环境变化的速度和宽度(Dess & Beard, 1984; Sutcliffe & Zaheer, 1998),体现了企业所处外部环境的动态性和不可预测的程度(Waldman et al., 2001)。当企业环境动态性较高时,新产品和新技术不断涌现,市场需求和结构变化快,中层管理者面临的是更加动态和复杂的环境,以及更加多样和矛盾的信息,企业决策也面对诸多的战略选择。已有研究表明,在高环境动态性中,管理者对其率领的团队和下属的影响更为显著(Lin et al., 2016)。在环境动态性高的情境中,高管的辩证领导行为能够在变化的技术和市场信息中保持敏感并且统筹兼顾和适时调整战略,从而引导团队成员积极应对挑战。相反,当环境动态性低的时候,技术更新缓慢,市场需求稳定,企业面临的环境信息清晰并且可预测性强,此时只需要依靠既有战略进行常规化运行,根据市场状况做出反应即可准确把握,高管的自主权也就被削弱,因而高管的辩证领导行为对团队的影响进而会减弱。

假设 10 环境动态性调节了高管的辩证领导行为与团队决策全面性/团队凝聚力/团队行为整合/团队创新氛围之间的正向关系,当环境动态性高的时候二者之间的正向关系会增强。

本节的研究模型如图 8-2 所示。

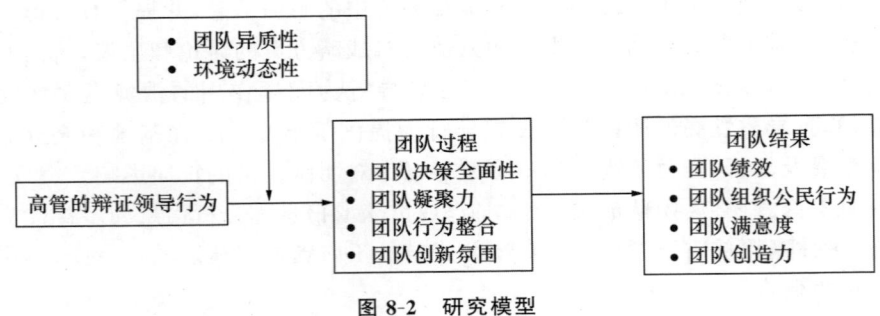

图 8-2　研究模型

三、样本和变量测量

本节研究的样本和变量的测量与第一节的一致。另外两个调节变量的测量如下：

(1) 团队多样性。团队多样性分为团队工作经验多样性、团队行业背景多样性、团队任期多样性和团队年龄多样性，使用 Atuahene-Gima & Li(2004)的 4 条目量表测量。

(2) 环境动态性。使用 Schilke(2014)的 5 条目量表测量。量表的 Cronbach's alpha 值为 0.84。

四、研究结果

1. 描述性统计分析

各变量的描述性统计结果(均值、标准差与相关系数)如表 8-6 所示。

2. 假设检验

接下来我们检验辩证领导行为的边界条件，首先是团队异质性。假设 9 提出高管所率领的中层管理团队多样性会调节其对团队决策全面性、团队凝聚力、团队行为整合和团队创新氛围的正向作用。我们检验了团队成员工作经验多样性、行业背景多样性、任期多样性和年龄多样性共四种团队多样性的调节作用。如表 8-7 模型 1 所示，辩证领导行为与工作经验多样性的交互项系数不显著，因此没有支持工作经验多样性对辩证领导行为与团队决策全面性的调节作用。对于行业背景多样性、任期多样性和年龄多样性，其与辩证领导行为的交互项系数都显著，分别为 $\beta=0.15$, $p<0.01$(模型 2);$\beta=0.19$, $p<0.01$(模型 3);$\beta=0.16$, $p<0.01$(模型 4)。

表 8-6 均值、标准差和相关系数的描述性统计分析

变量	Mean	SD	1	2	3	4	5	11	12	13	14	15	16	17	18
高管的辩证领导行为	6.30	0.87													
团队凝聚力	6.40	0.71	0.60**												
团队决策全面性	6.29	0.84	0.62**	0.78**											
团队行为整合	5.93	1.02	0.63**	0.73**	0.81**										
团队创新氛围	6.34	0.82	0.61**	0.72**	0.81**	0.94**									
团队行业背景多样性	5.26	1.67	0.41**	0.29**	0.41**	0.44**	0.45**								
团队任期多样性	5.22	1.76	0.38**	0.22**	0.34**	0.46**	0.44**	0.73**							
团队年龄多样性	5.10	1.64	0.47**	0.34**	0.41**	0.52**	0.50**	0.60**	0.72**						
环境动态性	4.68	1.36	0.08	0.01	0.01	−0.02	−0.03	−0.02	−0.03	−0.14					
高管的年龄	38.06	4.97	0.02	0.09	0.01	−0.03	−0.05	0.04	0.16†	0.07	−0.11				
团队成员共事时长	5.18	3.60	0.04	0.14	0.06	0.01	0.01	0.05	0.06	−0.04	−0.01	0.22*			
高管的性别（1＝男，2＝女）	1.38	0.49	0.02	−0.04	0.01	−0.01	−0.01	0.10	0.09	−0.03	0.08	−0.06	0.08		
高管的受教育水平	5.29	0.73	−0.08	−0.02	−0.03	−0.06	−0.02	−0.09	−0.11	−0.05	−0.05	0.01	−0.30**	−0.11	
团队规模	9.87	6.70	0.05	−0.00	0.07	0.07	0.02	0.05	0.11	0.18†	−0.02	−0.02	−0.02	0.04	−0.01

注：$N=125$，† 为 $p<0.10$，* 为 $p<0.05$，** 为 $p<0.01$。

表 8-7　团队异质性对辩证领导行为和团队决策全面性的调节作用

	团队决策全面性			
	模型 1	模型 2	模型 3	模型 4
企业规模	0.00	0.00	0.00	0.00
企业年龄	−0.00	−0.01*	−0.01*	−0.01*
企业所有制	0.07†	0.06	0.05	0.07†
高管的年龄	−0.01	−0.01	−0.01	−0.01
团队成员共事时长	0.01	0.00	0.00	0.01
团队规模	−0.00	−0.00	−0.00	−0.00
高管的性别	−0.01	0.02	0.03	0.03
高管的受教育水平	0.09	0.05	0.03	0.05
高管的辩证领导行为	0.58**	0.72	0.82**	0.71**
工作经验多样性	0.12**			
辩证领导行为 * 工作经验多样性	0.07			
行业背景多样性		0.09*		
辩证领导行为 * 行业背景多样性		0.15**		
任期多样性			0.03	
辩证领导行为 * 任期多样性			0.19**	
年龄多样性				0.06
辩证领导行为 * 年龄多样性				0.16**
R^2	0.48	0.52	0.55	0.50

注：$N=125$，† 为 $p<0.10$，* 为 $p<0.05$，** 为 $p<0.01$。

这样的研究结果表明，在一个具有行业背景多样性、任期多样性、年龄多样性的团队中，高管的辩证领导行为能够提升团队决策的全面性。也就是说，高管的辩证领导行为对团队结果（即决策全面性）产生影响是有边界条件的。

类似地，我们检验了团队异质性对高管的辩证领导行为与团队凝聚力、团队行为整合和团队创新氛围的调节作用。对于团队凝聚力，检验支持了全部四种团队多样性的调节作用（见表 8-8）。也就是说，在一个具有工作经验多样性、行业背景多样性、任期多样性、年龄多样性的团队中，辩证领导行为能够提升团队的凝聚力。

表 8-8　团队异质性对辩证领导行为和团队凝聚力的调节作用

	团队凝聚力			
	模型 1	模型 2	模型 3	模型 4
企业规模	0.00	0.00	−0.00	0.00
企业年龄	−0.01**	−0.01*	−0.01*	−0.01**
企业所有制	0.04	0.03	0.03	0.04
高管的年龄	0.01	0.01	0.01	0.01
团队成员共事时长	0.02	0.02	0.01	0.02
团队规模	−0.00	−0.00	−0.00	−0.00
高管的性别	−0.03	−0.03	−0.02	−0.03
高管的受教育水平	0.08	0.05	0.04	0.05
辩证领导行为	0.59**	0.60**	0.69**	0.59**
工作经验多样性	0.00			
辩证领导行为*工作经验多样性	0.12**			
行业背景多样性		0.02		
辩证领导行为*行业背景多样性		0.12**		
任期多样性			−0.02	
辩证领导行为*任期多样性			0.16**	
年龄多样性				0.03
辩证领导行为*年龄多样性				0.14**
R^2	0.45	0.47	0.52	0.47

注：$N=125$，* 为 $p<0.05$，** 为 $p<0.01$。

同样，对于团队行为整合，我们的检验结果支持了全部四种团队多样性的调节作用（见表 8-9）。即在一个具有工作经验多样性（边缘显著）、行业背景多样性、任期多样性、年龄多样性的团队中，辩证领导行为能够提升团队的行为整合。

表 8-9　团队异质性对辩证领导行为和团队行为整合的调节作用

	团队行为整合			
	模型 1	模型 2	模型 3	模型 4
企业规模	0.00	0.00	0.00	0.00
企业年龄	−0.01†	−0.01*	−0.01*	−0.01*
企业所有制	0.06	0.05	0.04	0.08
高管的年龄	−0.01	−0.01	−0.02	−0.02

(续表)

	团队行为整合			
	模型1	模型2	模型3	模型4
团队成员共事时长	−0.00	−0.01	−0.02	−0.00
团队规模	0.00	0.00	−0.04	0.00
高管的性别	−0.06	−0.04	−0.04	−0.01
高管的受教育水平	0.04	−0.01	−0.01	−0.01
辩证领导行为	0.73**	0.85**	0.88**	0.75**
工作经验多样性	0.13**			
辩证领导行为 * 工作经验多样性	0.09†			
行业背景多样性		0.13**		
辩证领导行为 * 行业背景多样性		0.17**		
任期多样性			0.13**	
辩证领导行为 * 任期多样性			0.19**	
年龄多样性				0.17**
辩证领导行为 * 年龄多样性				0.17**
R^2	0.50	0.55	0.59	0.55

注：$N=125$，† 为 $p<0.10$，* 为 $p<0.05$，** 为 $p<0.01$。

最后，对于团队创新氛围来讲，工作经验多样性的调节效应没有得到支持（$\beta=0.02$，n.s.），其余三个多样性（行业背景多样性、任期多样性和年龄多样性）的调节作用都得到了支持（见表8-10）。

表8-10 团队异质性对辩证领导行为和团队创新氛围的调节作用

	团队创新氛围			
	模型1	模型2	模型3	模型4
企业规模	0.00	0.00	0.00	0.00
企业年龄	−0.01*	−0.01**	−0.01**	−0.01**
企业所有制	0.07†	0.07†	0.06	0.08*
高管的年龄	−0.01	−0.01	−0.01	−0.02
团队成员共事时长	0.00	−0.01	−0.01	0.00
团队规模	0.00	0.00	0.00	0.00
高管的性别	−0.05	−0.04	−0.03	0.01
高管的受教育水平	0.07	0.04	0.04	0.04
辩证领导行为	0.49**	0.59**	0.65**	0.56**
工作经验多样性	0.14**			

(续表)

	团队创新氛围			
	模型 1	模型 2	模型 3	模型 4
辩证领导行为 * 工作经验多样性	0.02			
行业背景多样性		0.12**		
辩证领导行为 * 行业背景多样性		0.10**		
任期多样性			0.11**	
辩证领导行为 * 任期多样性			0.13**	
年龄多样性				0.14**
辩证领导行为 * 年龄多样性				0.12*
R^2	0.48	0.51	0.53	0.51

注:$N=125$,† 为 $p<0.10$,* 为 $p<0.05$,** 为 $p<0.01$。

除了团队多样性的调节作用,我们也检验了假设 10 提出的环境动态性对辩证领导行为与团队决策全面性、团队凝聚力、团队行为整合和团队创新氛围的调节作用。如表 8-11 所示,环境动态性与辩证领导行为的交互项对团队决策全面性、团队凝聚力、团队行为整合和团队创新氛围的系数都显著,因此支持了假设 10。

表 8-11 环境动态性对辩证领导行为和团队决策全面性/团队凝聚力/
团队行为整合/团队创新氛围的调节作用

	团队决策全面性 模型 1	团队凝聚力 模型 2	团队行为整合 模型 3	团队创新氛围 模型 4
企业规模	0.00	0.00	0.00	0.00
企业年龄	−0.01†	−0.01**	−0.01*	−0.01**
企业所有制	0.06	0.03	0.05	0.06
高管的年龄	−0.01	0.01	−0.01	−0.01
团队成员共事时长	0.01	0.02	−0.00	0.00
团队规模	0.00	0.00	0.01*	0.01
高管的性别	−0.01	−0.06	−0.05	−0.02
高管的受教育水平	0.08	0.09	0.03	0.07
辩证领导行为	0.68**	0.54**	0.83**	0.66**
环境动态性	−0.04	−0.03	−0.07	−0.07
辩证领导行为 * 环境动态性	0.14**	0.12**	0.17**	0.15**
R^2	0.47	0.45	0.49	0.48

注:$N=125$,† 为 $p<0.10$,* 为 $p<0.05$,** 为 $p<0.01$。

总之，本节提出的假设大部分得到了验证，说明辩证领导行为对团队结果产生影响是有一定边界条件的。具体来讲，在一个具有行业背景多样性、任期多样性和年龄多样性的团队中，辩证领导行为对团队结果所有变量（团队决策全面性、团队凝聚力、团队行为整合和团队创新氛围）的影响作用都会随着这些多样性的增加而增强；在一个具有工作经验多样性的团队中，辩证领导行为对团队凝聚力和团队行为整合的影响作用会增强，而对团队决策全面性和团队创新氛围的影响结果没有差别。同时，越是处于一个动态环境中的团队，辩证领导行为对团队结果的影响越明显。

这些研究结果也具有一定的实践意义。在第一节中我们检验了辩证领导行为对团队结果（如团队满意度、团队组织公民行为、团队绩效和团队创造力）产生影响的中介机制是团队决策的全面性、团队凝聚力、团队行为整合和团队创新氛围，那么作为辩证型的团队领导者，如何获得高水平的团队决策全面性、团队凝聚力、团队行为整合和团队创新氛围呢？非常重要的边界条件（即调节变量）就是团队多样性和环境动态性。也就是说，越是在多样性的团队（包括工作经验多样性、行业背景多样性、工作经验多样性和年龄多样性）中，作为团队的领导者，越是需要有高水平的辩证领导行为；同样，团队处在动态的环境中，具有辩证领导行为的团队，越能够使团队获得高水平的团队决策全面性、团队凝聚力、团队行为整合和团队创新氛围。

本 章 小 结

基于辩证领导理论和团队的相关研究，我们提出高管的辩证领导行为会通过影响其率领的中层管理团队的过程而对团队结果产生影响，并且存在一些边界条件。通过实证研究，我们发现高管的辩证领导行为通过提升团队决策全面性、团队凝聚力、团队行为整合和团队创新氛围而对团队绩效、组织公民行为、团队满意度和创造力都产生积极正向的影响，并且其影响还受到团队的异质性及团队所面临的环境动态性的调节。总体来讲，在团队异质性水平越高或环境动态性越强的条件下，辩证领导行为的影响越强。

第九章 辩证领导行为的影响因素

本章主要探讨企业高层管理者辩证领导行为的影响因素。辩证领导行为是一种行为表现,根据领导力有效性的特质—行为综合模型可知,领导行为的重要影响因素是人格特质。在本章中,我们将探讨"大五"人格对辩证领导行为的影响,同时,结合当今领导行为研究的热点,我们将探讨自恋和谦卑两种人格对辩证领导行为的影响作用。在此基础上,我们将回答在什么样的情境下什么样的人格特质更容易表现出辩证领导行为,领导个性特质对辩证领导行为的影响是否因企业环境因素不同而产生差异。在整合特质激活理论和领导力有效性的特质—行为综合模型的基础上,本章运用实证研究的方法详细探讨了辩证领导行为的前因及其作用的边界条件。

第一节 "大五"人格对辩证领导行为的影响

一、"大五"人格的概念及对辩证领导行为的影响

"大五"人格模型(Five-factor Model of Personality)是当前国际上最具影响力的人格特质理论模型,它的提出被 Goldberg(1992)称为人格心理学中的一场革命。研究者通过词汇学的方法,发现有五种特质可以用来描述个体人格最突出的方面,即尽责性(Conscientiousness)、外倾性(Extroversion)、经验开放性(Openness to Experience)、随和性(Agreeableness)和神经质(Neuroticism)(McCrae & Costa, 1987)。在过去的六十多年里,"大五"人格的五个维度得到

了管理学领域学者的普遍接受和认同,并被证明是具有跨语言、跨时间、跨文化、跨情境、跨种族、跨评定者的一致性和稳定性(McCrae & Costa, 1997; Costa & McCrae, 1988; Digman, 1989)。

根据领导有效性的特质—行为综合模型(Integrative Trait-Behavioral Model of Leadership Effectiveness),领导的"大五"人格会显著地影响其自身的领导行为。组织行为学领域的实证研究也表明,"大五"人格能够对许多领导的行为或领导效果产生重要作用。例如,Judge et al. (2002)通过元分析发现,个体的外倾性、开放性和尽责性都有利于其成为领导,并且前两者能显著地预测其作为领导的有效性。以往研究还论证了"大五"人格对魅力型、变革型、交易型、授权型、参与型等众多领导行为的影响(Bono & Judge, 2004; Hoogh & Koopman, 2005; Judge & Bono, 2000)。

由此可见,"大五"人格被学界普遍认为是领导行为的重要前因。但是关于"大五"人格中的各个维度究竟是促进还是抑制辩证领导行为这一问题目前并没有一个明确的答案,亟须学者们进一步去探索。因此,接下来首先探讨"大五"人格对辩证领导行为的影响。

1. 高管的尽责性对辩证领导行为的影响

尽责性代表着责任感、敬业及对工作的认真程度。它包括两方面的含义:成就感与可靠性。成就感反映个体一种渴望追求卓越的工作态度,以及积极向上的态度、努力不懈的行为。可靠性衡量个体有条理、组织性、自律性、负责任、可信赖、严肃谨慎、一丝不苟、注重实效等品质。

研究表明,尽责性高的领导做事更加小心谨慎和深思熟虑(Costa & McCrae, 1992),因此他们更能从全面和联系的角度出发去考虑和解决问题。同时,尽责性高的领导对待工作更具有自发性,而辩证领导行为恰恰需要领导能主动地识别企业内、外部环境的变化,及时变通调整,并且能在矛盾或利益冲突出现时自发地去进行平衡和协调。此外,辩证领导行为需要领导一以贯之地长期实行,而不能三分钟热度,并且当遇到困难和阻碍时,领导也要不屈不挠、坚定不移地践行辩证领导行为,这些与坚定的信心和坚持不懈是密不可分的,而韧性和毅力恰好是高尽责性个体的重要体现(Goldberg, 1990)。

因此,我们提出:

假设1 高管的尽责性与其辩证领导行为正相关。

2. 高管的外倾性对辩证领导行为的影响

外倾性是衡量个体内—外向性格的指标。它包括充满热情、自信积极、广泛社交、健谈果断、喜欢做主、精力充沛、寻求冒险的性格特征。外倾性高的人容易体验到各种积极的情绪,如快乐、乐观、兴奋等(Watson & Clark,1997)。

具有外倾性特质的高管会更多地表现出坚定自信、充满活力并敢于冒险(Judge & Bono,2000),而辩证领导行为恰恰需要外倾性领导的这种自信与魄力,因为高辩证领导行为的高管并不是一直维持过于稳定的静态平衡,他们还需要跟随时代脚步和市场变化及时调整企业管理的方式和战略,不断打破旧的平衡、创造新的平衡,进行创造性破坏,从而实现动态的平衡与稳定。此外,外倾性高的高管善于广泛社交和维持社会关系(Watson & Clark,1997),这不仅有助于他们获取和整合多方面的外部信息来发现市场中的机遇和挑战,并灵活应对,而且能帮助他们更好地促进各部门之间的沟通交流和协调配合。

因此,我们假设:

假设 2 高管的外倾性与其辩证领导行为正相关。

3. 高管的经验开放性对辩证领导行为的影响

经验开放性代表了个体一种富有想象力、创造性、洞察力和思想性的倾向。经验开放性高的个体有较强的求知欲和好奇心,愿意去接受新的经验和新生事物,他们不愿墨守成规,而是标新立异,并且具有较强的感知和审美能力。此外,经验开放性是五种人格特质中唯一显示出与智力显著相关的维度,经验开放性高的个体会表现得更加聪明、知识渊博、有智慧、有修养。

在外部市场高速变化和信息技术广泛普及的今天,新兴的理念和产品充斥着整个市场。为了企业的生存和发展,高管必须保持一种开放、好奇的心态和敏锐的嗅觉去感知市场的变化、接收新的信息和理念,在保持企业稳定发展的同时进行变革创新,而经验开放性所体现出的好奇心、洞察力和创造性恰恰为高管的这些辩证领导行为提供了重要的前提条件。具体而言,经验开放性高的领导更加灵活,他们更有可能动态地监控市场环境,识别外部环境的影响,并在适当的时候进行干预(McCrae,1994),这有利于这些高管对企业未来发展所面临的机会和问题有更加清晰的认识,并能根据企业内、外部环境的变化实时调整战略(即体现了辩证领导行为中的实时调整)。此外,保持经验开放性的个体通常比较富有想象力、对事物充满好奇心并且能用开放的观点看待的工作方式,因此,这样的领导思路会更加开阔、愿意采纳非常规的创新性观点、喜欢思辨和头脑风暴,有利于其更加全面、辩证地处理问题和推动企业的变革创新。

据此,我们提出:

假设 3 高管的经验开放性与其辩证领导行为正相关。

4. 高管的随和性对辩证领导行为的影响

随和性是衡量个体能否与他人和睦相处、相互协作的维度。它包括和善友好、大度随和、温和体贴、乐于合作、主动利他、值得信任的性格特征。通常高随和性的个体在与人交往时会表现得坦诚友好，保持谦逊，不摆架子，尽量避免与他人发生冲突，并且具有同理心和利他倾向，能够从他人的角度出发，主动关心和帮助别人。

Boono & Judge(2004)的研究发现，领导的随和性水平与其对下属的个性化关怀显著正相关。也就是说，高随和性领导的一个重要特征是关心下属的利益、成长和发展需求，这样的领导更能从下属的角度出发，针对不同员工的独特需求和特点因人而异地安排工作任务和调整领导方式（即体现了辩证领导行为中的因材施教）。高管随和性高也意味着他们更加谦虚(Goldberg, 1990)，这样的领导在决策时愿意统筹考虑各个部门的意见，同时高随和性高管的协同性(Graziano & Eisenberg, 1997)使得他们注重优化部门之间的协调、配合和衔接，这些表现都切实地体现了辩证领导行为的关键特征。

据此，我们提出：

假设 4 高管的随和性与其辩证领导行为正相关。

5. 高管的神经质对辩证领导行为的影响

神经质维度是衡量个体情绪化程度的一个指标，反映了个体体验消极情绪的倾向和情绪的不稳定性。高神经质个体倾向于有心理压力、不现实的想法、过多的要求和冲动，更容易体验到诸如愤怒、焦虑、敌意、抑郁、恐惧等消极的情绪。相反，神经质低的人较少有烦恼，较少情绪化，并且表现得比较平静和沉着。

高神经质领导的思维、决策及有效应对外部压力的能力比较差，他们对外界刺激的反应比一般人强烈，缺乏对情绪的调节能力，因而常常处于一种不良的情绪或喜怒无常的状态(Costa & McCrae, 1992)。尤其是面临具有挑战性的任务时，高神经质的领导会感到异常焦虑和脆弱甚至惊慌失措，因此他们难以有效应对和处理困难的工作状况。然而，作为高水平辩证领导行为的领导（如兼顾矛盾、实时调整、注重协调、整体管理等）会面临很多的困难、障碍或挑战，这非常考验一个人的心理素质，因此高神经质的领导很难做到。另外，Bass(1990)在一篇综述性文章中提出，自信无论是对领导的产生还是有效性都会有积极的影响。高神经质的个体通常缺乏自信和自我效能感(Judge et al., 2002)，而这与辩证领导行为的要求恰恰相反，因为具有辩证领导行为的高管必须充满决断力，在动态的环境中实时调整企业战略、改变管理风格、平衡多方矛盾，缺乏自信果敢的领导是很难做到这些方面的。最后，高神经质的个体易冲动（罗杰和戴晓阳，2015)，他们在感受到强烈的诱惑时难以控制自己，容易追求短时的满足而不考虑长期的后果，因而更可能做出草率的、以自我为中心的决策。这样的领导很难做到兼顾和平衡企业短期利益与长期发展,难以实现辩证领导行为中权衡矛盾的方面。

据此,我们提出:

假设 5 高管的神经质与其辩证领导行为负相关。

二、研究方法

为了验证这些假设,我们采用问卷调查的方法,从高管和下属两个方面收集数据,对以上提出的假设进行验证。

1. 样本

本章研究采用问卷调查法,样本数据来自中国北方一所综合性大学的EMBA学生。根据研究目的,我们首先选择了那些担任CEO或高层管理职位(即高管团队成员)的EMBA学生,向他们发送了一封带有问卷链接的邮件。在这些企业高管的支持下,我们获取了他们直接下属(即中层管理者)的姓名和电子邮件信息,并邀请他们参与我们的问卷调查。在收到这些下属的联系方式后,我们向每一位下属也发送了一封带有问卷链接的邮件。

我们最终得到了包括534份高管问卷(回收率为76.29%)和2208份下属问卷(回收率为63.09%)的匹配样本。其中,高管的平均年龄为39.28岁(SD=5.35),68.73%为男性,88.58%已获得学士及更高学位。他们平均已在高管职位任职6.29年(SD=4.39),平均在此公司任职8.29年(SD=5.51),与样本中下属平均一起共事5.78年(SD=4.10)。

2. 变量测量

在本研究的问卷调查中,企业高管需要评价自身"大五"人格,下属评价自己对于高管的辩证领导行为的感知。研究使用的是国际期刊发表的通用量表,我们按照标准的翻译、回译程序对量表进行了翻译,以确保量表的准确性和易读性(Brislin,1986)。所有条目测量均采用李克特7点量表(1=非常不同意,7=非常同意)。

(1)"大五"人格。使用Goldberg(1992)开发的50条目量表来测量企业高管的"大五"人格,量表中包含尽责性、外倾性、经验开放性、随和性和神经质各10题。问卷填答者需要回答50对描述性格的形容词在多大程度上符合他自身的实际情况,其中选择"1"代表越符合左边的描述,选择"7"代表越符合右边的描述。量表题目如"没精打采的(左)—精力充沛的(右)"(外倾性维度,量表信度系数$\alpha=0.84$)、"好争吵的(左)—随和的(右)"(随和性维度,量表信度系数$\alpha=0.81$)、"不负责任的(左)—负责的(右)"(尽责性维度,量表信度系数$\alpha=$

0.77)、"情绪稳定的(左)—情绪化的(右)"(神经质维度,量表信度系数 $\alpha=0.80$)、"缺乏想象力的(左)—富有想象力的(右)"(经验开放性维度,量表信度系数 $\alpha=0.80$)。这些信度系数都比较高,说明量表的信度很好。

(2)辩证领导行为。使用 Lin et al.(2018)开发的 22 条目量表进行测量。每位下属分别评价他们对于直属高管的辩证领导行为的感知,然后我们将一个团队内所有下属的评价分数聚合到团队层面从而得到该团队领导的辩证领导行为分数。量表题目如"我的领导会根据企业内、外部环境的变化及时调整企业战略"和"我的领导在制定企业发展战略时,兼顾短期利益和长期发展"(量表信度系数 $\alpha=0.97$)。为了更进一步校验这一量表,我们采用 Mplus 7.0 软件对该测量进行了验证性因子分析(CFA),结果表明这一 22 条目的量表很好地拟合了样本数据($\chi^2_{(194)}=1166.43$,RMSEA$=0.05$,CFI$=0.98$,TLI$=0.97$)。此外,为了检验此变量是否适合由个体层面的测量聚合到团队层面,我们还分别计算了 r_{wg}、ICC[1]和 ICC[2]。结果显示,此变量符合聚合的标准,适合在团队层面进行分析(ANOVA $F=1.87$,$p<0.001$;$r_{wg(j)}=0.95$;ICC[1]$=0.09$;ICC[2]$=0.47$)(Bliese,2000;Glick,1985)。值得注意的是,虽然理想的 ICC[2]值应该超过 0.70(Kozlowski & Klein,2000),但是如果 $r_{wg(j)}$ 高且组间方差(Group Variance)显著的话,则 ICC[2]值低并不会妨碍聚合(Chen & Bliese,2002),并且本研究中的 ICC[2]值与现有研究中汇报的聚合数值水平相类似(Ou et al.,2014;Qin et al.,2018;Zhang et al.,2017)。

(3)控制变量。在本研究中,我们还控制了一些变量,包括高管的人口统计学信息,如高管的年龄(岁)、性别(1=男,2=女)和受教育水平(1=初中学历或更低,2=高中学历,3=技校或中专学历,4=大专学历,5=大学学历,6=研究生学历,7=博士学历)。此外,为了减少来自公司特征造成的影响,我们还控制了企业规模(人数,由于企业规模数值跨度较大导致方差较大,故取自然对数处理)和企业年龄(年)两个变量。

三、研究结果

1. 验证性因子分析

为了检验假设中各变量的区分效度,我们利用 Mplus 7.0 对假设模型进行了验证性因子分析(CFA)。如表 9-1 所示,基线模型是包含高管的尽责性、外倾性、经验开放性、随和性、神经质和辩证领导行为的六因子模型,模型的拟合效果较好($\chi^2_{(2469)}=7356.59$,RMSEA$=0.06$,CFI$=0.76$,TLI$=0.75$)(Hair et al.,1998;Hu & Bentler,1999)。我们在模型 2 中使高管尽责性、外倾性、开放性、随和性和神经质的条目负载在一个因子上,模型的拟合效果相对基线模型(Base-Line Model)较差($\chi^2_{(2\,483)}=8\,919.78$, RMSEA=0.07, CFI=0.68, TLI=0.68, $\Delta\chi^2_{(14)}=1\,563.19$, $p<0.01$)。在模型 3 中我们将所有变量的条目都负载在一个因子上,其拟合效果也相对基线模型变差($\chi^2_{(2\,484)}=13\,912.25$, RMSEA=0.09, CFI=0.44, TLI=0.42, $\Delta\chi^2_{(15)}=6\,555.66$, $p<0.01$)。因此模型拟合系数结果表明,基线模型具有更加理想的拟合优度,优于其他两个竞争模型,证明了核心研究变量间的区分效度。

表 9-1 验证性因子分析结果

	χ^2	df	χ^2/df	RMSEA	CFI	TLI	$\Delta\chi^2$
模型 1:六因子模型	7 356.59	2 469	2.98	0.06	0.76	0.75	
模型 2:两因子模型	8 919.78	2 483	3.59	0.07	0.68	0.68	1 563.19**
模型 3:单因子模型	13 912.25	2 484	5.60	0.09	0.44	0.42	6 555.66**

注:** 为 $p<0.01$。

2. 描述性统计和相关分析

表 9-2 反映了研究变量的均值、标准差和相关系数。结果显示,高管的经验开放性($r=0.09$, $p=0.04<0.05$)和随和性($r=0.10$, $p=0.04<0.05$)与辩证领导行为显著正相关,高管的尽责性($r=0.09$, $p=0.05<0.10$)和外倾性($r=0.08$, $p=0.08<0.10$)也与辩证领导行为呈现边际显著的正相关关系。

3. 假设检验

我们分别使用了 SPSS 和 Mplus 统计软件进行假设检验。

首先,我们使用 SPSS 24.0 对每个假设进行了普通最小二乘法(OLS)回归分析,结果如表 9-3 所示。

假设 1 至假设 4 提出高管性格特征当中的尽责性、外倾性、经验开放性和随和性都会对其自身的辩证领导行为产生正向影响。表 9-3 中的模型 2 显示,高管的尽责性($\beta=0.03$, $p=0.71$, ns)、外倾性($\beta=0.01$, $p=0.84$, ns)、经验开放性($\beta=0.05$, $p=0.49$, ns)和随和性($\beta=0.07$, $p=0.38$, ns)对辩证领导行为的回归系数皆为正向,但结果并不显著。

假设 5 提出高管性格特征中的神经质会负向影响其辩证领导行为。表 9-3 中的模型 2 显示,高管的神经质对辩证领导行为的回归系数为负向,但此影响并不显著($\beta=-0.08$, $p=0.20$, ns)。

表 9-2 研究变量的均值、标准差、相关系数

	均值	标准差	1	2	3	4	5	6	7	8	9	10	11
高管的性别	1.31	0.46	1										
高管的受教育水平	5.18	0.79	0.09*	1									
高管的年龄	39.28	5.35	−0.17***	−0.05	1								
企业规模(取对数)	5.78	2.25	−0.02	−0.01	−0.04	1							
企业年龄	16.01	18.82	−0.03	−0.02	0.07	0.31***	1						
尽责性	4.94	0.74	−0.07	0.02	0.18***	−0.02	−0.07	1					
外倾性	5.23	0.79	0.04	0.04	−0.01	−0.14**	−0.06	0.30***	1				
经验开放性	5.42	0.61	−0.04	0.06	0.04	−0.08	−0.08†	0.46***	0.56***	1			
随和性	5.85	0.60	0.05	−0.00	0.10*	−0.12**	0.01	0.64***	0.45***	0.52***	1		
神经质	5.72	0.60	−0.11*	0.03	0.20***	−0.02	−0.03	0.50***	0.19***	0.44***	0.57***	1	
辩证领导行为	6.29	0.49	0.06	0.02	−0.09†	0.08	−0.00	0.09†	0.08†	0.09*	0.10*	−0.02	1

注:$N=534$,† 为 $p<0.10$,* 为 $p<0.05$,** 为 $p<0.01$,*** 为 $p<0.001$,双尾检验。

表 9-3 回归分析

	模型 1	模型 2
高管的性别	0.03	0.02
高管的受教育水平	−0.00	−0.00
高管的年龄	−0.10	−0.10
企业规模（取对数）	0.05	0.06
企业年龄	−0.01	−0.01
尽责性		0.03
外倾性		0.01
经验开放性		0.05
随和性		0.07
神经质		−0.08
F 值	1.10	0.97
R^2	0.01	0.02
R^2 变化	0.01	0.01

注：表中系数为标准化回归系数，因变量为辩证领导行为。

假设 1 至假设 5 并未得到本章样本的证明，这里可能有几个原因，第一，本章探讨的是辩证领导行为的影响因素及前因变量（Antecedents），我们从人格角度出发，认为"大五"人格是一个重要的影响变量。但是，由于辩证领导行为是针对高管开发的一种领导行为理论，而"大五"人格作为一种适用任何个体的人格维度，并不必然对辩证领导行为产生影响。第二，我们可以发现，尽责性、外倾性、经验开放性和随和性对辩证领导行为的回归系数皆为正向，而神经质对辩证领导行为的回归系数为负向，回归系数结果呈现与假设一致的影响趋势。因此，有可能二者之间存在某种调节变量，如环境的动态性、高管的管理经验等。因此，在第二节中，我们探讨了另外的人格变量，如谦卑和自恋这些与高管行为更加接近的变量进行研究（Ou et al., 2014; Owens et al., 2013; Zhang et al., 2017），同时，我们加入了环境动态性这些可能的调节变量，进一步探讨辩证领导行为的影响因素。

第二节 谦卑和自恋对高管的辩证领导行为的影响

一、谦卑和自恋的性格及对辩证领导行为的影响

根据领导力有效性的特质—行为综合模型,领导者所展现出的行为很大程度上取决于该领导者的个性特质。作为领导者拥有的典型特质,谦卑和自恋近年来受到了学界的广泛关注。现有研究表明,领导者谦卑和自恋的性格会决定他们自身的诸多行为。基于谦卑和自恋特质的具体表现,我们假定高管的这两种性格特质会对他们的辩证领导行为产生重要的影响。接下来,我们将介绍谦卑和自恋的定义、特征及相关研究,并从辩证领导行为的变化、矛盾和联系三个原则出发来详细论证谦卑和自恋分别对高管的辩证领导行为的影响。

1. 高管的谦卑性格和辩证领导行为

高管的谦卑性格特征是近年来领导研究中的新兴主题。谦卑的管理者具有一系列相互独立又内在联系的特征,具体表现为:拥有清晰的自我意识,对自身的优缺点认知准确,接受并愿意承认自己的不足;较少关注自己,愿意欣赏他人的长处,懂得发现并赏识他人的价值和贡献;对新信息、新观念以及他人的反馈持开放态度,坚持自我学习和自我改进(Ou, et al., 2014; Owens et al., 2013; Zhang et al., 2017)。

在当今社会,谦卑已经不只是一种道德诉求,更被提升为一种重要的管理智慧(罗瑾琏等,2016)。研究表明,高管的谦卑性格对组织、群体和个体层面的很多结果变量都有重要的积极影响(Ou et al., 2018; 冯镜铭等,2014)。特别地,高管的谦卑特质还能显著地预测其自身的行为表现,例如,拥有谦卑特质的领导会采取更多均衡的信息处理行为、授权型领导行为和参与式领导行为等(Morris et al., 2005; Ou et al., 2014; Rego et al., 2018)。

那么,高管的谦卑个性特质是否会促进其辩证领导行为呢?

第一,谦卑的领导者有一种反省意识(Reflexive Consciousness),他们愿意自我揭露、承认自己的局限和错误并从中学习,他们还愿意向他人学习并主动地寻求反馈、新观念和新视角(Hwang, 1982; Owens et al., 2013; Peterson & Seligman, 2004; Tangney, 2002)。谦卑性格的这些特征有助于高管发现自身和企业的问题,评估市场中的机遇和挑战,明确下一步发展的目标,并通过获取和整合外部信息来及时调整战略。同时,谦卑的高管会有一种自我超越的追求,他们倾向于追求进一步的成长和自我实现(Newman, 1982; Owens & Hekman, 2012)。研究还发现,谦卑的高管会接受成功但不骄傲自满,并且能够从失

败中学习(Vera & Rodriguez-Lopez,2004)。因此,当外部的机遇或威胁出现时,这些谦卑的高管能够更好地理解和做出响应(Oc et al.,2015),这恰恰是变化原则中实时调整的重要表现。此外,谦卑的高管可以准确地意识到自己和下属的优势与不足、重视下属的能力并认可下属的成就(Means et al.,1990;Owens et al.,2013),这有助于他们根据不同下属的特点因人而异地安排工作任务和采取个性化的管理方式。基于此,我们有理由认为高管的谦卑会促使他们更多地采用辩证领导行为中的实时调整和因材施教两类行为。

第二,从辩证领导行为中的矛盾原则的角度出发,高管的谦卑能够同时促进恩威并施和权衡矛盾两个维度。现有文献表明,谦卑的高管对他人有很高的支持力(Supportiveness)(Morris et al.,2005),这样的领导者在人际关系中非常温暖并能体谅他人,他们会尽量避免操纵别人并以尊重、平等的方式对待下属(Ou et al.,2015),因此,他们可以在表现领导威严的同时展现出亲和友善;此外,具有谦卑特质的高管能够意识到每个人独特的潜力、准确地识别他人的优缺点、欣赏他人的价值和贡献(Drucker,1992;Morris et al.,2005),这有助于他们在与下属互动的过程中对于成功给予肯定和鼓励、对于错误给予批评和压力;谦卑的高管还愿意让下属参与到决策制定的过程中来,表现出一系列权利均衡和授权的行为(Drucker,1992;Ou et al.,2014;Owens & Hekman,2016;Tangney,2002),即能在保持监督的基础上授权给下属,这些行为体现了辩证领导行为中的恩威并施行为。另外,谦卑的高管可以看到一个事物的多个方面(例如,清晰地认识到自己的优缺点、承认自身的局限和错误、愿意听从别人相反的意见、把挑战看作成长的机会等)(Hwang,1982;Ou et al.,2014;Owens et al.,2013),这本身就囊括了辩证领导行为中很重要的矛盾观点。与此相关的是,Ou et al.(2018)的研究发现,谦卑的高管更能识别和接受矛盾冲突(Paradoxical Tensions)的存在,因此更愿意采取调整灵活、能兼顾矛盾的战略(Ambidextrous Strategies)来实现企业更高的绩效,这恰好说明高管的谦卑与辩证领导行为的矛盾原则之间存在积极的关系。

第三,针对辩证领导行为的联系原则。研究表明,当一个谦卑的高管管理企业的时候,他的管理团队会更加合作、共享信息、共同制定决策、拥有一个共同的愿景(Ou et al.,2018),这间接体现了谦卑的领导注重协调、联系与合作的特点。此外,谦卑的领导不以自我为中心,相反,他们把对他人的责任和集体的利益视为自己的人生追求(Grenberg,2005;Peterson & Seligman,2004;Tangney,2002)。类似地,现有研究指出,拥有谦卑特质的高管信奉组织的愿景并追求组织整体的成功和改进,而不是只关注于提升自己和得到大家的崇拜赞颂(House & Aditya,1997;Morris et al.,2005)。这种关注集体、关注他人的导向会使谦卑的高管对大环境更加敏感，同时，他们的无私使得他们更愿意为了集体利益而努力，从全局的角度出发进行管理、安排、协调和决策，并且为了集体的利益适时调整战略。据此，我们认为，高管的谦卑特质不仅使得他们更加注重协调而且有助于其实施整体管理。

根据以上分析，我们提出：

假设6 高管的谦卑性格会正向影响其辩证领导行为。

2. 高管的自恋性格与辩证领导行为

与谦卑相比，自恋的高管呈现完全不同的认知、动机和行为表现。"自恋"一词最早来自古希腊语"narcissus"，译为"水仙"，主要是指一种性格特质，其典型特征包括具有膨胀的自我观念、利己主义的动机、脆弱的自尊、强烈的心理优越感和特权感、失调的人际关系、对认可的追求和自我观念的强化、不愿意接受他人的批评和意见等(Rosenthal & Pittinsky，2006)。研究指出，自恋的性格特质由三个重要的部分组成，即认知、动机和行为策略(Chatterjee & Hambrick，2007)。从认知的角度出发，拥有自恋性格的个体自我概念极度膨胀，他们傲慢自大，并认为自己享有与众不同的特权。这样的个体总以自我为中心，相信自己的决策判断始终正确，并且抵制来自他人的不同观点和意见(Campbell et al.，2011)。从动机的角度出发，自恋的个体有着追求控制他人的权力以及获取他人赞扬的强烈动机，以此来不断增强他们膨胀的自我概念(Chatterjee et al.，2017)。他们很少会对别人产生共情，因为在他们眼里，其他人只是证明自己优越感的必需品。从行为的角度出发，自恋的个体在权力和荣誉感的驱使下非常注重维持自身的优越形象，他们会把自己打造得极具魅力，追求宏大的目标，将成功归功于自己；同时他们厌恶挫折和失败，对能给自己造成威胁的竞争对手进行抑制和打压，并将失败通通怪罪于他人。

出于对权力、威望和魅力的强烈需求，自恋者通常会追求成为领导者，研究表明，企业高管中的确有很多人拥有自恋的个性特征(Campbell et al.，2011；Stein，2013)。然而，正如Brunell et al.(2008)所说，尽管自恋者可能拥有有助于其成为领导者的特质，但他们未必能成为有效的领导者。在交往初期自恋的领导者多能展现出耀眼的光辉形象并与人发展出良好的人际关系，但在长期的人际互动中自恋领导者的性格弱点和人际关系的虚假性就会慢慢暴露出来。此外，拥有自恋性格的领导者会展现出较少的变革导向行为和关系导向行为，并且会暴露出更多的不道德领导行为、自私行为或风险导向行为(Blair et al.，2017；Chatterjee & Hambrick，2007；Judge et al.，2006；Khoo & Burch，2008；Liu et al.，2017；Martin et al.，2016)，由此我们可以发现领导者的自恋性格会很大程度上影响其自身的行为表现。

那么,高管的自恋性格特征会对其自身的辩证领导行为产生怎样的影响呢?

第一,针对辩证领导行为的变化原则。美国精神医学学会(American Psychiatric Association)(2000)的研究发现,自恋可以被视为一种持续不灵活的思维和行为模式。类似地,Martin et al.(2016)的实证研究也证实了自恋和变革导向行为(Change-oriented Behaviors)之间的负向关系。灵活变化和调整是变化原则中关键的因素,因此,我们有理由推测自恋高管的不灵活不利于他们进行实时调整和因材施教。尤其是自恋的领导者会关注自己的目标和优先权,他们发展出的愿景可能会忽略组织的目标(Popper,2002;Resick et al.,2009),这不利于领导者对企业未来发展前景有清晰的认识。自恋的领导者还会轻视他人的信息和观点,即使这些信息和观点清晰地阐明了他们自身或组织面临的弱点和风险点(Stein,2013),这也不会有利于他们对企业发展面临的问题有清晰的了解,也不利于其评估环境变化带来的机遇和挑战。此外,过去的研究表明,自恋会显著影响一个人的判断和决策制定(Campbell et al.,2011)。自恋的高管会对自己的能力和成就过分自信,甚至高估(Brown,1997;Campbell et al.,2011;Campbell et al.,2004);他们有一种幻想认为自己是全能的、全知的(觉得自己知道所有事,不需要学习任何事情,不需要发展)(Gabriel,1997);他们无法意识到自己有错误,不愿为自己的错误承担责任,更不用说从错误中学习(Campbell et al.,2005;Gabriel et al.,2010)。出于自我强化和自我专注的需要,自恋的领导者往往会寻找机会来获得关注和赞赏,通过吹嘘来展示自己,有选择性地感知有助于自我强化的事情,甚至扭曲事实(Brown,1997;Campbell et al.,2011;Gabriel,1997;Rosenfeld,1987;Stein,2013)。所有的这些表现都说明自恋的高管更容易陷入一种自我封闭的状态,倾向于关注、呈现和沉浸在已有的成就中,因而很难发现企业面临的问题、挑战或机会,更难以根据环境变化及时调整战略和管理风格。换言之,自恋的高管缺乏一种变化或动态的眼光,至少会对发展和变化放松警惕,因此缺乏实时调整的能力。在因材施教方面,由于自恋的高管从长期的角度来讲人际敏感性较低(例如,与下属之间的情感亲密度低,建立肤浅表面的关系,不关心下属,无视下属的需求,不能从他人视角看待问题等)(Campbell et al.,2011;Zeigler-Hill et al.,2010),这些自恋的高管对下属了解不够,也不关心下属如何成长,因此不能针对不同的下属因材施教。总体而言,高管的自恋与辩证领导行为中的变化原则呈现负向关系。

第二,在辩证领导行为的矛盾原则方面,现有研究证据也向我们揭示了高管的自恋与恩威并施和权衡矛盾负相关。首先,因为自恋领导者的动机通常是出于自己对权力和崇拜的需要而不是同情关怀他们所领导的下属和组织,因此他们对于建立和保持温暖的人际关系不感兴趣,甚至会更倾向于操控、剥削、侵略或敌视他人(Rosenthal & Pittinsky, 2006)。更严重的是,自恋的领导者在自我服务的偏见下倾向于贬低他人以便凸显自己、过分吹嘘自己的功劳、否定他人应得的欣赏或认可甚至因为自己的错误而责备别人(Campbell & Sedikides, 1999; Martin et al., 2016; Rosenfeld, 1987)。自恋的领导者还不愿授权给他人,也不愿奖励下属好的行为(Martin et al., 2016)。上述种种特点表明自恋的领导者很少会对下属表现出亲和、鼓励、肯定和授权,因此不能做到恩威并施。在权衡矛盾方面,自恋的领导者冲动的特征使他们总是出于想得到认可和赞赏而去做一些能获得暂时满足的行为,这有时确实会帮助企业获得短期的成功,但通常是以牺牲长期的成功为代价的(例如,破坏长期资源)(Campbell et al., 2005; Raskin & Terry, 1988)。因此,自恋的领导者在制定战略和管理企业时难以做到平衡企业的短期利益和长期目标,缺乏这种权衡矛盾的能力。此外,尽管自恋的领导者有时确实是变革创新的来源,但这种变革所带来的效果波动性非常大(要么是前所未有的成功,要么是惨痛的失败),过去的研究也证明了自恋的领导者所带领的企业会呈现出强烈的财务波动和两个方向的极端绩效表现(Campbell et al., 2011; Chatterjee & Hambrick, 2007)。因此,自恋的领导者难以做到在促进变革创新的同时维护组织的稳定发展。现有研究还指出,在面临有挑战性的、复杂的情境时(例如,矛盾的境况),自恋的领导者会放弃或进行自我妨碍(Self-handicap,即故意贬损自己的表现来为自己的失败找借口)(Rhodewalt et al., 2006)。因此,自恋的领导者不能很好地处理需要权衡和应对矛盾的复杂状况。

第三,针对辩证领导行为的联系原则。自恋的领导者有着极端利己的、以自我为中心的动机,他们追求权力和名誉、追求自己被认可和赞颂并且持续地强化自身的优越性,而不太考虑企业整体的布局和情况及下属的需求(Maccoby, 2004; Rosenthal & Pittinsky, 2006)。研究表明,自恋者的特权感(sense of entitlement)会驱使他们要求更多的薪酬或组织所不能支撑和提供的资源(Campbell et al., 2004; Campbell et al., 2004),这样的高管在分配资金、人力及其他资源时同样很少顾及公司的整体状况。此外,自恋的高管对自己无所不能的感知使得他们认为所有事情都在自己的掌控之中,自己不需要帮助(Stein, 2013),因此他们会以自我为中心来做决策,并拒绝他人的建议和反馈,尤其是那些与自己的观点相冲突的建议。换言之,这样的高管在决策时不会从全局出发考虑各部门意见,不能整合多方面有价值的建议和信息,也不能整体地协调组织和各部门的运作。总之,高管的自恋特质会阻碍其实施注重协调和整体管理的辩证领导行为。

综上所述,我们提出:

假设7 高管的自恋性格会负向影响其辩证领导行为。

二、环境动态性的调节作用

除了上述我们假设的谦卑和自恋的性格对辩证领导行为的直接影响作用,我们还试图探讨一些调节变量。不少研究表明,谦卑和自恋所产生的效果很大程度上取决于当事人所面临的环境因素(Owens & Hekman,2012;Stein,2013)。虽然存在许多不同的描述环境特征的方法,但最常用的变量是环境动态性(Jansen et al.,2005)。环境动态性(Environmental Dynamism)是指组织环境变化的速度和广度(Dess & Beard,1984),描述了组织所面临的外部环境不可预测的程度(Miller & Friesen,1983)。

环境动态性高的时候,高管会面临一个快速变化、动荡、复杂的环境。动荡不安的市场环境通常会伴随着激烈的竞争、大量矛盾的需求、不一致的战略、非均衡的情况,需要组织持续学习和创新(Hitt et al.,1998)。在这种情况下,一个有效的管理者需要扮演更加多元甚至是矛盾的领导角色(Hooijberg & Quinn,1992)。因此,当组织处在这种多变和不确定的环境中时,高管的辩证领导行为对于组织的生存和发展起着至关重要的作用。

特质激活理论(Trait Activation Theory)认为,某人的个性特质对其自身行为的影响并不是在所有的情境中都一成不变的,而是部分取决于此人所处的特定情境,这种特定的情境被称为情境线索(Situational Cue)(Tett & Burnett,2003)。在本研究中,环境动态性作为一个重要的情境线索,会激活高管的自恋和谦卑两种个性特质的不同方面,进而改变它们对辩证领导行为的影响。

具体而言,对于自恋的高管,高度动态的环境深深地威胁着他们的自尊(Self-esteem)以及他们对权利和控制自我膨胀的感知,这对于自恋者而言是无法忍受的。由于动态的环境会使得组织内、外部都充满不稳定性、复杂性和模糊性,一旦自恋的高管不能有效地做出响应,他们苦心经营建立起来的伟岸形象就会瞬间崩塌。在这种情况下,自恋的高管会想尽一切办法去改变威胁到其积极自我感知的现状,以维护自我形象(Baumeister et al.,2000)。因此,面对高度动态的环境带来的要求(例如,日益激烈的竞争、多方面的矛盾需求、不统一的战略、非均衡的情况、创新和持续学习的要求等),自恋型领导者不得不去关注各方面的新信息,从环境和员工处准确、快速地获取新知识(Reger & Palmer,1996)。同时,领导者还需持续地识别环境的动荡带来的机会和威胁,并据此实时调整战略和管理方式以防止组织陷入战略僵化和管理惰性的境地。此外,为了应对动荡的环境,他们还需要用更加动态的视角去管理组织,处理多种多样的问题和需求、从全局出发协调整合组织中不同部门和团队中不同成员的力量。所有的这些行为表现都意味着更多的辩证领导行为。据此，自恋的高管在高度动态的环境下会倾向于实施辩证领导行为。

对谦卑的高管而言，他们具有服从于更大力量的自我观念以及服务他人和组织的倾向(Peterson & Seligman, 2004; Tangney, 2002; Zhang et al., 2017)会被高度动态的环境进一步激发出来，所以他们会投入更多的努力去寻找方法帮助他人和组织获益。因为高度动态的环境充满了复杂性和不确定性，并且包含着许多看似相互依赖却又矛盾的因素(Denison et al., 1995)。为了有效地应对高度动态的环境，谦卑的高管需要在制定战略决策前进行更加大量且有效的信息搜寻、识别、分析、诊断和整合工作(Blake & Mouton, 1964; Clapham & Schwenk, 1991)，更加准确地评价环境中的机会和挑战，根据不同情境动态调整管理行为(Denison et al., 1995; Hooijberg & Quinn, 1992)，更加高效地联系整合各部门和环节，以及运用全局观念协调矛盾的需求。综上所述，谦卑的高管在高环境动态性下会进一步强化自己的辩证领导行为。

相反，当环境动态性较低时，技术更新、市场需求、客户偏好和竞争对手行为都相对稳定和可预测，同时组织所面临的问题通常是结构性的。在低动态的环境下，组织可以在现有的惯性下有效运转，情境线索不太凸显。因此，自恋和谦卑的高管大致上还是在个性特征的驱使下按照往常的行为模式行动。

具体而言，谦卑的高管在相对稳定的环境中会放松感知外部威胁的神经，这会轻微地削弱他们的辩证领导行为。对于自恋的高管，低动荡的环境给他们提供了一个更安全的舞台来展示自己的优越性和伟岸形象。因此，自恋的高管会更加以自我为中心、忽略组织目标、忽视他人的建议和反馈、剥削和轻视下属，并且更加不会根据环境变化或下属的不同来灵活地调整战略和管理方式、协调矛盾的情境或整体协同地协调组织运作，这些表现都意味着更少的辩证领导行为。

综上所述，我们假设：

假设 8 环境动态性会调节高管的谦卑性格对其辩证领导行为的正向影响。具体而言，高环境动态性时，高管的谦卑性格对其辩证领导行为的正向影响增强；低环境动态性时，高管的谦卑性格对其辩证领导行为的正向影响减弱。

假设 9 环境动态性会调节高管的自恋性格对其辩证领导行为的负向影响。具体而言，高环境动态性时，高管的自恋性格会正向影响其辩证领导行为；低环境动态性时，高管的自恋性格会负向影响其辩证领导行为。

基于前面的理论分析与假设提出，本章的研究架构如图 9-1 所示。

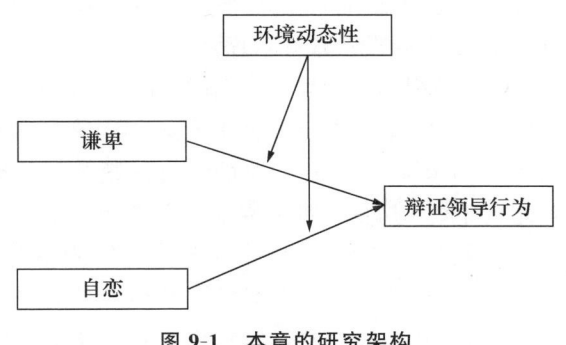

图 9-1　本章的研究架构

三、研究方法

1. 样本

本节研究与第一节的研究样本数据来源相同,我们通过邮件分别向担任高管的 EMBA 同学及其直接下属发送了问卷链接,最终获得了包含 534 份高管问卷和 2 208 份下属问卷的匹配样本。

2. 变量测量

在本研究的问卷调查中,每一位企业高管需要评价自身谦卑和自恋的个性特质以及感知到的企业所处行业的环境动态性,下属评价自己对于高管的辩证领导行为的感知。研究使用的是国际期刊上的通用量表,我们按照标准的翻译—回译程序对量表进行了翻译,以确保量表的准确性和易懂性(Brislin,1986)。除了自恋量表,所有条目测量均采用李克特 7 点量表(1=非常不同意,7=非常同意)。

(1) 谦卑。使用 Owens et al.(2013)开发的 9 条目量表进行测量。量表题目如"我会主动寻求别人对我的反馈,即使反馈是批评性的"和"我会对别人的贡献表示赞赏"(量表内部一致性信度系数 $\alpha=0.89$)。

(2) 自恋。采用 Ames et al.(2006)开发的 16 条目量表进行测量。每一个条目包含 A 和 B 两个选项,领导作为填答者需要从中选择一个选项。其中,一对量表题目如"我喜欢做大家关注的焦点"(A)和"我喜欢融入人群"(B)。选项 A 和 B 分别被记为数字 1 和 0,自恋的总分数是将 16 个选项对应的分数相加,总分越高代表这位填答者越自恋(量表内部一致性信度系数 $\alpha=0.75$)。

(3) 环境动态性。使用 Schilke(2014)开发的 5 条目量表来测量企业所在特定行业的环境动态性。量表题目如"公司面临的外部环境一直在变化"和"新的商业模式不断出现"(量表内部一致性信度系数 $\alpha=0.85$)。

(4) 辩证领导行为。与第一节相同,我们使用 Lin et al. (2018)开发的 22 条目量表测量辩证领导行为。每位下属分别评价他们对于直属高管的辩证领导行为的感知,然后我们将一个团队内所有下属的评价分数聚合到团队层面从而得到该团队领导的辩证领导行为分数(量表内部一致性信度系数 $\alpha=0.97$)。

(5) 控制变量。与第一节相同,控制变量包括高管的年龄(岁)、性别(1=男,2=女)和受教育水平(1=初中学历或更低,2=高中学历,3=技校或中专学历,4=大专学历,5=大学学历,6=研究生学历,7=博士学历),以及企业规模(人数,由于企业规模数值跨度较大导致方差较大,故取自然对数处理)和企业年龄(年)。

四、研究结果

1. 验证性因子分析

为了对假设中各变量进行区分效度检验,我们采用 Mplus 7.0 对假设模型进行了验证性因子分析(CFA)。基线模型是包含高管的谦卑、自恋、环境动态性和辩证领导行为的四因子模型,模型的拟合效果较好($\chi^2_{(1268)} = 1\,592.32$,RMSEA=0.02,CFI=0.97,TLI=0.96)(Hair et al., 1998)。由于高管的谦卑、自恋和环境动态性皆由高管进行评价,因此我们构建了其他三个竞争模型并进行 CFA 检验。如表 9-4 所示,我们在模型 2 中使高管的谦卑和自恋的条目负载在一个因子上,模型的拟合效果相对基线模型较差($\chi^2_{(1271)}=3\,893.08$,RMSEA=0.06,CFI=0.82,TLI=0.81,$\Delta\chi^2_{(3)}=2\,300.76$,$p<0.01$)。在模型 3 中我们将高管的谦卑、自恋和环境动态性的条目均负载在一个因子上,模型拟合效果也相对基线模型变差($\chi^2_{(1273)}=4\,919.04$,RMSEA=0.07,CFI=0.75,TLI=0.73,$\Delta\chi^2_{(5)}=3\,326.72$,$p<0.01$)。在模型 4 中我们将所有四个变量的条目都负载在一个因子上,其拟合效果也相对基线模型变差($\chi^2_{(1274)}=7\,333.94$,RMSEA=0.09,CFI=0.59,TLI=0.55,$\Delta\chi^2_{(6)}=5\,741.62$,$p<0.01$)。综上,模型拟合系数结果表明,四因子的基线模型具有最理想的拟合优度,优于其他所有竞争模型,证明了核心研究变量间的区分效度。

表 9-4　验证性因子分析结果

模型	χ^2	Df	χ^2/df	RMSEA	CFI	TLI	$\Delta\chi^2$
模型1:四因子模型	1 592.32	1 268	1.26	0.02	0.97	0.96	
模型2:三因子模型	3 893.08	1 271	3.06	0.06	0.82	0.81	2 300.76**
模型3:两因子模型	4 919.04	1 273	3.86	0.07	0.75	0.73	3 326.72**
模型4:单因子模型	7 333.94	1 274	5.76	0.09	0.59	0.55	5 741.62**

注:** 为 $p<0.01$。

2．描述性统计和相关分析

表 9-5 反映了研究变量的均值、标准差和相关系数。结果显示,高管的谦卑与其辩证领导行为显著正相关($r=0.14$, $p=0.002<0.01$),结果与预期相符,假设得到初步支持。但高管的自恋与其辩证领导行为无显著相关关系($r=0.03$, $p=0.49$, ns),这意味着在此二者的关系中可能存在边界条件。

3．假设检验

为了检验模型中的假设,我们首先使用 SPSS 24.0 对每个假设分别进行了普通最小二乘法(OLS)回归分析,然后运用 Mplus 7.0 进行了整个模型的路径分析。表 9-6 显示了回归分析的结果。

假设 1 提出高管的谦卑会对其辩证领导行为产生正向影响。表 9-6 中的模型 2 显示,领导的谦卑对其辩证领导行为的回归系数为正向且显著($\beta=0.14$, $p=0.005<0.01$),假设 1 得到证明。

相比而言,假设 2 提出高管的自恋会负向影响其辩证领导行为。表 9-6 中的模型 2 显示,高管的自恋对其辩证领导行为没有产生显著影响($\beta=0.04$, $p=0.46$, ns)。虽然假设 2 没有得到支持,但是这个非显著的结果预示着高管的自恋和其辩证领导行为之间可能存在一个潜在的调节变量。

假设 3 提出环境动态性会强化高管的谦卑和其辩证领导行为之间的正向关系。表 9-6 中模型 3 的结果发现,高管的谦卑和环境动态性的乘积项不能显著预测其辩证领导行为($\beta=0.03$, $p=0.52$, ns),这表明无论环境是否具有动态性,高管的谦卑的特质始终能够对其辩证领导行为产生积极的影响。

对于自恋的高管来说,假设 4 提出高管的自恋对于其辩证领导行为的影响可以被环境动态性这一变量逆转。表 9-6 中模型 4 的结果表明,高管的自恋和环境动态性的乘积项能够显著正向预测其辩证领导行为($\beta=0.15$, $p=0.002<0.01$),假设 4 中的调节效果被支持。为了更加详细地解读交互效应,我们还进行了单斜率检验。如图 9-2 所示,当环境动态性高的时候(高于均值一个标准

表 9-5 研究变量均值、标准差和相关系数

	均值	标准差	1	2	3	4	5	6	7	8	9
高管的性别	1.31	0.46	1								
高管的受教育水平	5.18	0.79	0.09*	1							
高管的年龄	39.28	5.35	−0.17***	−0.05	1						
企业规模(取对数)	5.78	2.25	−0.02	−0.01	−0.04	1					
企业年限	16.01	18.82	−0.03	−0.02	0.07	0.31***	1				
谦卑	6.13	0.72	0.03	−0.04	0.02	−0.03	−0.04	1			
自恋	6.54	3.39	0.03	0.01	−0.12**	−0.02	−0.02	−0.03	1		
环境动态性	4.67	1.30	0.04	0.06	−0.06	0.13**	−0.02	0.11*	0.05	1	
辩证领导行为	6.29	0.49	0.06	0.02	−0.09	0.08	−0.00	0.14**	0.03	0.05	1

注:$N=534$,* 为 $p<0.05$,** 为 $p<0.01$,*** 为 $p<0.001$,双尾检验。

差),高管的自恋与其辩证领导行为显著正相关($\beta=0.10$,$p=0.04<0.05$);而当环境动态性低的时候(低于均值一个标准差),高管的自恋与其辩证领导行为之间没有显著关系($\beta=-0.06$,$p=0.22$,ns)。因此,假设4被证明了。

表9-6 回归分析

	因变量:辩证领导行为				
	模型1	模型2	模型3	模型4	模型5
高管的性别	0.04	0.03	0.03	0.03	0.03
高管的受教育水平	0.01	0.01	0.01	0.00	0.00
高管的年龄	−0.08	−0.08	−0.08	−0.08	−0.08
企业规模(取对数)	0.08	0.08	0.08	0.08	0.08
企业年限	−0.02	−0.01	−0.01	−0.01	−0.01
谦卑		0.14**	0.14**	0.14**	0.14**
自恋		0.04	0.04	0.04	0.04
环境动态性			0.01	0.02	0.02
谦卑*环境动态性			0.03		0.04
自恋*环境动态性				0.15**	0.15**
F值	1.30	2.14*	1.71	2.82**	2.60**
R^2					
R^2变化	0.02	0.04	0.04	0.06	0.06

注:* 为 $p<0.05$,** 为 $p<0.01$,表格中系数为标准化回归系数;模型2的 R^2 变化值是与模型1相比,模型3、4、5的 R^2 变化值是与模型2相比。

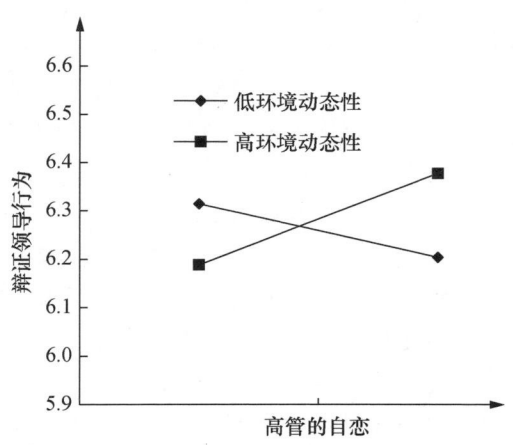

图9-2 环境动态性对高管的自恋和其辩证领导行为关系的调节效应

为了更清晰地展示本章的假设模型,我们还运用结构方程模型(SEM)进行了路径分析。在此过程中,高管的谦卑和自恋同时作为自变量被放入模型中,而SEM使我们能够更全面地检验多个自变量同时存在时的多重效应。图 9-3 显示了路径分析的结果(回归模型中的所有控制变量都得到了控制)。与 OLS 回归结果一致,路径分析也支持了本章研究中的大部分假设。

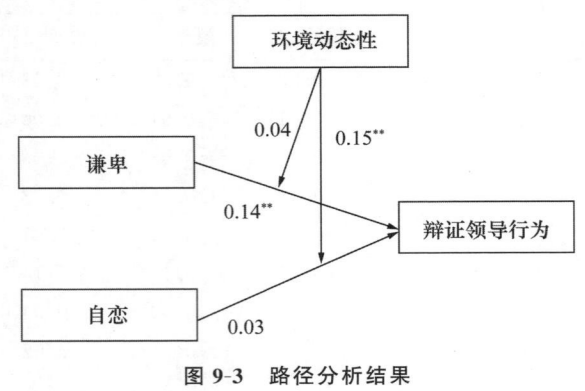

图 9-3 路径分析结果

注:** 为 p<0.01。

本 章 小 结

本章我们集中探讨了高管的辩证领导行为的前因问题。基于领导力有效性的特质—行为综合模型,我们在第一节中首先探究了高管的"大五"人格对其辩证领导行为的影响。研究结果表明,高管的尽责性、外倾性、开放性、随和性和神经质都不能显著地预测其辩证领导行为。在第二节中,我们结合了领导力有效性的特质—行为综合模型和特质激活理论来检验高管的谦卑和自恋性格对其辩证领导行为的影响及其发挥作用的边界条件。研究结果发现,谦卑的高管具有相对一致的辩证领导行为模式,即谦卑的高管不论在高度动荡还是相对稳定的环境中都会表现出辩证领导行为。相对而言,只有在外部环境高度动态(即产品服务模式、营销手段迅速变化、新的商业模式不断涌现、竞争对手的行为越来越难以预测)时,自恋的高管才会更多地采取辩证领导行为来应对这种动荡不安的环境带来的矛盾、变化、冲突和挑战。这也间接地验证了自恋的领导并不太适合平静的时期,但却更能在混乱的时期发挥其效用。据此,在企业管理实践中,本章研究结果对企业选人用人有很强的指导意义:在环境动态性高的时候企业招聘自恋和谦卑的高管皆可,因为在动荡环境的驱动下具备这两种个性特质的领导都会采取有效的辩证领导行为;但值得注意的是,在低环境动态性时企业应该侧重于选择谦卑的高管才更能确保他们表现更多的辩证领导行为,进而帮助企业实现更好的绩效。此外,由于本章研究指出自恋的领导只有在意识到环境高度动态的情况下才会采取有效的辩证领导行为,同时考虑到当代领导所面临的环境动态性的普遍存在,因此企业应该鼓励和推动高管(尤其是自恋的高管)去更加及时、清晰地认识环境的变化,以便他们适时地采取辩证领导行为来帮助自己有效地应对环境中错综复杂的矛盾需求等。

第十章 创业者的辩证领导行为

在本书前面的实证研究部分,我们验证了辩证领导行为对于初创企业的发展尤其重要,本章针对创业者这一特殊的群体进行总结,首先我们分析一下中国初创群体的发展现状,其次在实证研究的基础上,分析总结辩证领导行为对于初创企业发展的影响。最后,基于我们的研究结果,对于创业者如何提升自身的辩证领导行为进行总结。

第一节 中国初创企业的发展现状与问题

2014年9月,李克强总理在夏季达沃斯论坛上提出了"大众创业、万众创新"的理念,此后国内"双创"发展不断升级深化,"双创"理念日益深入人心,初创企业数量、规模不断攀升,这些发展都有助于推动我国经济结构调整并成为国民经济发展的新引擎。而在国际上,初创企业的规模和成功率已经成为衡量一个国家的发展潜力、技术能力和经济活力的关键指标。国家工商总局的统计显示,2016年全年中国新登记企业552.8万户,同比增长24.5%,平均每天新登记企业1.51万户。2017年全国新登记企业比上年增长9.9%,日均新登记企业1.66万户。国家统计局发布的《2017年国民经济和社会发展统计公报》显示,新动能、新产业、新业态加快成长,工业战略性新兴产业增加值比上年增长11.0%,高技术制造业增加值增长13.4%,全年新能源汽车产量比上年增长51.2%,工业机器人产量比上年增长81.0%,民用无人机产量比上年增长67.0%,战略性新兴服务业营业收入比上年增长17.3%(国家统计局,2018)。

初创公司（Startup Company）指的是那些由创业者成立且成立不久的创业型企业，其运营目的是围绕产品和服务来探索能够解决市场需求的商业模式。初创公司通常规模较小，但能够高效运营，主要依赖创新产品或服务以获取竞争优势，从而快速发展（Chen & Hambrick, 1995；Katila et al., 2012）。从历史经验角度来看，初创公司虽然战略较为灵活，却往往面临高居不下的失败率和很短的预期寿命，但是从残酷竞争中胜出的小部分初创公司将成长为上市公司，甚至成为全球性的、有巨大影响力的公司。

随着越来越多的高学历科技人才投身于创业活动，初创企业所带来的科技创新、理念创新和模式创新给当今的社会生活和生产方式带来了巨大变化。新兴产业快速发展对于国家意义重大，反过来又给新时代的创业者提出了更大的挑战。腾讯研究院发布的《2017中国创新创业报告》显示，2017年失败的初创企业中，有超过半数是成立时间少于四年的新成立企业。在"双创"政策的支持和资本热潮带动下，大量富有时代特点和科技含量的初创企业不断涌现；另一方面，热点领域由于企业一哄而上带来踩踏效应。从选取的企业样本名单中也能看出，"死亡企业"大多属于创业者和资本集中的热门"风口"行业，热点吸引更多的人才进入，造成了激烈的竞争和残酷的淘汰。

同时，随着外部政治和经济不确定性的不断加大，创业者将面临更加艰难的创业环境，包括全球化的市场竞争（D'Aveni, 1995；Milliken, 1990）、产品技术的快速更新、市场需求的千变万化（Horney et al., 2010；Rubera & Kirca, 2012）等商业环境都对创业者的胜任素质和决策能力提出了更高的要求。在这种情况下，创业者不仅要考虑企业的短期生存问题，也需要考虑长期的战略部署；并且根据大环境的变化进行全盘性的考虑，思维需要从改革开放初期的艰苦奋斗"单赢"模式转变为协调内外部各方利益的"整体思维""多赢思维"，以及"辩证思维"。

因此，全球范围内的创业者都要面对非常高的失败率，创业过程中更是注定要遭遇困苦和挫折，这要求创业者能够具有坚持本心、脚踏实地、不畏挫败、坚持到底的素质。同时，在热点迅速更迭、科技日新月异、外界选择多样的时代，想要占得先机需要创业者自身有对新的趋势能够快速把握的能力。另外，创业团队中的合伙人及员工是公司的重要资产，需要创业者能够因人而异实现个性关怀来提高员工满意度，降低离职率；外界环境动态性高，资本市场起伏不定，新事物不断涌现，战略方向难以预测，这要求创业者修炼整体考虑、权衡矛盾、注重协调和适时调整的辩证领导行为。辩证领导行为对于他们应对不断变化的环境，在激烈竞争的环境中脱颖而出具有至关重要的作用。

第二节　成功创业者的辩证领导行为访谈研究

一、辩证领导行为在创业者中的体现

这部分研究的目的是解决两个关键问题：即企业初始创业者要胜任创业工作应当具备哪些战略管理思维？优秀的企业初始创业者和一般的企业初始创业者在辩证领导行为方面存在哪些不同之处？

目前有关创业者胜任特征的研究文献中，主要探讨了区分优秀创业者和普通创业者的个人特质与能力，并构建了相应的胜任特征维度，但缺乏结合优秀创业者的战略思维和行为的探索，特别是对优秀创业者在复杂商业环境和多变战略环境下采取的相应战略思维的了解与归纳仍十分缺乏。鉴于此，本研究采用基于创业者访谈的定性研究方法来探索和了解创业者辩证领导行为的具体行为表现。

1. 访谈程序

我们首先编写了访谈提纲，提纲的内容主要是请创业者描述他们在创业过程中如何进行战略思考和他们的行为表现如何。然后对初始创业者进行半结构化访谈，经过允许后进行全程录音，并在 24 小时内将所有录音整理成文本资料。培训编码人员，依据文本资料得到的有关初始创业者辩证领导行为的词汇和事件进行讨论。

2. 访谈对象

由于我们访谈研究的目的是探索优秀初始创业者辩证领导行为的具体表现，因此我们选择的访谈对象具有以下标准：① 访谈对象是初始创业者，所领导的企业是成立年限较短的民营企业；② 初始创业者至少成功拿到了一轮融资，得到了资本市场一定程度上的认可；③ 尽量覆盖多个行业和地域。

根据这几项挑选标准，我们选择了 21 家初创企业，并对这些企业的初始创业者进行了半结构化访谈。访谈对象的基本情况如表 10-1 所示。

表 10-1　访谈对象的基本情况

名称(代号)	行业	创立年限	地区
HTH	远程教育	2	上海
SMS	感应系统	2	北京

(续表)

名称(代号)	行业	创立年限	地区
STX	智能制造	3	深圳
DH	物流运输	2	深圳
JK	智能制造	1	北京
MB	医疗健康	1	深圳
QQ	智能配件	2	北京
SHS	感应设备	2	深圳
SCG	智能制造	3	深圳
SND	智能制造	2	北京
CC	医疗健康	1	深圳
SD	互联网	2	北京
XK	互联网	2	北京
WXK	远程教育	5	北京
YS	智能制造	2	北京
US	互联网	1	北京
HY	感应设备	4	北京
ZN	金融	2	上海
XHB	金融	4	北京
MBA	教育培训	3	北京
NY	种植业	4	辽宁

这21家企业都是至少成功拿到了一轮融资的初创企业,访谈对象都是公司的创立者。在访谈前,我们向访谈对象介绍了此次访谈的研究目的,并明确保证访谈所涉及的内容仅用于学术研究,不会对外泄露。主动征求访谈者对全程录音的许可,并且解释说明录音的目的。

3. 访谈内容分析方法

在分析创业者访谈文本时,我们使用了主题分析法(Lee, 1999; Miles & Huberman, 1994)。具体来说,根据Boyatzis(1998)规定的流程,两名管理学领域的博士生分别独立分析了访谈文本。对于每个访谈记录,两名分析人员首先各自通读所有访谈,其次以段落为单位提取出与研究主题相关的自然意义单元,最后从这些自然意义单元中提取和分类反映创业者管理行为的关键信息,并依次记录出现的次数。随后重复这一过程,每次完成时,都要进行讨论,若发现有不能包含在内的新条目,则添加到表中,直到达成共识。

二、访谈结果分析[①]

1. 与矛盾原则相关的辩证领导行为表现

综合创业者访谈文本分析的结果,我们发现在两个截然相对的概念之间寻求平衡和解决之道是支撑创业者成功的最重要的主题之一,即创业者辩证领导行为中矛盾性原则的具体体现:初创企业总体战略表现为短期灵活变动与长期目标的实现、企业保障长久存活和技术领先、企业聚焦本业和容纳新信息,等等。具体表现为,初创企业的战略如果要保持长期稳定、企业要聚焦本业、达成初始设立的目标,那么就要求创业者能够克服重重困难、拒绝诱惑、坚定不移地追求达成长期目标,而初创企业在短期内又要面对巨大的资金、人力和生存压力。同时,初创企业面对技术日新月异、环境快速变化的不断挑战,这就要求创业者能用权衡的辩证领导行为去实行战略的灵活多变、技术的不断革新,并积极了解新的内、外部信息。

例如:

> 其实就是说怎么去把困难的东西变成一个动力,让公司在困难的过程中不断学习,提升自己,今后不要再犯同样的错误,这是公司团队包括我自己在不断做的事情。所以说遇到任何困难我觉得其实都是一件好的事情,对公司的发展都有帮助,要把坏事变好事。现在不管是我自己还是公司团队,都坚信困难的过程有时让我们有机会在前进的过程中把控自我。(SMS创始人)

有的创业者提出没有绝对好的行为,也没有绝对坏的做法。市场和商业环境十分复杂,对创业者和公司的考验也是多方面、多方向的,某个传统上认为正面的特点,很可能在某个特殊的时期变成拖累,反而变成负面的因素。这种矛盾双方互相转化、互相依存的观点充分显示了创业者的辩证领导行为:

> 很多人也很聪明,但他们可能没有目标感和使命感。这可能很快就会变成劣势。那些所谓的让你成功的品质,可能也是你失败的原因。(STX创始人)

> 我第一次创业的时候,主要就是希望核心团队的每个人都要完全按照我的既定方法做事,跟我时刻保持一致,但是这种方式虽然执行力很强,但是会导致所有人的执行方式跟创始人是一样的,这会影响公司整体对风险

[①] 为了保持访谈内容的原意,我们没有对访谈内容进行过多的加工。

危机的判断能力以及对于机会的把握能力,因此会让企业失去很多机会。(XK 创始人)

创业的目的很大程度上包含了对更高生活质量的追求,这一点本是公认的事实,但是有辩证领导行为的创业者会提出从矛盾原则去考虑这项动机,就会得到较为复杂的答案,对于金钱的追求有时反而会阻碍最后的成功:

> 我首先来讲所谓的格局问题,一个过于计较个人利益的人最后是走不远的,因为他计较的东西太多了。首先我的一个格局就是我创业的目的是什么。就把这个事做好,做得非常好。我不是追求一开始要赚多少钱,那样就与一个小商贩了。我们在某种意义上也是商人。但是在谈创业的初衷的时候我不怀疑是为了赚钱,但是只想着赚钱就一定不行。但是我们来做这个事的时候,不追求短期利益最大化,因为我们的布局规划非常长远,不是两三年就赚好多钱,所以你得熬得住。(MB 创始人)

对于科技创业公司来说,热点概念、智能化、科技战略都是至关重要、难以割舍的核心价值点,但是具有辩证领导行为的创业者能够从中看出权衡矛盾的行为表现,如果过分坚守这些要素,很可能给生存造成巨大难题,最终导致公司半途夭折:

> 这个东西没有概念,但是我觉得,说公司先生存下来,我们首先要获取用户。无论是通过智能化渠道还是利用传统方法,都要先获取用户,再谋长期发展。否则,这个可能真的是能赌上就赚钱,赌不上就拉倒了。(QQ 创始人)

2. 与联系原则相关的辩证领导行为表现

访谈中发现,创业者需要分析所提出的问题和解决方案与公司总体目标和战略是否契合,与运作流程是否和谐匹配,并在全局管理的原则下分析局部的目标和方案会造成的连锁反应,最终要以对战略和整体的贡献程度来决定实施的力度。如果没有细致考虑局部目标与全局各细节的关系,很可能就会造成负面的连锁结果,对于其他重要部分顾此失彼,局部目标的达成却造成了其他环节的耽搁,最终导致整体战略上的得不偿失。这些行为表现正是辩证领导行为中的"注重协调"和"整体管理"。

> 但现实中公司还有各种各样的问题,教育、提升、执行力、产品、对客户的服务是否到位等,都需要改善。资本化我们也会去想,但是我觉得资本化

始终只是公司发展过程中的一个环节,一个重要的环节,不能当成一个最终目标。

我觉得任何事情都具有两面性,都需要花时间去实践。有些事情不一定越早做越好,像资本化这件事我觉得太早做的话有时候公司还没发展到那个规模,步子迈得太大对公司也不是什么好事情。所以我现在就是靠一个直觉,我觉得现在公司最需要什么,我可能花的精力会更多一点。(SMS创始人)

回到公司发展过程,还完全谈不上说能够去主抓战略,到目前,公司成立三年,因为还处于相对稳定期,在这个阶段如果只抓战略还是不行的。此时对我来说要做两件事情,一是分析公司的战略,二是担当救火队员。因为对我们而言,现在就是不断地取得单点突破来获取优势,同时,又要不断补充自己的短板,除了战略我在公司主抓这两件事情。(CC创始人)

面对一个与公司文化、科技路线相左的项目,具有辩证领导行为的创业者会采用联系原则思考问题。公司的最终目标是生存和发展,但是具体对项目的期待只是局部和短暂的目标,从整体和长期方面对项目进行考量是必要的:

其实这种冲突很明显,而且每家企业都会遇到,无论是在哪个行业。作为一家小公司,尽管有的项目可能跟公司想做的方向或产品是不一致的,但是这个项目合作起来还不错,公司有钱可赚,不会亏本,但是可能非常耗时耗力,接不接呢?那绝对会接,每个公司都会接,因为公司若没有通过做好项目获得好口碑的话,就不会有好的规模化发展。(DH创始人)

在具有整体管理的创业者眼中,管理的难题恰恰是体系架构中各部分的联动问题,即局部的各个部门、各个岗位如何为整体协同共进的问题:

整个公司管理实现标准化,整个体系架构实现标准化,然后才可以更加柔性地去快速反应,适应市场的变化,包括适应客户的需求。从整个研发、市场、营销、团队建设都要实现联动。如果没有在一家大公司做过十年并进行过轮岗,同时担任过类似于副总层级的职务的话,这个联动是很难实现的,现在很多公司尤其是大公司其实是实现不了联动的。(DH创始人)

然后是团队管理,构建什么样的团队氛围,部门之间,比如生产和研发部门或者销售和技术部门,按照流程一定有一些工作是需要磨合的,面对客户时就是一个评判标准,如何让客户满意,如何利用资源来做好一个项目,很多时候依靠制度只能解决一个基本的问题,还需要大家有一个认知,就是向前各走半步,彼此之间才能衔接得更好。(NY创始人)

同样,服务好整体也需要人与客观环境的良好整合,面对各种各样的人,需要不同的客观条件去帮助彼此催化产生正向反应,最终促成整体的管理:

> 我觉得,我的团队里也有各式各样的人,那么做起事来无非就像烧菜一样,边际条件取决于火、厨师、食材、水,这几个条件具备了,你的菜自然会好。那么创业和烧菜一样,边际条件无非就是天时、地利、人和。(JK 创始人)

注重协调的最终目的是成就整体大局的优势,创业者自身对于战略的理解和整体目标的把控就成了决定成败的关键。

> 战略眼光很重要,你对整个行业发展的判断,不能只看眼前,要往后多看几年,看得透彻一些。但是这需要很多因素,包括对这个行业的判断、在这个行业里面已经打下的基础,然后是一个比较合理的判断,这个非常重要。(SND 创始人)

> 我们公司的部门大体上分为三块:一是行政,包括对日常事务的处理、财务、市场等,现在来讲比较简单。二是研发,集中在硬件和软件两方面。三是部门之间资源的调配,其实在公司创立初期,人力上的这种调配存在一些矛盾。因为资源毕竟有限,大家都想做好事情,然后就会出现一些问题。刚开始,公司设置了部门奖或者团队奖。后来我发现,大家为了得到这个奖,会出现一些不必要的矛盾。于是我就逐渐把这个奖变成项目,这个项目往往涵盖了软件和硬件的组合。这样去调和矛盾,就会简单一些。(SHS 创始人)

3. 与联系原则相关的辩证领导行为表现

成功的创业者总是希望用新的思维和方法去解决问题。他们善于提前调整企业的战略、布局科研方向、研究新的信息等以规避未来可能出现的风险和意外变动。同时,也有助于创业者在动荡的商业环境中灵活、及时地带领初创企业进行迅速调整以快速应对。同时,在管理不同人的时候,创业者也应该针对不同的人进行适当的管理。这些行为表现体现了辩证领导行为的"适时调整"和"因材施教"。

> 我们从 2017 年成立公司到现在,也已经做过两次战略,主要是在市场方面进行调整。刚开始我们可能认为自己在市场方面看得比较清楚了,才去做事情。但是实际参与到市场活动中后我发现,有一些新的商机、新的机会和新的冲击。那么我们根据这种冲击,又重新做了调整,去改变了这个方

针和策略。那我想在以后的发展过程中,这种调整还会出现。(SHS 创始人)

相当于我们过去的理念是让设计师走向前台,去推广他们自己的品牌,后来我们做着做着发现设计师在前台还是不太有优势的,毕竟他们对商业的理解不够充分,所以后来就是我们跟设计师合作,让设计师从前台又重新回到幕后,我们更多的是去打造数个时尚产业的品牌,也是属于自己的品牌。(CC 创始人)

我觉得善变是创业者很重要的特点。所谓的善变就是不会给自己设定一些非要达到的目标,而是如何有益于公司发展我们就如何去做。对很多人来说其实做到善变是很痛苦的,每个人都有很多自己的原则,要改变自己的原则是很痛苦的。但是你所在的公司处于不同阶段,进入不同的领域,你一定会遇到很多新的情况,换句话说,你如果足够灵活会有助于进行快速的调整以适应新情况。(SD 创始人)

不同部门的管理方式不一样。例如,研发这样的部门需要创新,管理和行政、人事这样的部门需要效率,它们因此需要的管理方式也不同。(STX 创始人)

三、访谈小结

通过对优秀创业者的访谈研究,我们初步观察到了创业者在领导初创企业的过程中系统性、多层次、全面地展现了辩证领导行为。这些辩证领导行为包括但不限于用矛盾的观点看待个人、企业和环境的优势与劣势,从优点中看到短板,从艰险中看到动能;用辩证思维的联系原则深刻认识到协调局部和成就整体大局密切联系,创业者运用整体思维对于企业战略的理解和战略目标的把控是决定成败的基础因素。反之,如果局部协调共进,但大局方向疏于把握,那么也不符合联系原则的内涵和要求;在高度复杂、日新月异的现代商业社会,变化是应对周遭商业环境的改变和突如其来的冲击、进行快速应对的重要法宝,而敢于变化、善于变化、成于变化是辩证领导行为的重要实践。

不过,由于客观条件的限制,访谈所能涉及的优秀创业者数量、地域和行业都较为有限,所得到的结论也是质性的,还有待利用实证数据样本进行检验。因此,我们又在访谈研究的基础上增加了问卷调查研究,目的是检验具有辩证领导行为的创业者能否领导企业取得良好的业绩并帮助企业发展得更好。

第三节 创业者的辩证领导行为对企业绩效影响的实证研究

一、初始创业者的辩证领导行为与企业绩效

一般来讲,企业面对的环境可以被定义为"处于组织边界外所有的要素总和"(Daft & Weick,1984)。而有学者认为,对于初始创业者来说环境应当有着更为特殊的含义。环境应该被理解为一种"包含各种能够产生机会的客观条件总集",且更进一步,环境是初始创业者"应当格外专注于其中,从而预测未来趋势"的重要场景(Alvarez & Barney,2007)。现代企业面临的是快速变化、高度动态的竞争格局,这种环境的特点可以被概括为战略不连贯性、非均衡状态、高度激烈竞争、高创新度和对持续学习的要求(Hitt et al.,1998)。实证研究表明,环境因素显著地影响了创业的过程和结果。例如,由于行业间面临的商业环境和周期阶段迥异,造成不同行业的创业企业在新建企业数量、生存率和成长速度方面差异显著(Kirchhoff,1994;Reynolds,1997;Reynolds & White,1997)。同样,有学者发现,不同国家的创业者面临的创业环境差异显著,使得不同国家的创业者的创业绩效差异显著(Bosma et al.,2008)。因此,虽然高度动态和差异化的环境为初创企业家的创业活动提供了更多选择和可能性,但正确理解和驾驭更加复杂的商业环境也给初始创业者带来了更多挑战。由于个人对环境产生的期望和评估差异巨大且只有部分人的判断是正确的(Dew et al.,2004;Palich & Bagby,1995),因此在预测和设定初期创业的发展方向和战略过程中,拥有能够帮助创业者认知和把握环境中存在机会的思维能力十分重要。

由于创业者的认知能力是有限的,且个体不可能得到并处理关于市场和公司内部的全部信息,而创业者面对的商业环境却是高度动态且充斥着差异巨大的观点,因此对创业者能否正确理解环境并从中把握创业机会提出了重大挑战。对环境变化的快速感知以及对各异观点的全面分析,进而把握机会、得出正确的评估、有效地做出战略选择的能力,将决定初创企业生存和发展的空间以及创业的整体绩效。

根据高层梯队理论,公司主要决策者的个人特质会通过其所进行的战略选择和经营决策,最终影响到公司的价值和经营业绩。因此,创始人的认知方式作为个人特质的重要方面同样会对公司的战略和决策产生重大影响。初创公司的创始人作为企业的主要决策者,其认知和思维方式对投资决策将会起到决定性的作用(Nadkarni & Narayanan,2007)。创业者从快速变化的商业环境中识别、

了解并运用商业机会进行创业的过程中,其思维方式对最终的商业机会的合理把握和制定有效的战略决策至关重要。由于认知惯性,如果创业者的思维模式无法接受新的商业环境和发展趋势,那么创业过程中也就难以出现具有创新性的引领型企业。创业行为是一种发现商业机会并积极从中挖掘商业价值的经营行为,而有效挖掘商业机会则要求个体具备相应的认知能力(Shane,2000; Shane & Venkataraman,2000)。例如,有研究认为,认知模式引导了创业者预测机会的过程(Baron & Ensley,2006)。认知模式的不同使得企业家和非企业家这两个群体在利用机会中的风险偏好有显著差异(Palich & Bagby,1995)。

基于上述文献,我们认为,根植于中国传统文化的辩证领导行为有助于提高企业绩效,具体原因如下:

首先,从直觉上来看,创业者能够识别新的机会并精准投入资源是成功创办企业的基础。然而,从变化的角度来看,由于初创企业动态、灵活的特性,创业者更需要具有在资源和投资尚未完全定型之前快速转变配置和方向的能力。也就是说,一旦初始创业者识别出机会,就需要迅速匹配现有资源,形成资源的组和。而在随后的发展阶段,创业者也需要寻找新的发展方向,甚至是不断提供变革的动力(Whetten,1987),这就需要初始创业者能够适时调整,灵活应对。具有辩证领导行为的创业者能够将关注的焦点放在外部影响因素的信息更新、目标客户群的筛选、潜在竞争对手的比较及潜在投入价值的不断评估上,以寻求新的发展机会。换句话说,初创企业时刻都在面临各个相关领域发生的变化,有效适应环境和其他商业相关变化的关键,在于在有限的时间内,创业者能够快速、精准和高效地扫描到与创业发展相关的信息。

其次,从辩证领导行为中有关"联系原则"的角度来看,鉴于管理者认知资源的有限性,个体面对的信息总量远远超过其认知能力可以处理的范围(Cyert et al.,1992)。在企业初创阶段,大多数管理问题都被粗放地处理,但由于资源有限、流程不正规,需要创业者具有很强的整体调控意识。随着初创企业得到融资、逐渐成熟,其间往往伴随着若干次组织层面的调整。随着资本的进场和企业规模的扩大,一些正规化的企业实践,诸如定期的财务和绩效评估、内部控制和人力资源管理等流程需要正规化和常态化(Hambrick & Crozier,1985)。创业者根据初创企业快速壮大的协调需求调整资源布局时,对企业壮大过程中的发展阶段进行全面分析,进而在调整流程和部门资源时,也会考虑企业的整体发展布局。

最后,从辩证领导行为中"矛盾原则"的角度来看,由于企业内、外部环境快速变化、高度复杂、模糊而充满悖论(McKenna et al.,2009),有效的领导行为就是需要针对不同的情形采取权衡矛盾的领导行为。高效的领导者必须具备应对多样化甚至相互矛盾的行为表现和决策能力(Hooijberg & Quinn,1992)。在不同的条件下采用不同的行为方式和决策模式,才能提升领导的有效性,进而提升企业绩效(Denison et al.,1995;Hart & Quinn,1993;Hooijberg & Quinn,1992)。研究显示,创业者的思维模式有双通道的特点,即通过自动化(直觉)和控制化(理性)处理信息或同时处理的双轨道过程(也称为直觉思维式和系统思维)吸收信息(Baron,2004a)。这两个相互矛盾的认知系统之间的相互作用,共同支撑了战略创业决策(Dane & Pratt,2007),这与早期关于创业认知差异的研究是一致的。Groves et al.(2011)对219名专业人士的实证研究证实了创业者认知模式和非创业者认知模式之间差异的某些猜测,他们的研究证实了创业者是在线性决策过程和非线性决策过程之间快速转换的。研究人员将非线性思维定义为直觉的、创造性的、感性的,将线性思维定义为分析的、理性的和逻辑的。他们发现,这些企业家在这两种矛盾的思维方式之间转换的次数超过了演员、会计师和一线经理,与高管的转换次数相同。

总体而言,在商业环境、竞争对手、产品和市场的界限日渐模糊不清的竞争环境中(Nadkarni & Narayanan,2007),创业者的辩证领导行为能够促使初创企业有效应对发展过程中的矛盾、变化和整体性要求。在内、外环境不断快速发展的当今,创业者面临来自全球的商业挑战者和新技术路线,快速识别和整合资源的能力显得尤为重要。而整体环境的复杂化也使得创业者必须快速处理无法用通常逻辑消纳的矛盾信息,此时具有辩证领导行为的创业者就能够脱颖而出,不断受到资本市场的青睐,更能够引领企业获得良好的绩效。因此,我们提出假设:

假设1 创业者的辩证领导行为与初创企业绩效正相关。

二、初始创业者的辩证领导行为对企业绩效影响的边界条件

我们假设创业者的辩证型领导行为对企业绩效有一定的积极影响,那么这一影响是否存在一定的条件?在众多的影响因素中,我们认为企业的战略实施(Strategy Implementation)是重要的边界条件。创业者对企业绩效影响的一个重要的表现形式是战略决策、调整,而最重要的是战略实施。当一个组织改变其战略时,领导在其中的推进作用至关重要。决定采纳一项新的战略计划不等于已经成功执行了此项战略(Pfeffer & Sutton,2000)。但研究发现,领导者常常混淆了这两个要素。

领导者要想实施一项新的战略计划,其下级管理者必须保证能够积极实行该计划;换句话说,领导者必须为新的战略计划分配资源,有效地应对对该计划可能面临的挑战,并通过沟通和宣传使员工相信新战略计划势在必行且符合员

工的利益(Cannella & Monroe,1997;Rotemberg & Saloner,1993)。研究表明,成功实施新战略计划的决定因素在于下级人员是否支持变革(Burgelman,1983)。例如,Wooldridge & Floyd(1990)对 20 个企业的 196 名经理进行了一项研究,他们发现中层领导者在制定组织战略的过程中参与度越高,组织的绩效随着新战略的实施就提升越多。Guth & Macmillan(1986)的研究发现,当中层领导者不支持新战略时,有时能使其夭折。Stagner(1969)在一项对 200 多位高级领导者的研究中指出,员工对新战略的共识是决定公司随后盈利能力的一个重要因素。其他研究表明,高层领导团队对战略的共识也有助于战略的执行(Dess,1987;Hrebiniak & Snow,1982)。

基于上述文献,我们认为,具有辩证领导行为的创业者,在其战略能够得到很好的实施的情况下会对企业的绩效影响更大,反之,当企业的战略不能在企业内部得到实施时,创业者的辩证领导行为对企业绩效的影响作用时有限。因此,我们假设:

假设 2 战略实施会强化辩证领导行为与企业绩效的正相关关系。

三、样本和测量

1. 样本

历经一年半的数据收集和整理,剔除答题不完整和无法配对的问卷,我们最终得到了包括 181 家企业(回收率 51.71%,总共发出 350 家)的数据。其中包括 181 份 CEO 问卷和 362 份高管团队问卷。这些初创企业成立平均年限为 3.64 年($SD=1.25$),企业员工平均人数为 33.27 人($SD=23.39$),企业所属制造业的比例为 50.83%,其他行业的比例为 49.17%。CEO 的平均年龄为 35.41 岁($SD=6.24$),82.77%为男性,17.23%为女性,77.35%已获得学士及以上学位。

2. 变量测量

研究使用的是国际期刊上发表的通用量表。我们按照标准的翻译回译程序对量表进行了翻译,以确保量表的准确性和易懂性(Brislin,1986)。所有条目测量均采用李克特 7 点量表(1=非常不同意,7=非常同意)。

(1)辩证领导行为。使用 Lin *et al.*(2018)开发的 22 条目量表进行测量。每位下属分别评价他们对于创业者的辩证领导行为的感知,然后我们将一个团队内所有下属的评价分数聚合到团队层面,从而得到该团队领导的辩证领导行为分数。量表题目如"我的领导会根据企业内、外部环境的变化及时调整企业战略"和"我的领导在制定企业发展战略时,兼顾短期利益和长期发展"。量表的内部一致性系数为 0.97。

（2）战略实施。我们采用 O'Reilly et al.（2010）的量表测量企业的战略实施。为了验证量表的效度，我们运用 Mplus 7.0 软件对该量表进行了验证性因子分析（CFA），结果表明这一 8 条目的量表很好地拟合了样本数据（$\chi^2_{(20)}$ = 103.05，RMSEA=0.15，CFI=0.96，TLI=0.94）。本变量也适合聚合到企业层面进行分析（R_{wg}均值=0.79，ICC[1]=0.69，ICC[2]=0.83）。量表的内部一致性系数为 0.97。

（3）企业绩效。我们采用 Li & Atuahene-Gima（2001）的 5 条目量表对该变量进行测量。为了验证本量表的效度，我们采用 Mplus 7.0 软件对该量表进行了验证性因子分析（CFA），结果表明这一量表很好地拟合了样本数据（$\chi^2_{(5)}$ = 11.08，RMSEA=0.05，CFI=0.99，TLI=0.98）。量表的内部一致性系数为 0.94。

（4）控制变量。根据以往的研究，我们选取有关企业和 CEO 两类变量进行控制。其中有关企业的变量包括企业年龄（成立年限的对数）、企业规模（企业员工总数的对数），以及企业所属行业（0=制造业，1=其他行业）。另外，我们还控制了环境不确定性这一变量。环境不确定性采用 Waldman et al.（2001）的 4 题项量表，由 CEO 本人填写（α=0.93）。为了验证本量表的效度，我们运用 Mplus 7.0 软件对该量表进行了验证性因子分析（CFA），结果表明这一 4 条目的量表很好地拟合了样本数据（$\chi^2_{(2)}$ = 6.08，RMSEA=1.06，CFI=0.99，TLI=0.98）。量表的内部一致性系数为 0.94。此外，CEO 的一些人口统计学变量，比如 CEO 的年龄（岁）、CEO 性别（0=男，1=女）、CEO 的受教育水平（1=初中学历或更低，2=高中学历，3=技校或中专学历，4=大专学历，5=大学本科学历，6=硕士研究生学历，7=博士研究生学历）也得到控制。

四、分析结果

1. 验证性因子分析与区分效度

为了检验假设中各变量之间的区分效度，我们运用 Mplus 7.0 对 4 个不同的因子模型进行了验证性因子分析（CFA）。如表 10-2 所示，其中，基线模型包含了辩证领导行为、战略推进行为、企业绩效和环境不确定性等 4 个变量。模型的拟合效果较好（$\chi^2_{(696)}$=1 792.27，RMSEA=0.09，CFI=0.87，TLI=0.86）。由于辩证领导行为是由两名以上高层管理人员进行评价的，企业绩效和环境不确定性皆为企业创始人填写，因此，我们还对其他三个竞争模型进行了 CFA 检验。首先，模型 2 的三因子模型中，企业绩效和环境不确定性的条目负载在一个因子上,模型的拟合效果相对基线模型较差($\chi^2_{(699)}$=2 332.18,RMSEA=0.11,CFI=0.81,TLI=0.80,$\Delta\chi^2(3)$=539.91,$p<0.001$)。模型3的因子模型中,辩证领导行为和战略实施的条目均负载在一个因子上,企业绩效和环境不确定性的条目负载在另外一个因子上,模型拟合效果也相对基线模型变差($\chi^2_{(701)}$=4 052.04,RMSEA=0.16,CFI=0.61,TLI=0.59,$\Delta\chi^2(2)$=2 259.77,$p<0.001$)。模型4中,辩证领导行为、战略实施、企业绩效和环境不确定性4个结构的条目都负载在一个因子上,其拟合效果也相对基线模型变差($\chi^2_{(702)}$=4 762.60,RMSEA=0.18,CFI=0.53,TLI=0.58,$\Delta\chi^2(1)$=2 970.33,$p<0.001$)。综上所述,4因子的基线模型的拟合优度最好,优于其他三个竞争模型,证明了本研究中4个核心研究变量之间具有较好的区分效度。

表 10-2　验证性因子分析结果

模型	χ^2	df	RMSEA	CFI	TLI	$\Delta\chi^2$
模型1:四因子模型	1 792.27	696	0.09	0.87	0.86	
模型2:三因子模型	2 332.18	699	0.11	0.81	0.80	539.91***
模型3:两因子模型	4 052.04	701	0.16	0.61	0.59	2 259.77***
模型4:单因子模型	4 762.60	702	0.18	0.53	0.58	2 970.33***

注:*** 为 $p<0.001$。

2. 描述性统计和相关分析

表10-3反映了研究变量的均值、标准差及皮尔斯相关系数。结果显示,所有变量之间的相关系数均小于0.65(最大的为0.38),变量间的判别效度比较高,且每个变量的方差膨胀因子值(VIF)都小于2(最大的为1.32),因此本研究中不存在严重的多重共线性问题。此外,辩证领导行为与企业绩效显著正相关($r=0.37$,$p<0.001$),结果与我们的假设相符,假设得到初步支持。

3. 假设检验

为了检验本章所提出的假设,我们运用SPSS 24.0进行了层级回归分析,对主效应和调节效应进行了检验(Aiken et al., 1991)。表10-4中的层级回归分析结果显示:① CEO的辩证领导行为对企业绩效的主效应显著。与模型1相比,模型2在控制变量进入回归方程后,CEO的辩证领导行为对企业绩效的回归系数显著为正($\beta=0.32$,$p<0.001$),且能够额外解释高达11%($\Delta R^2=0.10$,$p<0.001$)的企业绩效变异,假设1得到支持。② 模型4在模型3的基础上加入CEO的辩证领导行为与战略实施的交互项后,回归方程显著($\Delta R^2=0.03$,$p<0.05$),交互项的系数显著($\beta_1=0.18$,$p<0.05$),说明战略实施的调节效应显

表 10-3 研究变量间的均值、标准差及相关系数

变量	Mean	SD	1	2	3	4	5	6	7	8	9
企业年龄	3.64	1.25									
企业规模	33.27	23.39	0.03								
企业行业	0.49	0.50	0.09	0.15*							
CEO 的性别	0.17	0.38	0.07	0.03	0.01						
CEO 的年龄	35.41	6.24	0.02	0.27***	0.04	0.01					
CEO 的受教育水平	5.01	1.03	0.02	0.02	0.02	0.15*	0.25***				
环境不确定性	4.37	1.24	0.03	−0.03	0.06	0.03	0.05	0.03			
辩证领导行为	4.60	0.92	0.04	0.03	0.07	0.08	0.04	0.04	0.20**		
战略实施	4.15	1.10	0.03	0.04	0.06	0.01	0.09	0.12	0.15*	0.38***	
企业绩效	4.81	1.14	0.07	−0.06	0.05	0.01	0.02	0.02	0.28***	0.37***	0.24**

注：$N=181$，* 为 $p<0.05$，** 为 $p<0.01$，*** 为 $p<0.001$，双尾检验。

著,假设2得到支持,调节效应图如图10-1所示。

表10-4 回归分析结果

变量类型	企业绩效			
	模型1	模型2	模型3	模型4
控制变量				
企业年龄	−0.08	−0.07	−0.07	−0.07
企业规模	−0.07	−0.07	−0.08	−0.07
企业行业	0.07	0.04	0.04	0.01
CEO的性别	−0.01	−0.04	−0.04	−0.05
CEO的年龄	0.02	0.01	0.00	−0.02
CEO的受教育水平	−0.01	−0.00	−0.02	−0.04
环境不确定性	0.28***	0.22**	0.21**	0.20**
自变量				
辩证领导行为		0.32***	0.0.28***	0.36***
调节变量				
战略实施			0.11	0.08
交互项				
辩证领导行为 * 战略实施				0.18*
R^2	0.09	0.19	0.20	0.023
Adjusted R^2	0.06	0.15	0.16	0.18
F-value	2.54*	5.07***	4.75***	4.95***
R^2 change	0.09*	0.10***	0.01	0.03*

注:$N=181$,* 为 $p<0.05$,** 为 $p<0.01$,*** 为 $p<0.001$,双尾检验。

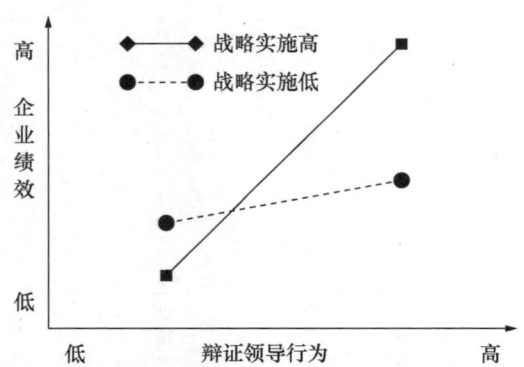

图10-1 战略推进行为对辩证领导行为与企业绩效关系的调节效应

从图 10-1 中我们可以看出,在战略实施水平高时,辩证领导行为对企业绩效的影响显著大于战略实施水平低的情况,进一步验证了本章的假设 2,即辩证领导行为在企业战略实施更好的企业中,其对企业绩效的影响就会越显著。

本 章 小 结

创业企业是中国经济发展的新鲜血液,也是经济发展的未来动能。如何建立好一家初创企业,并使这一企业基业长青,能够很好地衡量该企业创始人和高层管理者的管理水平。在众多影响创业企业生存与发展的因素中,我们选取了辩证领导行为这一变量。我们首先通过质性分析,发现在创业者创建企业管理企业的过程中有很多行为表现很好地印证了辩证领导行为对初创企业的重要性,在与他们的访谈中,都会有各种各样辩证领导行为的具体实践。在后续的实证研究中,我们通过对 181 家初创企业的 CEO 及其直属下属的匹配数据进行分析后发现,在初创企业创业者这样一个独特的群中,辩证领导行为对企业依然具有显著的影响作用。同时,这种影响作用是有边界条件的,也就是说,在一个企业战略实施越好的情况下,辩证领导行为对企业绩效的影响效果也会越高。这样的研究结果告诉我们,作为企业的创业者首先应该不断提升自己的辩证领导行为水平(如何提升,请参考后面两个章节),其次,如果想要使自己的辩证领导行为更好地影响企业,需要创业者在战略制定、战略执行等过程中发力,增强企业战略实施的能力。在战略实施水平高的情况下,具有高水平辩证领导行为的创业者会更好地提升企业的业绩。

第三部分
实践篇

第十一章 现代企业管理实践中的辩证领导行为

在本书的第一部分,我们追溯了辩证思维的文化渊源。深厚的历史文化根基给予辩证思维历久弥新的蓬勃生命力,使其在当代社会生活中仍发挥着潜移默化的作用,塑造着中国人的思维模式、认知方式和价值观念。毫无疑问,这一思维模式也影响着我国许多企业家的管理思想和领导行为。在本书的第二部分,我们通过大量的实证研究,不但清晰地确认了辩证领导行为具有六个维度,还发现这六个维度分别属于辩证思维的变化原则、矛盾原则和联系原则。在第三部分,我们将详细介绍这些辩证领导行为在企业管理实践中是如何体现的,以及如何有针对性地提升和改进辩证领导行为。改革开放以来的几十年里,我国企业重视通过学习和模仿西方的管理理论与经验来加强自身建设。如今,改革开放已经走过了四十多年,中国企业在发展上实现了质的飞跃,取得的成绩令世界瞩目,一些优秀企业逐渐走出了具有自身特色的发展道路,一些优秀企业家逐渐形成了自己的管理哲学。在这些管理哲学、管理理念、管理模式和管理行为中,有着丰富的辩证领导行为的体现。本章以辩证思维的三个原则和辩证领导行为的六个维度为基本框架,结合优秀企业家的管理实践,分析辩证思维在现代企业管理实践中的表现和影响,旨在帮助读者更好地了解根植于中国传统文化的辩证领导行为在企业实践中的具体表现,更为重要的是帮助读者在今后的管理实践中能够举一反三,从而不断提升和改进自己的辩证领导行为。

在选取的这些案例中,华为公司总裁任正非是最为重要的分析对象,因为在他身上表现出了丰富的辩证领导行为。实际上,正如第三章介绍的,辩证领导行为概念的提出也是基于对华为和任正非的总结。同时,我们也关注了海尔集团的张瑞敏、腾讯公司的马化腾等企业家。我们分析的企业家都来自民营企业,这主要是考虑到与国有企业领导相比较,民营企业的高层管理者往往拥有更多决策自主权,从而更可能相对完整地将个人管理理念落实到实践中去。换句话说,企业的目标、行为等更容易清晰地反映高层领导者的思维特质。另外,本章关注的高层领导者至少在当前企业最重要的领导岗位(CEO、董事长等职位)上任职超过15年,其中不乏企业的创始人(例如任正非、马化腾)。同一企业的长期战略领导经历有助于我们更深入地了解领导者辩证领导行为对企业发展的长期影响。

第一节 与变化原则相关的辩证领导行为实践

应对变化一直是企业高层领导者的重要任务之一。近年来,这项任务变得尤为艰巨——日益加深的经济全球化、迅猛发展的数字科技、频繁发生的贸易摩擦、个性鲜明的新生代员工等因素,无不让本就多变的企业内、外部环境变得更为复杂和充满不确定性。对企业来说,一切内、外部环境都会随时变化甚至发生颠覆性改变,若安于现状,势必将被时代无情地抛弃。

从第二部分的实证研究结果来讲,具有高水平辩证领导行为的企业领导者在动态环境下引领企业的创新和绩效更有优势,即在动态的环境下,辩证领导行为对企业绩效的影响也会更显著。这是因为辩证领导行为有助于企业家更敏锐地感受和预测变化,并且使他们更倾向于从动态视角来认识和处理问题(Spencer-Rodgers & Williams, 2010),使其决策富于发展性和长远性。具体而言,面对变化,辩证领导行为高的领导者会表现出适时调整和因材施教两种辩证领导行为(Lin et al., 2018)。

一、适时调整的管理实践

企业要想在激烈竞争的动态环境中脱颖而出,高层管理者必须要做到随时随势而变。适时调整指的是高层管理者在管理企业日常事务,尤其是思考和制定企业战略时的一种辩证领导行为,具体表现为"经常评估环境的变化给本企业带来的机遇或威胁""对企业长期发展所面临的主要问题有清晰的认识""对企业未来的发展前景有清晰的认识""根据企业内、外部环境的变化及时调整企业战略",等等(参见本书第五章)。在企业的管理实践中,这一类行为有着丰富的表现。

1. 任正非：居安思危，时刻准备迎接"冬天"

自2018年年底的孟晚舟事件发生至2019年上半年，华为遭遇了美国政府主导的一系列不合理的贸易制裁。当外界大呼"华为到了生死存亡之际"，任正非却非常淡定从容地表示，美国打不死华为，在受到美国打压之后，整个华为斗志高昂，反而处于最佳状态。

任正非的强势表态是不是故作镇定、打肿脸充胖子？至少目前来看答案是否定的。在坏消息接踵而至的情况下，任正非"见招拆招"，迅速调整了华为在生产、经营等领域的战略和行动，确保了华为在研发、业务连续等方面不受严重影响。这种面对巨大外部环境突变时依旧能够保持士气和战斗力的良好状态，靠的不是运气，而是任正非多年来为了应对未来危机所做的战略部署。例如，当美国商务部工业与安全局将华为列入所谓"实体清单"后，面对芯片制裁，华为海思宣布其自主研发的芯片一夜之间从"备胎"转正，使华为能够以技术自立为底气继续参与到5G技术主导权和市场份额的争夺战中。而在这次"转正"之前，海思芯片已经发展了十年，可谓"十年磨一剑"，终到"亮剑"时。

这种未雨绸缪的危机管理背后是任正非的危机意识和适时调整的辩证领导行为。事实上，华为在美国制裁下的迅速反击只是任正非领导华为应对环境变化的一个缩影。从1987年成立至今，身处通信信息行业的华为始终面临着激烈的市场竞争压力和各种各样的动态挑战。面对变化，任正非从不畏惧，而是始终保持着高度的危机意识，提醒全体华为人居安之时勿忘思危。为此，他还专门发表过《反骄破满，在思想上艰苦奋斗》《华为的冬天》等旨在增强华为人忧患意识的文章。他曾多次在不同场合指出，"华为的冬天"终会到来，告诫华为人在成绩面前一定要戒骄戒躁，警惕繁荣背后的危机。任正非还坚持在华为内部实施末位淘汰制，进一步从实践角度增强华为全员的危机感。正是这种时刻警惕"冬天"来临的日常管理，才会让华为在真正的危机到来之时不乱阵脚，沉稳应对。

在强烈的危机意识下，任正非保持着对未来变化的敏锐洞察力。诸多事例表明，华为从一家不起眼的中国民营企业成长为如今的巨型信息与通信企业，很大程度上源于任正非能够根据环境变化因时因势地制定兼顾公司当下发展和未来需求的组织战略。任正非对华为各个部门和环节提出了面向未来的要求，呼吁大家重视未来可能出现的挑战并做好应对措施。例如，他敦促人力资源管理部门开展工作不要仅限于"把工资算好、把考勤做好、把员工招好""还要知道未来三到五年里华为的客户在哪里，客户需要什么样的华为人……"（孙科柳等，2016）。

在5G技术领域的战略部署更加充分地体现了任正非对环境变化的敏锐

性。近年来,任正非认识到"人类社会正处在一个转折时期,未来二三十年内将变成智能社会,智能社会就是信息大爆炸的社会。这个时期充满了巨大的机会",为此他多次强调要抢占大数据时代的战略先机(黄卫伟,2017),并带领华为率先关注和投入到5G产业的建设中。自2009年起,华为就积极参与到新一代5G移动网络技术的建设过程中,如今经过多年努力已成为5G产业领跑者。在2018年世界移动通信大会(MWC)上,华为发布了业界唯一的5G端到端产品与解决方案。2018年4月17日,华为发布了其全球产业展望,对2025年全球的信息和通信技术产业趋势进行了展望。2019年上半年,尽管面临美国制裁压力,华为依然在5G领域处于强势领先状态,与许多国家和组织开展合作,充分展示了华为的行业实力。

攘外必先安内。架构科学、流程高效、人员和谐的组织内部环境有助于企业应对外部的经济、政治和技术等局势变化。在制裁风波中,任正非多年来持续推动的管理变革也为华为应对危机贡献了力量。正是意识到内、外部环境的快速变化,任正非一直致力于根据华为不同发展阶段的特征和需求进行组织变革。以人力资源管理为例,任正非做过许多因时因势的调整。例如,任正非最初建立了全员共享制,后来发现这一普惠型制度的激励作用逐渐降低,甚至滋生了懒惰。察觉到这一情况,任正非进行了改革,逐步形成了获取分享制。尽管每个华为人依然有机会获得分享,但这一制度更加强调按贡献分配利益,使想要获取高回报的员工必须首先做出高绩效,从而进一步激发了员工活力。

在任正非看来,管理变革不是一次能完成的,而应该是一个常态化的过程(张紫涵和穆尔曼,2017)。近些年,尽管华为取得了许多业界骄人成绩,面对瞬息万变的大环境,任正非依然强调华为的组织、结构、人才等所有一切都需要变化(黄卫伟,2017)。正是这些持续进行的管理变革,为华为遇到重大危机时的沉着应对奠定了坚实的组织基础。

2. 张瑞敏:"自以为非",踏准时代节拍

张瑞敏多年来坚持"自以为非"的价值观,反复强调"没有成功的企业,只有时代的企业"(曹仰锋,2017)。他深知,变化是世间常态,企业要想立于变化纷杂的环境中,必须"以变应变,以变制变"(文正欣,2011)。因此,张瑞敏分析问题注重基于时代而又超越当下,他带领海尔主动寻找机会、主动求变,努力"踏准时代的节拍"。张瑞敏自己形容:"海尔的发展史,就是一部创业创新史……一部自我颠覆和奋斗的历史。"(曹仰锋,2017)

例如,20世纪80—90年代国内家电企业大打价格战来争夺市场之时,张瑞敏却反行其道,坚持"不打价格战,只打价值战"(张大鹏,2014),他一锤子砸掉问

题冰箱,实施"名牌战略",使海尔在众多家电企业中脱颖而出,以高品质的品牌形象立于市场。2001年中国加入WTO后,国内企业大呼"狼来了",张瑞敏认为必须将企业放到国际大环境中去迎接全球企业的挑战(曹仰锋,2017),在国际化战略布局上继续快人一步。

近些年来,张瑞敏领导海尔不断进行着组织变革上的尝试,其首创的"人单合一"等模式获得了国内外学界和实业界的广泛关注与研究。其中,"人单合一"管理模式打破了科层制,实现了员工与用户之间的直接沟通,将海尔从传统的产品制造企业转变为网络型的创客平台,从而激发了员工创造性,并更好地响应信息时代下消费者多变的个性化需求。

在利用"人单合一"模式来适应互联网时代发展需求后,张瑞敏继续带领海尔紧跟物联网的发展趋势。物联网时代,共享和实时处理数据变得更为容易,行业边界逐渐消失,单纯依靠销售产品已很难吸引用户。为了应对这一挑战,张瑞敏提出要建设"生态品牌",将海尔的经营模式从提供产品转变为通过向用户提供最佳体验以换取生态方面的收入,即体验服务的收入(曹仰锋,2017)。在许多传统企业还在困惑物联网为何物之时,海尔已实现了生态品牌的创建和落地,为用户提供的不再是产品,而是生态各方共创共赢的增值,即"生态收入"成为全球家电业第一个披露"生态资产"的企业(曹仰锋,2017),走在了物联网时代的前列。

从上面的例子不难看出,海尔之所以能"踏准时代节拍",很大程度上源于对用户需求变化的深刻剖析和及时响应。张瑞敏提醒海尔的员工,"用户每天都是新的,你须有随时清空、从零开始的思维"(曹仰锋,2017)。这种永远"自以为非"的思维方式生动展现了具有高水平辩证思维的企业家对变化的认识与理解。依靠对环境变化的高度警惕和敏锐洞察,张瑞敏切实做到了适时调整,充分根据内、外部环境变化调整着海尔的目标、战略和行动,带领海尔集团紧跟时代步伐走过三十多年的发展、变革之路。

3. 马化腾:"一切以用户价值为依归",持续创新、改进技术与产品

作为腾讯公司董事会主席兼CEO,马化腾是我国中青年创业企业家的杰出代表。2018年是马化腾创业的第20个年头,适逢改革开放40周年,他成功选由中央统战部和全国工商联推出的《改革开放40年百名杰出民营企业家名单》,并在"庆祝改革开放40周年大会"上获得"改革先锋人物"的殊荣。同年,他荣登《哈佛商业评论》发布的"中国百佳CEO"榜单榜首,并且第三年在财务方面蝉联第一,更成为这一年唯一上榜"全球百佳CEO"名单的内地企业家(位列第

50名)。① 企业家的个人荣誉源于企业的骄人业绩。在过去的20年,一大批互联网创业企业犹如泡沫般迅速出现,而后又很快消亡。大浪淘沙中,马化腾与他的创业伙伴们带领腾讯一路拼杀,使其从最初的5人小公司成长为我国第一家在香港主板上市的互联网企业,市值问鼎全球十大互联网公司之一。

腾讯的许多产品都广受欢迎,其中QQ和微信两款通信软件更是家喻户晓。观察一下这两款软件的发展脉络,就不难窥得马化腾在洞悉变化、应对变化、适时调整方面的出色表现。作为腾讯的发家产品,QQ是马化腾针对PC互联网时代推出的社交软件,在2019年2月10日刚过完了它的20岁生日。当QQ依然拥有庞大用户群,尤其深受青少年喜爱的时候,移动互联网时代到来了。新时代环境下的挑战,例如微博等客户端应用带来的竞争冲击,让马化腾感受到了巨大的危机感。为了获取竞争优势,马化腾决心推出一个全新产品。

通过内部产品开发竞争,张小龙团队开发的微信在2011年诞生,成为腾讯继QQ之后的第二款通信社交软件。尽管最初许多人疑惑马化腾为何要推出一款与QQ差不多的产品,但很快大家就发现了这款软件的独特魅力,并纷纷成为微信的忠实用户。与QQ相比,微信的受众面更为广泛,许多爷爷奶奶年纪的人也学会并喜欢使用这款软件,而不少组织也将其应用到工作中。根据腾讯官方数据,截至2018年,微信用户已突破10亿。在如今的中国,"加个微信"的重要性已经不亚于"留个电话号码";微信支付逐渐跻身主流支付方式之一;微信公众号成为组织和个人的重要宣传途径;微信红包逐渐开始取代线下纸质红包。可以说,微信在许多方面都改变着人们的社会生活方式,也帮助腾讯成功地站在了移动互联网时代的前端。

互联网行业是一个瞬息万变的行业,技术、产品、用户需求都在无时无刻地发生着变化。在这个残酷而充满危机的行业,腾讯产品的吸引力大绝非偶然。如何吸引用户?如何扩大用户群?如何提高用户忠诚度?对于这些经营难题,马化腾最重要的应对之法永远是"一切以用户价值为依归",以用户的需求变化作为企业经营发展的指挥棒。为此,技术出身的他一直以来注重根据用户需求变化,持续、及时地改进腾讯产品的技术细节,不断努力让产品更贴合"人性"需求。他在2016年接受《哈佛商业评论》(中文版)的采访时表示:"要时刻保持警醒,并在全球范围内追踪最前沿的技术,因为每时每刻都有新技术出现。从第一个产品QQ,到现在腾讯平台上大量的产品,用户需求和用户体验一直是腾讯的重中之重,但用户需求和喜好瞬息万变,95后、00后人群的需求是什么?我们每

---

① 对"中国百佳CEO"和"全球百佳CEO"具体衡量方法感兴趣的读者,可参见《哈佛商业评论》(中文版)2018年11月刊中对此的介绍。

天都在研究。如果不能主动进入时代洪流,公司就会很被动。如何及时、准确地把握用户需求并融入技术创新,是我们的工作,也是腾讯最重要的挑战。"(李全伟,2016)

正是通过这种不断以客户需求为导向的技术改进,使腾讯的许多产品拥有了常用常新、经久不衰的魅力。事实上,只要用过一段时间 QQ 或微信,就不难从频繁的版本更新和功能升级、征集用户体验反馈活动等举措上了解到马化腾在重视客户体验、不断改进自身技术和产品方面的诚意。

高水平辩证领导行为的企业家不会因自满而止步不前,与任正非一样,马化腾也时刻保持着高度的危机意识。凭借对技术和用户需求的敏感性,他不断调整、扩充业务单元,在依靠一款通信软件(即 QQ)发家的基础上,逐渐将腾讯的业务触角延伸向科技与文化的各个角落。只要环顾一下周围人常用的手机应用(App),就能感受到腾讯产品品类之丰富、技术应用之广泛——社交、金融、娱乐、资讯、人工智能等诸多领域都活跃着腾讯的身影,它几乎涵盖了人们网络生活的方方面面。

如今,马化腾敏锐地捕捉到消费互联网正在向产业互联网转变的大趋势。他深知这是摆在互联网公司面前的新挑战,但同时也蕴含着无限机会。因此,他正在努力推进腾讯成为实体产业的"数字化助手"(许晟等,2019),努力寻求腾讯与各行各业的深度融合,并继续积极应对企业内外部环境变化带来的各种新挑战。

二、因材施教的管理实践

应对变化,不只要求管理者根据环境的改变而调整组织的战略、产品、流程等,还包括对不同的人采取不同的管理方式。因材施教的辩证领导行为是指领导者善于用变化的眼光来看待下属,并会依据不同下属的特点或者同一位下属在不同情境下的不同特点来调整管理方式。具体行为包括"随着下属特点的变化而调整领导方式""针对不同年龄层次的下属,采取不同的领导方式""因人而异安排下属的工作任务",等等(参见本书第五章)。高水平辩证领导行为的高层管理者善于根据下属的特点动态调整自己的领导方式,实现调动下属的工作积极性、释放组织成员的工作潜能的目的。

1. 任正非:"不拘一格降人才",为每位奋斗者提供舞台

"以奋斗者为本"是任正非在管理华为过程中一直秉持并不断强调的重要价值观之一。为了调动每一位组织成员的工作热情、激发他们的职业潜能,任正非非常重视因材施教,并强调公司上下都采取因材施教的管理方式,要求"各级主

管要善于用人所长,人尽其才"(孙科柳等,2016)。

晋升通道双轨制的设立是任正非因材施教的重要表现之一。为了给不同能力特质的组织成员提供施展才华的舞台,让每一个华为人都能依靠自身奋斗获取合理的晋升机会,华为内部同时设立了管理生涯通道和技术生涯通道。这种双轨晋升体系帮助员工得以按照自身能力、特点和需求选择适宜的职业发展路线,特别是让不善管理的科研人员可以通过技术上的提升赢得与管理岗位同等的资源和待遇(孙科柳等,2016)。

对待表现特别突出的奋斗者,任正非提倡根据贡献大小实行破格晋升——"发现谁是千里马,就把谁用起来"。对此,华为建立起针对优秀人员的破格提拔制度(黄卫伟,2014),为华为人提供了更为开放的内部竞争平台。任正非不以学历论人才,《华为基本法》中明确规定:"员工在完成本职工作中表现出的能力和潜力,是比学历更重要的评价能力的公正标准。"(华为技术有限公司,1998)"不拘一格降人才"的价值导向提高了员工战斗力,尤其是激发了一些在学历或资历上有所欠缺但工作优秀的员工的奋斗热情。

在华为的干部培养上,任正非注重根据人员特点、岗位特点等采取差异化的培养方式。例如,他发现"直线"成长的干部非常缺乏对横向业务的了解,因此他在华为内部推行"之"字形的干部培养方式——通过将各部门一些优秀的干部苗子放到最艰苦的岗位或地区,放到最复杂、最困难的环境中,以此来磨炼他们的意志、锻炼他们的能力、促进他们的成长。但随后,任正非意识到这种"之"字形发展道路并非适合所有干部,例如并不适合基层员工和基层干部,而是更适用于高级管理者和一部分综合型专家。因此,他号召基层的员工和干部要更专注于自己的工作领域,而不鼓励他们在不同岗位之间进行跳转(孙科柳等,2016)。这种针对不同岗位的成长特点来制定干部培养方案的做法,充分体现了任正非在人才培养上的因材施教。任正非在一次讲话中谈到,作为一个领导,保持宽容心态,达到灰度境界,才是成功之道。为什么要对各级主管说宽容?人与人的差异是客观存在的,所谓宽容,本质就是容忍人与人之间的差异。不同性格、不同特长、不同偏好的人能凝聚在组织目标和愿景的旗帜下,靠的就是管理者的宽容。宽容是一种坚强,而不是软弱。宽容所体现出来的退让是有目的、有计划的,主动权掌握在自己的手中,无奈和迫不得已不能算宽容。

2. 张瑞敏:"赛马不相马""人人都是 CEO"

张瑞敏强调"以人为本",他非常认同著名哲学家康德的观点,即"人是目的,而非工具",在他看来,"企业即人,人即企业",并致力于将海尔建设成一个让人实现自我的平台。为了实现这一目标,在海尔的不同发展阶段,张瑞敏都重视依据不同情境来调整对员工的管理方式,从而激发他们的工作热情,释放他们的工作能力,使每个员工能够创造出自己的独特价值。

在接手海尔之初,面对纪律涣散的工人,张瑞敏通过树立行为规范、砸掉不合格冰箱等严格的领导措施,对员工懒散消极的工作态度和工作行为进行了改造(彭贺等,2016)。重塑大家的自信心和凝聚力后,为了努力挖掘每个员工的长处,他在公司内部提倡"赛马不相马",即"给你比赛的场地,帮你明确比赛的目标,比赛的规则公开化,谁能跑在前面,就看你自己的了",从而充分给予每一位员工公平竞争的机会和施展才华的舞台。

"赛马不相马"的核心思想是"自主经营",提倡每个海尔人学会"经营自我"(曹仰锋,2017)。为了贯彻这一人才价值观,近年来,面对互联网、物联网迅猛发展下的新形势要求,张瑞敏彻底颠覆了海尔的科层制结构,而施行"人单合一"经营模式,进一步为每个员工提供了"经营自我"的平台,将管理权力更多地下放给员工,鼓励每个员工成为自己的CEO,充分激发了员工的奋斗热情和工作潜力。

3. 马化腾:容人所短,用人所长

作为一家典型的互联网企业,腾讯员工普遍非常年轻。源源注入的"新鲜血液"在给腾讯带来活力和创造力的同时,也考验着战略领导者的人才管理之术。受辩证思维的影响,马化腾与任正非、张瑞敏等优秀企业家一样,在管理下属时也表现出了因材施教的辩证领导行为。

马化腾善于识别人才,也格外珍惜人才,对人才极具包容性。腾讯的整体风格是相当民主的,除非涉及违背企业价值观原则的底线问题,员工的个性通常会得到很高程度的尊重与包容(陈伟,2018),从而使腾讯最大限度地为人才提供施展才华的空间。例如,微信创始人张小龙的性格十分内向,在加入腾讯后,他经常以"早上起不来""路堵赶不上"等理由缺席公司每周的例会。对此,马化腾没有采取警告或惩戒措施,而是充分了解张小龙的需求,以极大的耐心来对待这位不善交际的技术天才。当张小龙以"早上起不来"为由时,马化腾就吩咐秘书为其提供"叫醒服务";当张小龙又以"路堵赶不上"做借口时,马化腾便每周派司机为其提供"专车服务",如此一来,顺利解决了张小龙缺席例会的难题。可以想象,如果马化腾不能用如此宽广的格局包容下属的不足,也许张小龙早已离开腾讯,而腾讯也就难以拥有微信这款大放异彩的产品了。

又比如,在看待老员工工作动力的问题上,马化腾也注重因人而异、因时而异,强调要弄明白"老员工最想从工作中得到什么"。腾讯很早就开始实行股权激励,这有效地提高了许多优秀人才的工作热情。但是马化腾清醒地认识到,一些老员工在收入、职级等达到一定程度后,已经难以被包括股权激励在内的一般性激励方式激发出工作动力,并会产生自己创业的意向。对待这样的老员工,腾讯不会阻挠他们离开,甚至在条件允许的情况下给予他们协调、帮助。同时,马化腾明白,对一些因自身兴趣和成长需求仍保持着较强工作动力的老员工,股权可能难以继续充当有效的激励手段,因此会更侧重于为这些老员工的成长提供机会和帮助(陈伟,2018)。马化腾这种差异化的领导方式,帮助腾讯更好地保持了组织活力。

三、总结与思考

通过任正非等企业家的例子可以看到,表现出辩证领导行为的高层管理者倾向于带领企业成为趋势的引领者。这一方面源于他们自身对技术、行业等方面变化的敏感性,一方面也与他们通常具有较高的危机意识相关。危机意识使企业家的战略视野更具前瞻性、战略部署更具主动性,从而更易获得先行者优势(First Mover Advantage)(Lieberman & Montgomery,1988)。

具有高水平辩证领导行为的企业家不仅擅长洞察变化,还善于随着内、外部环境的变化调整企业的战略和行动,这与管理学者所提倡的加强企业战略柔性的观点不谋而合。战略柔性是指企业战略兼顾战略的稳定性和灵活性,这恰恰是辩证领导者所擅长的权衡矛盾(关于这一领导行为在实践中的表现,我们将在后文加以更深入的探讨),侧面说明辩证领导行为在现代企业管理实践中的重要作用。在第七章中,我们通过实证数据也证明,高水平辩证领导行为的高层管理者,能够带领企业形成高水平的战略柔性,进而引领高水平的企业绩效。

具有高水平辩证领导行为的企业家不仅在处理事务上"以变应变",在对待下属时也善于因人而异、因时而变,展现出因材施教的领导行为。这种领导行为不仅有助于激发每位组织成员创造商业价值的能力,也有助于组织成员实现个人的发展目标和需求,可谓组织意义上的"成己达人"。与此同时应注意到,企业家真正实现因材施教、人尽其才,要注重建立完善的、与之相匹配的人力资源管理措施、组织结构等作为支撑,这也是后文我们会进一步强调的——要树立系统思维,实施全局管理的辩证领导行为所具有的表现。

第二节 与矛盾原则相关的辩证领导行为实践

世上万物皆有矛盾,组织管理过程中更是充满大大小小的矛盾。不同的战略目标之间、不同的利益群体之间、短期利益与长远诉求之间等都是企业中常见的矛盾问题,高层管理者的重要任务之一就是处理好这些矛盾,保障企业的健康发展。

具有高水平辩证领导行为的企业家倾向于把矛盾看作事物的固有属性,接受矛盾存在的事实,在管理实践中并不强调一味消除矛盾,而是追求和谐、均衡。正如任正非所说:"公司的竞争力成长与当期效益是矛盾的,员工与管理者之间是矛盾的……所有矛盾都要找到一个平衡点。"(黄卫伟,2014)具体来说,受矛盾原则影响,高层领导者在管理企业时会表现出权衡矛盾的行为,在管理下属时则表现出恩威并施的辩证领导行为。

一、权衡矛盾的管理实践

权衡矛盾是指企业高层管理者权衡相互矛盾的企业目标、战略和行动,根据形势变化进行调整,从而实现动态平衡的行为(黄鸣鹏和王辉,2017)。权衡矛盾并非平均主义,而是需要随环境变化动态调整矛盾之间的关系,追求最符合当下条件的和谐状态。这一辩证领导行为的典型表现为"制定企业发展战略时,兼顾短期利益和长期发展""平衡企业的短期利益和长期目标""维护企业稳定发展的同时推动变革和创新""推动企业在充分利用现有资源和能力的同时拓展新的资源和能力",等等(参见本书第五章)。

1. 任正非:不走极端,贯彻灰度管理

任正非首创的"灰度管理"是非常有代表性的权衡矛盾行为。所谓灰度,即不追求黑与白这样的两极状态,而是在黑白两色之间寻找到某种平衡之下的灰色地带。任正非(2010)曾在《开放、妥协与灰度》中对"灰度"进行了阐释:

"一个清晰方向是在混沌中产生的,是从灰色中脱颖而出的,而方向是随时间与空间而变的,它常常又会变得不清晰。并不是非黑即白,非此即彼。合理地掌握合适的灰度,使各种影响发展的要素在一定时期里达到和谐。"(黄卫伟,2016)

在灰度管理哲学的影响下,任正非在面对管理实践中包含的各种矛盾问题时,讲求动态地达到一个"对立统一的合适的度"。例如,任正非十分重视不同产品方向之间的协调发展。对许多企业来说,多元化战略成为其发展道路上的必然选择。然而,盲目追求多元发展有时容易造成企业丧失核心优势。为了避免这种情况的出现,任正非倡导实施"针尖"发展战略,强调华为的发展必须紧紧围绕核心竞争力进行,秉持不把战略竞争力量消耗在非战略机会点上的原则。与此同时,任正非也担心对战略集中度的强调会让一些华为人误以为可以荒废其他领域,并形象地表达了自己的担心:"我们现在实施的'针尖'战略,聚焦全力往前攻,我很担心一点,'脑袋'钻进去了,'屁股'还露在外面。如果低端产品让别人占据了市场,有可能就培育了潜在的竞争对手,将来高端市场也会受到影响。"(黄卫伟,2016)为此,任正非强调在大力发展高端市场的同时不能丢掉低端市场,要求企业内部应重视平衡业务发展规模和核心竞争力之间的关系。

创新是现代企业获得并保持竞争优势的关键因素,其重要作用对华为这一类高新技术企业来说尤为重要。在自身业务领域的技术创新上,华为称得上是业内的佼佼者。不俗的研发绩效背后,同样离不开任正非在战略上的均衡考量。企业通过创新来争取未来发展机遇,但研发活动尤其是一些基础研发工作通常需要巨大的前期投入。因此,要未来的机会还是要当下的利益成为时常摆在华为面前的一道选择题。在这一问题上,任正非始终坚持华为在任何时候都不能被眼前的短期利益所诱惑,不可因小利益而失大机会,不能因为短期目标而牺牲长期目标;与此同时,他也重视兼顾华为的短期利益,强调研发时对短期收益的消耗应控制在合理水平(黄卫伟,2017)。研发活动除了前期投入大,一些基础性创新工作还具有收效缓慢的特点。对此,在研发考核制度的设计上,任正非同样注重辩证思考,指出要从研发活动的短期收益与未来潜力进行双重判断。任正非强调,"公司对于整个研发流程的考核,一是考潜力的增长,二是考对公司的贡献。潜力的增长是对未来的贡献,现在的贡献就是收益,对整个大团队的考核必须兼顾到这两方面"(黄卫伟,2016)。

除了回答要不要创新这个问题,企业家接下来需要重点思考的一个问题是究竟采取怎样的创新策略更有利于自身企业的发展。多年来,管理学界就如何通过利用不同的创新方式来充分发挥创新的积极作用这一课题讨论不休(Jansen et al.,2006;李忆和司有和,2008;杨学儒等,2011)。由于一定时期内企业在研发上可以调动的人、财、物等都是有限的,因此若想获得良好的创新绩效,就必须根据内、外部环境变化合理分配研发资源。对此,任正非重视均衡不同创新方式之间的关系。他认为,作为大企业的华为不可轻言颠覆性创新,首先应进行延续性创新,继续发挥好企业现有优势,但同时也要时刻关注颠覆性创新的机会,以便机会来临时能迅速抓住。总体上,他强调胆大与谨慎并存,以延续性创新为主、颠覆性创新为辅,坚持大多数产品重视延续性创新,同时允许一小部分颠覆性创新。

上述的战略思想不仅体现在技术创新上,也融入在华为的组织变革过程中。任正非充分认识到,华为需要依靠管理创新、制度创新来提升整体核心竞争力和岗位工作效率,但同时他也清醒地知道"对一个正常的公司来说,若频繁地变革,内外秩序就很难安定地保障和延续"(黄卫伟,2016)。因此,他反复强调必须平衡管理变革与组织稳定之间的关系,才能真正让变革有利于企业发展:

"我们要变革的量只有5%或者更少,95%情况下都应该是规范的、稳定的,不要盲目去创新。这样对于5%的不规范的部分,允许探索与变革,其目的就是促进发展。我认为,我们在某个时期会强调这样,在另一个时期我们会强调那样,其实就是变革那5%。所以,我们的目标方向是很清晰的,就是必须要发展,不发展就是死亡。如果我们说100%都变就会有发展,我认为没有可能性。100%都变了以后未必会有发展。打乱了全局的互联,走向一种新的平衡,是极其艰难的,而且在混乱中,效益低下,不会有提高的。"(黄卫伟,2016)

"在这个变革时期,我们都要有心理承受能力,必须接受变革的事实,学会变革的方法。同时,我们要有灰色的观念,在变革中不要走极端,有些事情是需要变革,但是任何极端的变革,都会对原有的积累产生破坏,适得其反。"(黄卫伟,2016)

任正非在权衡矛盾方面的例子还有很多。例如,他强调要保持激励与约束之间的动态均衡——既应该通过不断地激活组织保持企业活力,也需要保持对组织的约束和控制,做到在激励中约束,在约束中激励。取得激励与约束的平衡,并使这种平衡在动态中不断地优化。又比如,任正非担心华为内部因为经常强调"以客户为中心"而忽略以技术为中心的超前战略,为此他特意指出"以技术为中心和以客户为中心两者是拧麻花是一样的,一个以客户需求为中心,来做产品;一个以技术为中心,来做未来架构性的平台"(黄卫伟,2014),提醒华为人要兼顾"以客户为中心"和"以技术为中心",促进二者的同步协调发展。

从我们举的诸多例子可以看到,任正非"灰色"的管理观念主要体现在看待和处理矛盾问题时不走极端,容许各矛盾要素和谐共存,并及时根据环境变化进行决策、行动等方面的调整,以重新使各矛盾要素达到新环境下的均衡状态,从而有助于管理者较为合理地处理矛盾,保证企业在创新发展的同时兼顾稳定有序。

2. 马化腾:秉持灰度法则,寻找最佳平衡点

马化腾也是灰度管理的实践者。在2012年7月致信合作伙伴时,他将腾讯多年的经验得失总结为包含需求度、速度、灵活度、冗余度、开放协作度、创新度、进化度等七个维度的"灰度法则"。在马化腾看来,所谓灰度,就是要让产品创新和企业管理具备灵活性,并能够随势而变。从而做到"既能保持企业的正常有效运转,又让创新有一个灵活的环境;既让创新不被扼杀,又不会走进创新的死胡同"(陈伟,2018)。

马化腾指出,实现灰度的关键是"在快速变化中找到最合适的平衡点"。根据他在2012年写给合作伙伴的公开信内容,我们可以窥出一些马化腾在寻找"平衡点"上的经验。譬如,面对研发人员的设计理念和用户的追求、需求不一致

时的矛盾,马化腾指出研发者不能仅从自身视角出发来设计产品,而是不仅要做自己产品的忠实用户,还必须深入了解其他用户的喜好和体验,从而使产品不断完善。为了让研发更贴近客户需求,腾讯设立了"10/100/1 000"法则,即"产品经理每个月必须做10个用户调查,关注100个用户博客,收集反馈1 000个用户体验"(马化腾,2017)。

新产品的完善程度和推新速度之间也容易产生冲突——打磨一种尽善尽美的产品太花费时间,而市场机遇往往要靠拼速度取得。对此马化腾认为,新产品不需要等到完美再推出,关键要抢先进入市场,之后再通过不断迭代更新来优化产品,使之快速向完美靠近。针对这一点,微信就是一个非常好的例子。随着移动互联网的普及以及竞争对手微博的出现,马化腾感受到了腾讯面临的巨大危机,在危机压力的鞭策下,腾讯的研发团队非常高效地研发出微信这款产品,并在其还存在诸多不足时就将它推向市场(马化腾,2017)。在快速抢占市场先机后,腾讯再持续地对微信的功能体验进行改进,从而成功地使微信获得了亿万用户的喜爱。

马化腾重视平衡竞争与合作之间的关系,强调既要聚焦腾讯自身的核心价值,又要努力深化和扩大与其他伙伴的合作。除了不断通过强化自身技术与产品来提高竞争优势,腾讯多次举办行业大会,寻求与合作伙伴的共同发展。例如,2019年5月,腾讯牵头召开了腾讯全球数字生态大会,借此与全球合作伙伴共同建设数字生态,创造新的发展机遇。

二、恩威并施的管理实践

恩威并施指的是企业高层管理者在领导下属时平衡地采用看似矛盾的领导风格,比如管理下属时同时进行授权与控制、均衡地进行奖励与惩罚等。一些比较典型的恩威并施行为如"对待下属时,批评与肯定兼顾""与下属相处,既能严肃也能亲和""对下属授权的同时也保持监督""领导下属时既给予鼓励也施加压力",等等(参见本书第五章)。

任正非在管理下属时强调赏罚分明。在以奋斗者为本的华为,有没有努力奋斗、能不能创造价值是奖惩的最重要原则之一。

任正非从不吝于奖励奋斗者,华为员工被分为普通劳动者、一般奋斗者和有成效的奋斗者三类,各种报酬待遇、晋升机会等都会向奋斗者有所倾斜。除了丰厚的物质奖励,任正非还重视从精神上鼓舞表现优秀的奋斗者。从1998年开始,华为设立了包括综合KPI绩效奖、蓝血十杰奖、明日之星奖、金牌团队奖、金牌个人奖、持续奋斗奖、干部培养突出团队奖等在内的数十种荣誉奖项,以此表达对奋斗者的尊重与认可(孙科柳等,2016)。

在坚持"功必奖"的同时,任正非也对不能坚持奋斗且不创造贡献的人、不负责任的干部及"不打粮食"的干部等设置了严厉的惩戒措施。例如,华为多年以来坚持实施末位淘汰制,对达不到底线目标的团队,规定其团队负责人不能获得任何奖金,并且团队下属也会在晋升、年终奖等方面受到一定的惩戒。

赏罚分明体现了任正非雷厉风行的管理风格,这与他多年的军旅生涯是分不开的。任正非崇尚部队文化,并在领导华为过程中借鉴了不少军队管理方式,通过"功必赏,过必罚"的组织文化着力打造一支"铁军"。不过,对待工作颇为严格的任正非并非时刻严肃,而是也不时流露出温情的一面,对待下属宽严相济。例如,在激励奋斗者不断努力创造更多成绩的同时,任正非也关怀着下属们的身心健康状态。他嘱咐道:"我们对那些奋斗后身体不好的人,要关怀。特别是那些经过紧张项目下来,实在太累的人,给以两三天的度假安排,在海边、在风景区休整一下,恢复体力。对那些弦绷得太紧的人,适当给予休整。铁军是领袖对士兵关怀而产生的,队伍对外的坚韧,是由队内的柔和打造的。我们要奋斗,也要对奋斗者充分关怀。"(黄卫伟,2014)

在任正非宽严相济的领导风格下,华为既制定了许多在大家看来严苛的公司制度,也强调包容员工的错误,这也正是任正非灰度管理哲学在人员管理上的具体表现。人性是复杂的,并不是非黑即白,有智慧的领导者会给下属留有一定程度的犯错余地。任正非深知,人无完人。他多次强调,在干部队伍的培养和建设过程中要避免求全责备,只要不涉及道德品质等原则问题,要对干部多一些宽容,多看他们的优点(黄卫伟,2014)。从具体政策上来看,尽管任正非强调要淘汰"不打粮食"的干部和不能完成工作绩效的员工,但事实上华为的末位淘汰并不一定意味着辞退——除了小部分人真正被辞退,大部分绩效不达标的员工和干部遭遇的淘汰是指离开现有岗位,转而进入人力资源池,重新从基层岗位干起(孙科柳等,2016)。这一人力资源管理制度虽然严格,但也充分表明任正非愿意给表现不佳的干部或员工重新奋斗的机会。在华为,即使是以往犯过错误的下属,只要重回奋斗者行列并做出贡献,任正非也会对他们给予奖励。不难看出,任正非在评价下属功过时不提倡"一刀切",而是强调以价值贡献为评价标准,具体情况具体分析。

任正非的宽严相济还体现在对下属的批评与鼓励上。任正非提倡批评文化,在他的领导下,华为一直强调对员工进行批评教育,例如每位员工必须在季度例会上进行自我批评。华为定期举办以批评和自我批评为主题的民主生活会,甚至在2005年成立了自我批判指导委员会(孙科柳等,2016)。批评教育给华为的高层管理者和基层员工都带来了很大的工作压力,督促着华为人向前。批评不是目的,促进下属不断改进、激励员工不断前进才是目的。为了实现这一目的,任正非并不仅仅依靠给下属批评、加压,也善于采取鼓励的方式来促进员工思考和进步。例如,任正非提倡在晋升时不论资排辈,而是重点看能力、看贡献,并且在干部任命上敢于破格选拔。比如,进入华为时只有23岁的天才少年李一男,工作第二年就已经晋升为公司副总裁;又比如,1997年一位名叫延俊华的新员工给任正非写了一封信,准确指出了不少华为存在的问题,并提出了未来发展建议,因此被任正非直接提拔为华为的部门副部长(孙科柳等,2016)。任正非对下属的破格提拔,大大鼓励了年轻员工勇敢拼搏和奋进,鼓舞着更多员工愿意为了华为的发展建言献策、贡献力量。

三、总结与思考

企业的资源是有限的,如何分配好有限的资源来获得和保持竞争优势是对企业家战略领导水平的重要考验。辩证领导水平高的领导者注重平衡组织内、外部的矛盾需求,善于抓主要矛盾和矛盾的主要方面,从而有利于保证企业的良好有序健康发展。需要指出的是,权衡矛盾并非平均主义,也不是一蹴而就的,更非达到一种静止的平衡状态,而是战略领导者根据环境变化动态调整矛盾之间的关系,追求最符合当下条件的和谐状态,这正是辩证领导行为的具体体现。

与管理企业事务中的矛盾问题相比,管理好组织中的人对战略管理者来说挑战难度可能更高。人与机器不同,人的心理、行为等变化多端,且有时难以捉摸。企业员工有时会斗志昂扬,有时可能消极怠工;有时会取得成绩和进步,有时则犯下错误。具有高水平辩证领导行为的管理者更容易意识到人的复杂性和多变性,从而促使自身在管理下属时根据具体情况采取不同的领导行为,兼顾赏罚,宽严并举,均衡地采用看似矛盾但行之有效的领导风格。这种恩威并施的领导行为,不是简单地从任务出发控制人,而是侧重于从人性角度出发引导人、发展人、成就人,是实现企业愿景和目标的应有之举。

第三节 与联系原则相关的辩证领导行为实践

顾名思义,联系原则就是指万事万物是互相联系而非孤立存在的。联系原则强调看待事物时要全面,不仅要关注事物本身,还必须关注事物所处的整体情境。企业内部充满着彼此关联的环节,自身又处于巨大的外部网络之中。在这种充满联系的环境下,每一次战略决策、每一个经营管理行为都可能"牵一发而动全身",给企业带来广泛而深远的影响。因此,企业要想高效运转并获得良好绩效,离不开各环节之间的良好配合,而这要求企业领导者应当具备整合意识和全局理念。

高水平辩证领导行为的管理者主要表现出注重协调、整体管理两种领导行为。这两种领导行为从某种程度上都可以给处于复杂联系下的企业管理问题带来解决方案。

一、注重协调的管理实践

企业是一个环环相扣、有机联系的整体。当不同部门、不同环节之间缺乏协调、沟通不畅时，会严重降低企业的运营效率，影响各项业务的开展和产出。因此，必须重视促进企业各环节之间的协同。注重协调指的是企业高管注重并不断完善企业各部门、各环节之间的协同合作。这一领导行为能够促进企业内部管理效率的提升。具体的行为表现包括，"推动企业内各部门或环节之间的相互了解""不断优化企业各部门（环节）之间的衔接""推动各部门（环节）的发展与企业的整体发展相协调""制定战略时，强调企业各部门之间的配合"，等等（参见本书第五章）。

1. 任正非：简化流程，打造灵活高效组织

注重效率的任正非致力于将华为打造成一个高效率的组织，他非常重视部门之间、团队之间以及每一环、每一节点的协同运作，并为此做出不断的尝试与努力。

任正非一直以来不断地从组织建设上推进公司内部的协调运作。他呼吁"让听得到炮声的人来呼唤炮火"，为此不断推进组织流程的简洁化，强调"一定要大道至简，使管理标准化、简单化"（黄卫伟，2017），并将优化业务流程写入《华为基本法》，使其成为企业发展中的重要组织目标：

"……为公司所有经营领域的关键业务确立有效且简捷的程序和作业标准；围绕基本业务流程，理顺各种辅助业务流程的关系；在此基础上，对公司各部门和各种职位的职责准确定位，不断缩小审批数量，不断优化和缩短流程，系统地改进公司的各项管理……"（华为技术有限公司，1998）。

除了不断优化业务流程，任正非还通过压缩管理层来提高组织沟通效率。任正非意识到，干部层级太多会带来许多弊病，比如降低执行效率、干部职责不清等。为此，在2004—2007年，他对管理层从人数和职位设置上都进行了大幅的压缩（孙科柳等，2016）。在2019年接受央视《面对面》节目采访中，任正非表示"机构臃肿，人浮于事""管理层级太多"仍是华为目前的突出问题。对此，他希望通过五年左右的组织变革，华为能变得"不像现在这么臃肿，这么多管理层次，这么复杂，这么多PPT，这么多会议，这么多无效的劳动"，从而进一步提高战斗力。

除了从上述纵向角度加强企业内部环节的协作,任正非还注重从横向角度出发,增强不同部门、团队之间的交流协作。例如,他提出了内部客户的概念,利用一系列人力资源管理措施逐步树立起了内部彼此之间的客户意识,有效地减轻了因组织庞大而导致的内部体系不畅问题,从而提升了企业内部的协调一致。此外,任正非带领华为建立起一种随需而变的组织结构,产品开发团队的人员来自不同部门,打破了部门之间的间隔,并且创造性地提出建设"片联"这一组织,帮助实现和强化华为内部干部队伍的流动性,进一步打破了部门主义,使各部门之间的配合更加协调(孙科柳等,2016)。除此之外,任正非还非常重视建立高度团结和富有凝聚力的华为团队,强化员工对团结协作的价值认同,进一步从企业文化角度为华为内部的沟通与协调提供了保障。

2. 张瑞敏:打破科层制,塑造平台化组织

随着信息化时代的到来,市场的快速变化和用户的个性化需求对企业的敏捷反应能力提出了挑战。要想实现企业对用户的高效反馈,企业需要提高各环节之间的协调,加强各项任务的配合程度。随着海尔集团规模的不断扩大和人员数量的不断增多,张瑞敏清楚地意识到传统科层制带来的低效率。

为此,张瑞敏于2005年9月在海尔全球经理人年会上正式提出将"人单合一"作为海尔全球化竞争的新模式(曹仰锋,2017)。简单来说,"人"指的是员工,"单"是用户的需求,"人单合一"经营模式的主旨就是要让员工与市场和用户直接相联,员工通过创造用户价值来体现自身价值。这一模式在世界上众多促进组织结构扁平化的尝试中可谓最具革新性,帮助海尔一举打破了传统科层制的桎梏。

可以说,张瑞敏利用"人单合一"模式打破科层制的举动是推进海尔内部各环节、各部门协调的一次颠覆性尝试。通过几轮组织管理模式上的改革,张瑞敏彻底打破了海尔人力、财务、信息管理、法务等传统职能部门之间的壁垒,将原有职能部门整合成一个共享平台(杨学莹和王佳声,2016),并配合其他措施,成功将海尔从一家科层制大企业转型为平台化组织。经营模式、组织结构等多方面的颠覆性变化,改变了海尔的业务流程,拉近了海尔与用户之间的交互距离,提高了整个组织的运作效率和对市场的响应速度,为实现张瑞敏倡导的"三个零"式用户体验(用户零距离、流程零签字、体验零延误)奠定了组织基础。同时,"人单合一"的价值创造模式也促使海尔内部从自上而下的协调转化为自发协作,进一步提高了各环节的沟通配合。

二、整体管理的管理实践

在管理实践中,受联系原则影响的企业高层管理者具有很强的全局观念。

整体管理指的是企业高管在分析和应对企业所面临的问题时,综合考虑与之相关的方方面面,从全局的视角出发衡量利弊得失,进而采取合适的应对方法的领导行为。比较典型的整体管理行为包括"分配资金、人力等资源时考虑企业的整体布局""对各个部门进行考核时考虑到公司的整体情况""决策时,从全局出发考虑各个部门的意见",等等(参见本书第五章)。

1. 任正非:统筹推进组织变革

任正非在领导华为进行组织变革中的考量与表现充分展现了他的全局管理水平。组织变革是企业顺应内、外部环境变化的重要途径,对企业的可持续发展具有重要意义。但是,如果高层管理者在领导变革时缺乏全局思维,则会影响企业内部的稳定与协调,使变革成为阻碍企业发展的绊脚石。任正非指出:"一定要站在全局的高度来看待整体管理构架的进步,系统地、建设性地、简单地建筑一个有机连接的管理体系。"(黄卫伟,2016)

自1998年开始,华为陆续进行过许多方面的变革,包括集成产品开发变革、供应链变革、财经管理变革、人力资源体系变革等(吴晓波等,2017)。这些变革不是一蹴而就的,而是持续改进下去的。可以说,华为的每一个角落都在发生着变革。为了确保各项变革举措之间相互协调,任正非在领导组织变革时注重自上而下,为变革提供高层支持,强调各部门共同参与,并关注不同管理模块的关联,努力打造一个统一协调的组织管理体系。

例如,在进行财经管理变革时,任正非注重将财务管理流程与产品开发、供应链的流程相匹配。在感受到业务部门对财经服务变革措施的阻力后,任正非非常明确地提出,"财经的变革是华为公司的变革,不仅仅是财务系统的变革,华为公司每一个高层管理团队都要介入财务变革",要求各部门共同参与到变革中去,强调部门的行为要与企业整体发展战略相统一(黄灿和陈箫,2017)。又比如,进行集成供应链变革中,为了确保变革成功,任正非领导华为对管理信息系统、组织结构等都进行了相应改造,并始终注重保持华为在国内和海外的集成供应链在思维、逻辑和框架上的一致性(李盈等,2017)。

任正非不仅注重用全局观统筹规划和系统实施各项改革措施,还特意指出要谨慎对待局部管理创新,谨慎选拔主导变革的干部,他曾说:"我反对没有全局效益提升的局部优化……我更反对没有全局观的干部主导变革,这样的人主导工作,会使流程扭曲来、扭曲去,越改越糟。我们选拔干部管理变革时要先看能不能管理全局变革。"(黄卫伟,2016)如此一来,能够切实保障华为在变革中少走弯路,稳定发展。

2. 张瑞敏：用全局思维打造"人单合一"

张瑞敏一直注重从联系的视角看待问题，尤其在如今的信息时代下，面对海尔经营发展中的各种问题，张瑞敏更加重视综合考虑、统筹布局，以全局思维指导决策和行动。正如他强调的，"在当今的互联网和物联网时代中，企业需要从整体和系统的角度看问题，摒弃热衷于不断做细分的局部思维"。在此，我们继续以海尔从传统科层制转变为"人单合一"模式的过程为例，来近距离观察张瑞敏在联系原则影响下的全局管理表现。

任何组织都是有机的整体，任何成功有效的改革都离不开系统性的规划和部署。认识到这一点的张瑞敏与任正非一样，也一直以全局观来引领海尔的变革和发展。在提出"人单合一"的战略构想后，张瑞敏从经营理念、人员管理、权力分配、组织结构等多个角度对海尔内部进行了配套改造。根据张瑞敏在"2019正和岛创变者年会暨千企助力青岛（半岛）发展行"上的介绍，海尔在很多年以前就已把12 000名中层管理者全部裁撤掉，取消了全部的中层管理部门，只留一个共享平台，并把决策权、用人权和分配权全部下放。事实上，为了实现"人单合一"，海尔内部的一切，包括原有的部门结构和职能等，都被完全打破，以保障海尔内部各节点的发展与"人单合一"这一战略目标相一致。

以人力资源部门为例，为了使人力团队满足变革后的平台化需求，张瑞敏对其进行了统筹改造，将传统的人力资源部打造成适应"人单合一"模式的人力资源平台。例如，按照新的职能需求，人力资源管理被拆分成"融入 HR"（小微内利益共享的一分子，主要负责小微的招聘等工作）和"平台 HR"（负责打造、完善一个全流程信息化平台，为小微提供所需的 HR 产品）。与此同时，传统的薪酬机制、考核机制和淘汰机制等也遵照平台需求进行了调整。相应地，为了使人力团队能够具备满足这些新模式要求的专业技能，海尔采取了包括招聘新型人才、学习参观、培训等在内的多种措施（牛文静，2018）。

再比如，为了配合"人单合一"模式下的新型价值创造模式，张瑞敏对财务系统也进行了一系列配套改造。例如，改变财务人员的数量结构、定位和角色等（曹仰锋，2017），创造性地探索出不同于传统损益表的"共赢增值表"，等等。总而言之，海尔移平科层制之下的"金字塔"非一日之功，而是张瑞敏从全局的战略角度来改造、重组、协调海尔内部的各种资源才得以实现的。

三、总结与思考

辩证领导行为水平高的高层管理者在看待企业的资源关系和运营过程时更容易注意到其中的联系，这使他们更注重通过加强各部门、各环节之间的协调来改善组织运作效率。就具体措施来说,从任正非和张瑞敏的例子来看,除了从文化建设上加强组织成员之间的沟通交流,组织管理变革成为企业家推进组织内部协调的首要选择,也成为信息化时代下的必然趋势。

当然,变革是有风险的,是企业发展的不稳定因素。联系原则提醒我们,高层管理者在推行变革尤其是多项变革时,要注重以全局思维统筹管理,以便确保各项变革举措之间相互协调、确保变革与企业大的发展方向相一致。不仅仅局限于组织变革,在领导企业的整个过程中,高层管理者都应该努力做到全局管理,因为只有这样企业才可能作为一个有机整体快速跟上环境变化。

本 章 小 结

作为蓬勃发展的新兴经济体之一,当代中国的商业环境可以算得上最为复杂多变的。内外部环境压力下,企业要想获得竞争优势,战略领导者必须具备复杂思考能力,拥有长远视角,并且善于平衡矛盾,而这些领导特质和能力恰好是辩证领导行为能够带来的。本章通过任正非等优秀企业家的例子,具体地展示了融于现代企业管理实践的辩证领导行为。企业领导者在管理企业事务时可能表现出适时调整、权衡矛盾、注重协调和整体管理等行为,在对待下属时则需要表现出因材施教和恩威并施两种行为。

为了比较清晰地展示辩证领导行为的具体实践,我们从辩证思维的三个原则对应的辩证领导行为分别进行阐述分析。但需要强调的是,辩证思维的变化、矛盾和联系三个原则并不是割裂的,而是有机的整体。以任正非持续推进组织变革为例,这既是受到变化原则影响的适时调整行为,又往往因包含优化流程和组织结构的实践内容,可以看作联系原则影响下的注重协调的领导行为。同时,在不同职能领域的管理变革过程中,任正非十分注重平衡不同变革之间的矛盾,统筹兼顾,全局思考,表现出权衡矛盾和整体管理的领导行为。通过这个简单的例子不难看出,辩证领导行为对于中国企业领导者的管理实践非常重要。

本章中涉及的案例企业所处行业不尽相同,但都在其辩证领导者的带领下走在了时代前沿,成为各自产业领域当下的佼佼者,甚至有的企业已经在世界舞台上大放异彩。由于每一家企业的繁荣之路都是无法复制的,我们无法用某个简单因素概括出某家企业取得成就的原因。尽管如此,华为等企业的发展历程表明,辩证领导行为有助于高层管理者带领企业适应环境变化的要求并迎接未来动态的挑战,帮助企业在动荡的时代获取发展的主动性和可持续性。由于资料获取等局限性,我们仅关注了一些民营企业的实例,但这并不代表辩证领导行为没有在国有企业的管理实践中发挥作用。在《问道管理》中,我们就可以看到,领导两家国有企业屡创辉煌的宋志平多次提道,企业家要有长远眼光,要有全局意识(宋志平,2019)。在今后的研究过程中,我们会针对国有企业的高层管理者进行专门的梳理和总结。

当下的世界格局、经济环境等依然发生着巨大的改变,辩证领导行为能否助力高层管理者带来企业的"基业长青"?能否经得起历史的考验?这些问题值得我们继续关注。

第十二章 辩证领导行为的提升与改进

在本书的第一部分中,我们系统地介绍了辩证领导行为的历史沿革和文化传承。从中我们可以看到,以辩证思维为基础的辩证领导行为具有深厚的文化基础,在道家、儒家等传统思想中有丰富的体现。在本书的第二部分,我们通过大量的实证分析,证明了具有高水平辩证领导行为的管理不但能促使企业的业绩和创新能力提升,同时也能使高层管理者带领的团队表现出色,在第十一章,我们也介绍了在现代企业管理实践中辩证领导行为的实际应用,说明了辩证领导行为对于华为等优秀企业的发展以及创业企业的成功都起到了非常重要的作用。因此,从理论到实践,充分说明了加强我国企业高层管理者的辩证领导行为具有非常重要的意义。那么,一个非常迫切的问题就是,如何提升管理者的辩证领导行为,使中国企业的管理者能够不断提升应对变化能力,完善管理。

第一节 提升与改进辩证领导行为的重要性

在这个高速变化的时代,企业高层管理者正面临着商业模式、管理方式等诸多方面的变革与挑战。例如,近年来,由于互联网普及程度的提升,以及物联网的逐步兴起,传统商业模式受到了巨大冲击,给许多企业带来了转型升级压力。另外,更具个性特征的新生代员工不断涌入职场,如何有效地激励和约束不同代际的员工对企业人力资源管理水平提出了更高要求。除此之外,我国许多企业的高层管理者还面临着譬如深化企业混合所有制改革、增强绿色发展等新的政策要求。高度动态变化的企业内、外部环境也随之催生出许多管理矛盾。例如,开展组织变革与保持稳定发展之间的矛盾,实现组织目标与满足员工个体发展需求之间的矛盾,短期效益与长期目标(比如绿色发展)之间的矛盾,等等。

如此复杂多变的经济技术环境对我国企业高层管理者的领导能力提出了更高要求。首先,高层管理者必须具有面向未来的危机意识,能够做到及时预测变化并领导企业做出战略调整,以便顺应时代发展需求,抢占发展先机。同时,以往学者强调,高层管理者如何应对企业面临的矛盾挑战对于企业的生存发展具有重要意义(Lewis et al., 2014),谁能更好地权衡矛盾,谁就更可能在动态环境中获得和保持竞争优势(Smith & Tushman, 2005)。因此,高层管理者必须权衡好发展中遇到的各种矛盾,统筹兼顾,从而确保企业的健康、有序、协调发展。不难看出,企业要想在激烈的时代变革中生存下来并获得竞争优势,企业的高层管理者就必须具有辩证领导行为,不断提升和改进自身在应对变化、平衡矛盾和统筹兼顾等方面的领导水平。

从社会人文环境来讲,我国具备形成和培养辩证领导行为的基础优势。中国人的思维方式植根于中国传统文化,深受儒家中庸之道和道家阴阳哲学的影响(侯玉波和朱滢,2002;侯玉波,2007;Peng et al., 2006)。在这样的社会文化情境下,中国人的思维方式展现出辩证思维的特性(Chen, 2002;侯玉波和朱滢,2002;黄鸣鹏和王辉,2017),这为我国企业高层管理者形成辩证领导行为奠定了先天思维基础。改革开放四十多年来,我国涌现出一大批优秀企业家,其中不乏具有高水平辩证领导行为的高层管理者(例如本书前文中分析过的任正非、张瑞敏、马化腾等企业家)。

不过,尽管从文化和社会传统上来讲,我国高层管理者在形成辩证领导行为方面具有一定的先天优势,许多企业高层管理者在认知模式上具备了一定的辩证思维,但大部分人在熟练运用辩证领导行为来管理企业和员工方面还有待加强。以往研究指出,管理者的变革型领导行为是可以通过一定途径得到改进和提升的,因此我们相信,只要措施得当,持之以恒,提升和改进辩证领导行为是可行的、值得尝试的。鉴于此,本章立足实践,从个体、组织及社会等多重视角探讨有助于提升和改进辩证领导行为的具体措施,期望相关建议能为提升我国企业高层管理者(或今后可能成为企业高层管理者的人)的辩证领导行为带来一定的指导作用。

第二节　从个体层面提升和改进辩证领导行为

一位优秀企业家的诞生,除了具备先天优势,也离不开后天的学习和培养。提升与改进辩证领导行为,首先需要高层管理者自身做出努力。我们认为,管理者个人一方面应该努力提高自身的辩证思维水平,另一方面要更多地在企业管理中践行辩证领导行为。

一、加强学习,提升辩证思维水平

辩证领导行为是辩证思维影响下领导实践的具体表现。提高辩证思维水平,对提升和改进辩证领导行为至关重要。我们认为,高层管理者可以通过加强对中国传统文化和马克思主义及其中国化成果的学习来强化自己的辩证观,从而做到用辩证思维武装自己的领导思想,实现辩证领导行为的改进和提升。

文化深深影响着身处其中的人们的心理与行为(侯玉波和朱滢,2002)。历经五千多年,中国的传统文化不断发展、积淀、传承,深刻影响着中国人的思维方式。我们在前文中曾多次提及,辩证思维根植于中国的传统文化。因此,高层管理者可以在工作之余,通过学习中华传统文化来提高自身的辩证认知水平,从而进一步提升和改进辩证领导行为。

典籍是文化的重要载体之一。阅读包含辩证思想的传统文化著作(包括古代思想家的学说著述、古代文学作品等),是汲取传统文化辩证观的较为直接的学习方法。儒家的中庸之道与道家的阴阳观念是中国人辩证思维的重要思想基础,因此不妨优先阅读儒、道两家的经典著作,如《论语》、《老子》(又名《道德经》)、《庄子》、《列子》、《周易》等典籍中都不乏辩证思想的身影(陈德安,1996;张蕊青,2007;马佩,2011;刘琪等,2013;成中英,2014;蒋重跃,2015)。此外,兵家的代表作、已被不少商学院奉为经典的《孙子兵法》,许多内容中也隐含着辩证智慧(钟晓鸣,1993;王向清,1995),值得管理者反复揣摩体味。

不过,由于许多古代典籍的内容艰深晦涩,因此直接阅读原著并以此体会到其中的辩证思想,对大部分人来说可能是个不小的挑战。为此,我们推荐对此感兴趣的高层管理者选择附带注解的版本来进行学习。另外,高层管理者可以通过阅读一些专门解析中国传统思想学说的专著或学术论文,或者通过收听相关的课程,来进一步理解传统文化中蕴含的辩证哲学。

不可否认的是,中华传统文化中除了诸多智慧思想,也包含了一些封建糟粕思想,因此在研读传统文化典籍时,要注意取其精华、去其糟粕,辩证地学习和吸收。

二、对标榜样,践行具体的辩证领导行为

以往学者指出,相较于学习领导力理论知识等方式,通过实施特定的领导行为更有助于切实提高领导能力。正所谓"纸上得来终觉浅,绝知此事要躬行"。企业管理者要想提升和改进自身的辩证领导行为,就必须要在实践中有意识地采取辩证领导行为来管理下属和企业。为此,我们根据辩证领导行为的具体维度(适时调整、因材施教、权衡矛盾、恩威并施、注重协调、整体管理),结合之前分析的一些高水平辩证领导行为企业家在管理实践中的具体做法,总结了一些比较典型的有助于改进或提升辩证领导行为的具体实践行为供大家参考。

1. 树立面向未来的忧患意识

在前文的实例分析中我们发现,时刻保持面向未来的忧患意识是任正非、张瑞敏等高水平辩证领导行为企业家的共通之处,也是我们开发出的辩证领导行为测量工具的重要维度。我们看到,当企业取得成绩后,往往容易产生自满情绪,从而导致企业停滞不前(韩中和,1999)。孟子曰:"生于忧患,死于安乐"。因此,要想避免企业在繁荣中迷失方向,企业高层管理者必须时刻保持危机感,在成绩面前保持冷静。传统文化影响下的中国人的忧患意识并不是对变化和未来充满恐惧,而是具有一种对环境变化和未来趋势高度敏感的能力,这种能力帮助企业家形成更敏锐的洞察力、更广阔的视野及更长远的思考,使他们无论获得成就还是身处低谷,都能保持冷静的头脑,并及时捕捉和准确判断企业内、外部环境变化,从而做出高质量的组织决策。

忧患意识不仅有助于高层管理者觉察或预测危机,更为关键的是有助于他们发现未来机会所在。所谓危机,即危险中蕴含着机会,机遇与挑战是矛盾对立的统一体,高度动态变化的商业环境在无情淘汰"弱者"的同时,某种程度上也给企业带来了更多机会和可能性,许多危机实质上代表着技术或产业的未来发展方向、消费市场的潜在需求等。较强的忧患意识帮助高层管理者提升对未来变化的洞察力和敏感性,从而更可能将潜在危机转化成发展机遇,在激烈的竞争中先发制人,获取先行者优势(Lieberman & Montgomery, 1988)。正如《华为基本法》第九十八条所述:"公司处于危机点时既面临危机又面临机遇。危机管理的目标就是变危险为机遇,使企业越过陷阱进入新的成长阶段。"(华为技术有限公司,1998)

高层管理者如何保持高水平的危机意识?除了前文所说的通过学习儒家、道家的传统文化典籍等来提高辩证思维,增强忧患思维,我们还建议高层管理者坚持长远导向,并注重用学习、开放、联系的视角思考企业与内外部环境因素之

间的互动关系,从而提高自己对未来变化趋势的敏感度和洞察力。例如,企业家不仅要了解自身行业、竞争对手的发展情况,还应及时关注一些可能初看起来与本企业发展并不密切关联的环境因素,包括全球政治、经济、技术等领域的重大事件和重要发展趋势,国内甚至国际上新颁布的重要政策法规、其他行业的发展情况、劳动力发展趋势等。尤其是对于一些已经走在行业前沿的优秀企业或跨国企业的高层管理者来说,更应及时获取这些相关信息,从而提高对外界变化的警觉性。

2. 因时因势地调整战略和行动

提升和改进辩证领导行为,要注重根据不同情境下的企业发展需求及时调整发展战略和行动。关于这一点,任正非在《静水潜流,围绕客户需求持续进行优化和改进》(2002)中曾做过非常贴切的阐述,即"做什么,不做什么……都不是绝对的,关键看形势……在经济发展的不同时期应有不同的方法,不同的看法,不能始终用一个指标来衡量问题……要在变化中探索真理"(黄卫伟,2016)。这也符合战略管理者所强调的,企业要增强战略柔性,即提高企业快速适应环境变化的能力(Nadkarni & Herrmann,2010)。面对高度动态变化的环境,能否因时因势地调整战略和实施行动,决定着企业能否跟上时代节拍。尤其对于中国民营企业来说,由于难以寻觅可以遵循的发展路线,因此必须依靠高层管理者因时因势地制定组织战略(Williamson,2015;穆尔曼,2017),才能灵活应对各种机遇和挑战。

同时我们强调,不仅要做到具体问题具体分析、因时而变、顺势而为,还必须在此过程中均衡好"变"与"不变"之间的矛盾关系。这里的"不变",指的是要牢固树立符合企业长期利益的愿景和核心价值观,始终以此作为决策和行动的根本指南。一般情况下,应做到变战略不变战略定位、变行动不变行动指南、变短期目标不变长期愿景,尽量在把握好企业发展大方向的前提下调整战略,从而保证组织的战略和行动符合企业的长远利益,避免盲目发展,使企业在变化中保持稳定、有序。在此方面,高层管理者不妨借鉴任正非的做法。任正非将华为的宗旨、基本经营策略等写入《华为基本法》,在带领华为不断做出改变的同时,始终坚持"以客户为中心""以奋斗者为本"等核心原则,始终坚持长期导向,从而有力地确保了华为在变化中朝长远发展目标稳步前进。对于立志带领企业走到行业前沿的企业家来说,一定要格外重视提高全局意识,树立长期导向的决策理念,从而避免在战略选择时因过于短视而失掉未来竞争力。

另外,高层管理者要认识到,及时调整企业战略和行动并不是依靠发号施令就可以实现的,还需要企业自上而下、从人员到结构的配合与协调,提高企业整

体的响应能力。对此,建议可以采取以下两点措施:

第一,高层管理者可以将决策权适度下放。高层管理者要意识到,基层管理者和一线员工在认识一线局势上是存在优势的,由他们来进行某些决策,也许能够让企业更及时地勘察到危机,以及在机会闪现时迅速抓住。因此,高层管理者应考虑将部分组织决策权适度下放给接近市场前端的组织成员。这也就是任正非强调的"让听得见炮声的人来决策",即将一些与业务相关的组织决策权下放给一线业务人员。至于究竟在多大程度上进行放权,则需要企业家根据组织的具体情况来动态均衡集分权之间的关系(关于高层管理者如何提高和改进均衡组织矛盾方面的辩证领导行为,后文会有进一步阐述)。

第二,高层管理者要注重打造与动态环境相匹配的企业"软、硬"实力。例如,注重为员工提供更多知识、技能等方面的培训项目,不断提升企业内部人力资源的能力,以保证组织成员在工作能力方面能快速响应战略和行动上的新要求,为战略和行动的适时调整提供"软实力"支持。与此同时,高层管理者要通过实施组织变革打造更简洁、高效、协调的组织流程和组织结构,为战略和行动的适时调整提供"硬件"支持。

关于上述两点,在接下来组织层面的建议部分,我们还会进一步从组织建设的角度展开更为具体的论述。

3. 根据组织需要进行变革

管理变革是企业适应动态环境变化、保持竞争优势的重要推动力。提升和改进辩证领导行为,高层管理者应对组织变革保持高度的开放态度,注重根据企业发展的具体需要,积极推行变革管理。实施管理变革实际上也属于高层管理者调整战略与行动的一种具体表现。但考虑到其重要性,我们在此单独加以阐述。提升管理变革方面的辩证领导行为,我们认为以下几点值得高层管理者在实践中加强关注:

首先,高层管理者要采取措施确保管理变革具有及时性、可行性、科学性。高层管理者可以通过创造公平氛围、建设配套奖励等措施大力鼓励中基层管理者和基层员工的变革建言行为,以便察觉变革需求,广泛采纳变革建议。同时,要充分意识到全体成员的共同努力是变革成功的根本保障,并通过培训、宣传、制度设计等途径增强组织全员的变革意识,为及时推行和落实变革举措奠定组织基础。另外,要提高变革措施的科学性、可行性,强调流程简洁化,防止越改越烦琐,并坚持围绕企业的核心目标进行改革,切实让改革发挥积极作用。在此方面,可以参考华为等企业的做法,聘请富有经验的咨询公司或专家对变革进行设计、指导。

其次,高层管理者要积极为变革提供制度支持。在高度动态变化的环境下,任何管理变革都不是一蹴而就的,而是一个随着企业发展阶段不断推进的过程。高层管理者需要从制度设计上着手,为管理变革提供常态化的体系保障。以华为管理变革为例,任正非自上而下设立了变革指导委员会、变革项目管理办公室、变革项目组三种组织架构,其中变革指导委员会负责重大战略决策,变革项目管理办公室负责具体事务,包括过程追踪、项目监督等,变革项目组则是负责具体执行每个变革项目的小组,三个层级的团队领导都由高层管理者担任(赵子溢等,2017),这些制度化的组织架构为华为管理变革的顺利发起和推行提供了保证。

最后,高层管理者要注重运用全局思维来领导管理变革,努力权衡好变革中凸显出来的各种矛盾。在变革过程中,应注意系统设计,统筹安排,在变革方向和细节设计上避免左右冲突、前后矛盾。尤其针对涉及多方面、多阶段的变革任务,在人员编排、资源配置、结构设计等方面做好协调工作,注重不同变革项目、不同变革团队之间的互相配合。其中,高层管理者要格外平衡好持续变革与战略一致性之间的关系。在根据组织需求推动管理变革的同时,也要注重维护企业的稳定。以任正非的做法为例,他带领华为进行了集成产品开发变革、供应链变革、财经管理变革、研发管理变革、人力资源管理体系变革等一系列变革(吴晓波等,2017),并依然在持续推进着变革进程。但他深知频繁变革难以保障和延续企业的内外秩序,极端的变革更会带来破坏作用,因此坚决反对管理和流程上的盲目创新和随意改革,而是尽量将华为进行变革的情况控制在5%或更少,剩下的95%则保持规范和稳定(黄卫伟,2016)。高层管理者在进行变革决策时,应提前做好规划、评估工作,确保对确实需要革新的地方进行变革,不能盲目跟风。

4. 加强对矛盾的认识,提高动态权衡矛盾能力

管理者如果想提高和改进辩证领导行为,一定要重视提高自身权衡矛盾的能力。在前文中,我们刚刚强调了在管理变革中要重视权衡矛盾。在实际的管理实践中,高层管理者还会面临许许多多其他方面的矛盾,包括协调好个人利益与组织利益之间、短期利益与长期利益之间、创新与稳定之间、竞争与合作之间、经济效益与社会责任之间、学习西方管理经验与适应本土发展环境之间等诸多矛盾关系。对实施多元化发展战略的企业来说,还要重视处理好跨产品、跨行业经营中的矛盾。对跨国企业来说,要注意处理发展过程中遇到的文化冲突、价值观冲突及法律制度冲突等。此外,我国正在推行的混合所有制改革也对许多国有企业领导提出了处理大量既有和新生矛盾的要求。事实上,战略管理很大程度上就是在管理矛盾,能否智慧地、妥善地看待和应对矛盾,能否准确地、迅速地抓住主要矛盾及矛盾的主要方面,在很大程度上反映了企业家的战略领导才能,也直接影响着企业的发展道路。

矛盾无处不在,矛盾内部的各个因素也时刻处于变化之中。因此,完全消除矛盾的想法太过完美也不切实际。高层管理者提升和改进在处理矛盾方面的辩证领导行为,要首先在思想上允许矛盾的存在,将工作重点放在如何权衡矛盾,而不是思考如何消除矛盾上。其次,要用变化的视角来对待矛盾,根据内、外部环境变化,通过不断调整目标、战略、行动等,追寻各方面矛盾因素之间的动态平衡。任正非和马化腾推崇的"灰色管理"的精髓之一就是动态权衡矛盾,也是我们常说的"摸着石头过河"。当然,这并不是随意地探索和试错,而是要围绕企业的核心价值观和核心战略等来寻找矛盾的均衡点。例如,任正非在领导华为的过程中,始终强调"以奋斗者为本""以客户为中心"的企业文化,以此作为最重要的战略决策准则,在给企业发展之路留有灰色模糊地带的同时保证企业的有序发展。这提醒高层管理者,权衡矛盾时,应该以组织愿景为纲,以组织长远利益为目标,有侧重但不走极端,边发展、边调整。

不难看出,提高动态权衡矛盾的能力,并非一朝一夕即可实现的,还需高层管理者多体会、多实践,逐步改进。对一些具体矛盾冲突上的处理方式,高层管理者可以多参考优秀企业以往的做法,并根据企业自身状况加以调整。此外,高层管理者平时可以通过阅读阴阳哲学等方面的相关著作,加深对矛盾普遍性、对立统一、主次矛盾之间关系等方面的认识。

5. 树立全局思维,推进内部协调

辩证领导行为水平较高的高层管理者注重从联系的角度看待问题,其中一个具体的行为表现就是整体管理,也即我们总结的辩证领导行为的一个重要维度。做到整体管理,前提条件是高层管理者具备较强的全局观念和大局意识。在之前的建议中,我们也提到过树立全局思维的重要作用。

要想实现用全局思维管理和领导企业事务及组织成员,高层管理者应树立长期导向、坚持核心原则,从企业整体利益思考和处理问题。同时,要多了解、多倾听——在战略决策时,要多了解国家政策导向、社会、经济、科技整体发展趋势等,并且注重倾听他人(包括组织内的其他高层管理者、下属、组织外人员等)的意见与建议。做到这些,有助于高层管理者在思考问题时保持战略高度和全面性,避免"只见木不见林"。另外,经验积累也有助于提高全局思维,高层管理者要时常反思、总结过往的管理经验,从而形成更为系统性、全局性的领导思想。

在联系原则影响下,高层管理者的另一个辩证领导行为表现是注重持续优化企业各个部门、环节之间的协调合作,也即我们总结的辩证领导行为维度中的注重协调维度。作为高层管理者,要认识到企业是一个各部门、各环节有机相连的整体,重视促进企业内部的协同,提高企业的生产、运营效率。就高层管理者如何推进内部协调,我们给出以下两点建议供参考:

第一,高层管理者应注重组织结构和管理流程的优化。这一点是我们前面提到的实施组织变革行为的一种具体实践。随着规模扩大、人员增多,许多企业患上了"大企业病",复杂的组织结构、冗余的办事制度,既增加了不同部门和团队之间的沟通难度,也常常带来各部门推诿责任的"扯皮"现象,既不利于战略决策向下贯彻执行,也不利于基层声音向上反馈,种种问题都给企业内部的协调运转带来了极大障碍。对此,企业家可以通过实施组织变革、精简部门和人员等方式简化企业的组织结构,提高组织效率。在此方面,张瑞敏的做法可谓"彻底",他首创的"人单合一"经营模式直接打破了传统的科层制。不过,我们并不主张大家都学习张瑞敏的改革魄力,企业家还是要基于企业自身发展情况开展工作。

除了对组织结构进行扁平化的纵向优化方式,还可以从横向角度出发优化管理流程,例如围绕企业内部主要任务模块,打破职能部门之间的壁垒,组建由不同部门领导组成的管理团队,重新梳理、整合不同部门和团队之间的任务关系,从而提高企业内部的协调和效率。举个具体的例子,任正非领导华为进行集成产品开发变革后,建立了跨部门的研发团队,将不同部门之间的"串联"工作流程转变为"并行",在产品研发之初就融入不同部门的意见与建议,从而极大地减少了重复工作问题。此外,还通过将工作流程标准化、模板化,让不同部门的成员在加入跨部门团队后能够快速适应,从而降低协调成本(张紫涵和穆尔曼,2017)。

第二,高层管理者要采取措施来增强企业的凝聚力。如果把优化组织结构和管理流程看作增强"硬协调",那么提高组织内部凝聚力就是促进"软协调",有助于通过提高组织成员及部门之间的沟通意愿和配合程度来推进组织内部各环节的协调。提高组织成员之间的凝聚力,各高层管理者之间首先要增强配合与沟通,起好带头作用,从而向企业各部门、各组织成员传递团结一致、共同奋斗的信号。此外,高层管理者要避免官僚作风,而要以德服人,注重倾听基层心声,从而增强员工对管理者和组织的信任感。

6. 因材施教,人尽其才;公正有序,恩威并施

人才是第一竞争力,人力资本是企业获得持续竞争力的重要来源,从选人、用人,到育人、留人,无一不关系着企业的发展、不考验着领导的管理才华。当代企业的高层管理者在领导下属时面临着更多时代赋予的挑战——在全球化、信

息化伴随下成长起来的新生代员工已日益成为企业的中流砥柱,他们充满创造力,但同时也更具个性。如何理解和满足不同代际员工的思想、特点和需求？如何充分调动不同特点员工的工作热情？类似这些问题都是当代企业领导者在人力资源管理方面应该予以考量的问题。提高和改进辩证领导行为,有助于高层管理者更好地应对新时代情境下的下属管理问题。具体来说,高层管理者应在管理下属时努力做到以下两点:

第一,高层管理者在管理下属时要尽可能做到因人而异,人尽其才。要注意通过灵活调整管理模式,为每位组织成员提供尽量公平的发展机会,充分激发企业内部人力资源的潜能。企业中不同部门、不同技能背景的成员在创造价值的方式上往往不同,而这种绩效差异一般难以准确比较。例如,销售人员可看作前线冲锋队伍,研发人员则类似于后勤保障队伍,二者相辅相成、互相配合、缺一不可。但是,无论个人的性格特征还是向企业贡献价值的途径,二者常有很大差异。一般来说,销售人员通常具备外向性性格,并可能拥有较好的政治技能,而许多研发人员更加沉静内敛,思维专注但不善言辞。此外,销售业绩与研发绩效相比,更容易量化考量,且时效性更强。在这种情况下,如果企业只拥有单一的评价与晋升体系,有可能使一部分优秀的业务人员较快地晋升到管理岗位,而使一部分具有技术优势但缺乏管理才能的研发人员无法获得相匹配的晋升,这容易埋没人才,也不利于企业内部塑造公平氛围。因此,高层管理者可以参考华为、腾讯等企业的做法,为员工设置多重晋升通道,让不同特征的组织成员都能靠奋斗获得相应回报,从而充分调动每一位组织成员的奋斗热情。

第二,高层管理者在管理下属时要做到公正有序,宽柔相济。例如,在工作中对下属严格要求,强调纪律;在生活上对员工关怀备至,拉近距离。在管理下属过程中,要明确组织纪律,按照组织规章制度,赏罚兼顾。通过及时的物质与精神奖励强化"奋斗者"的正向行为;通过减少绩效工资、降级甚至末位淘汰等方式激发"后进者"的危机感和奋进意识。值得注意的是,企业家还要学会辩证地看待下属过失。例如,对研发团队来说,其任务本身的特征决定了很多时候难以避免项目的失败和错误,也有可能短时间内难以准确评判功过。因此,要坚持以是否符合企业的核心原则作为评判其他组织成员是非功过的主要标准,对下属进行灵活差异化管理。此外,企业家也要善于包容下属的短处。人无完人,人本身就是一个矛盾的集合体,企业家不妨学习任正非的"灰度"思维,充分认识到人性的复杂,就能更好地接受下属的短处。当然,这种包容是建立在这些组织成员是"奋斗者"的基础之上的。

总之,领导者要尽量通过灵活的领导手段和管理方式,容人所短,用人所长,充分调动每位组织成员的潜能,并给予大家公平的奋斗舞台,从而激发他们的价值创造活力,让每位组织成员都参与到组织建设的浪潮中。

第三节　从组织层面改进和提升辩证领导行为

领导力是领导者与组织、社会环境交互作用下的产物。因此,从长远角度来说,要想从整体上提升与改进我国企业高层管理者的辩证领导行为,仅仅靠个人的努力是不够的,还要辅以有利于辩证领导行为形成和发展的组织与社会环境。在组织建设层面,企业要为现任高层管理者提升和改进辩证领导行为提供帮助,也要为企业培养出更具辩证领导行为的未来高层管理者提供组织支持。对此,我们主要提出以下几条建议供大家参考:

1. 建立有益于辩证领导行为的人力资源管理体系

无论是基层员工还是高层管理者,都需要通过建立、完善与之发展需求相匹配的人力资源管理体系来调动工作激情,提升工作能力和引导工作行为。因此,提升和改进现任高层管理者的辩证领导行为,必须要格外重视施行有益于辩证领导行为的高层管理者人力资源管理体系。具体来说,我们认为可以从以下几点展开相关建设工作:

第一,建立有益于辩证领导行为的选聘制度。在选拔高层管理者时,应将是否具备辩证领导行为(或辩证思维水平较高)作为高层管理者选聘的重要原则之一,通过科学合理的甄别措施和选拔流程,确保将辩证思维水平较高、善于施行辩证领导行为的管理人才选拔到高层领导岗位上来。企业在高层管理者的任命上主要有两种途径——内部晋升和外部聘任。完全依靠外部聘任往往是不现实的,因此要想选聘出具有辩证领导行为的高层管理者,仅仅在选聘原则上下功夫是不够的,还要在组织内提前物色和培养具有战略领导潜力的青年管理干部,从而防止从内部选聘具有辩证领导行为的高层管理者这一举措变成无源之水、无本之木。对此,企业特别是民营企业可以提前制订相应的"候选人计划""接班人计划"等,为未来战略领导者的选聘工作做好人才储备。

第二,建立有助于辩证领导行为的培训体制。首先,要开展辩证领导行为的理论培训,重点介绍相关概念、典型行为表现,让管理者从理论角度强化对辩证领导行为的认识。为提高高层管理者对辩证领导行为具体表现的认知水平,可以加入案例分析环节,也可借鉴变革型领导的相关培训方法,让管理者展开头脑风暴,列出有益于/不利于提升辩证领导行为的实践表现。其次,企业可以通过提供关于中国传统文化等方面的学习培训来增强管理者的辩证观,从而提升高层管理者在看待矛盾、变化、实践、历史发展规律等多方面的认识。此外,企业可以根据岗位设计相应的培训,比如通过采取轮岗制度(针对青年管理干部)或任正非创造的轮值主席制度(针对现任高层管理者),增强高层管理者对企业内、外部环境的认识与了解,丰富他们从整个组织角度处理事务的经验,扩大他们的战略视野,从而提升他们在战略调整、组织变革、全局管理等方面的辩证领导能力。

第三,建立有助于辩证领导行为的薪酬制度与考核措施。企业在评价高层管理者时,应将其在辩证领导行为方面的绩效表现作为重要的考核和奖惩指标之一,以此督促高层管理者在处理事务和管理下属时积极采取辩证领导行为。此外,在制定管理者薪酬制度和考核措施时注重坚持长期导向。树立长期导向对提升和改进辩证领导行为至关重要。企业在评价战略领导者的管理绩效时,不能简单地以企业短期绩效表现作为评价标准,而要更侧重参考能够反映企业长期绩效的指标。同时,可以采取长期导向的薪酬制度,例如加大股权激励在薪酬结构中的比例,制订高层管理者长期持股计划。通过这些制度和措施,将企业领导者的个人利益与企业的长远利益紧密联系在一起,从而激励和约束他们在管理实践中坚持长期导向,增强他们的全局意识、愿景意识、危机意识。

2. 建立高效畅通的建言体系

为提升和改进辩证领导行为提供组织支持,企业应当重视建立自下而上的高效畅通的建言体系。下属建言对高层管理者提升和改进辩证领导行为具有多方面的促进作用。首先,通过建言,高层管理者能够更及时地了解下属的特点、能力及所思所想,从而更容易在管理下属时做到因材施教,并有助于高层管理者及时调整自己的领导行为。其次,通过建言,高层管理者能够及时了解自己没有关注到的组织内外部变化的信息,从而更及时地识别危机和机遇,做出适时调整的辩证领导行为;也可以及时了解组织在各环节、各部门中存在的问题,促使他们做出注重协调的辩证领导行为。此外,通过建言,高层管理者能够获取基层员工至中层管理者的工作建议,掌握更全面的决策信息,从而更容易做到整体管理这一辩证领导行为。

建立高效畅通的建言体系,组织可着重从以下两方面着手:

第一,设置专门的建言机制。首先,设置建言的渠道机制。例如,设置部门意见电子信箱、CEO意见电子信箱,搭建内部网络社区的建言平台,定期召开组织建言会(可采取头脑风暴等形式),等等;并应在合理范围内提供匿名建言方式。除了为组织成员提供组织建设、工作事务方面的建言渠道,还要特意提供针对高层管理者领导行为的建言渠道,着重收集关于如何改进和提高辩证领导行为的意见与建议。其次,设置建言的管理机制。例如,设专人对日常收集的建言进行分类整理、初步处理,并对建言进行数据库管理,以便高层管理者能够较为清晰、快速地了解建言内容。另外,可以设置建言的反馈机制,包括及时向基层反馈建言的处理结果,并及时从基层处了解处理后的后续反馈。

第二,鼓励组织成员的建言热情,提高组织成员建言的心理安全感。组织要营造适宜建言行为出现的文化和氛围。例如高层管理者特别是"一把手"要公开表态支持和鼓励建言,大力奖励有价值的建言,并制定举措防止上级打击报复下属建言的行为,鼓励大家说真话,等等,使组织成员在心理层面愿意建言、敢于建言。

第四节 从社会层面提升和改进辩证领导行为

领导力深受社会环境的影响。社会环境与组织环境相比,对人在思维和行为方面的影响更具潜移默化性、广泛性,也更具深远性。因此,从长远角度和社会整体层面来考虑,应该大力建设更加适宜辩证领导行为形成和发展的社会环境,使社会在提升和改进辩证领导行为的进程中发挥积极作用。这不仅有利于企业发展,对国民经济建设也具有深远意义。具体来说,我们认为,从社会层面提升和改进辩证领导行为,可以从以下两个方面进行思考。

一、弘扬中华优秀传统文化

中国人的辩证思维方式与中国传统文化密不可分,儒家的"中庸"和道家的"阴阳"观念体现了中国人最深层次的思维特性(侯玉波等,2016)。中国传统文化中包含了许多深刻的辩证思想,因此我们在前面的个体层次和组织层次的建议中都曾提及要加强对中国传统文化的学习。注重传承和发扬传统文化的社会环境对微观层面的传统文化学习具有重要的促进作用。不过,改革开放后,在经济全球化、互联网普及等多重因素的影响下,西方文化元素大量涌入我国,对中国传统文化带来了一定程度的冲击。因此,全社会应大力响应党和政府弘扬中华优秀传统文化的号召,为辩证领导行为的形成和提升创造适宜的社会文化环境。对此,社会各方力量都要积极推动优秀传统文化的普及、传承、弘扬,在文化宣传、政策扶持、国民教育体系设计等方面支持中国优秀传统文化的发展,并注意做好以下两点工作:

第一,在科学严谨的分析基础上,设定优秀传统文化的标准和范围。弘扬中华优秀传统文化,首先要厘清传统文化中的精华和糟粕,选取其中符合现代文明、社会主义核心价值观的优秀内容来进行传承。这可能工作量巨大,因此可以选定一批、推行一批,逐步进行。不仅要宣传优秀内容,也要向大众普及哪些属于文化糟粕,这对于一些基层地区、农村地区来说十分重要。

第二,优秀传统文化的弘扬要做到"接地气"。蕴含辩证观的传统文化内容大多载于我国的传统文学典籍中,例如《道德经》《庄子》《周易》等。但是,直接通过在社会层面开展典籍学习来弘扬传统文化中的辩证思维显然是不现实的。在社会层面弘扬传统文化,应注意努力使传统文化贴近大家的生活、工作和学习,一方面让大家对传统文化感兴趣,另一方面提升传统文化传播途径的有效性。比如,引导出版行业、文艺界、教育界等多个行业投入到繁荣优秀传统文化的建设中,综合运用课程、书籍、小品、相声、歌曲、戏剧等多种形式弘扬传统文化,用吸引人的外在形式来向大众传播传统文化的优秀内容。同时,要使传统文化贴近生活、贴近社会和个体的发展需求,赋予其时代活力,做到以时代精神激活中华优秀传统文化的生命力,推进中华优秀传统文化创造性转化和创新性发展,把传承和弘扬中华优秀传统文化同培育和践行社会主义核心价值观统一起来。

二、建设有助于提高辩证思维能力的教育体系

除了社会文化环境的潜移默化,教育是影响人们思维方式最重要和最直接的途径。许多欧美国家早已十分注重通过课程内容设计来提升学生的批判性思维和逻辑思维等。以往学者的研究指出,受教育水平越高,人们在看待问题时越倾向于运用联系和矛盾的观点(侯玉波等,2016)。这表明,通过教育来提升国民的辩证思维水平是具备现实可行性的。因此,我国应该以更积极的态度来对待辩证思维这一宝贵思维财富,从课程设置、教材编排、教师培训等多方面着手,建设有利于辩证思维形成和发展的教育体系,从而提升国民运用辩证观指导生活和工作的基本能力。具体来说,我们建议要着重做好以下两点工作:

第一,根据不同年龄段、不同教育层次因材施教。教育是一个长期的过程,从小学到大学都应注重对辩证思维的培养。但是,不同年龄段和不同教育层次的个体对信息和知识的理解能力不同,因此以教育手段来提升辩证思维水平时,首先要注重课程设置、课堂形式上的因人而异、因材施教。

譬如,对小学生来说,由于他们难以理解哲学术语,应该设计一些适合这个年龄段认知水平的课程,可以通过小学数学知识的学习来培养小学生的辩证思维(张梅玲,1989)。20世纪80年代,中国科学院心理研究所研究员刘静和领导的研究小组通过揭示数、形、数量关系的部分与整体关系来重建小学数学的教学内容,借此探究儿童在认知上的发展规律和特点(张梅玲,1985)。一系列相关实验研究(林嘉绥,1981;张梅玲,1980;张梅玲等,1982;何纪全等,1983;张梅玲等,1983)表明,通过合理设计数学课的教学内容和讲授方法,可以提升小学生在部分与整体关系这一辩证思维规律上的认知水平,从而为小学生初步建立辩证思维奠定良好基础(何纪全和韩茹,1983)。研究小组还在刘静和研究员的主持下编写了《现代小学数学》这本实验教材,通过在全国二十几个省市进行实验教学,发现实验班学生在辩证思维方面的能力得到了较好的发展(何纪全,1987)。

上述研究结果表明,可以结合不同年级的认知能力特点,以《现代小学数学》为基础,编写和采用适于提升儿童辩证思维的小学数学教材。同时要注意到,在互联网不断普及、早教盛行的今天,我国大部分儿童接触到教育资源的年龄和渠道与20世纪80年代相比有极大不同,其思维发展能力可能与前几代人相比有所提高,因此在编写教材时要注重结合当代小学生的实际情况。另外,除了数学课程,针对小学生,还可以通过教授蕴含辩证思维的中国古代寓言故事、成语等来初步培养他们的辩证意识。

针对初、高中生,主要可以通过安排思政课、语文课、历史课的教学内容来培养学生的辩证思维。思政课要注重向学生传授中国传统文化中有关辩证思维的内容,帮助这一年龄阶段的青年学生塑造具备辩证的世界观和方法论。语文课要有意识地选择一些蕴含辩证思维的古代寓言故事、古文、古诗词等作为教学素材。历史课要注重介绍中国传统文化,特别是中国古代思想家、哲学家们的学说,另外也要在讲解中国历代王朝兴衰成败的过程中增强学生的忧患意识。

此外,针对大学生的辩证思维培育,一方面要继续大力开展以辩证思维为核心的中华传统文化的教育课程,另一方面可考虑在全国高校设置以提升辩证思维为重要目的的通识课程,将中国古代哲学、中国古代文学、中国历史等纳入课程内容,在弘扬中华优秀传统文化的同时培育辩证思维。不过,要注意相关授课内容不宜过深过多,并尽量在讲解上做到通俗易懂。例如,可以通过开展《孙子兵法》的教育来提升大学生的辩证思维能力(张文忠,2018),并依据不同学科的知识背景来选择大家易于理解的时事案例辅助理解。特别地,大学的商学院(或经济学院、管理学院)除了要培育学生的辩证思维,还要注重传授辩证领导行为方面的相关知识,将商学院建设成未来辩证领导的摇篮。

除了在课程设置上因材施教,在课堂形式上也要注意多样化发展,让辩证思维的课堂更具活力和吸引力,使枯燥和艰深的学习内容变得更加易于理解、易于吸收。例如,培养小学生辩证思维能力时,可以更多地运用感知操作、游戏等形式来加强辩证知识的直观性和趣味性。

在因材施教上,我国教育部门应切实起到领导作用,在具体的课程设置、教材编写上进行引导、示范、监督和管理,设置一定的课程标准和教学范围,同时给予学校在教学形式上的自主性。

第二,增强教师培训和交流,提升教师素养,提高教学质量。教师素养直接影响教学质量,教师能否通过恰当的、有吸引力的教学形式将课程内容传授给学生,直接关系到培育辩证思维目标的完成质量。为此,国家和各省、直辖市、自治区的教育部门应该加强对教师在辩证思维相关课程方面的培训,并通过举办研讨会等方式为各地、各级教师提供交流机会,让大家能够彼此交流在辩证思维培育方面的心得与经验。

在培训上,要从全国范围内选拔不同课程、不同学科的优秀教师来担任主讲人,着力打造一批示范课,展示如何在达到既定教学目标的同时,挖掘教学内容中的辩证观。通过现场培训和直播、视频等线上培训手段,培育一大批能够善于从课程教学中向学生传递辩证的思维与方法论的教师。其中,示范课应着重在形式创新、实践结合、寓教于乐等方面树立标杆作用,教学内容要深入浅出,便于推广。

本 章 小 结

结合现实的管理需求和本书之前多个章节的结论,我们坚信:辩证思维指导下的高层管理者的辩证领导行为对我国企业的长远发展来说,具有非常重要的积极作用。因此,我们尝试着从个人、组织和社会三个层面提出了一些建议,希望对提升和改进辩证领导行为有所帮助。

从个人角度,我们认为高层管理者可从"形而上"和"形而下"两方面出发来提升和改进辩证领导行为。"形而上"即要提高辩证思维水平,主要途径包括学习中华传统文化。中国传统文化与马克思主义在辩证观上存在许多相通之处,因此高层管理者在学习传统文化典籍时,可以有意识地尝试思考二者之间的联系,并辩证地思考二者之间存在的差异,借助这种深入的思考过程进一步加深自己对辩证的世界观和方法论的理解。"形而下"则要以任正非等优秀企业家为榜样,勤于实践具体的辩证领导行为。强化辩证思维和加强辩证实践是相辅相成、相互促进的,高层管理者应努力做到边学习边实践,边实践边总结,学以致用,联系实际,双管齐下来提升和改进辩证领导行为。当然,在实践中要注意,由于每家企业的组织基因不同,面对的内、外部环境也不可能完全一样,因此优秀企业的发展道路、优秀企业家的管理行为也不可完全复制。因此,在看待我们提供的建议时,本书的读者同样需要运用一些"灰度思维",各位企业家要根据自身企业的发展需求和内、外部环境适度借鉴,切勿生搬硬套。

毫不夸张地说,在现有环境下,遇到一位高水平辩证领导行为的企业家来领导企业往往全凭运气,而要想让企业的每一任高层管理者都能具备较高水平的辩证领导行为,甚至让一个国家大部分企业都由辩证领导者来管理,靠运气是实现不了的,还需要组织环境、社会大环境的支持。因此,除了高层管理者自身的学习和实践,组织和社会也要积极为提升和改进辩证领导行为提供适宜的环境土壤,从而为辩证领导行为的长期培育和发展奠定基础。组织层面,一方面要建立有益于辩证领导行为的人力资源管理体系,另一方面要建立高效畅通的建言体系。社会层面,要在全社会范围大力弘扬中华传统文化的优秀部分;同时,在国家教育部门的指引和领导下,建设有助于提高辩证思维能力的教育体系。需要指出的是,尽管我们强调要突出辩证思维这一传统思维模式的培育,但我们的教育也要注意传授西方的思维逻辑。因为中国人整体式的辩证思维方式有时会阻碍我们对个体特性的分析,在我们探索问题时会带来一些阻碍(侯玉波和朱滢,2002;侯玉波等,2016)。对此,要坚持"以我为主,为我所用"的原则,兼收并蓄优秀的思维方式,从而进一步提升我国国民的整体认知能力。

总之,提升和改进自身的辩证领导行为,是重要的,也是可行的,更是需要大家共同努力的。我国要想在未来涌现出更多优秀的企业家,要想涌现出一批基业长青的企业,无论是企业家自身还是组织、社会,都任重道远。当然我们也坚信,只要朝着正确的方向不断努力,中国本土企业管理实践的明天一定会更加美好、灿烂!

参考文献

[1] 曹晶,杨斌,杨百寅. 行业环境调节作用下集体领导力的动态变化与企业绩效[J]. 管理学报,2015,12(07):993-1000.

[2] 曹仰锋,李平. 中国领导力本土化发展研究:现状分析与建议[J]. 管理学报,2010,7(11):1704-1709.

[3] 曹仰锋. 海尔转型:人人都是CEO[M]. 北京:中信出版社,2017.

[4] 陈德安.《列子》的世界观与人生观教育[J]. 雁北师院学报(文科版),1996,4:12-17.

[5] 陈广忠. 淮南子[M]. 北京:中华书局,2012.

[6] 陈国权,李兰. 中国企业领导者个人学习能力对组织创新成效和绩效影响研究[J]. 管理学报,2009,6(05):601-606.

[7] 陈国权,周为. 领导行为、组织学习能力与组织绩效关系研究[J]. 科研管理,2009,30(05):148-154+186.

[8] 陈建勋,凌媛媛,刘松博. 领导者中庸思维与组织绩效:作用机制与情境条件研究[J]. 南开管理评论,2010,13(02):132-141.

[9] 陈树文. 论人的全面发展与社会发展的辩证统一[J]. 北京交通大学学报(社会科学版),2003,2(1):60-63.

[10] 陈伟. 腾讯人力资源管理[M]. 苏州:古吴轩出版社,2018.

[11] 陈卫平. 论中国古代哲学辩证思维的逻辑发展[J]. 哲学研究,1992(06):44-51+80.

[12] 陈文晶,时勘. 中国管理者交易型领导的结构与测量[J]. 管理学报,2014,11(10):1453-1459+1513.

[13] 陈曦. 孙子兵法[M]. 北京:中华书局,2018.

[14] 成中英,晁罡,熊吟竹,王婧,岳磊. 从历史与哲学理解儒家全球领导力:古典模型与现代模型[J]. 管理学报,2014,11(05):645-652.

[15] 成中英.《庄子》内篇中的本体辩证哲学[J]. 华中师范大学学报(人文社会科学版)，2014, 53(6):62-68.
[16] 戴汝为. 21世纪组织管理途径的探讨[J]. 管理科学学报，1998(3):1-6.
[17] 戴圣,崔高维. 礼记[M]. 上海:上海古籍出版社,1987:290.
[18] 稻田二千武,王静芳. 不断提高自我逐渐缩小与稻盛塾长的差距[J]. 天津市职工现代企业管理学院学报，2000(1).
[19] 董仲舒. 春秋繁露[M]. 上海:上海古籍出版社,1998:46.
[20] 杜旌,冉曼曼,曹平. 中庸价值取向对员工变革行为的情景依存作用[J]. 心理学报，2014, 46(01):113-124.
[21] 杜旌. 本土文化情境下领导行为对员工变革反应的影响:基于图式理论的动态研究[J]. 心理科学进展，2013, 21(09):1531-1541.
[22] 段锦云,凌斌. 中国背景下员工建言行为结构及中庸思维对其的影响[J]. 心理学报，2011, 43(10):1185-1197.
[23] 樊景立,郑伯埙. 家长式领导:再一次思考[J]. 本土心理学研究，2000, 13(1):219-226.
[24] 范庭卫,朱永新. 道家管理心理思想概要[J]. 心理科学进展，2003(01):116-119.
[25] 范庭卫,朱永新. 先秦道家管理心理学思想及其现代价值[J]. 苏州大学学报，1998(03):21-27.
[26] 费孝通. 乡土中国[M]. 上海:生活·读书·新知三联书店,1985.
[27] 冯镜铭,刘善仕,吴坤津,王红椿. 谦卑型领导研究探析[J]. 外国经济与管理，2014, 36(3):38-48.
[28] 冯契. 中国古代哲学的逻辑发展[M]. 上海:人民出版社,1983.
[29] 高建. 全球创业观察2017/2018中国报告[M]. 北京:清华大学出版社,2018.
[30] 宫玉振. 曾国藩领导力十二讲[M]. 北京:北京大学出版社,2018.
[31] 管建世,罗瑾琏,钟竞. 动态环境下双元领导对团队创造力影响研究——基于团队目标取向视角[J]. 科学学与科学技术管理，2016(8):159-169.
[32] 国家统计局. 中国统计年鉴2018[M]. 北京:中国统计出版社,2018.
[33] 国家统计局. 中国统计年鉴2020[M]. 北京:中国统计出版社,2020.
[34] 郭子仪.《孙子兵法》管理心理学思想研究[J]. 心理学报，2002, 32(3):353-357.
[35] 韩巍,席西民. 不确定性——支配权——本土化领导理论:和谐管理理论的视角[J]. 西安交通大学学报(社会科学版)，2009, 29(05):7-17+27.
[36] 韩巍,席西民. 机会型领导、幻觉型领导:两个中国本土领导研究的关键构念[J]. 管理学报，2012, 9(12):1725-1734.
[37] 韩中和. 组织的战略创新与最高管理层的危机意识[J]. 外国经济与管理，1999, 07:7-10.
[38] 何纪全,韩茹. 关于儿童对部分与整体关系认知发展的实验研究——促进小学儿童乘除概念的形成[J]. 心理科学通讯，1983(5):19-25.

[39] 何纪全,刘静和,王宪钿.关于5至11岁儿童对几何图形的部分与整体关系的认知发展的实验研究[J].心理学报,1983,1:80-87.

[40] 何轩,李新春.中庸理性影响下的家族企业股权配置:中国本土化的实证研究[J].管理工程学报,2014,28(01):1-9.

[41] 何轩.互动公平真的就能治疗"沉默"病吗?——以中庸思维作为调节变量的本土实证研究[J].管理世界,2009(04):128-134.

[42] 何轩.基于"资源诅咒"理论视角的家族企业传承研究[J].广东商学院学报,2010,25(02):45-49.

[43] 何轩.中庸思维与家族企业研究[J].中国社会心理学评论,2014(02):226-236.

[44] 侯玉波,彭凯平,朱滢.中国人整体思维方式量表的编制与确认[J].中国社会心理学评论,2016(02):45-72.

[45] 侯玉波,朱滢.文化对中国人思维方式的影响[J].心理学报,2002(01):106-111.

[46] 侯玉波.文化心理学视野中的思维方式[J].心理科学进展,2007,15(2):211-216.

[47] 胡国栋,李苗.张瑞敏的水式管理哲学及其理论体系[J].外国经济与管理,2019,41(03):25-37+69.

[48] 胡国栋,王天娇.基于《贞观政要》文本解读的儒家伦理与领导纳谏行为关系研究[J].管理学报,2019,16(08):1107-1116.

[49] 胡新平,廖冰,徐家运.员工中庸思维、组织和谐与员工绩效的关系研究[J].西南大学学报(社会科学版),2012,38(05):166-172+176.

[50] 华为技术有限公司.华为基本法[M].1998.

[51] 黄灿,陈箫.第五章:华为财经管理变革[M]//吴晓波,等.华为管理变革.北京:中信出版社,2017:133-163.

[52] 黄丹,席西民.和谐管理理论基础:和谐的诠释[J].管理工程学报,2001(03):69-72.

[53] 黄鸣鹏,王辉.高层管理者的辩证领导行为:一项探索性研究[J].经济科学,2017(03):115-128.

[54] 黄卫伟.价值为纲:华为公司财经管理纲要[M].北京:中信出版社,2017.

[55] 黄卫伟.以奋斗者为本:华为公司人力资源管理纲要[M].北京:中信出版社,2014.

[56] 黄卫伟.以客户为中心:华为公司业务管理纲要[M].北京:中信出版社,2016.

[57] 加里·哈梅尔,米歇尔·扎尼尼.终结科层制[J/OL].哈佛商业评论(中文版),2019-01-01,https://www.hbrchina.org/2019-0102/7048.html

[58] 姜定宇,张菀真.华人差序式领导与部属效能[J].本土心理学研究,2010(33):109-177.

[59] 蒋天颖,张一青,王俊江.战略领导行为、学习导向、知识整合和组织创新绩效[J].科研管理,2009,30(6):48-55.

[60] 蒋重跃.辩证发展观在古代中国的觉醒——道儒两家以"反"为主题的理论探索[J].南京大学学报(哲学·人文科学·社会科学),2015,5:64-94.

[61] 金子璐.东西方关于领导者要素的比较研究——以孙子"为将五德"和西方心理学六大

美德为例[J]. 北京大学学报(哲学社会科学版), 2017(54):150-157.

[62] 李超平, 时勘. 变革型领导的结构与测量[J]. 心理学报, 2005, 37(6):803-811.

[63] 李金早, 许晓明. 高阶管理理论及其完善与拓展[J]. 外国经济与管理, 2008, 30(10):8-16.

[64] 李景平, 朱楚珠, 李树茁. 非平衡态企业危机及其管理[J]. 中国软科学, 2002, 2:47-50.

[65] 李明, 凌文辁, 柳士顺. CPM领导行为模式对和谐组织的影响作用研究[J]. 暨南学报:哲学社会科学版, 2012(34):63-72.

[66] 李明, 凌文辁, 柳士顺. CPM领导理论三因素动力机制的情景模拟实验研究[J]. 南开管理评论, 2013(16):16-25.

[67] 李鹏飞, 葛京. 基于和谐耦合的领导方式互动过程:一种新的阐释[J]. 西安交通大学学报(社会科学版), 2016(36):34-39.

[68] 李平. 中国本土管理研究与中国传统哲学[J]. 管理学报, 2013, 10(9):1249-1261.

[69] 李平. 中国智慧哲学与中庸之道研究[J]. 中国社会心理学评论, 2014(02):237-255.

[70] 李全伟. 中国最佳CEO的最大挑战是什么?听马化腾、郁亮、张近东如何说[J/OL]. 哈佛商业评论(中文版), 2016-11-22, https://www.hbrchina.org/2016-11-22/4747.html

[71] 李锐, 朱永新. 本土化领导风格认同对企业组织效能的影响[J]. 科学学与科学技术管理, 2006(27):136-141.

[72] 李鑫. 谦虚谨慎或者骄傲自负:中国本土管理研究的心态问题[J]. 管理学报, 2016, 13(1):40-48.

[73] 李鑫. 中国本土管理研究的X整合主义[J]. 管理学报, 2015(12):157-166.

[74] 李燕萍, 杨婷, 潘亚娟, 徐嘉. 包容性领导的构建与实施——基于新生代员工管理视角[J], 中国人力资源开发, 2012(3):31-35.

[75] 李瑶, 孙彪, 刘益. 社会资本悖论与联盟双元创新:阴阳思维与动态组合的管理角色[J]. 科学学与科学技术管理, 2014, 35(6):93-101.

[76] 李忆, 司有和. 探索式创新, 利用式创新与绩效:战略和环境的影响[J]. 南开管理评论, 2008, 5:4-12.

[77] 李盈, 黄灿, 寿涌毅. 第四章:华为供应链管理变革[M]//吴晓波, 等. 华为管理变革. 北京:中信出版社, 2017:97-131.

[78] 李原. 工作压力因素对工作——家庭平衡的影响:中庸的调节作用[M]//杨宜音. 中国社会心理评论第七辑, 2014.

[79] 李原. 压力性生活事件对在职者主观幸福感的影响:中庸思维的调节作用[M]//杨宜音. 中国社会心理评论第八辑, 2014.

[80] 廖冰, 董文强. 知识型员工中庸思维、组织和谐与个体创新行为关系研究[J]. 科技进步与对策, 2015(07):156-160.

[81] 林嘉绥. 儿童对部分与整体关系认识发展的实验研究II:4—7岁儿童数的组成和分解[J]. 心理学报, 1981, 2:159-167.

[82] 林升栋. 阴阳转换思维与看人感知的关系初探[M]//杨宜音. 中国社会心理评论第七辑. 北京:社会科学文献出版社,2014.

[83] 林玮芳,黄金兰,林以正. 来得早不如来得巧:中庸与阴阳转折的时机[M]//杨宜音. 中国社会心理评论第七辑. 北京:社会科学文献出版社,2014.

[84] 林姿葶,郑伯埙,周丽芳. 家长式领导之回顾与前瞻:再一次思考[J]. 管理学季刊,2017(4):1-32+158.

[85] 凌文辁,陈龙,王登. CPM领导行为评价量表的建构[J]. 心理学报,1987(19):199-207.

[86] 刘兵权,颜世富. 道家超级领导思想研究[J]. 上海管理科学,2018(40):108-112.

[87] 刘刚,吕文静,雷云. 现代企业管理中阴阳学说新述[J]. 北京工商大学学报(社会科学版),2014,29(6):103-108.

[88] 刘琪,张晓芒,关兴丽. 先秦儒家及诸子辩证思想的逻辑方法论基础.[J] 深圳大学学报(人文社会科学版),2013,30(6):57-63.

[89] 刘蓉. 把握绩效考评在小企业当中的"度"[J]. 北京交通大学学报(社会科学版),2003,2(2):31-34.

[90] 刘贻群. 庞朴文集[M]. 山东:山东大学出版社,2005.

[91] 楼宇烈. 老子道德经注校释[M]. 北京:中华书局,2008.

[92] 罗杰,戴晓阳. 中文形容词"大五"人格量表的初步编制Ⅰ:理论框架与测验信度[J]. 中国临床心理学杂志,2015,23(3):381-385.

[93] 罗瑾琏,胡文安,钟竞. 悖论式领导、团队活力对团队创新的影响机制研究[J]. 管理评论,2017,29(7):122-134.

[94] 罗瑾琏,胡文安,钟竞. 双元领导对团队创新的影响机制研究[J]. 华东经济管理,2016a,30(7):35-44.

[95] 罗瑾琏,胡文安,钟竞. 双元领导对新员工社会化适应与创新的双路径影响研究[J]. 科学学与科学技术管理,2016b,37(12):161-173.

[96] 罗瑾琏,花常花,钟竞. 悖论式领导对知识团队创新的影响及作用机制研究[J].科技进步与对策,2015,32(11):121-125.

[97] 罗瑾琏,花常花,钟竞. 谦卑型领导对知识员工创造力的影响及作用机制研究:一个被中介的调节模型——基于社会认知的视角[J]. 研究与发展管理,2016,28(4):106-116.

[98] 罗瑾琏,赵莉,韩杨,钟竞,管建世. 双元领导研究进展述评[J]. 管理学报,2016,13(12):1882-1889.

[99] 罗瑾琏,赵莉,钟竞. 双元领导对员工创新行为的影响机制研究[J]. 预测,2016(4):1-7.

[100] 马化腾. 越来越看不懂年轻人的喜好[J]. 经理人,2017.

[101] 《马化腾致信合作伙伴:灰度法则的七个维度》,腾讯网,https://tech.qq.com/a/20120709/000099.htm,2012年7月9日。

[102] 马克思,恩格斯.马克思恩格斯选集:第3卷[M].北京:人民出版社,2012.

[103] 马克思,恩格斯.马克思恩格斯选集:第4卷[M].北京:人民出版社,2012.

[104] 马佩.老子《道德经》中的辩证思想及其思维形式[J].河南大学学报(社会科学版),2011,51(1):72-78.

[105] 牛文静.海尔:平台化HR助力企业变革[J/OL].哈佛商业评论(中文版),2018-11-01,https://www.hbrchina.org/2018-1101/6812.html

[106] 彭贺,李天健,黄思琴.张瑞敏:自以为非[M].北京:新世界出版社,2016.

[107] 彭伟,李慧.悖论式领导对员工主动行为的影响机制——团队内部网络连带强度与上下级关系的作用[J].外国经济与管理,2018,40(7):142-154.

[108] 裘禾敏.《孙子兵法》在英语世界的传播[J].浙江社会科学,2012(06):135-139+162.

[109] 曲青山.马克思主义与中国共产党[J].求是,2016,13:18-20.

[110] 曲阳.中庸型领导对组织领导力发展的影响及演化机制研究[D].天津:南开大学,2014.

[111] 任正非.华为的机遇与挑战[M]//黄卫伟.价值为纲:华为公司财经管理纲要.北京:中信出版社,2017:164.

[112] 任正非.静水潜流,围绕客户需求持续进行优化和改进[M]//黄卫伟.以客户为中心.北京:中信出版社,2016:189.

[113] 任正非.任正非:管理的灰度[J].商界评论,2010(04):52-54.

[114] 任正非.一切创新必须面向市场[J].四川经济研究,2007(6):8-9.

[115] 石磊.商君书[M].北京:中华书局,2018.

[116] 宋志平.问道管理[M].北京:中国财富出版社,2019.

[117] 孙科柳,易生俊,曾文明.华为绩效管理方法论[M].北京:中国人民大学出版社,2016.

[118] 孙蒨如.阴阳思维与极端判断:阴阳思维动态本质的初探[M]//杨宜音.中国社会心理评论第七辑.北京:社会科学文献出版社,2014.

[119] 唐正东.马克思主义辩证思维方法的一般特点和基本规律——兼论习近平同志的辩证思想[J].南京工业大学学报(社会科学版),2015,14(3):13-20.

[120] 陶新华,朱永新.论先秦法家的人性理论与领导心理思想[J].心理学报,2002(2):212-218.

[121] 田涛.序二:恐惧是变革的最大动力[M]//吴晓波,等.华为管理变革.北京:中信出版集团,2017.

[122] 汪纯孝,凌茜,张秀娟.我国企业公仆型领导量表的设计与检验[J].南开管理评论,2009(12):94-103.

[123] 王大刚,席酉民,何方.基于中国公司情境的和谐管理领导力研究[J].管理学报,2009(6):427-431.

[124] 王东.中国古代领导力建设思想探析——以《淮南子》精神理论为例[J].商业经济,2016(5):107-108.

[125] 王飞雪,刘思思. 中庸思维对自我一致性和自我矛盾冲突感的影响[M]//杨宜音. 中国社会心理评论第七辑. 北京:社会科学文献出版社,2014.

[126] 王辉,忻蓉,徐淑英. 中国企业CEO的领导行为及对企业经营业绩的影响[J]. 管理世界,2006(004):87-96+139.

[127] 王辉. 中国企业环境下的领导行为与领导模式[M]. 北京:商务印书馆,2013.

[128] 王舒扬,高旭东. 何种人力资本对海归创业者更有效:管理还是技术?[J]. 科研管理,2018,039(002):1-9.

[129] 王树人. 散论辩证思维问题[J]. 自然辩证法研究,1997(1):19-21.

[130] 王先谦,刘武. 庄子集解[M]. 北京:中华书局,2012.

[131] 王向清. 途有所不由,军有所不击——五论《孙子兵法》的辩证思维[J]. 湘潭大学学报(哲学社会科学版),1995,1:16-18.

[132] 王新业. 鲁冠球:棋局里的管理哲学[J]. 董事会,2011(10):110-111.

[133] 王彦蓉,葛明磊,张丽华. 矛盾领导如何促进组织二元性——以任正非和华为公司为例[J]. 中国人力资源开发,2018(7):134-145.

[134] 魏怡,胡军生. 坚毅性人格:概念结构、影响因素及作用结果[J]. 心理技术与应用,2017,5(1):52-61.

[135] 文正欣. 张瑞敏谈战略与管理[M]. 深圳:海天出版社,2011.

[136] 邬国义,胡果文,李晓路. 国语译注[M]. 上海:上海古籍出版社,1997.

[137] 吴佳辉,林以正. 中庸思维量表的编制[J]. 本土心理学研究,2005,24:247-300.

[138] 吴晓波,等. 华为管理变革[M]. 北京:中信出版社,2017.

[139] 武亚军. "战略框架式思考"、"悖论整合"与企业竞争优势——任正非的认知模式分析及管理启示[J]. 管理世界,2013,4:150-165.

[140] 席酉民,刘鹏,孔芳,葛京. 和谐管理理论:起源、启示与前景[J]. 管理工程学报,2013,27(2):1-8.

[141] 徐大同. 先秦法家权势、法治、心术的治国之道[J]. 政治学研究,2013,(5):114-119.

[142] 徐进. 秦律中的奖励与行政处罚[J]. 吉林大学社会科学学报,1989(3):49-55.

[143] 许慎. 说文解字[M]. 北京:中华书局,1998.

[144] 许晟,李延霞,周颖. 专访马化腾:互联网的下半场属于产业互联网[OL]. 新华网,2019-03-04,http://www.xinhuanet.com//2019-03/04/c_1124192112.htm

[145] 阳中华,周家秀,周甄会. 中庸思维对心理健康影响之初探[M]//杨宜音. 中国社会心理评论第八辑. 北京:社会科学文献出版社,2014.

[146] 杨百寅,单许昌. 定力:中国社会变革的思想基础[M]. 北京:北京大学出版社,2018.

[147] 杨百寅,王念,张震. 集体领导力理论基础探析[J]. 管理学报,2014(1110):1428-1435.

[148] 杨斌,丁大巍. "兄长式"而非"家长制":基于文化视角的当代中国企业领导模式研究[J]. 清华大学学报(哲学社会科学版),2012(2):151-157.

[149] 杨伯峻. 春秋左传注[M]. 北京:中华书局,1999.

[150] 杨伯峻. 论语译注[M]. 北京:中华书局,2012.

[151] 杨学儒,李新春,梁强,李胜文. 平衡开发式创新和探索式创新一定有利于提升企业绩效吗?[J]. 管理工程学报,2011,25(4):17-25.

[152] 杨学莹,王佳声. 海尔的黄金圈法则[N/OL]. 大众日报(电子版),2016-01-06,http://paper.dzwww.com/dzrb/content/20160106/Articel03003MT.htm

[153] 杨中芳,林升栋. 中庸实践思维体系概念图的建构效度研究[J]. 社会学研究,2012,4:167-186.

[154] 杨中芳,阳中华. 夫妻中庸思维差异对成员家庭功能评定的影响[M]//杨宜音. 中国社会心理评论第八辑. 北京:社会科学文献出版社,2014.

[155] 杨中芳,赵志裕. 中庸实践思维初探[C]//. 第四届华人心理与行为科际学术研讨会,1997.

[156] 杨中芳. 中国人的世界观:中庸实践思维初探[M]//杨中芳. 如何理解中国人. 台北:远流出版事业股份有限公司,2001.

[157] 杨中芳. 中庸社会心理学研究的构念化:兼本辑导读[M]//杨宜音. 中国社会心理评论第七辑. 北京:社会科学文献出版社,2014.

[158] 杨中芳. 中庸实践思维体系探研的初步进展[J]. 本土心理学研究,2010,34:3-96.

[159] 杨中芳. 中庸实践思维研究——迈向构建一套本土心理学知识体系[M]//杨中芳. 人格及社会心理学论丛(一). 北京:北京大学出版社,2001.

[160] 叶晓璐,张灵聪. 中庸思维对不同情境决策行为的影响[M]//杨宜音. 中国社会心理评论第八辑. 北京:社会科学文献出版社,2014.

[161] 原理. 基于儒家传统德性观的中国本土伦理领导力研究[J]. 管理学报,2015,12(01):38-43.

[162] 约翰·彼得·穆尔曼. 第一章:华为管理变革[M]//吴晓波,等. 华为管理变革. 北京:中信出版集团,2017.

[163] 臧守虎. 易经[M]. 北京:中华书局,2007.

[164] 张大鹏. 张瑞敏管理真经[M]. 北京:中国经济出版社,2014.

[165] 张岱年,成中英. 中国思维偏向[M]. 北京:中国社会科学出版社,1991.

[166] 张党珠,王晶,齐善鸿. 基于扎根理论编码技术的道本领导理论模型构建研究[J]. 管理学报,2019,16(08):1117-1126.

[167] 张德胜,金耀基,陈海文,陈健民,杨中芳,赵志裕,伊莎白. 论中庸理性:工具理性、价值理性和沟通理性之外[J]. 社会学研究,2001(02):33-48.

[168] 张光曦,古昕宇. 中庸思维与员工创造力[J]. 科研管理,2015,36(S1):251-257.

[169] 张弘,陈浩. 正视工作不安全感[J]. 企业管理,2016(05):21-22.

[170] 张梅玲,刘静和,王宪钿,何纪全,陈胜开. 以"1"为基础标准揭示数和数学中部分和整体关系的系统性教学实验[J]. 心理学报,1983,4:410-418.

[171] 张梅玲,刘静和,王宪钿. 关于儿童对部分与整体关系认知发展的实验研究——5—10岁儿童分数认识的发展[J]. 心理科学通讯(现名:心理科学),1982,4:35-43.

[172] 张梅玲.《现代小学数学》实验讨论会[J]. 心理科学进展,1985. 3:83,66.
[173] 张梅玲. 促进儿童数学思维发展,提高小学生教育素质[J]. 心理科学,1989,3:16-20+62-64.
[174] 张梅玲. 关于儿童部分与整体关系认知发展的实验研究 I:4—7岁儿童类和数的包含[J]. 心理学报,1980,1:37-45.
[175] 张蕊青. 孔子辩证思维的再认识[J]. 山西大学学报(哲学社会科学版),2007,30(5):22-25.
[176] 张素玲. 孔子与苏格拉底道德教育思想之比较研究[J]. 河南大学学报(社会科学版),2006(01):143-146.
[177] 张文慧,王辉. 中国企业战略型领导的三元模式[J]. 管理世界,2013(07):94-112.
[178] 张文忠.《孙子兵法》在大学生思想政治教育中的育人功能[J]. 徐州工程学院学报(社会科学版),2018,33(1):104-108.
[179] 张晓燕,高定国,傅华. 辩证思维降低攻击性倾向[J]. 心理学报,2011,43(1):42-51.
[180] 张亚军,张金隆,张军伟,崔利刚. 谦卑型领导与员工抑制性建言的关系研究[J]. 管理评论,2017,29(5):110-119.
[181] 张志学. 组织心理学研究的情境化及多层次理论[J]. 心理学报,2010(42):10-21.
[182] 张紫涵,约翰·彼得·穆尔曼. 第三章:华为的集成产品开发变革[M]//吴晓波,等. 华为管理变革. 北京:中信出版社,2017:71-96.
[183] 赵红丹,江苇. 双元领导如何影响员工职业生涯成功?——一个被调节的中介作用模型[J]. 外国经济与管理,2018,40(1):93-106.
[184] 赵可汗,贾良定,蔡亚华,王秀月,李珏兴. 抑制团队关系冲突的负效应:一项中国情境的研究[J]. 管理世界,2014,3:119-130.
[185] 赵莉,罗瑾琏,钟竞,管建世. 双元领导对团队创造力影响机制研究:基于团队互动的视角[J]. 科学学与科学技术管理,2017,38(12):148-160.
[186] 赵新宇,曹春辉,席西民. 文化视角下领导研究的回顾与展望[J]. 管理学报,2014(11):1559-1568.
[187] 赵志裕. 中庸思维的测量:一项跨地区研究的初步结果[J]. 香港社会科学学报,2000(18).
[188] 赵子溢,郭斌,吴晓波. 第二章:高管团队与组织变革——基于制度化变革视角的解读[M]//吴晓波,等. 华为管理变革. 北京:中信出版集团,2017:41-70.
[189] 郑伯埙,樊景立. 华人组织的家长式领导:一项文化观点的分析[J]. 本土心理学研究,2001(13):127-180.
[190] 郑伯埙,周丽芳,樊景立. 家长式领导:三元模式的构建与测量[J]. 本土心理学研究,2000(14):3-64.
[191] 郑伯埙. 差序格局与华人组织行为[J]. 本土心理学研究,1995(3):142-219.
[192] 郑思雅,李秀丽,赵志裕. 辩证思维与现代生活[J]. 香港社会科学学报,1999,15:1-25.

[193] 郑万耕.《易传》与《老子》的辩证思维[J]. 中国哲学史，1993(1)：14-20.

[194] 郑玄注. 尚书十三卷[M]. 台北：新兴书局，1999.

[195] 钟晓鸣.《孙子兵法》的辩证思维与现代企业管理[J]. 安徽师范大学学报，1993，21(3)：323-327.

[196] 周浩，龙立荣. 恩威并施，以德服人——家长式领导研究述评[J]. 心理科学进展，2005(2)：227-238.

[197] 周振甫. 周易译注[M]. 北京：中华书局，2011.

[198] 朱叶楠. 墨子的组织管理思想及其得失[J]. 领导科学，2017(2)：39-42.

[199] Ahearne, M., Mathieu, J., & Rapp, A. (2005). To empower or not to empower your sales force? An empirical examination of the influence of leadership empowerment behavior on customer satisfaction & performance. *Journal of Applied Psychology*, 90(5), 945-955.

[200] Aiken, L. S., West, S. G., & Reno, R. R. (1991). *Multiple regression: Testing and interpreting interactions*. Sage.

[201] Allinson, C. W., & Hayes, J. (1996). The cognitive style index: A measure of intuition-analysis for organizational research. *Journal of Management Studies*, 33(1), 119-135.

[202] Allinson, C. W., Chell, E., & Hayes, J. (2000). Intuition and entrepreneurial behavior. *European Journal of Work and Organisational Psychology*, 9(1), 31-43.

[203] Alvarez, S., & Barney, J. (2007). Discovery and creation: Alternative theories of entrepreneurial action. *Strategic Entrepreneurship Journal*, 1(1-2), 11-26.

[204] Alvarez, S., & Busenitz, L. (2001). The entrepreneurship of resource-based theory. *Journal of Management*, 27(6), 755-775.

[205] Amason, A. C. (1996). Distinguishing the effects of functional and dysfunctional conflict on strategic decision making: Resolving a paradox for top management teams. *The Academy of Management Journal*.

[206] American Psychiatric Association. (2000). *Diagnostic and statistical manual of mental disorders (DSM-IV-TR-4th edition, Text Revision)*. Washington, DC: American Psychiatric Association.

[207] Ames, D. R., Rose, P., & Anderson, C. P. (2006). The NPI-16 as a short measure of narcissism. *Journal of Research in Personality*, 40(4), 440-450.

[208] Ancona, D. G. (1992). Demography and design: Predictors of new product team performance. *Organization Science*, 3(3), 321-341.

[209] Anderson, J. C., & Gerbing, D. W. (1988). Structural equation modeling in practice: A review and recommended two-step approach. *Psychological Bulletin*, 103(3), 411-423.

[210] Anderson, N. R., & West, M. A. (1998). Measuring climate for work group inno-

vation: Development and validation of the team climate inventory. *Journal of Organization Behavior*, 19(3), 235-258.

[211] Anderson, P. (1999). Complexity theory and organization science. *Organization Science*, 10, 216-232.

[212] Andriopoulos, C., & Lewis, M. W. (2009). Exploitation-exploration tensions and organizational ambidexterity: Managing paradoxes of innovation. *Organization Science*, 20(4), 696-717.

[213] Anestis, M. D., & Selby, E. A. (2015). Grit and perseverance in suicidal behavior and non-suicidal self-injury. *Death Studies*, 39(4), 211-218.

[214] Aoyagi, M. W., Cox, R. H., & Mcguire, R. T. (2008). Organizational citizenship behavior in sport: Relationships with leadership, team cohesion, and athlete satisfaction. *Journal of Applied Sport Psychology*, 20(1), 25-41.

[215] Armstrong, S. J., & Hird, A. (2009). Cognitive style and entrepreneurial drive of new and mature business owner managers. *Journal of Business and Psychology*, 24(4), 419-430.

[216] Arthurs, J. D., & Busenitz, L. W. (2006). Dynamic capabilities and venture performance: The effects of venture capitalists. *Journal of Business Venturing*, 21(2), 195-215.

[217] Aryee, S., & Chay, Y. W. (2001). Workplace justice, citizenship behavior, and turnover intentions in a union context: Examining the mediating role of perceived union support and union instrumentality. *Journal of Applied Psychology*, 86(1), 154-160.

[218] Ashcraft, K. L., & Trethewey, A. (2004). Developing tension: An agenda for applied research on the organization of irrationality. *Journal of Applied Communication Research*, 32(2), 171-181.

[219] Astley, W. G., & Van de Ven, A. H. (1983). Central perspectives and debates in organization theory. *Administrative Science Quarterly*, 28, 245-273.

[220] Atuahene-Gima, K., & Li, H. (2004). Strategic decision comprehensiveness and new product development outcomes in new technology ventures. *The Academy of Management Journal*, 47(4), 583-597.

[221] Audia, P. G., & Greve, H. R. (2006). Less likely to fail: Low performance, firm size, and factory expansion in the shipbuilding industry. *Management Science*, 52(1), 83-94.

[222] Bahrami, A. (1992). Natural intelligence in design and manufacturing. *Computers & Industrial Engineering*, 23(1-4), 45-48.

[223] Bai, X., & Morris, N. (2014). Leadership & virtue ethics. *Public Integrity*, 16(2), 173-186.

[224] Bai, Y., Harms, P., Han, G., & Cheng, W. (2015). Good and bad simultaneously?

Leaders using dialectical thinking foster positive conflict and employee performance. *International Journal of Conflict Management*, 26(3), 245-267.

[225] Bandura, A. (1969). *Principles of behavior modification*. New York: Holt, Rinehart, & Winston.

[226] Bandura, A. (1978). The self-system in reciprocal determinism. *American Psychologist*, 33(4), 344-358.

[227] Barkema, H. G., Chen, X. P., George, G., Luo, Y., & Tsui, A. S. (2015). West meets east: New concepts & theories. *Academy of Management Journal*, 58(2), 460-479.

[228] Barnard, C. (1938). *The functions of the executive*. Cambridge, Ma: Harvard University Press.

[229] Baron, R. (1998). Cognitive mechanisms in entrepreneurship: Why and when entrepreneurs think differently than other people. *Journal of Business Venturing*, 13, 275-294.

[230] Baron, R. A. (2004a). The cognitive perspective: A valuable tool for answering entrepreneurship's basic "Why" questions. *Journal of Business Venturing*, 19, 221-239.

[231] Baron, R. A., & Ensley, M. D. (2006). Opportunity recognition as the detection of meaningful patterns: Evidence from comparison of novice and experienced entrepreneurs. *Management Science*, 52, 1331-1344.

[232] Baron, R. M., & Kenny, D. A. (1986). The moderator-mediator variable distinction in social psychological research: Conceptual, strategic, and statistical considerations. *Journal of Personality and Social Psychology*, 51(6):1173-1182.

[233] Bass, B. M. (1990). *Bass and Stogdill's handbook of leadership*. New York: Free Press.

[234] Bass, B. M., & Avolio, B. J. (1992). Developing Transformational Leadership: 1992 and Beyond. *Journal of European Industrial Training*, 14(5), 21-27.

[235] Bass, B. M. (1985). *Leadership and performance beyond expectations*. New York: Free Press.

[236] Baum, J. R., & Locke, E. A. (2004). The relationship of entrepreneurial traits, skill, and motivation to subsequent venture growth. *Journal of Applied Psychology*, 89, 587-598.

[237] Baumeister, R. F., Bushman, B. J., & Campbell, W. K. (2000). Self-esteem, narcissism, and aggression: Does violence result from low self-esteem or from threatened egotism? *Current Directions in Psychological Science*, 9(1), 26-29.

[238] Becker, G. S. (1996). The economic way of looking at behavior: The Nobel lecture. *Institution on War Revolution & Peace*, 101(3), 385-409.

[239] Benner, M. J., & Tushman, M. (2002). Process management and technological innovation: A longitudinal study of the photography and paint industries. *Administrative science quarterly*, 47(4), 676-707.

[240] Benner, M. J., & Tushman, M. L. (2003). Exploitation, exploration, and process management: The productivity dilemma revisited. *Academy of Management Review*, 28, 238-256.

[241] Bennett, N., & Lemoine, G. J. (2014). What VUCA really means for You. *Harvard Business Review*, 92(1/2), 19-24.

[242] Blair, C. A., Helland, K., & Walton, B. (2017). Leaders behaving badly: The relationship between narcissism and unethical leadership. *Leadership & Organization Development Journal*, 38(2), 333-346.

[243] Blake, R., & Mouton, J. S. (1964). *The managerial grid*. Houston, TX: Gulf.

[244] Blalock, D. V., Young, K. C., & Kleiman, E. M. (2015). Stability amidst turmoil: Grit buffers the effects of negative life events on suicidal ideation. *Psychiatry Research*, 228(3), 781-784.

[245] Bliese, P. D. (2000). Within-group agreement, non-independence, and reliability: Implications for data aggregation and analysis. In Klein, K. J., & Kozlowski, S. W. J. (Eds.), *Multilevel Theory, Research, and Methods in Organizations*. San Francisco. (pp. 349-381). CA: Jossey-Bass.

[246] Boal, K. B., & Hooijberg, R. (2000). Strategic leadership research: Moving on. *Leadership Quarterly*, 11, 515-549.

[247] Bobko, P. (1985). Removing assumptions of bipolarity: Towards variation and circularity. *Academy of Management Review*, 10(1), 99-108.

[248] Bogner, W. C., & Barr, P. (2000). Making sense in hypercompetitive environments: A cognitive explanation for the persistence of high velocity competition. *Organization Science*, 11(2), 212-226.

[249] Bono, J. E., & Judge, T. A. (2004). Personality and transformational and transactional leadership: A meta-analysis. *Journal of Applied Psychology*, 89(5), 901-910.

[250] Boone, C., & Hendriks, W. (2009). Top management team diversity and firm performance: Moderators of functional-background and locus-of-control diversity. *Management Science*, 55(2), 165-180.

[251] Bosma, N., Jones, K., Autio, E., & Levie, J. (2008). Global entrepreneurship monitor 2007 executive report. *Babson College, London Business School, and Global Entrepreneurship Research Consortium (GERA)*.

[252] Boyatzis, R. E. (1998). Transforming qualitative information: *Thematic analysis and code development*. London: Sage.

[253] Brigham, K. H., De Castro, J. O., & Shepherd, D. A. (2007). A person-organiza-

tion fit model of owner managers' cognitive style and organizational demands. *Entrepreneurship Theory and Practice*, 31(1), 29-51.

[254] Brislin, R. W. (1986). The wording and translation of research instruments. In W. Lonner, & J. Berry (Eds.), *Field methods in cross-cultural research*. (pp. 137-164). Beverly Hills, CA: Sage.

[255] Brown, A. D. (1997). Narcissism, identity, and legitimacy. *Academy of Management Review*, 22(3), 643-686.

[256] Brown, M. E., Trevino, L. K., & Harrison, D. A. (2005). Ethical leadership: A social learning perspective for construct development and testing. *Organizational Behavior and Human Decision Processes*, 97, 117-134.

[257] Brunell, A. B., Gentry, W. A., Campbell, W. K., Hoffman, B. J., Kuhnert, K. W., & Demarree, K. G. (2008). Leader emergence: The case of the narcissistic leader. *Personality & Social Psychology Bulletin*, 34(12), 1663-1676.

[258] Burgelman, R. A. (1983). A model of the interaction of strategic behavior, corporate context, and the concept of strategy. *Academy of Management Review*, 8, 61-70.

[259] Busenitz, L. W., & Barney, J. B. (1997). Differences between entrepreneurs and managers in large organizations: Biases and heuristics in strategic decision-making. *Journal of Business Venturing*, 12(1), 9-30.

[260] Busenitz, L. W., & Lau, C. M. (1996). A cross-cultural cognitive model of new venture creation. *Entrepreneurship Theory and Practice*, 20(4), 25.

[261] Buttner, E. H., & Gryskiewicz, N. (1993). Entrepreneurs' problem-solving styles: An empirical study using the Kirton adaption-innovation theory. *Journal of Small Business Management* 31(1), 22-31.

[262] Calori, R., Baden-Fuller, C., & Hunt, B. (2000). Managing change at Novotel: back to the future. *Long Range Planning*, 33(6), 779-804.

[263] Campbell, K. W., Hoffman, B. J., Campbell, S. M., & Marchisio, G. (2011). Narcissism in organizational contexts. *Human Resource Management Review*, 2, 268-294.

[264] Campbell, W. K., & Sedikides, C. (1999). Self-threat magnifies the self-serving bias: A meta-analytic integration. *Review of General Psychology*, 3(1), 23-43.

[265] Campbell, W. K., Bonacci, A. M., Shelton, J., Exline, J. J., & Bushman, B. J. (2004). Psychological entitlement: Interpersonal consequences and validation of a new self-report measure. *Journal of Personality Assessment*, 83, 29-45.

[266] Campbell, W. K., Bush, C. P., Brunell, A. B., & Shelton, J. (2005). Understanding the social costs of narcissism: The case of the tragedy of the commons. *Personality and Social Psychology Bulletin*, 31(10), 1358-1368.

[267] Campbell, W. K., Goodie, A. S., & Foster, J. D. (2004). Narcissism, confidence,

and risk attitude. *Journal of Behavioral Decision Making*, 17, 297-311.

[268] Cannella, A. A., & Holcomb, T. R. (2005). A multi-level analysis of the upper-echelons model. *Research in Multi-Level Issues*, 4, 195-237.

[269] Cannella, A. A., & Monroe, M. J. (1997). Contrasting perspectives on strategic leaders: Toward a more realistic view of top managers. *Journal of Management*, 23, 213-237.

[270] Carmeli, A., & Schaubroeck, J. (2006). Top management team behavioral integration, decision quality, and organizational decline. *Leadership Quarterly*, 17(5), 0-453.

[271] Carmeli, A., Schaubroeck, J., & Tishler, A. (2011). How CEO empowering leadership shapes top management team processes: Implications for firm performance. *Leadership Quarterly*, 22, 399-411.

[272] Carpenter, M. A. (2002). The implications of strategy and social context for the relationship between top management team heterogeneity and firm performance. *Strategic Management Journal*, 23(3), 275-284.

[273] Carpenter, M. A., Geletkanycz, M. A., & Sanders, W. G. (2004). Upper echelons research revisited: Antecedents, elements, and consequences of top management team composition. *Journal of Management*, 30(6), 749-778.

[274] Chatterjee, A., & Hambrick, D. C. (2007). It' all about me: Narcissistic chief executive officers and their effects on company strategy and performance. *Administrative Science Quarterly*, 52(3), 351-386.

[275] Chatterjee, A., & Hambrick, D. C. (2011). Executive personality, capability cues, and risk taking: How narcissistic CEOs react to their successes and stumbles. *Administrative Science Quarterly*, 56(2), 202-237.

[276] Chatterjee, A., & Pollock, T. G. (2017). Master of puppets: How narcissistic CEOs construct their professional worlds. *Academy of Management Review*, 42(4), 703-725.

[277] Chen, & M, J. (2002). Transcending paradox: The Chinese middle way perspective. *Asia Pacific Journal of Management*, 19, 179-199.

[278] Chen, & S. (2006). Self-verification and contextualized self-views. *Personality and Social Psychology Bulletin*, 32(7), 930-942.

[279] Chen, G., & Bliese, P. D. (2002). The role of different levels of leadership in predicting self-and collective efficacy: Evidence for discontinuity. *Journal of Applied Psychology*, 87(3), 549.

[280] Chen, M. J., & Hambrick, D. C. (1995). Speed, stealth, and selective attack: How small firms differ from large firms in competitive behavior. *Academy of Management Journal* 38(2), 453-482.

[281] Chen, T., Li, F., & Leung, K. (2017). Whipping into shape: Construct definition,

measurement, and validation of directive—achieving leadership in Chinese culture. *Asia Pacific Journal of Management*, 34(3), 537-563.

[282] Chen, X. P., & Farh, J. L. (1999). The effectiveness of transactional and transformational leader behaviors in Chinese organizations: Evidence from Taiwan. Annual meeting of the Academy of Management, Chicago (Vol. 14).

[283] Chen, X. P., Lam, S. K., Naumann, S. E., & Schaubroeck, H. (2005). Group citizenship behaviour: Conceptualization and preliminary tests of its antecedents and consequences. *Management and Organization Review*, 1, 273-300.

[284] Chen, X. P., Xie, X., & Chang, S. (2011). Cooperative and competitive orientation among Chinese people: Scale development and validation. *Management and Organization Review*, 7, 353-379.

[285] Cheng C. (2009). Dialectical thinking and coping flexibility: A multimethod approach. *Journal of Personality*, 77(2), 471-493.

[286] Cheung, W. L., & Chan, W. (2005). Meta-analytic structural equation modeling: A two-stage approach. *Psychological Methods*, 10(1), 40-64.

[287] Chiniara, M., & Bentein, K. (2018). The servant leadership advantage: When perceiving low differentiation in leader-member relationship quality influences team cohesion, team task performance and service OCB. *The Leadership quarterly*, 29(2), 333-345.

[288] Chiocchio, F., & Essiembre, H. (2009). Cohesion and performance: A meta-analytic review of disparities between project teams, production teams, and service teams. *Small Group Research*, 40(4), 382-420.

[289] Choi, I., & Nisbett, R. E. (2000). Cultural psychology of surprise: Holistic theories and recognition of contra diction. *Journal of Personality and Social Psychology*, 79, 890-905.

[290] Choi, I., Koo, M., & Choi, J. A. (2002). Culture and self-concept flexibility. *Personality and Social Psychology Bulletin*, 28(11), 1508-1517.

[291] Choi, I., Koo, M., & Choi, J. A. (2007). Individual differences in analytic versus holistic thinking. *Personality and Social Psychology Bulletin*, 33, 691-705.

[292] Clapham, S. E., & Schwenk, C. R. (1991). Self-serving attributions, managerial cognition, and company performance. *Strategic Management Journal*, 12(3), 11.

[293] Clegg, S. R., Cuhna, J. V., & Cuhna, M. P. (2002). Management paradoxes: A relational view. *Human Relations*, 55, 483-503.

[294] Clydesdale, G., Välikangas, L. (2017). Western perceptions of Chinese business: Sun tzu and the misuse of history. *Management and Organization Review*, 13(4), 895-903.

[295] Colbert, A. E., Kristofbrown, A. L., Bradley, B. H., & Barrick, M. R. (2008).

CEO Transformational leadership: The role of goal importance congruence in top management teams. *Academy of Management Journal*, 51(1), 81-96.

[296] Costa, P. T., Jr., & McCrae, R. R. (1988). Personality in adulthood: A six-year longitudinal study of self-reports and spouse ratings on the NEO Personality Inventory. *Journal of Personality and Social Psychology*, 54, 853-863.

[297] Costa, P. T., Jr., & McCrae, R. R. (1992). Revised NEO personality inventory (NEO-PI-R) and NEO five-Factor (NEO-FFI) inventory professional manual. Odessa, FL: PAR.

[298] Credé, M., Tynan, M. C., & Harms, P. D. (2016). Much ado about grit: A meta-analytic synthesis of the grit literature. *Journal of Personality and Social Psychology*, 113(3), 492-511.

[299] Cunha, M. P. E., Fortes, A., Gomes, E., Rego, A., & Rodrigues, F. (2019). Ambidextrous leadership, paradox and contingency: Evidence from Angola. *The International Journal of Human Resource Management*, 30(4), 702-727.

[300] Cyert, M., March, J. G. (1992). *A Behavioral Theory of the Firm*. Cambridge, Mass: Blackwell Business.

[301] D'Aveni, R. A. (1995). Coping with hyper competition: Utilizing the new 7s's framework. *Academy of Management Executive*, 9(3), 45-60.

[302] Daft, R. L., & Weick, K. E. (1984). Toward a model of organizations as interpretation systems. *Academy of Management Review*, 9(2), 284-295.

[303] Dai, Y., Goodale, J. C., Byun, G., & Ding, F. (2018). Strategic flexibility in new high-technology ventures. *Journal of Management Studies*, 55(2).

[304] Dane, E., & Pratt, M. G. (2007). Exploring intuition and its role in managerial decision-making. *Academy of Management Review*, 32(10), 33-54.

[305] Denison, D. R., Hooijberg, R., & Quinn, R. E. (1995). Paradox and performance: Toward a theory of behavioral complexity in managerial leadership. *Organization Science*, 6(5), 524-540.

[306] Dess, G. G. (1987). Consensus on strategy formulation and organizational performance: Competitors in a fragmented industry. *Strategic Management Journal*, 8, 259-277.

[307] Dess, G. G., & Beard, D. W. (1984). Dimensions of organizational task environments. *Administrative Science Quarterly*, 29(1), 52-73.

[308] Dew, N., Velamuri, S. R., & Venkataraman, S. (2004). Dispersed knowledge and an entrepreneurial theory of the firm. *Journal of Business Venturing*, 19(5), 659-679.

[309] Digman, J. M. (1989). Five robust trait dimensions: Development, stability, and utility. *Journal of Personality*, 57, 195-214.

[310] Digman, J. M. (1990). Personality structure: Emergence of the five-factor model.

Annual Review of Psychology, 41(1), 417-440.

[311] Dimaggio, P. J., & Powell, W. W. (1983). The iron cage revisited: Institutional isomorphism and collective rationality in organizational fields. *American Sociological Review*, 48, 147-160.

[312] Dooley, R. S., & Fryxell, G. E. (1999). Attaining decision quality and commitment from dissent: The moderating effects of loyalty and competence in strategic decision-making teams. *Academy of Management Journal*, 42(4), 389-402.

[313] Drucker, P. F. (1985). *Innovation and Entrepreneurship: Practice and Principles*. New York: Harper and Row.

[314] Drucker, P. F. (1992). *Managing for the Future: The 1990s and Beyond*. New York: Truman Talley/Dutton.

[315] Duckworth, A. L., Kirby, T. A., Tsukayama, E., Berstein, H., & Ericsson, K. A. (2011). Deliberate practice spells success why grittier competitors triumph at the national spelling bee. *Soc. Psychol. Personal. Sci.* 2, 174-181.

[316] Duckworth, A. L., Peterson, C., Matthews, M. D., & Kelly, D. R. (2007). Grit: Perseverance and passion for long-term goals. *Journal of Personality and Social Psychology*, 92, 1087-1101.

[317] Duckworth, A. L., Quinn, P. D., & Seligman, M. E. (2009). Positive predictors of teacher effectiveness. *Journal of Positive Psychology*, 4, 540-547.

[318] Duckworth, A., & Gross, J. J. (2014). Self-control and grit related but separable determinants of success. *Current Directions in Psychological Science*, 23, 319-325.

[319] Duncan, R. B. (1976). The ambidextrous organization: Designing dual structures for innovation. *The management of Organization*, 1(1), 167-188.

[320] Dutton, J. E., & Jackson, S. E. (1987). Categorizing strategic issues: Links to organizational action. *Academy of Management Review*, 12(1), 76-90.

[321] Eagly, A. H., Johannesen-Schmidt, M. C., & Van Engen, M. L. (2003). Transformational, transactional, and laissez-faire leadership styles: A meta-analysis comparing women and men. *Psychological Bulletin*, 129(4), 569.

[322] Ehrhart, M. G. (2004). Leadership and procedural justice climate as antecedents of unit-level organizational citizenship behavior. *Personnel Psychology*, 57(1), 61-94.

[323] Elenkov, D. S., Judge, W., & Wright, P. (2005). Strategic leadership and executive innovation influence: An international multi-cluster comparative study. *Strategic Management Journal*, 26(7), 665-682.

[324] Ensley, M. D., Pearson, A. W., & Amason, A. C. (2002). Understanding the dynamics of new venture top management teams: Cohesion, conflict, and new venture performance. *Journal of Business Venturing*, 17(4), 365-386.

[325] Eskreis-Winkler, L., Shulman, E. P., Beal, S. A., & Duckworth, A. L. (2014).

The grit effect: Predicting retention in the military, the workplace, school and marriage. *Front Psychol*, 5, 1-12.

[326] Evans, J. S. (1991). Strategic flexibility for high technology manoeuvres: A conceptual framework. *Journal of management studies*, 28(1), 69-89.

[327] Fahey, L., & Narayanan, V. K. (1989). Linking changes in revealed causal maps and environmental change: An empirical study. *Journal of Management Studies*, 26(4), 361-378.

[328] Fang, T. (2003). A critique of Hofstede's fifth national culture dimension. *International Journal of Cross-Cultural Management*, 3(3), 347-368.

[329] Fang, T. (2005). From "onion" to "ocean": Paradox and change in national cultures. *International Studies of Management & Organization*, 35(4), 71-90.

[330] Fang, T. (2014). Yin Yang: A new perspective on culture. *Management and Organization Review*, 8(1), 25-50.

[331] Farh, J. L., & Cheng, B. S. (2000). A cultural analysis of paternalistic leadership in Chinese organizations. In J. T. Li, A. S. Tsui, & E. Weldon (Eds.), *Management and Organizations in the Chinese Context*. London: Palgrave Macmillan.

[332] Farh, J. L., Early, P. C., & Lin, S. C. (1997). Impetus for action: A cultural analysis of justice and organization citizenship behavior in Chinese society. *Administrative Science Quarterly*, 42, 421-444.

[333] Feng, Y. L. (2004). *The New Edition of Chinese Philosophy*. Beijing: The People's Press, 2004.

[334] Finkelstein, S., & Boyd, B. K. (1998). How much does the CEO matter? The role of managerial discretion in the setting of CEO compensation. *Academy of Management Journal*, 41, 179-199.

[335] Finkelstein, S., & Hambrick, D. C. (1990). Top-management-team tenure and organizational outcomes: The moderating role of managerial discretion. *Administrative Science Quarterly*, 35, 484-503.

[336] Finkelstein, S., & Hambrick, D. C. (1996). *Strategic leadership*. St. Paul: West Publishing Company.

[337] Foxall, G. R., & Payne, A. F. (1989). Adaptors and innovators in organizations: A cross-cultural study of the cognitive styles of managerial functions and sub-functions. *Human Relations* 42(7), 639-649.

[338] Foxall, G. R., & Szmigin, I. (1999). Adaption-innovation and domain-specific innovativeness. *Psychological Reports*, 84(3), 1029-1031.

[339] Fredrickson, J. W. (1984). The comprehensiveness of strategic decision processes: Extension, observations, future directions. *Academy of Management Journal*, 27(3), 445-466.

[340] Fredrickson, J. W., & Mitchell, T. R. (1984). Strategic decision processes: Comprehensiveness and performance in an industry with an unstable environment. *The Academy of Management Journal*, 27(2), 399-423.

[341] Friedman, Y., Carmeli, A., & Tishler, A. (2016). How CEOs and TMTs build adaptive capacity in small entrepreneurial firms. *Journal of Management Studies*, 53(6), 996-1018.

[342] Fu, P. P., & Tsui A. S. (2003). Utilizing printed media to understand desired leadership attributes in the People's Republic of China. *Asia Pacific Journal of Management*, 20, 423-446.

[343] Fu, P. P., Tsui, A. S., Liu, J., & Li, L. (2010). Pursuit of whose happiness? Executive leaders' transformational behaviors and personal values. *Administrative Science Quarterly*, 55, 222-254.

[344] Gabriel, M. T., Critelli, J. W., & Ee, J. S. (2010). Narcissistic illusions in self-evaluations of intelligence and attractiveness. *Journal of Personality*, 62(1), 143-155.

[345] Gabriel, Y. (1997). Meeting god: When organizational members come face to face with the supreme leader. *Human Relations*, 50(4), 315-342.

[346] Galbraith, C. S., & Noble, A. F. D. (1992). Competitive strategy and flexible manufacturing: New dimensions in high-technology venture-based economic development. *Journal of Business Venturing*, 7(5), 387-404.

[347] Galton, F. (1892). *Hereditary Genius: An inquiry into its Laws and Consequences*. London: Macmillan.

[348] García-Guiu, L. C., Molero, A. F, Moya, M. M., & Moriano, L. JA. (2015). Authentic leadership, group cohesion and group identification in security and emergency teams. *Psicothema*, 27(1):59-64.

[349] Gavetti, G., & Levinthal, D. (2000). Looking forward and looking backward: Cognitive and experiential search. *Administrative Science Quarterly*, 45(1), 113-137.

[350] Gelade, G. (2002). Creative style, personality, and artistic endeavor. *Genetic, Social and General Psychology Monographs*, 128(3), 213-234.

[351] Gendolla, G. H. E., & Richter, M. (2010). Effort mobilization when the self is involved: Some lessons from the cardiovascular system. *Review of General Psychology*, 14, 212-226.

[352] George, B. (2003). *Authentic Leadership: Rediscovering the Secrets to Creating Lasting Value*. San Francisco: Jossey-Bass.

[353] Gersick, C. J. G. (1988). Time and transition in work teams: Toward a new model of group development. *The Academy of Management Journal*, 31(1), 9-41.

[354] Ghemawat, P., & Ricart, J. E. (1993). The organizational tension between static and dynamic efficiency. *Strategic Management Journal*, 14(S2), 59-73.

[355] Gibson, C. B., & Birkinshaw, J. (2004). The antecedents, consequences, and mediating role of organizational ambidexterity. *Academy of Management Journal*, 47(2), 209-226.

[356] Gimeno, J., Folta, T. B., Cooper, A. C., & Woo, C. Y. (1997). Survival of the fittest? Entrepreneurial human capital and the persistence of underperforming firms. *Administrative Science Quarterly*, 42, 750-783.

[357] Glazer, R., & Weiss, A. M. (1993). Marketing in turbulent environments: Decision processes and the time-sensitivity of information. *Journal of Marketing Research*, 30(4), 509-521.

[358] Glenn, S., Cynthia, C., & Luo, Y. (2014). Alternative perspectives on leadership: Integrating transformational leadership with Confucian philosophy. *Open Journal of Leadership*, 3, 30-38.

[359] Glick, W. H. (1985). Conceptualizing and measuring organizational and psychological climate: Pitfalls in multilevel research. *Academy of Management Review*, 10(3), 601-616.

[360] Goldberg, L. R. (1990). An alternative "description of personality": The Big-Five factor structure. *Journal of Personality and Social Psychology*, 59, 1216-1229.

[361] Goldberg, L. R. (1992). The development of markers of the Big-Five factor structure. *Psychological Assessment*, 4(1), 26-42.

[362] Goldsmith, R. E., & Hofacker, C. F. (1991). Measuring consumer innovativeness. *Journal of the Academy of Marketing Science*, 19(3), 209-222.

[363] Goldsmith, R. E., Freiden, J. B., & Eastman, J. K. (1995). The generality/specificity issue in consumer innovativeness research. *Technovation* 15(10), 601-613.

[364] Gong, Y., Cheung, S. Y., Wang, M., & Huang, J. C. (2012). Unfolding the proactive process for creativity: Integration of the employee proactivity, information exchange, and psychological safety perspectives. *Journal of Management*, 38(5), 1611-1633.

[365] Gong, Y., Kim, T. Y., Lee, D. R., & Zhu, J. (2013). A multilevel model of team goal orientation, information exchange, and creativity. *Academy of Management Journal*, 56(3), 827-851.

[366] González-Romá, V., Peiró, J. M., & Tordera, N. (2002). An examination of the antecedents and moderator influences of climate strength. *Journal of Applied Psychology*, 87(3), 465-473.

[367] Graen, G. B., & Scandura, T. A. (1987). Toward a psychology of dyadic organizing. *Research in Organizational Behavior*, 9, 175-208.

[368] Graziano, W. G., & Eisenberg, N. H. (1997). Agreeableness: A dimension of personality. In R. Hogan, J. Johnson, & S. Briggs (Eds.), *Handbook of Personality*

Psychology. (pp. 795-824). San Diego, CA: Academic Press.

[369] Grenberg, J. (2005). *Kant and the Ethics of Humility*. Cambridge: Cambridge University Press.

[370] Greve, H. R. (1998). Managerial cognition and the mimetic adoption of market positions: What you see is what you do. *Strategic Management Journal*, 19, 967-988.

[371] Groves, K. S., Vance, C. M., & Choi, D. Y. (2011). Examining entrepreneurial cognition: An occupational analysis of balanced linear and nonlinear thinking and entrepreneurship success. *Journal of Small Business Management*, 49(3), 438-466.

[372] Gupta, A. K., Smith, K. G., & Shalley, C. E. (2006). The interplay between exploration and exploitation. *Academy of management journal*, 49(4), 693-706.

[373] Guth, W. D., & Macmillan, I. C. (1986). Strategy implementation versus middle management self-interest. *Strategic Management Journal*, 7, 313-327.

[374] Hackman, J. R., & Oldham, G. R. (1975). Development of the job diagnostic survey. *Journal of Applied Psychology*, 60(2), 159-170.

[375] Hahn, T., Preuss, L., Pinkse, J., & Figge, F. (2014). Cognitive frames in corporate sustainability: Managerial sense making with paradoxical and business case frames. *Academy of Management Review*, 39(4), 463-487.

[376] Hair, J. F., Anderson, R. E., Tatham, R. L., & Black, W. C. (1998). *Multivariate Data Analysis* (5th ed.). Upper Saddle River, NJ: Prentice Hall.

[377] Halevi, M. Y., Carmeli, A., & Brueller, N. N. (2015). Ambidexterity in Sbus: TMT behavioral integration and environmental dynamism. *Human Resource Management*, 54(1), 223-238.

[378] Hamamura, T., Heine, S. J., & Paulhus, D. L. (2008). Cultural differences in response styles: The role of dialectical thinking. *Personality and Individual Differences*, 44, 932-942.

[379] Hambrick, D. C. (1994). Top management groups: A conceptual integration and reconsideration of the team label. *Research in Organizational Behavior*, 16, 171-213.

[380] Hambrick, D. C. (2007). The field of management's devotion to theory: Too much of a good thing?. *The Academy of Management Journal*, 50(6), 1346-1352.

[381] Hambrick, D. C. (2007). Upper echelons theory: An update. *Academy of Management Review*, 32, 334-343.

[382] Hambrick, D. C., & Finkelstein, S. (1987). Managerial discretion: A bridge between polar views of organizational outcomes. *Research in Organizational Behavior*, 9(4), 369-406.

[383] Hambrick, D. C., & Mason, P. A. (1984). Upper echelons: The organization as a reflection of its top managers. *Academy of Management Review*, 9, 193-206.

[384] Hambrick, D. C., Cho, T. S., & Chen, M. J. (1996). The influence of top man-

agement team heterogeneity on firms' competitive moves. *Administrative Science Quarterly*, 41, 659.

[385] Hambrick, D. C., Geletkanycz, M. A., & Fredrickson, J. W. (1993). Top executive commitment to the status quo: Some tests of its determinants. *Strategic Management Journal*, 14(6), 401-418.

[386] Hambrick, D. C., & Crozier, L. (1985). Stumblers and stars in the management of rapid growth. *Journal of Business Venturing*, 1(1), 31-45.

[387] Han, H., & Kim, Y. (2010). An investigation of green hotel customers' decision formation: Developing an extended model of the theory of planned behavior. *International Journal of Hospitality Management*, 29(4), 659-668.

[388] Hannan, M. T., & Freeman, J. (1977). The population ecology of organizations. *American Journal of Sociology*, 82, 929-964.

[389] Hart, S. L., & Quinn, R. E. (1993). Roles executives play: CEOs, behavioral complexity, and firm performance. *Human Relations*, 46(5), 543-574.

[390] Hazy, J. K., & Prottas, D. J. (2018). Complexity leadership: Construct validation of an instrument to assess generative and administrative leadership modes. *Journal of Managerial Issues*, 30(3), 325-348.

[391] He, Z. L., & Wong, P. K. (2004). Exploration vs. exploitation: An empirical test of the ambidexterity hypothesis. *Organization Science*, 15(4), 481-494.

[392] Heath, J. (2007). An adversarial ethic for business: Or when sun-tzu met the stakeholder. *Journal of Business Ethics*, 72(4), 359-374.

[393] Heavey, C., & Simsek, Z. (2015). Transactive memory systems and firm performance: An upper echelons perspective. *Organization Science*, 26(4), 941.

[394] Heavey, C., & Simsek, Z. (2017). Distributed cognition in top management teams and organizational ambidexterity: The influence of transactive memory systems. *Journal of Management*, 43(3):919-945.

[395] Heavey, C., Simsek, Z., Roche, F., & Kelly, A. (2009). Decision comprehensiveness and corporate entrepreneurship: The moderating role of managerial uncertainty preferences and environmental dynamism. *Journal of management studies*, 46(8), 1289-1314.

[396] Heunks, F. J. (1998). Innovation, creativity, and success. *Small Business Economics*, 10(3), 263-272.

[397] Hinkin, T. R. (1998). A brief tutorial on the development of measures for use in survey questionnaires. *Organizational Research Methods*, 1(1), 104-121.

[398] Hitt, M. A., Keats, B. W., & DeMarie, S. M. (1998). Navigating in the new competitive landscape: Building strategic flexibility and competitive advantage in the 21st century. *The Academy of Management Executive (1993-2005)*, 12(4), 22-42.

[399] Hodgkinson, G. P. (1997). Cognitive inertia in a turbulent market: The case of UK residential estate agents. *Journal of Management Studies*, 34(6), 921-945.

[400] Hofstede, G. (2001). *Culture's consequences: Comparing Values, Behaviors, Institutions and Organizations Across Nations*. California: Sage Publications.

[401] Holmqvist, M. (2004). Experiential learning processes of exploitation and exploration within and between organizations: An empirical study of product development. *Organization science*, 15(1), 70-81.

[402] Hoogh, A. H. B. D., & Koopman, H. P. L. (2005). Linking the big five-factors of personality to charismatic and transactional leadership: Perceived dynamic work environment as a moderator. *Journal of Organizational Behavior*, 26(7), 839-865.

[403] Hooijberg, R. (1996). A multidirectional approach toward leadership: An extension of the concept of behavioral complexity. *Human Relations*, 49(7), 917-946.

[404] Hooijberg, R., Hunt, J. G., & Dodge, G. E. (1997). Leadership complexity and development of the leaderplex model. *Journal of Management*, 23(3), 375-408.

[405] Hooijebrg, R., & Quinn, R. E. (1992). Behavioral complexity and the development of effective managers. In R. L. Phillips, J. G. Hunt (Eds.), *Strategic leadership: A Multiorganizational-level Perspective*. (pp. 161-175). Westport, CT: Quorum Books/Greenwood Publishing Group.

[406] Horney, N., Pasmore, B., O'Shea, T. (2010). *Leadership agility: A Business Imperative for a VUCA World*. People & Strategy.

[407] Hough, J. R., & Ogilvie, D. T. (2005). An empirical test of cognitive style and strategic decision outcomes. *Journal of Management Studies*, 42(2), 417-448.

[408] House, R. J. (1971). A Path-Goal theory of leader effectiveness. *Administrative Science Quarterly*, 16(3), 321-338.

[409] House, R. J., & Aditya, R. N. (1997). The social scientific study of leadership: Quo vadis? *Journal of Management*, 23(3), 409-473.

[410] Howe, M. J. A. (1999). *Genius Explained*. New York: Cambridge University Press.

[411] Hrebiniak, L. G., & Snow, C. C. (1982). Top management agreement and firm performance. *Human Relations*, 35, 750-759.

[412] Hu, L., & Bentler, P. M. (1999). Cutoff criteria for fit indexes in covariance structure analysis: Conventional criteria versus new alternatives. *Structural Equation Modeling*, 6(1), 1-55.

[413] Huberman, A. M., & Miles, M. B. (1994). Data management and analysis methods. In N. K. Denzin & Y. S. Lincoln (Eds.), *Handbook of Qualitative Research* (pp. 428-444). Sage Publications, Inc.

[414] Hurt, H. T., Joseph, K., & Cook, C. D. (1977). Scales for the measurement of in-

novativeness. *Human Communication Research*, 4(1), 58-65.

[415] Hwang, C. (1982). Studies in Chinese personality—A critical review. *Bulletin of Educational Psychology*, 15, 227-242.

[416] Im, S., & Min, S. (2013). Exploration of the factor structure of the kirton adaption-innovation inventory using bootstrapping estimation. *Psychol Rep*, 112(2), 437-444.

[417] Ireland, R. D. (2007). Strategy vs. entrepreneurship. *Strategic Entrepreneurship Journal*, 1(1-2), 7-10.

[418] Jackson, S. E. (1992). Consequences of group composition for the interpersonal dynamics of strategic issue processing. *Advances in Strategic Management*, 8(3), 345-382.

[419] Jansen, J. J. P., Van Den Bosch, F. A. J., & Volberda, H. W. (2006). Exploratory innovation, exploitative innovation, and performance: Effects of organizational antecedents and environmental moderators. *Management Science*, 52(11), 1661-1674.

[420] Jansen, J. J. P., Vanden Bosch, F. A. J. & Volberda, H. W. (2005). Managing potential and realized absorptive capacity: How do organizational antecedents matter? *Academy of Management Journal*, 48, 999-1015.

[421] Jansen, J. J. P., Vera, D., & Crossan, M. (2009). Strategic leadership for exploration and exploitation: The moderating role of environmental dynamism. *Leadership Quarterly*, 20(1), 5-18.

[422] Jarzabkowski, P., Le, J., & Van De Ven, A. H. (2013). Responding to competing strategic demands: How organizing, belonging and performing paradoxes co-evolve. *Strategic Organization*, 11(3), 245-280.

[423] Jawadi, N., Daassi, M., Favier, M., & Kalika, M. (2013). Relationship building in virtual teams: A leadership behavioral complexity perspective. *Human Systems Management*, 32, 199-211.

[424] Jaworski, B. J., & Kohli, A. K. (1993). Market orientation: Antecedents and consequences. *Journal of Marketing*, 57(3), 53-71.

[425] Jay, J. (2013). Navigating paradox as a mechanism of change and innovation in hybrid organizations. *Academy of Management Journal*, 56(1), 137-159.

[426] Ji, L. J. (2008). The leopard cannot change his spots, or can he? Culture and the development of lay theories of change. *Personality and Social Psychology Bulletin*, 34(5), 613-622.

[427] Ji, L. J., Nisbett, R. E., & Su, Y. (2001). Culture, change, and prediction. *Psychological Science*, 12(6), 450-456.

[428] Jing, R., & Van de Ven, A. H. (2014). A Yin-Yang model of organizational change: The case of chengdu bus group. *Management and Organization Review*, 10(1), 29-54.

[429] Judge, T. A., & Bono, J. E. (2000). Five-factor model of personality and transformational leadership. *Journal of Applied Psychology*, 85(5), 751-765.

[430] Judge, T. A., Bono, J. E., Ilies, R., & Gerhardt, M. W. (2002). Personality and leadership: A qualitative and quantitative review. *Journal of Applied Psychology*, 87(4), 765-780.

[431] Judge, T. A., Erez, A., Bono, J. E., & Thoresen, C. (2002). Discriminant and incremental validity of four personality traits: Are measures of self-esteem, neuroticism, locus of control, and generalized self-efficacy indicators of a common core construct? *Journal of Personality and Social Psychology*, 83, 693-710.

[432] Judge, T. A., Lepine, J. A., & Rich, B. L. (2006). Loving yourself abundantly: Relationship of the narcissistic personality to self- and other perceptions of workplace deviance, leadership, and task and contextual performance. *Journal of Applied Psychology*, 91(4), 762-776.

[433] Jung, D. I., & Avolio, B. J. (2000). Opening the black box: An experimental investigation of the mediating effects of trust and value congruence on transformational and transactional leadership. *Journal of Organizational Behavior*, 21(8), 949-964.

[434] Kalkhouran, A. A. N., Rasid, S. Z. A., Sofian, S., & Nedaei, B. H. N. (2015). A conceptual framework for assessing the use of strategic management accounting in small and medium enterprises. *Global Business & Organizational Excellence*, 35(1), 45-54.

[435] Katila, R., & Chen, E. L. (2008). Effects of search timing on innovation: The value of not being in sync with rivals. *Administrative Science Quarterly*, 53(4), 593-625.

[436] Katila, R., Chen, E. L., & Piezunka, H. (2012). All the right moves: How entrepreneurial firms compete effectively. *Strategic Entrepreneurship Journal*, 6(2), 116-132.

[437] Kato, M., Okamuro, H., & Honjo, Y. (2015). Does founders' human capital matter for innovation? Evidence from japanese start-ups. *Journal of Small Business Management*, 53(1), 114-128.

[438] Kessler, E. H., & Bierly, P. E. I. (2002). Is faster really better? An empirical test of the implications of innovation speed. *IEEE Transactions on Engineering Management*, 49(1), 2-12.

[439] Khoo, H. S., & Burch, G. S. J. (2008). The "ark side" of leadership personality and transformational leadership: An exploratory study. *Personality & Individual Differences*, 44(1), 86-97.

[440] Kickul, J., & Gundry, L. (2010). Prospecting for strategic advantage: The proactive entrepreneurial personality and small firm innovation. *Journal of Small Business Management*, 40(2), 85-97.

[441] Kirchhoff, B. (1994). *Entrepreneurship and dynamic capitalism*. The economics of business: Firm formation and growth. Westport, CT: Praeger Publishers.

[442] Kirton, M. (1976). Adaptors and innovators: A description and measure. *Journal of Applied Psychology*, 61, 622-629.

[443] Kirton, M. (1989). The theory of cognitive style. In Kirton, M. (Ed.), *Adaptors and Innovators*. London: Routledge.

[444] Kirzner, I. M. (1973). *Competition and Entrepreneurship*. Chicago: University of Chicago Press.

[445] Klein, H. J., Wesson, M. J., Hollenbeck, J. R., & Alge, B. J. (1999). Goal commitment and the goal-setting process: Conceptual clarification and empirical synthesis. *Journal of Applied Psychology*, 84, 885-896.

[446] Klimoski, R. J., & Koles, K. L. K. (2001). The chief executive officer and top management team interface. In S. J. Zaccaro & R. J. Klimoski (Eds.), *The Jossey-Bass business & management series. The nature of organizational leadership: Understanding the performance imperatives confronting today's leaders*. (pp. 219-269). San Francisco, CA: Jossey-Bass.

[447] Kodama, M. (2005). Innovation through dialectical leadership—case studies of Japanese high-tech companies. *Journal of High Technology Management Research*, 16, 137-156.

[448] Komisar, R. (2001). *The Monk and the Riddle*. Boston, MA: Harvard Business School Press.

[449] Kozlowski, S. W., & Klein, K. J. (2000). A multilevel approach to theory and research in organizations: Contextual, temporal, & emergent processes. In Klein, K. J., & Kozlowski, S. W. J. (Eds.), *Multilevel Theory, Research, and Methods in Organizations: Foundations, Extensions, and New Directions*. (pp. 3-90). San Francisco, CA: Jossey-Bass.

[450] Kwang, N. A., & Rodrigues, D. (2011). A big-five personality profile of the adaptor and innovator. *Journal of Creative Behavior*, 36(4), 254-268.

[451] Lance, C. E., Butts, M. M., & Michels, L. C. (2006). The sources of four commonly reported cutoff criteria: What did they really say?. *Organizational Research Methods*, 9(2), 202-220.

[452] Lant, T. K., & Mezias, S. J. (1992). An organizational learning model of convergence and reorientation. *Organization Science*, 3(1), 47-7.

[453] Lauren, E. W., Shulman, E. P., Beal, S. A., & Duckworth, A. L. (2014). The grit effect: Pedicting retention in the military, the workplace, school and marriage. *Frontiers in Psychology*, 5(2), 125-135.

[454] Lawrence, K. A., Lenk, P., & Quinn, R. E. (2009). Behavioral complexity in lead-

ership: The psychometric properties of a new instrument to measure behavioral repertoire. *The Leadership Quarterly*, 20, 87-102.

[455] Leavitt, C., & Walton, J. R. (1975). Development of a scale for innovativeness. In Schlinger, M. S. (Ed.), *Advances in Consumer Research 2*. (pp. 545-554). Chicago: Association for Consumer Research.

[456] Lee, H. J., & Reade, C. (2018). The role of Yin-Yang leadership and cosmopolitan followership in fostering employee commitment in China: A paradox perspective. *Cross Cultural Strategic Management*, 25(2), 276-298.

[457] Lee, J., & Miller, D. (1999). People matter: Commitment to employees, strategy and performance in Korean firms. *Strategic Management Journal*, 20, 579-593.

[458] Lee, T. W. (1999). *Using Qualitative Methods in Organizational Research*. Thousand Oaks, CA: Sage.

[459] Lei, D., & Slocum, J. W. (2005). Strategic and organizational requirements for competitive advantage. *Academy of Management Executive*, 19(1), 31-45.

[460] Leonard, D., & Straus, S. (1997). Putting your company's whole brain to work. *Harvard Business Review*, July/August, 111-121.

[461] Levinthal, D. A., & March, J. G. (1993). The myopia of learning. *Strategic Management Journal*, 14(S2), 95-112.

[462] Lewis, M. W., Andriopoulos, C., & Smith, W. K. (2014). Paradoxical leadership to enable strategic agility. *California Management Review*, 56(3), 58-77.

[463] Li, H., & Atuahene-Gima, K. (2001). Product innovation strategy and the performance of new technology ventures in China. *Academy of management Journal*, 44(6), 1123-1134.

[464] Li, J., & Tang, Y. I. (2010). CEO hubris and firm risk taking in China: The moderating role of managerial discretion. *Academy of Management Journal*, 53(1), 45-68.

[465] Li, J., Xin, K. R., Tsui, A. S., & Hambrick, D. C. (1999). Building effective international joint venture leadership teams in China. *Journal of world business*, 34, 52-68.

[466] Li, P. P. (2008). Toward a geocentric framework of trust: An application to organizational trust. *Management and Organization Review*, 4(3), 413-439.

[467] Li, P. P. (2016). Global implications of the indigenous epistemological system from the East: How to apply Yin-Yang balancing to paradox management. *Cross Cultural & Strategic Management*, 23(1), 42-77.

[468] Li, P. P., & Young, M. (2017). How to approach the ancient chinese wisdom? A commentary concerning sun tzu's the art of war. *Management and Organization Review*, 13(4), 913-920.

[469] Li, Y., Li, D., Tu, Y., & Liu, J. (2018). How and when servant leadership en-

hances life satisfaction. *Personnel Review*, 47(5), 1077-1093.

[470] Liang, J., & Farh, J. L. (2006). Moral leadership in Chinese context: An exploratory study. Working paper, Hong Kong University of Science and Technology.

[471] Lieberman, M. B., & Montgomery, D. B. (1988). First-mover advantages. *Strategic Management Journal*, 9(S1), 41-58.

[472] Lieberson, S., & O'Connor, J. F. (1972). Leadership and organizational performance: A study of large corporations. *American Sociological Review*, 37, 117-130.

[473] Lin, C. (2008). Demystifying the chameleonic nature of Chinese leadership. *Journal of Leadership Organizational Studies*, 14(4), 303-321.

[474] Lin, C. P. (2010). Modeling corporate citizenship, organizational trust, and work engagement based on attachment theory. *Journal of Business Ethics*, 94(4), 517-531.

[475] Lin, H. C., & Rababah, N. (2014). CEO-TMT exchange, TMT personality composition, and decision quality: The mediating role of TMT psychological empowerment. *The Leadership Quarterly*, 25(5), 943-957.

[476] Lin, L., Li, P. P., & Roelfsema, H. (2018). The traditional Chinese philosophies in inter-cultural leadership. *Cross Cultural Strategic Management*, 25(2), 299-336.

[477] Lin, Z. X., Wang, H., Zhang, H. Y., Wang, Y., & Liu, X. (2018). CEO dialectical leadership behavior and its effects on firm performance. *Academy of Management Annual Meeting Proceedings*, 2018(1), 1.

[478] Lindell, M. K., & Whitney, D. J. (2001). Accounting for common method variance in cross-sectional research designs. *Journal of Applied Psychology*, 86(1), 114-121.

[479] Ling, Y., Simsek, Z., Lubatkin, M. H., & Veiga, J. F. (2008). Transformational leadership's role in promoting corporate entrepreneurship: Examining the ceo-tmt interface. *Academy of Management Journal*, 51(3), 557-576.

[480] Liu, H. (2017). Reimagining ethical leadership as a relational, contextual and political practice. *Leadership*, 13(3), 343-367.

[481] Liu, H., Chiang, J., Fehr, R., Xu, M., & Wang, S. (2017). How do leaders react when treated unfairly? Leader narcissism and self-interested behavior in response to unfair treatment. *Journal of Applied Psychology*, 102(11), 1590-1599.

[482] Liu, P. (2017). A framework for understanding Chinese leadership: A cultural approach. *International Journal of Leadership in Education*, 20(6), 749-761.

[483] Lord, R. G., & Maher, K. J. (1991). Cognitive theory in industrial and organizational psychology. In M. D. Dunnette, & L. M. Hough (Eds.), *Handbook of industrial and organizational psychology*, (pp. 1-62). Palo Alto, CA: Consulting Psychologist Press.

[484] Lubatkin, M. H., Simsek, Z., Ling, Y., & Veiga, J. F. (2006). Ambidexterity and performance in small to medium-sized firms: The pivotal role of top management

team behavioral integration. *Journal of Management*, 32(5), 646-672.

[485] Luo, B., Zheng, S., Ji, H., & Liang, L. (2018). Ambidextrous leadership and TMT-member ambidextrous behavior: The role of TMT behavioral integration and TMT risk propensity. *The International Journal of Human Resource Management*, 29 (2), 338-359.

[486] Lüscher, L. S., & Lewis, M. W. (2008). Organizational change and managerial sense making: Working through paradox. *Academy of Management Journal*, 51(2), 221-240.

[487] Lyles, M. A., & Schernk, C. R. (1992). Top management, strategy and organizational knowledge structures. *The Journal of Management Studies*, 29, 155.

[488] Ma, J., Zhou, X., Chen, R., & Dong, X. (2019). Does ambidextrous leadership motivate work crafting? *International Journal of Hospitality Management*, 77, 159-168.

[489] Ma, L., & Tsui, A. S., (2015). Traditional Chinese philosophies and contemporary leadership. *Leadership Quarterly*, 26(1), 13-24.

[490] Maccoby, M. (2000). Narcissistic leaders: The incredible pros, the inevitable cons. *Harvard Business Review*, 78(1), 68-78.

[491] Malmendier, U., & Tate G. (2015). Behavioral CEOs: The role of managerial overconfidence. *Journal of Economic Perspectives*, 29, 37-60.

[492] Margolis, J. D., & Walsh, J. P. (2003). Misery loves companies: Rethinking social initiatives by business. *Administrative Science Quarterly*, 48, 268-305.

[493] Marion, R., & Uhl-Bien, M. (2001). Leadership in complex organizations. *The Leadership Quarterly*, 12, 389-418.

[494] Marion, R., & Uhl-Bien, M. (2007). Complexity and strategic leadership. In R. Hooijberg, J. G. Hunt, J. Antonakis, K. B. Boal, & N. Lane (Eds.), *Being there even when you are not: Leading through Structures, Systems, and Processes*. Amsterdam: Elsevier.

[495] Martin, S. R., Côté, S., & Woodruff, T. (2016). Echoes of our upbringing: How growing up wealthy or poor relates to narcissism, leader behavior, and leader effectiveness. *Academy of Management Journal*, 59(6).

[496] Marvel, M. R., & Lumpkin, G. T. (2010). Technology entrepreneurs' human capital and its effects on innovation radicalness. *Entrepreneurship Theory & Practice*, 31 (6), 807-828.

[497] Mason, R. D. & Mitroff, I. (1981). *Challenging Strategic Planning Assumptions*, New York: Wiley.

[498] Masuda, T., & Nisbett, R. E. (2001). Attending holistically versus analytically: Comparing the context sensitivity of Japanese and Americans. *Journal of Personality*

and Social Psychology, 81, 922-934.

[499] Mathieu, J. E., Kukenberger, M. R., D'Innocenzo, L., & Reilly, G. (2015). Modeling reciprocal team cohesion-performance relationships, as impacted by shared leadership and members' competence. *Journal of Applied Psychology*, 100(3), 713-734.

[500] Mccormick, B. (2001). Make money, not war: A brief critique of sun tzu's the art of war. *Journal of Business Ethics*, 29(3), 285-286.

[501] McCrae, R. R. (1994). Openness to experience: Expanding the boundaries of Factor V. *European Journal of Personality*, 8, 251-272.

[502] McCrae, R. R., & Costa, P. T. (1987). Validation of the five-factor model of personality across instruments and observers. *Journal of Personality and Social Psychology*, 52(1), 81-90.

[503] McCrae, R. R., & Costa, P. T., Jr. (1997). Personality trait structure as a human universal. *American Psychologist*, 52, 509-516.

[504] McCrae, R. R., & John, O. P. (1992). An introduction to the five-factor model and its implications. *Journal of Personality*, 60(2), 1-26.

[505] Mcdonald, M. L., & Westphal, J. D. (2010). A little help here? Bard control, CEO identification with the corporate elite, and strategic help provided to CEOs at other firms. *Academy of Management Journal*, 53(2), 343-370.

[506] McDonough, E. F., & Leifer, R. (1983). Using simultaneous structures to cope with uncertainty. *The Academy of Management Journal*, 26(4), 727-735.

[507] Means, J. R., Wilson, G. L., Sturm, C., Biron, J. E., & Bach, P. J. (1990). Theory and practice: Humility as a psychotherapeutic formulation. *Counseling Psychology Quarterly*. 3, 211-215.

[508] Meissner, P., & Wulf, T. (2013). Cognitive benefits of scenario planning: Its impact on biases and decision quality. *Technological Forecasting and Social Change*, 80(4), 801-814.

[509] Meyer, G. D., & Dean, T. J. (1990). An upper echelons perspective on transformational leadership problems in high technology firms. *The Journal of High Technology Management Research*, 1(2), 223-242.

[510] Michalisin, M. D., Karau, S. J., & Conrad, E. (2005). Top management team attraction as a strategic asset: A longitudinal simulation test of the resource-based view. *Journal of Applied Business Research*, 22(3).

[511] Midgley, D. F., & Dowling, G. R. (1978). Innovativeness: The concept and its measurement. *Journal of Consumer Research*, 4, 229-242.

[512] Midgley, D. F., & Dowling, G. R. (1993). A longitudinal study of product form innovation: The interaction between predispositions and social messages. *Journal of*

Consumer Research, 19, 611-625.

[513] Mihalache, O. R., Jansen, J. J. P., Van, d. B. F. A. J., & Volberda, H. W. (2014). Top management team shared leadership and organizational ambidexterity: A moderated mediation framework. *Strategic Entrepreneurship Journal*, 8(2), 128-148.

[514] Miles, M. B., & Huberman, A. M. (1994). Qualitative data analysis: An expanded sourcebook, *Sage*, 100(60), 105-138.

[515] Miller, C. C., Burke, L. M., & Glick, W. H. (1998). Cognitive diversity among upper-echelon executives: Implications for strategic decision processes. *Strategic Management Journal*, 19(1), 39-58.

[516] Miller, D., & Chen, M. J. (1996). The simplicity of competitive repertoires: An empirical analysis. *Strategic Management Journal*, 17(6), 419-439.

[517] Miller, D., & Friesen, P. (1983). Strategy-making and environment-the 3rd link. *Strategic Management Journal*, 4(3), 221-235.

[518] Milliken, F. J. (1990). Perceiving and interpreting environmental change: An examination of college administrators' interpretation of changing demographics. *Academy of Management Journal*, 33(1), 42-63.

[519] Milne, T., & Thompson, M. (1982). The infant business development process. *Management Studies Working Paper No 2*, *University of Glasgow*.

[520] Mintzberg, H. D., Raisinghani, A., & Theoret. (1976), The structure of "unstructured" decision processes. *Administration Science Quarterly*, 21, 246-275.

[521] Misumi, J. (1985). The Behavioral Science of Leadership: An Interdisciplinary Japanese Research Program. Ann Arbor, MI: The University of Michigan Press.

[522] Mitchell, R., Busenitz, L., Lant, T., McDougall, P., Morse, E., & Smith, B. (2002). Toward a theory of entrepreneurial cognition: Rethinking the people side of entrepreneurship research. *Entrepreneurship Theory & Practice*, 27(2), 93-104.

[523] Mom, T. J. M., Fourné, S. P. L., & Jansen, J. J. P. (2015). Managers' work experience, ambidexterity, and performance: The contingency role of the work context. *Human Resource Management*, 54(1), 133-153.

[524] Mom, T. J. M., Van Den Bosch, F. A. J., & Volberda, H. W. (2009). Understanding variation in managers' ambidexterity: Investigating direct and interaction effects of formal structural and personal coordination mechanisms. *Organization Science*, 20(4), 812-828.

[525] Morris, J. A., Brotheridge, C. M., & Urbanski, J. C. (2005). Bringing humility to leadership: Antecedents and consequences of leader humility. *Human Relations*, 58(10), 1323-1350.

[526] Mostyn, S. (2016). The ambidextrous organization. *Developing Leaders*, 22, 72.

[527] Mueller, J., Renzl, B., & Will, M. G. (2018). Ambidextrous leadership: A meta-

review applying static and dynamic multi-level perspectives. *Review of Managerial Science*, doi. org/10. 1007/s11846-018-0297-9.

[528] Mura, M. , Micheli, P. G. , & Longo, M. (2019, July). The effects of performance measurement use on organizational ambidexterity and company performance. In *Academy of Management Proceedings* (Vol. 2019, No. 1, p. 15010). Briarcliff Manor, NY 10510: Academy of Management.

[529] Nadkarni, S. , & Chen, J. (2014). Bridging yesterday, today, and tomorrow: CEO temporal focus, environmental dynamism, and rate of new product introduction. *Academy of Management Journal*, 57(6), 1810-1833.

[530] Nadkarni, S. , & Herrmann, P. (2010). CEO personality, strategic flexibility, and firm performance: The case of the Indian business process outsourcing industry. *Academy of Management Journal*, 53(5), 1050-1073.

[531] Nadkarni, S. , & Narayanan, V. K. (2007). Strategic schemas, strategic flexibility, and firm performance: The moderating role of industry clock speed. *Strategic Management Journal*, 28(3), 243-270.

[532] Nahrgang, J. D. , Wellman, N. E. D. , & Humphrey, S. E. (2011). Trait and behavioral theories of leadership: An integration and meta-analytic test of their relative validity. *Personnel psychology*, 64(1), 7-52.

[533] Nambisan, S. , & Baron, R. A. (2013). Entrepreneurship in innovation ecosystems: Entrepreneurs' self-regulatory processes and their implications for new venture success. *Entrepreneurship Theory and Practice*, 37, 1071-1097.

[534] Neck, C. P. , Bligh, M. C. , Pearce, C. L. , & Kohles, J. C. (2006). The importance of self- and shared leadership in team based knowledge work. *Journal of Managerial Psychology*, 21(4), 296-318.

[535] Neisser, U. (1967). *Cognitive Psychology*. New York: Appleton-Century Crafts.

[536] Nelson, R. R. , & Winter, S. G. (1982). The schumpeterian tradeoff revisited. *American Economic Review*, 72(1), 114-132.

[537] Nembhard, I. M. , & Edmondson, A. C. (2006). Making it safe: The effects of leader inclusiveness and professional status on psychological safety and improvement efforts in health care teams. *Journal of Organizational Behavior*, 27(7), 941-966.

[538] Nerkar, A. , & Roberts, P. W. (2004). Technological and product-market experience and the success of new product introductions in the pharmaceutical industry. *Strategic Management Journal*, 25(8-9), 779-799.

[539] Newman, J. (1982). Humility and self-realization. *Journal of Value Inquiry*, 16(4), 275-285.

[540] Nisbett, R. E. , Peng, K. , Choi, I. , & Norenzayan, A. (2001). Culture and systems of thought: Holistic versus analytic cognition. *Psychological Review*, 108(2),

291-310.

[541] North, D. C. (1990). *Institutions, Institutional Change, and Economic Performance*. Cambridge: Cambridge University Press.

[542] O'Reilly, C. A. I., & Tushman, M. L. (2013). Organizational ambidexterity: Past, present and future. *Research Papers*, 27(4), 324-338.

[543] O'Reilly, III, C. A., & Tushman, M. L. (2008). Ambidexterity as a dynamic capability: Resolving the innovator's dilemma. *Research in Organizational Behavior*, 28, 185-206.

[544] Oc, B., Bashshur, M. R., Daniels, M. A., Greguras, G. J., & Diefendorff, J. M. (2015). Leader humility in Singapore. *The Leadership Quarterly*, 26(1), 68-80.

[545] Oduor, B. A., & Kilika, J. M. (2018). TMT diversity, decision quality and service sector firm performance: A research agenda. *Journal of Management and Strategy*, 9(2), 34-45.

[546] Offermann, L. R., Jr Kennedy, J. K., & Wirtz, P. W. (1994). Implicit leadership theories: Content, structure, and generalizability. *The Leadership Quarterly*, 5(1), 43-58.

[547] Ostroff, C., Kinicki, A. J., & Clark, M. A. (2002). Substantive and operational issues of response bias across levels of analysis: An example of climate-satisfaction relationships. *Journal of Applied Psychology*, 87(2), 355-368.

[548] Ou, A. Y., Tsui, A. S., Kinicki, A. J., Waldman, D. A., Xiao, Z., & Song, L. J. (2014). Humble chief executive officers' connections to top management team integration and middle managers' responses. *Administrative Science Quarterly*, 59, 34-72.

[549] Ou, A. Y., Waldman, D. A., & Peterson, S. J. (2018). Do humble CEOs matter? An examination of CEO humility and firm outcomes. *Journal of Management*, 44(3), 1147-1173.

[550] Owens, B. P., & Hekman, D. R. (2012). Modeling how to grow: An inductive examination of humble leader behaviors, vontingencies, and outcomes. *Academy of Management Journal*, 55(4), 787-818.

[551] Owens, B. P., & Hekman, D. R. (2016). How does leader humility influence team performance? Exploring the mechanisms of contagion and collective promotion focus. *Academy of Management Journal*, 59(3), 1088-1111.

[552] Owens, B. P., Johnson, M. D., & Mitchell, T. R. (2013). Expressed humility in organizations: Implications for performance, teams, and leadership. *Organization Science*, 24, 1517-1538.

[553] Paletz, S. B. F., & Peng, K. (2009). Problem finding and contradiction: Examining the relationship between naïve dialectical thinking, ethnicity, and creativity. *Creativity*

Research Journal, 21(2-3), 139-151.

[554] Palich, L. E., & Bagby, D. R. (1995). Using cognitive theory to explain entrepreneurial risk-taking: Challenging conventional wisdom. *Journal of Business Venturing*, 10(6), 425-438.

[555] Pan, W., & Sun, L. (2018). A self-regulation model of Zhong Yong thinking and employee adaptive performance. *Management and Organization Review*, 14(1), 135-159.

[556] Pelled, L. H. (1996). Demographic diversity, conflict, and work group outcomes: An intervening process theory. *Organization Science*, 7(6), 615-631.

[557] Peng, K., & Nisbett, R. E. (1999). Culture, dialectics, and reasoning about contradiction. *American Psychologist*, 54(9), 741-754.

[558] Peng, K., Spencer-Rodgers, J., & Nian, Z. (2006). Naïve dialecticism and the Tao of Chinese thought. In U. Kim, K. S. Yang, K. K. Hwang (Eds.), *Indigenous and Cultural Psychology*. Boston, MA: Springer.

[559] Peterson, C. E., & Seligman, M. E. P. (2004). *Character Strengths and Virtues*. New York, NY: Oxford University Press.

[560] Pfeffer, J., & Salancik, G. R. (1978). *The External Control of Organizations*. New York: Harper & Row.

[561] Pfeffer, J., & Sutton, R. I. (2000). The Knowing-doing Gap: How Smart Companies turn Knowledge into action. Boston: Harvard Business School Press.

[562] Pillutla, M., Farh, J. L., Lee, C., & Lin, Z. A. (2007). An investigation of traditionality as a moderator of reward allocation. *Group and Organizational Management*, 32(2), 233-253.

[563] Podsakoff, P. M., MacKenzie, S. B., Lee, J., & Podsakoff, N. P. (2003). Common method biases in behavioral research: A critical review of the literature and recommended remedies. *Journal of Applied Psychology*, 88, 879-903.

[564] Poole, M. S., & Ven, A. H. V. D. (1989). Using paradox to build management and organization theories. *Academy of Management Review*, 14(4), 562-578.

[565] Popper, M. (2002). Narcissism and attachment patterns of personalized and socialized charismatic leaders. *Journal of Social and Personal Relationships*, 19(6), 797-809.

[566] Porac, J. F., & Thomas, H. (1990). Taxonomic mental models in competitor definition. *The Academy of Management Review*, 15, 224-240.

[567] Putnam, L. L., Fairhurst, G. T., & Banghart, S. (2016). Contradictions, dialectics, and paradoxes in organizations: A constitutive approach. *The Academy of Management Annuals*, 10(1), 65-171.

[568] Qin, X., Hom, P. W., & Xu, M. (2018). Am I a peasant or a worker? An identity strain perspective on turnover among developing-world migrants. *Human Relations*, 72

(4), 801-833.

[569] Quinn, R. E. (1984). Applying the competing values approach to leadership: Toward an integrative framework. In J. G. Hunt, D. M. Hosking, C. A. Schriesheim, & R. Steward (Eds.), *Leaders and Managers: International Perspectives on Managerial Behavior and Leadership*. New York: Pergamon Press.

[570] Quinn, R. E. (1988). *Beyond Rational Management*. San Francisco, CA: Jossey-Bass.

[571] Quinn, R. E., & Rohrbaugh, J. (1981). A competing values approach to organizational effectiveness. *Public Productivity Review*, 5(2), 122-140.

[572] Quinn, R. E., & Rohrbaugh, J. (1983). A spatial model of effectiveness criteria: Towards a competing values approach to organizational analysis. *Management Science*, 29, 363-377.

[573] Raisch, S., & Birkinshaw, J. (2008). Organizational ambidexterity: Antecedents, outcomes, and moderators. *Journal of Management*, 34(3), 375-409.

[574] Rajagopalan, N., & Spreitzer, G. M. (1997). Toward a theory of strategic change: A multi-lens perspective and integrative framework. *Academy of Management Review*, 22(1), 48-79.

[575] Raskin, R., & Terry, H. (1988). A principal-components analysis of the narcissistic personality inventory and further evidence of its construct validity. *Journal of Personality and Social Psychology*, 54(5), 890-902.

[576] Redding, S. G. (1990). *The Spirit of Chinese Capitalism*, New York: Walterde Gruyte.

[577] Reger, R. K. (1997). Reviewed work: Strategic leadership: Top executives and their effects on organizations by Finkelstein, S., & Hambrick. D. C. *Academy of Management Review*, 22(3), 802-805.

[578] Reger, R. K., & Palmer, T. B. (1996). Managerial categorization of competitors: Using old maps to navigate new environments. *Organization Science*, 7(1), 22-39.

[579] Rego, A., Cunha, M. P. E., & Simpson, A. V. (2018). The perceived impact of leaders' humility on team effectiveness: An empirical study. *Journal of Business Ethics*, 148(1), 205-218.

[580] Resick, C. J., Whitman, D. S., Weingarden, S. M., & Hiller, N. J. (2009). The bright-side and the dark-side of CEO personality: Examining core self-evaluations, narcissism, transformational leadership, and strategic influence. *Journal of Applied Psychology*, 94(6), 1365-1381.

[581] Reynolds, P. D. (1997). Who starts new firms? Preliminary explorations of firms in gestation. *Small Business Economics*, 9(5), 449-462.

[582] Reynolds, P. D., & White, S. B. (1997). The entrepreneurial process: Economic

growth, men, women, and minorities. Westport, CT: Quorum Books.

[583] Rhodewalt, F., Tragakis, M. W., & Finnerty, J. (2006). Narcissism and self-handicapping: Linking self-aggrandizement to behavior. *Journal of Research in Personality*, 40(5), 573-597.

[584] Rosenthal, S. A., & Pittinsky, T. L. (2006). Narcissistic leadership. *Leadership Quarterly*, 17(6), 617-633.

[585] Rosing, K., Frese, M., & Bausch, A. (2011). Explaining the heterogeneity of the leadership-innovation relationship: Ambidextrous leadership. *The Leadership Quarterly*, 22, 956-974.

[586] Rotemberg, J. J., & Saloner, G. (1993). Leadership styles and incentives. *Management Science*, 39, 1299-1318.

[587] Royer, I. (2003). Why bad projects are so hard to kill. *Harvard Business Review*, 81(2), 48-56.

[588] Rubera, G., & Kirca, A. H. (2012). Firm innovativeness and its performance outcomes: A meta-analytic review and theoretical integration. *Journal of Marketing*, 76(3), 130-147.

[589] Sadler-Smith, E., & Badger, B. (1998). Cognitive style, learning and innovation. *Technology Analysis and Strategic Management*, 10(2), 247-264.

[590] Sanchez, R. (1995). Strategic flexibility in product competition. *Strategic Management Journal*, 16(S1), 135-159.

[591] Santos, F. M., & Eisenhardt, K. M. (2009). Constructing markets and shaping boundaries: Entrepreneurial power in nascent fields. *Academy of Management Journal*, 52(4), 643-671.

[592] Schad, J., Lewis, M. W., Raisch, S., & Simth, W. K. (2016). Paradox research in management science: Looking back to move forward. *The Academy of Management Annuals*, 10(1), 5-64.

[593] Schein, E. H. (2004). *Organizational Culture and Leadership* (3rd ed.). San Francisco: Jossey-Bass.

[594] Schilke, O. (2014). On the contingent value of dynamic vapabilities for competitive advantage: The nonlinear moderating effect of environmental dynamism. *Strategic Management Journal*, 35(2), 179-203.

[595] Schneider, M., & Somers, M. (2006). Organizations as complex adaptive systems: Implications of complexity theory for leadership research. *The Leadership Quarterly*, 17, 351-365.

[596] Schumpeter, J. (1934). *The Theory of Economic Development*. Cambridge Mass: Harvard University Press.

[597] Schwab, D. P. (1978). Construct validity in organizational behavior. *Research in Or-

ganizational Behavior, 2.
- [598] Schwenk, C. R. (1984). Cognitive simplification processes in strategic decision-making. *Strategic Management Journal*, 5, 111-128.
- [599] Schwenk, C. R. (1988). The cognitive perspective on strategic decision making. *Journal of Management Studies*, 25, 41-56.
- [600] Shamir, B., House, R. J., & Arthur, M. B. (1993). The motivational effects of charismatic leadership: A self-concept-based theory. *Organization Science*, 4(4), 577-594.
- [601] Shane, S. (2000). Prior knowledge and the discovery of entrepreneurial opportunities. *Organization Science*, 11(4), 448-469.
- [602] Shane, S., & Vankataraman, S. (2000). The promise of entrepreneurship as a field of research. *The Academy of Management Review*, 25(1), 217-226.
- [603] Shannon, C. F., & W. Weaver. (1949). *The Mathematical Theory of Communication*. Urbana, IL: University of Illinois Press.
- [604] Shao, Y., Nijstad, B. A., & Täuber, S. (2017). Paradoxical leader behavior and creativity: The role of employee cognitive complexity. *Academy of Management Proceedings*, 10522.
- [605] Shin, S. J., & Zhou, J. (2007). When is educational specialization heterogeneity related to creativity in research and development teams? Transformational leadership as a moderator. *Journal of Applied Psychology*, 92(6), 1709-1721.
- [606] Silin, R. H. (1976). *Leadership and Values: The organization of large-scale Taiwanese enterprisesv* (No. 62). Shang Hai: Harvard University Asia Center.
- [607] Silvia, P. J., Eddington, K. M., Beaty, R. E., Nusbaum, E. C., & Kwapil, T. R. (2013). Gritty people try harder: Grit and effort-related cardiac autonomic activity during an active coping challenge. *International Journal of Psychophysiology*, 88, 200-205.
- [608] Simkin, L., & Dibb, S. (2012). Leadership teams rediscover market analysis in seeking competitive advantage and growth during economic uncertainty. *Journal of Strategic Marketing*, 20(1), 45-54.
- [609] Simon, H. A. (1976). From "bounded" to "procedural" rationality. *Spiro Latsis*, ed.
- [610] Simons, T., Pelled, L. H., & Smith, K. A. (1999). Making use of difference: Diversity, debate, and decision comprehensiveness in top management teams. *The Academy of Management Journal*, 42(6), 662-673.
- [611] Simsek, Z. (2007). CEO tenure and organizational performance: An intervening model. *Strategic Management Journal*, 28(6), 653-662.
- [612] Simsek, Z., Veiga, J. F., Lubatkin, M. H., & Dino, R. N. (2005). Modeling the multilevel determinants of top management team behavioral integration. *The Academy*

of *Management Journal*, 48(1), 69-84.

[613] Smith, K. G., Smith, K. A., Olian, J. D., Sims Jr, H. P., O'Bannon, D. P., & Scully, J. A. 1994. Top management team demography and process: The role of social integration and communication. *Administrative Science Quarterly*, 39(3): 412-438.

[614] Smith, W. K. (2014). Dynamic decision making: A model of senior leaders managing strategic paradoxes. *Academy of Management Journal*, 47(6),1592-1623.

[615] Smith, W. K., & Lewis, M. W. (2011). Toward a theory of paradox: A dynamic equilibrium model of organizing. *Academy of Management Review*, 36(2), 381-403.

[616] Smith, W. K., & Tracey, P. (2016). Institutional complexity and paradox theory: Complementarities of competing demands. *Strategic Organization*, 14(4), 455-466.

[617] Smith, W. K., & Tushman, M. L. (2005). Managing strategic contradictions: A top management model for managing innovation streams. *Organization Science*, 16(5), 522-536.

[618] Sniezek, J. A. (1992). Groups under uncertainty: An examination of confidence in group decision making. *Organizational Behavior and Human Decision Processes*, 52(1), 124-155.

[619] Somech, A., & Drach-Zahavy, A. (2013). Organizational citizenship behavior and employee's strain: Examining the buffering effects of leader support and participation in decision making. *European Journal of Work and Organizational Psychology*, 22(2), 138-149.

[620] Spencer-Rodgers, J., Boucher, H. C., Mori, S. C, et al. (2009). The dialectical self-concept: Contradiction, change, and holism in East Asian cultures. *Personality and Social Psychology Bulletin*, 35, 29-44.

[621] Spencer-Rodgers, J., Boucher, H. C., Mori, S. C., Wang, L., & Peng, K. (2009). The Dialectical self-concept: Contradiction, change, and holism in East Asian cultures. *Personality and Social Psychology Bulletin*, 35(1), 29-44.

[622] Spencer-Rodgers, J., Peng, K., & Wang, L. (2010). Dialecticism and the co-occurrence of positive and negative emotions across cultures. *Journal of Cross-Cultural Psychology*, 41(1), 109-115.

[623] Spencer-Rodgers, J., Peng, K., Wang, L., & Hou, Y. (2004). Dialectical self-esteem and east-west differences in psychological well-being. *Personality and Social Psychology Bulletin*, 30, 1416-1432.

[624] Spencer-Rodgers, J., Williams, M. J., & Kaiping P. (2010). Cultural differences in expectations of change and Ttlerance for contradiction: A decade of empirical research. *Personality and Social Psychology Review*, 14(3), 296-312.

[625] Srivastava, A., Bartol, K. M., & Locke, E. A. (2006). Empowering leadership in management teams: Effects on knowledge sharing, efficacy, and performance. *Acade-

my of Management Journal, 49(6), 1239-1251.

[626] Stagner, R. (1969). Corporate decision making: An empirical study. *Journal of Applied Psychology*, 53, 1-13.

[627] Stein, M. (2013). When does narcissistic leadership become problematic? Dick Fuld at Lehman Brothers. *Journal of Management Inquiry*, 22(3), 282-293.

[628] Sull, D. N. (1999). Industrial clusters and organizational inertia: An institutional perspective. *London Business School*, mimeo.

[629] Sullivan, P. J., & Feltz, D. L. (2001). The relationship between intrateam conflict and cohesion within hockey teams. *Small Group Research*, 32(3), 342-355(14).

[630] Sun, S. (2011). Meta-analysis of Cohen's Kappa. *Health Services & Outcomes Research Methodology*, 11(3-4), 145-163.

[631] Sundaramurthy, C., & Lewis, M. (2003). Control and collaboration: Paradoxes of governance. *Academy of Management Review*, 28, 397-415.

[632] Sutcliffe, K., & Zaheer, A. (1998). Uncertainty in the transaction environment: An empirical test. *Strategic Management Journal*, 19(1), 1-23.

[633] Swayne, C., & Tucker, W. (1973). *The Effective Entrepreneur*. Morristown, NJ: General Learning Press.

[634] Sykes, H. B. (1992). Incentive compensation for corporate venture personnel. *Journal of Business Venturing*, 7(4), 253-265.

[635] Talke, K., Salomo, S., & Rost, K. (2010). How top management team diversity affects innovativeness and performance via the strategic choice to focus on innovation fields. *Research Policy*, 39(7), 0-918.

[636] Tandon, R. (1987). Study of initial success for early investors in entrepreneurial new ventures. Doctoral Thesis, University of Minnesota, Minneapolis, MN.

[637] Tangney, J. P. (2002). Humility. In C. R. Snyder (Ed.), *Handbook of Positive Psychology*. (pp. 411-419). Cary, NC: Oxford University Press.

[638] Tennant, M. (1988). Psychology and adult learning, London: Routledge.

[639] Tett, R. P., & Burnett, D. D. (2003). A personality trait-based interactionist model of job performance. *Journal of Applied Psychology*, 88(3), 500-517.

[640] Thomas, A. B. (1988). Does leadership make a difference to organizational performance? *Administrative Science Quarterly*, 33, 388-400.

[641] Thompson, J. (1967). *Organizations in Action: Social Science Bases of Administrative Theory*. New York: Mcgraw-Hill.

[642] Thompson, P. M., Macmynowski, D. G., & Sirota, M. J. (2008). Analysis of the TMT mount control system. *Proceedings of SPIE-The International Society for Op-*

tical Engineering, 7012.

[643] Tong, J., Yao, X., Lu, Z., & Wang, L. (2013). Impact pattern of dialectical thinking on perceived leadership training outcomes. *Journal of Applied Social Psychology*, 43, 1248-1258.

[644] Tourish, D. (2019). Is complexity leadership theory complex enough? A critical appraisal, some modifications and suggestions for further research. *Organization Studies*, 40(2), 219-238.

[645] Trevino, L. K., Hartman, L. P., & Brown, M. E. (2000). Moral person and moral manager: How executives develop a reputation for ethical leadership. *California Management Review*, 42(4), 128-142.

[646] Triandis, H. C. (1993). Collectivism and individualism as cultural syndromes. *Cross-Cultural Research*, 27(3-4), 155-180.

[647] Tsang, D. (2007). Leadership, national culture and performance management in the Chinese software industry. *International Journal of Productivity & Performance Management*, 56(4), 270-284.

[648] Tsui, A. S. (2009). Editor's introduction autonomy of inquiry: Shaping the future of emerging scientific communities. *Management Organization Review*, 5(1), 1-14.

[649] Tsui, A. S., Schoonhoven, C. B., Meyer, M. W., Lau, C. M., & Milkovich, G. T. (2004). Organization and management in the midst of societal transformation: The People's Republic of China. *Organization Science*, 15(2), 133-144.

[650] Tsui, A. S., Wang, H., Xin, K. R., Zhang, L., & Fu, P. P. (2004). Let a thousand flowers bloom: Variation of leadership styles among Chinese CEOs. *Organizational Dynamics*, 33, 5-20.

[651] Tsui, A. S., Zhang, Z. X., Wang, H., Xin, K. R., & Wu, J. B. (2006). Unpacking the relationship between CEO leadership behavior and organizational culture. *Leadership Quarterly*, 17(2), 113-137.

[652] Turner, N., Swart, J., & Maylor, H. (2013). Mechanisms for managing ambidexterity: A review and research agenda. *International Journal of Management Reviews*, 15(3), 317-332.

[653] Tushman, M., & Nadler, D. (1978). Information processing as an integrating concept in organization design. *Academy of Management Review*, 3(3), 613.

[654] Uhl-Bien, M., & Arena, M. (2017). Complexity leadership: Enabling people and organizations for adaptability. *Organizational Dynamics*, 46, 9-20.

[655] Uhl-Bien, M., & Marion, R. (2009). Complexity leadership in bureaucratic forms of organizing: A meso model. *The Leadership Quarterly*, 20, 631-650.

[656] Uhl-Bien, M., Marion, R., & McKelvey, B. (2007). Complexity leadership theory: Shifting leadership from the industrial age to the knowledge era. *The Leadership Quarterly*, 18, 298-318.

[657] Uy, M. A., Foo, M. D., & Illies, R. (2015). Perceived progress variability and entrepreneurial effort intensity: The moderating role of venture goal commitment. *Journal of Business Venturing*, 30, 375-389.

[658] Valls, V., González-Romá, V., & Tomás, I. (2016). Linking educational diversity and team performance: Team communication quality and innovation team climate matter. *Journal of Occupational and Organizational Psychology*, 89(4), 751-771.

[659] Van de Ven, A. H., Polley, D., Garud, R., & Venkataraman, S. (1999). *The Innovation Journey*. New York: Oxford University Press.

[660] Van Dierendonck, D., & Nuijten, I. (2011). The servant leadership survey: Development and validation of a multidimensional measure. *Journal of Business and Psychology*, 26(3), 249-267.

[661] Vazire, S., & Funder, D. C. (2006). Impulsivity and the self-defeating behavior of narcissists. *Personality and Social Psychology Review*, 10(2), 154-165.

[662] Vera, D., & Crossan, M. (2004). Strategic leadership and organizational learning. *Academy of Management Review*, 29(2), 222-240.

[663] Vera, D., & Rodriguezlopez, A. (2004). Strategic virtues: Humility as a source of competitive advantage. *Organizational Dynamics*, 33(4), 393-408.

[664] Vlado Dimovski., Marič, M., Uhan, M., Đurica, N., & Ferjan, M. (2012). Sun Tzu's "The Art of War" and implications for leadership: Theoretical discussion. *Organizacija*, 45(4), 151-158.

[665] Volberda, H. W. (1999). *Building the Flexible Firm: How to Remain Competitive*. Oxford University Press, USA.

[666] Waldman, D. A., Ramirez, G. G., House, R. J., & Puranam, P. (2001). Does leadership matter? CEO leadership attributes and profitability under conditions of perceived environmental uncertainty. *Academy of Management Journal*, 44, 134-143.

[667] Walsh, J. P. (1995). Managerial and organizational cognition: Notes from a trip down memory lane. *Organization Science*, 6(3), 280-321.

[668] Walumbwa, F. O., Hartnell, C. A., & Oke, A. (2010). Servant leadership, procedural justice climate, service climate, employee attitudes, and organizational citizenship behavior: A cross-level investigation. *Journal of Applied Psychology*, 95(3), 517-529.

[669] Wang, H., Law, K. S., Hackett, R. D., & Chen, W. Z. X. (2005). Leader-mem-

ber exchange as a mediator of the relationship between transformational leadership and followers' performance and organizational citizenship behavior. *The Academy of Management Journal*, 48(3), 420-432.

[670] Wang, H., Tsui, A. S., & Xin, K. R. (2011). CEO leadership behaviors, organizational performance, and employees' attitudes. *Leadership Quarterly*, 22(1), 92-105.

[671] Wasserman, N., Anand, B., & Nohria, N. (2001). When does leadership matter? The contingent opportunities view of CEO leadership. *Harvard Business School Working Paper*, 1-63.

[672] Watson, D., & Clark, L. A. (1997). Extraversion and its positive emotional core. In R. Hogan, J. A. Johnson, & S. R. Briggs (Eds.), *Handbook of Personality Psychology*. (pp. 767-793). San Diego, CA: Academic Press.

[673] Weber, M. (2009). *From Max Weber: Essays in Sociology*. New York: Routledge.

[674] Weiner, N., & Mahoney, T. A. (1981). A model of corporate performance as a function of environmental, organizational, and leadership influences. *Academy of Management Journal*, 24, 453-470.

[675] West, G. P. (2010). Collective cognition: When entrepreneurial teams, not individuals, make decisions. *Entrepreneurship Theory & Practice*, 31(1), 77-102.

[676] West, M. A. (1990). The social psychology of innovation in groups. In M. A. West & J. L. Farr (Eds.), *Innovation and Creativity at Work: Psychological and Organizational Strategies*. (pp. 309-333). New Jersey: John Wiley & Sons.

[677] West, M. A., & Anderson, N. R. (1996). Innovation in top management teams. *Journal of Applied Psychology*, 81(6), 680-693.

[678] Whetten, D. (1987). Organizational growth and decline processes. In J. Coleman (Ed.), *Annual Review of Sociology (vol. 13)*. (pp. 78-101). CA: Palo Alto.

[679] Williams, K. Y., & O'Reilly, C. A. (1998). Demography and diversity in organizations: A review of 40 years of research. *Research in Organizational Behavior*, 20, 77-140.

[680] Williamson, O. E. (1979). Transaction-cost economics: The governance of contractual relations. *Journal of Law & Economics*, 22(2), 233-261.

[681] Winter, S. G., & Szulanski, G. (2001). Replication as strategy. *Organization Science*, 12(6), 730-743.

[682] Witzel, M. (2012). The leadership philosophy of Han Fei. *Asia Pacific Business Review*, 18(4), 1-15.

[683] Wooldridge, B., & Floyd, S. W. (1990). The strategy process, middle management involvement, and organizational performance. *Strategic Management Journal*, 11,

231-224.

[684] Wu, Z., Steward, M. D., & Hartley, J. L. (2010). Wearing many hats: Supply managers' behavioral complexity and its impact on supplier relationships. *Journal of Business Research*, 63, 817-823.

[685] Xing, Y., & Liu, Y. (2015). Poetry and leadership in light of ambiguity and logic of appropriateness. *Management and Organization Review*, 11(4), 763-793.

[686] Xing, Y., & Sims, D. (2012). Leadership, Daoist Wu Wei and reflexivity: Flow, self-protection and excuse in Chinese bank managers' leadership practice. *Management Learning*, 43(1), 97-112.

[687] Yang, B. (2012). Confucianism, socialism, and capitalism: A comparison of cultural ideologies and implied managerial philosophies and practices in The PR China. *Human Resource Management Review*, 22(3), 165-178.

[688] Yang, Y., Li, Z., Liang, L., & Zhang, X. (2019). Why and when paradoxical leader behavior impact employee creativity: Thriving at work and psychological safety. *Current Psychology*.

[689] Yetton, P. W., Johnston, K. D., & Craig, J. F. (1994). Computer-aided architects: A case study of IT and strategic change. *Sloan Manage Rev*, 35(4), 57-67.

[690] Yukl, G. (2009). Leading organizational learning: Reflections on theory and research. *Leadership Quarterly*, 20(1), 49-53.

[691] Zacher, H., & Wilden, R. G. (2014). A daily diary study on ambidextrous leadership and self-reported employee innovation. *Journal of Occupational and Organizational Psychology*, 87(4), 813-820

[692] Zacher, H., Robinson, A. J., & Rosing, K. (2016). Ambidextrous leadership and employees' self-reported innovative performance: The role of exploration and exploitation behaviors. *Journal of Creative Behavior*, 50(1), 24-46.

[693] Zeigler-Hill, V., Clark, C. B., & Pickard, J. D. (2010). Narcissistic subtypes and contingent self-esteem: Do all narcissists base their self-esteem on the same domains? *Journal of Personality*, 76(4), 753-774.

[694] Zhang, H., Ou, A. Y., Tsui, A. S., & Wang, H. (2017). CEO humility, narcissism and firm innovation: A paradox perspective on CEO traits. *The Leadership Quarterly*, 28(5), 585-604.

[695] Zhang, K. Z. (1992). *The History of Chinese Thinking*, Taipei: The Water Buffalo Publisher.

[696] Zhang, X., & Bartol, K. M. (2010). Linking empowering leadership and employee creativity: The influence of psychological empowerment, intrinsic motivation, and crea-

tive process engagement. *Academy of Management Journal*, 53(1), 107-128.

[697] Zhang, Y., & Han, Y. (2019). Paradoxical leader behavior in long-term corporate development: Antecedents and consequences. *Organizational Behavior and Human Decision Processes*, 155, 42-54.

[698] Zhang, Y., Huai, M., & Xie, Y. (2015). Paternalistic leadership and employee voice in China: A dual process model. *The Leadership Quarterly*, 26, 25-36.

[699] Zhang, Y., Waldman, D. A., Han, Y., & Li, X. B. (2015). Paradoxical leader behaviors in people management: Antecedents and consequences. *Academy of Management Journal*, 58(2), 538-566.

[700] Zhou, K. Z., & Wu, F. (2010). Technological capability, strategic flexibility, and product innovation. *Strategic Management Journal*, 31(5), 547-561.

后 记

时光飞逝,岁月如梭。随着年龄的增长,我愈发觉得时间过得真是太快了!转眼间,我到北京大学光华管理学院工作已经18年了。在这段时间里,我出版了三本书。第一本书是2008年出版的《组织中的领导行为》(2018年再版),第二本书是2013年出版的《中国企业环境下的领导行为与领导模式》,第三本就是这本了。实际上,只有这第三本书算是真正意义上的专著。第一本是教材,总结了国内外有关领导行为的研究,再加上中国企业管理的案例,是为MBA和EMBA学生讲授中国企业领导课程而编写的。第二本是我的论文集,是将我在国内外发表的一些与中国企业环境下的领导行为与领导实践有关的论文编撰而成的。而在第三本中,我不但提出了一种基于中国传统文化的领导理论,而且通过定性和定量的研究方法,研究了辩证领导行为的概念、内涵及结构,同时验证了辩证领导行为对企业绩效和企业创新的影响作用及机制,同时,也研究了辩证领导行为对团队结果如团队的满意度、团队组织公民行为、团队绩效和团队创新的影响,也探讨了这些影响的作用机制和边界条件,最后我也提出了辩证领导行为的影响因素及提升改进的方法,对辩证领导行为这一本土领导行为概念有了一个比较全面和系统的研究。因此,这本书可以算是一部真正意义上的著作。

这本书也是三本中我最满意的一本。之所以满意有两个原因:一是,自从硕士阶段,我就对中国文化情境下的中国人的心理和行为感兴趣,并有志于从事这方面的研究,而本书的辩证领导行为的概念正是基于中国深厚传统文化中的辩证思维而提出的。本书对这一概念的系统研究很好地回应了那时的初心,也算是对我当年的志向有了一个比较好的交代。二是从事了这些年的管理研究后,我越发觉得管理研究的目的和意义应该是解决企业管理的实际问题，尤其是对中国企业管理实践有一定的指导意义。本书提出的辩证领导行为的概念，不但根植于中国传统文化，更是因应了中国企业所面临的日趋复杂的企业内外部环境。因此，本书的出版也很好地回应了管理学者所倡导的要从事有"社会责任"的管理研究。

本书的写作将近结尾时，一场新型冠状病毒性肺炎引发的疫情席卷了全球，举国上下在应对疫情时，我更加深刻地感受到中国传统文化的重要。"战时不恐惧，平时不侥幸"正是辩证思维的很好表现。现在疫情正处在关键时刻，我们应该"战略上要藐视，战术上要重视"，坚定地相信黎明之后就是曙光，风雨之后即见彩虹！人不能胜天，但人类可以运用天时、地利、人和更好地应对疫情，最终战胜病毒。在此也衷心地祝福所有人平安健康！

2021年春节期间于塞纳维拉水景花园